ROBERTO LUIGI PAGANI

UN ITALIANO IN ISLANDA

Sperling & Kupfer

Le foto dell'inserto sono dell'autore.

Pubblicato per

Sperling & Kupfer

da Mondadori Libri S.p.A.

UN ITALIANO IN ISLANDA

ISBN 978-88-200-7312-1

I Edizione aprile 2022

Anno 2022-2023-2024 - Edizione 1 2 3 4 5 6 7 8 9 10

A Lára

Indice

Guida alla pronuncia dell'islandese

Per agevolare la lettura, riporto alcune indicazioni per la pronuncia dell'islandese. La lista qui inclusa non è assolutamente esaustiva e introduce solamente le macrocaratteristiche basilari della pronuncia di questa lingua, senza addentrarsi nei dettagli.

L'accento cade sempre sulla prima sillaba. Le lettere con gli apici (accenti acuti) non indicano un accento intensivo come in italiano, ma suoni vocalici differenti rispetto a quelle senza apici.

Vocali

a corrisponde alla *a* italiana.
á indica il dittongo *au* di *aureo*.
e corrisponde alla *è* italiana (aperta).
é indica la sequenza *ie* di *ieri*.
i; *y* indicano un suono simile alla *é* italiana (chiusa).
í; *ý* corrispondono alla *i* italiana.
o indica un suono simile alla *ò* italiana (aperta).
ó indica il dittongo *ou*.
u indica un suono simile alla *u* francese.
ú corrisponde alla *u* italiana.
æ indica il dittongo *ai*.
ö indica un suono simile allo *œu* francese.

au indica un dittongo formato da *ö* ed *i*.
ei; ey indicano entrambi il dittongo *ei* di *sei*.

Consonanti

In linea di massima seguono i corrispettivi italiani, con importanti differenze che vanno oltre lo scopo di questa guida. Basti indicare che:

Þ; *þ* ha il suono del *th* inglese, si usa a inizio parola.
Ð; ð ha il suono del *th* inglese, si usa in corpo di parola o alla fine.
f come quella italiana. Tra vocali ha il suono della nostra *v*.
g ha suono occlusivo, come in *gara* (mai come in *getto*); tra vocali e prima di *i*, si pronuncia come una *j* (vedi sotto).
h si pronuncia aspirata.
j come nell'italiano *Jacopo*.
ll si può approssimare con la sequenza *tl*.

Hólmavík
Hólar
Glaumbær
Akureyri
Flatey
Reykholt
Djúpivogur
Reykjavík,
Árnastofnun
Þingvellir
Skálholt
Garður
Hellisheiði
Altipiani
Fagradalsfjall
Hörgsland
Kleifarvatn
Ingólfshöfði
Eyjafjallajökull
Kirkjubæjarklaustur
Vestmannaeyjar

Prologo
Dal granoturco al muschio

Questo, in un certo senso, è il libro che avrei voluto leggere prima di trasferirmi in Islanda. Quando ancora nemmeno sapevo che sarebbe diventata la mia casa. In queste pagine ho riversato tante conoscenze ed esperienze che ho accumulato negli anni di vita nella Terra del ghiaccio. Sono arrivato con molti pregiudizi, gli stessi che la maggior parte delle persone che si avvicinano all'Islanda si porta dietro. Poi mi sono accorto di essermi sbagliato su molte cose, e la mia idea di questo Paese è mutata radicalmente.

Tuttavia, sebbene io li abbia superati, questi pregiudizi permangono in modo preponderante nell'idea di Islanda che aleggia per il vasto mondo. Ho scritto questo libro anche perché vorrei scardinarli a uno a uno, ma mentirei se dicessi che è stato l'unico motivo che mi ha mosso a scrivere. Il sentimento vero che anima queste pagine è un altro.

Non si tratta di un libro di storia in senso tradizionale, né di un saggio antropologico, perché per me l'Islanda è innanzitutto passione e amore, e per questi sentimenti ci sarebbe stato troppo poco spazio in testi di tale tipo. Per me è importante che dalla lettura traspaia in modo palese l'amore che un italiano può provare per una terra come l'Islanda, che si intuisca perché un ragazzo cresciuto fra alcune delle bellezze architettoniche, artistiche e culturali più riuscite del globo terracqueo abbia finito con l'innamorarsi di quella che agli occhi dei più è soltanto un'isola fatta di tundra coperta dal ghiaccio e punteggiata da vulcani, al punto da farne la sua casa e non volersene più separare.

Vorrei, da un lato, che l'italiano che non ha mai visto l'Islanda e la immagina tetra e inospitale capisse che è una terra di oggettive bellezze, dotata del potere di trasformare l'anima di chi la vive, a prescindere da quello che ognuno considera il luogo ideale. Vorrei, dall'altro lato, che il visitatore, il turista o l'espatriato che invece si sente irresistibilmente attratto da questo Paese giungesse in Islanda non già con la mera idea di essere arrivato in un paradiso di meraviglie naturali, ghiacciai e vulcani (cosa che senza dubbio è), ma soprattutto in una terra che è patria di una civiltà millenaria, ricchissima e sofisticata, che tiene tranquillamente testa a quelle delle più grandi nazioni del mondo, e dove si trova un popolo dalla cultura, dagli usi e dai costumi affascinanti.

Conoscere gli islandesi ha cambiato la mia vita per sempre, in più modi. Non pretendo che accada lo stesso a tutti, ma confido di potervi aiutare a rendere un viaggio in Islanda, anche la più breve vacanza, un'esperienza trasformativa che lascerà un solco dentro di voi. In un'epoca in cui si viaggia tanto per farlo o per mettere una crocetta in più sulla lista delle cose da fare o vedere, e in cui l'esperienza interculturale del viaggiare è ormai diventata merce di consumo venduta un tanto al chilo, mi piacerebbe contribuire a far sì che chi va in Islanda, o le si avvicina metaforicamente studiandola a distanza, lo faccia con occhi consapevoli e con l'atteggiamento giusto per capirla e poterne trarre il massimo. La mia storia d'amore con l'Islanda, che vi racconterò in queste pagine, è iniziata ormai diversi anni fa e non accenna ad affievolirsi.

Sono nato il 13 novembre 1990 a Cremona, dove sono cresciuto. Una cittadina ragionevolmente ricca e smodatamente dotata di bellezze artistiche e culturali, abbastanza tagliata fuori dal grande mondo da far sognare alla maggior parte dei ragazzi di andarsene, anche se poi la stessa maggior parte non lo fa. Perché a Cremona, tutto sommato, si sta bene.

Da adolescente pensavo che la mia vita non fosse interessante, perché guardavo troppe serie TV americane e mi facevo idee ridicole su cosa rendesse una vita da adolescente degna di essere vissuta. Poi ci fu il film di Luca Guadagnino, *Chiamami col tuo nome*. Ero in Islanda quando lo vidi. Raccontava per immagini lo spazio di un'estate nelle campagne della provincia cremonese, un'estate assai simile a quelle che trascorrevamo noi da ragazzi. Si girava in bicicletta, ci si incontrava, si leggevano libri complicati e si intrattenevano discorsi pretenziosi per darsi un tono. Nel film è tutto così poetico ed esteticamente appagante che molti spettatori non possono non aver provato invidia per chi ha trascorso le estati aggirandosi in bici su quelle strade di pianura che corrono attraverso i campi di granoturco, costeggiate da fiumiciattoli e fossi. E poi le piccole città d'arte e i paesini, i frutteti e i boschetti. Gli amori adolescenziali e le letture sotto il fogliame verdissimo di gelsi e platani.

Un paradiso, sembrerebbe. E lo era davvero, solo che uno non se ne rende conto fino a quando non se ne va. Ho sempre nutrito una certa insoddisfazione rispetto alla mia vita a Cremona. Vecchi pregiudizi, poche opportunità e quella che percepivo come una stagnazione generalizzata. Ero scontento della piega che le cose avevano preso. E poi sono partito.

Anche dopo aver capito quanto sia stata bella la mia adolescenza, pur con tutte le difficoltà che quella fase della vita sempre comporta, non ho mai sentito la mancanza di quel paradiso imperfetto, perché ne ho trovato un altro, altrettanto imperfetto ma più adatto al mio presente, mentre Cremona è ormai il mio passato. Un passato che ho scoperto essere stato una preparazione determinante a molte delle sfide che mi aspettavano, ma che si è rivelato anche un grosso fardello da portare sulle spalle, fatto di frustrazioni e delusioni che non avevano mai trovato sfogo. Vecchie ferite mai veramente sanate. Il solito carico che la vita finisce con l'accumulare.

Crescere a Cremona ha significato per me rimanere lontano da tanti dei mali più gravi che affliggono il mondo: è un posto sicuro, tranquillo, pulito e sereno. Più o meno. L'arte e la cultura sono ovunque e sono appannaggio di tutti, a prescindere dall'estrazione sociale. Cose da fare, con buona volontà, se ne trovano, e per i giovani esiste una pletora di alternative che spaziano da tutti gli sport praticabili dalla specie umana fino a ogni concepibile forma di espressione artistica, musicale e creativa. Sono cresciuto al suono dei violini, e già alle elementari mi era stato insegnato tanto sull'arte del costruirli. Ricordo ancora i nomi delle loro parti e dei legni usati, anche se non ho mai più avuto a che fare con questi strumenti.

Gli anni della scuola media sono stati atroci, così come il primo anno nel liceo sbagliato (a distanza di molto tempo avevo ancora incubi su quel periodo, che evidentemente mi aveva lasciato segni profondi), che poi ho avuto la lungimiranza di cambiare. I cinque anni che ho trascorso al Liceo delle scienze umane Sofonisba Anguissola sono stati tra i più belli della mia vita. Ho anche frequentato una scuola di musica locale e poi, per qualche anno, il Conservatorio. Mi sono pure dedicato a vari sport, tra i quali il kendo e la scherma. C'erano poi il corso di teatro, quello di scrittura creativa, i caffè letterari, i concerti al Teatro Ponchielli e l'opera, che andavamo a vedere con la scuola. Non posso certo dire che la mia vita fosse noiosa, almeno non esteriormente. Eppure c'era qualcosa che mi chiamava altrove.

Ho sempre nutrito una passione per il Nord, il freddo, la neve, le epiche e il folclore, e nel 2013 mi sono laureato in Lingue scandinave a Milano, dopo un anno di Erasmus a Edimburgo durante il quale ero riuscito anche a fare una capatina in Islanda, rimanendone ammaliato. Nel 2014, sono stato ammesso a un corso di laurea magistrale in Studi medievali islandesi e mi sono trasferito in Islanda. Credevo sarebbe stato qualcosa di temporaneo, invece non me ne sono più voluto andare. In Islanda ho trovato la mia società ideale, quella che meglio si adatta al mio carattere.

Insegno all'Università d'Islanda a Reykjavík dal gennaio 2016 e due anni dopo ho intrapreso gli studi di dottorato, specializzandomi nella lingua locale e nella sua evoluzione attraverso i manoscritti medievali. Nel frattempo coltivavo un blog in cui riversavo molte delle conoscenze che stavo acquisendo nel corso dei miei studi e della mia vita quotidiana in Islanda. Da lì è nato il sito *Un italiano in Islanda*, dove giorno per giorno ho condiviso video, articoli e foto, raccontando la storia e la cultura di questo Paese. Poi è arrivata la pandemia e l'Islanda si è ritrovata per la prima volta come nei decenni passati: vuota e silenziosa, selvaggia e solenne. L'università era chiusa e io ho cominciato a viaggiare per l'isola con amici e famiglia molto più frequentemente di quanto avessi mai fatto, creando un reportage dopo l'altro. Più scoprivo e più mi rendevo conto di quanto ci fosse ancora da scoprire. È un processo che non fa che perpetuarsi: più conosco l'Islanda, più aumenta la mia voglia di capirla fino in fondo.

Spesso mi chiedono come sia nata la mia passione per questo Paese. Di solito la risposta a questo tipo di domande è generica e tende a esprimere un sentimento innato che si ritiene di aver sempre avuto. Nel mio caso, invece, la storia dell'innamoramento per l'Islanda è molto chiara, ed è iniziata da lontano, in tutti i sensi.

In quarta elementare, la maestra di italiano organizzò un laboratorio sui racconti popolari e le fiabe del mondo, utilizzando un volume per bambini impreziosito da bellissime illustrazioni e con pagine quasi tassonomiche sulle creature soprannaturali che popolano quelle storie: elfi, gnomi, streghe, sirene, giganti... L'interesse per il folclore nordico, e per le atmosfere rarefatte in cui immaginavo avesse preso forma, era ormai innescato. Isole remote, mari tempestosi, scogliere nebbiose, foreste di conifere, brughiere misteriose e casette sperdute, il tutto popolato da creature di altri mondi, che si muovono in uno spazio fuori dal tempo, scevro dai fronzoli e dai dettagli della civiltà moderna che appesantiscono la nostra percezione del mondo.

Poi ci fu *Il Signore degli Anelli* e la passione per la Scozia, che mi avvicinò a quel mondo norreno che l'ha così pesantemente toccata. Per questo decisi di iscrivermi alla facoltà di Lingue e letterature scandinave. Il primo anno studiai il Medioevo nordico, in particolare quello islandese, così ricco e denso. Ma fu in un'altra occasione che, con uno stimolo quasi banale, la mia ineluttabile attrazione per l'Islanda venne finalmente a galla in tutta la sua potenza: durante il mio primo anno di università fu pubblicata la traduzione italiana del romanzo *Himnaríki og helvíti* (*Paradiso e inferno*), dell'islandese Jón Kalman Stefánsson.

Il testo è un capolavoro indiscutibile di prosa poetica, una storia bella e terribile, come l'Islanda, intrisa di quel tipo di tragedia che scatena gli impulsi che portano a raggiungere le vette più alte della poesia. Leggendo il libro, immaginai l'Islanda come poi l'avrei trovata. O forse l'ho trovata così perché quel libro ha lasciato un'impronta indelebile nella mia mente. Sta di fatto che per me c'è davvero poco, là fuori, che grida «Islanda» come questo gioiello letterario.

Potrei fermarmi qui e dire che fu la sua lettura a ispirarmi al punto di decidere di fare le valigie e partire, ma mentirei. La vera scintilla fu un'altra. E, come tutte le scintille, era cosa di ben poco conto ed è potuta divampare in un incendio inestinguibile solo perché è capitato che incontrasse il combustibile adatto: Jón Kalman Stefánsson venne in visita all'Università degli Studi di Milano per presentare il suo libro e firmarne le copie. Conservo ancora gelosamente la mia. In seguito la professoressa di Norvegese organizzò un seminario in cui provammo a tradurre in italiano la prima pagina del romanzo, commentandone la grammatica. I miei occhi furono come folgorati: disseminata ovunque sulla pagina fotocopiata, quasi fosse un orpello barocco aggiunto con il mero intento di decorare il testo, si trovava una lettera che avevo già visto in qualche contesto, come articoli accademici, titoli di libri e nomi propri, ma mai in un testo compiuto: Ð; ð.

Il nome di questa lettera è *eð*, di solito traslitterato con *eth*, ed è usata per rendere il suono del *th* inglese; anche l'altrettanto bella Þ/þ indica il suono del *th* inglese, ma solo all'inizio di una parola. C'è poi la legatura Æ/æ, che indica il dittongo *ai*, ma fu la *eð* in particolare a soddisfare chissà quale canone estetico ai miei occhi, tanto che guardare un testo islandese era come contemplare un'opera d'arte figurativa.

Dal momento che per me vedere questa lingua nella sua foggia stampata significava esperire un piacere estetico trascendentale, divenne un obiettivo fondamentale impararla, a cominciare dalla sua fase più antica. Come se una persona innamorata della lingua italiana iniziasse a studiarla partendo da Dante.

Anni dopo, quando ero ormai in Islanda da parecchio tempo, mi sono fatto tatuare sul braccio quella lettera fatale, perché in un certo senso è cominciato tutto con la *eð* o, per lo meno, è stata lei a fare la differenza, scatenando una serie di fortunati eventi che racconterò. Non tanto per il loro valore, che è minimo, quanto per l'essersi svolti nella cornice di un Paese la cui cultura e storia hanno finito con il diventare parte integrante della mia vita. Vorrei però operare un ribaltamento e usare la mia storia come cornice per raccontare l'Islanda.

Ho spiegato che ritengo importante che chi visita quest'isola sappia di trovarsi di fronte a una cultura millenaria ricchissima e articolata, e credo che per far veramente capire quanto questo Paese abbia la capacità di folgorare l'animo e far vibrare ogni fibra del cuore sia essenziale comunicare anche le emozioni che suscita. Per questo ho incastonato quanto avevo da dire sull'Islanda nel racconto delle mie esperienze in questa terra, anche per mostrare come la storia e la cultura di una nazione non siano soltanto appannaggio di libri di testo e musei, ma possano fare una grossa differenza nella vita delle persone.

L'Islanda mi ha dato davvero tanto, e questo è il mio modo per sdebitarmi, diffondendo le mie conoscenze ed esperienze e rendendole accessibili a tutti. Non pretendo che l'Islanda piaccia a chiunque, o abbia su tutti il profondo impatto che ha avuto su di me, ma sono fermamente convinto che ognuno di noi abbia qualcosa da imparare anche da questa terra, persino gli irriducibili amanti del sole e del Mediterraneo. Anche loro possono scoprire un lato di se stessi e dell'esistenza che non avrebbero mai immaginato, se riescono a vedere e capire la bellezza del freddo Oceano Atlantico, della luce bassa e flebile di una giornata di dicembre, quando tutto è incrostato dal ghiaccio, di una casetta di legno rivestita di lamiera azzurra, persa nelle sterminate campagne che si interrompono bruscamente quando le falde dei vulcani si innalzano dalle pianure. E poi il silenzio. La pace.

Non possiamo passare la vita ad assordarci con il chiacchiericcio altrui in luoghi affollati. C'è un tempo per ogni cosa, anche per stare in piedi da soli sul ciglio di un precipizio a osservare i brulli e disabitati altipiani islandesi, spazi infiniti dove si concentrano gli abissi più insidiosi e i picchi più svettanti dell'esperienza umana. Lì sentiamo la nostra voce interiore, il nostro io più genuino che grida forte i suoi sentimenti più profondi al resto del cosmo, che sta silenzioso in ascolto. Senza interrompere.

Spesso, chi non è naturalmente attratto da posti selvaggi e remoti come l'Islanda tende a commentare con variazioni sul tema: «Ma non c'è niente», proferito magari con tono sprezzante. Ci sono molti italiani che vivono in altri Paesi e ne mostrano le meraviglie: infiniti negozi, ristoranti e locali, che in Islanda sono oggettivamente carenti. Ma non sono sicuro che si tratti di un problema, tanto meno di un difetto. L'illusione di aver costantemente bisogno di un'ampia offerta di merci o di assaggiare questa o quella novità è il risultato di una vita sprofondata in un consumismo che impedisce di vedere l'essenziale. Se i colori e le luci di un centro commerciale ci appaiono indispensabili per la nostra felicità, qualcosa non va. Si è perso di vista il valore delle cose. Solo quando ci si trova nudi di fronte al nulla, senza appigli, si capisce quello che è essenziale e importa davvero. Tutto il resto appare per quello che è: un dettaglio.

L'Islanda è vittima di pregiudizi, sia positivi sia negativi. Spesso ritratta in foggia caricaturale sotto una luce forzosamente positiva, e altrettanto spesso liquidata sbrigativamente da chi non la conosce e ha l'arroganza di ritenere, senza fondamento alcuno, che dell'Islanda non ci sia nulla da sapere. È una terra che merita molto di più, e spero che questa lettura sia un passo nella giusta direzione.

Questo è un mio ringraziamento al Paese che mi ha accolto e ha realizzato i miei sogni. Al Paese delle epiche saghe medievali, degli elfi, delle balene, delle volpi artiche, delle aurore boreali, dei contadini poeti, dei romanzieri, delle case di torba, dei maglioni di lana, della musica che suona e muta attraverso le epoche, delle leggende e di tutte le cose che ho avuto modo di scoprire e hanno reso la mia vita islandese un'avventura senza fine.

1

Ingólfshöfði
Dove tutto ha avuto inizio

L'Islanda fu colonizzata inizialmente dalla Norvegia, ai tempi di Haraldur il Bellachioma, figlio di Hálfdan il Nero.

ARI ÞORGILSSON, *Libellus islandorum* (*Íslendingabók*), XII secolo

L'ISLANDA è innanzitutto un'idea. Come ogni meta, ancor prima che in luoghi, colori, volti e sensazioni, consiste in un ingente carico di aspettative. Che poi, alla fine, sono il vero bagaglio che ciascuno di noi si porta sulle spalle al momento di imbarcarsi al gate dell'aeroporto.

L'avevo sognata per anni: spiagge infinite ai piedi di ripide scogliere, magari con un vecchio dalla barba bianca che cammina solitario contemplando la vastità degli spazi. Un po' come in una foto di Ragnar Axelsson. Ero stato a una sua mostra a Milano nel 2011, quando il mondo era ancora in crisi ma restava comunque tutto l'ottimismo ereditato dagli anni Novanta.

La mostra di Ragnar Axelsson non mi aveva cambiato l'esistenza. L'Islanda non ha fatto irruzione nella mia vita. È stato tutto un guardarsi a distanza, un conoscersi un po' alla volta: un nome, un'immagine, una parola, un libro. Il primo vero contatto fu al corso di Letterature nordiche. Quando credevo che la vita mi avrebbe condotto da tutt'altra parte, venni trasportato dolcemente dalla voce calma di un professore attraverso le pagine antiche di quella letteratura gloriosa nata tra le asperità del Medioevo nordico. L'*Edda di Snorri*, le saghe, la poesia scaldica... Poi il corso virò rapidamente verso l'età moderna e l'Islanda, ormai succube della Danimarca che la controllava politicamente e la influenzava culturalmente con il suo austero luteranesimo, scivolò piano piano fuori dalla nostra attenzione.

Ma ormai la breccia era stata aperta. La mia curiosità virò bruscamente verso nordovest.

Passai diverse sere a sfogliare un libro di fotografie sull'Islanda – lo conservo ancora –, pensando che con tutta probabilità non avrei mai posato lo sguardo su quegli orizzonti sconfinati, su quei deserti scuri, su quelle lingue di ghiaccio implacabili. Amavo quel libro. Oggi lo amo ancora di più, anche se è ormai vecchio e superato. Lo amo perché le sue foto appartengono a un'epoca nella quale la postproduzione a buon mercato non creava aspettative ridicole sulle mete dei propri viaggi.

Poi, c'era Google Earth. Le serate trascorse a sorvolare l'Islanda e immaginare come dovesse essere vivere in un posto così remoto e – sospettavo – così freddo. E Wikipedia. Leggevo dell'Islanda e del suo miracolo, di come fosse uscita dalla crisi facendo fallire le banche, di come avesse riscritto la Costituzione. Di come i suoi abitanti fossero felici.

Sciocchezze, ho poi scoperto, ma abbiamo tutti bisogno di credere all'esistenza di un'isola felice oltre l'oceano, dove proiettare i nostri sogni disperati di un mondo più onesto e più giusto.

Cominciai a pensare di trasferirmi là, eppure non credevo di poter fare quel salto. Mi riempivo la testa di scenari apocalittici nei quali evocavo le più orrende catastrofi personali: mancanza di soldi, malattie, incidenti. Immaginavo una vita difficile, complicata dalla distanza. La nostalgia della famiglia e degli amici. La solitudine. La burocrazia diversa, la lingua, le strade non battute. E mi dicevo che non potevo. Che non avevo la forza e le competenze.

In seguito ho constatato che avevo ragione su tutto, tranne che su una cosa: la forza e le competenze alla fine le ho avute. Ma l'ho scoperto solo molto tempo dopo essere partito. E sono partito con l'idea confortante che se qualcosa fosse andato storto, tornare e raccogliere i cocci non sarebbe stato così difficile. In fondo, all'inizio si trattava solo di fermarmi per un anno come studente. Come un secondo Erasmus. Avevo però una certezza: non potevo rimanere in Italia. Non potevo più vivere nella piccola città dove ero cresciuto. Dovevo partire. Al mio ritorno mi sarei scontrato con la realtà, ma almeno avrei avuto i ricordi di un anno speciale.

Invece, da quando sono qui, sull'orlo di questo scoglio battuto dal vento artico, non ho più sentito il bisogno di andarmene. L'inquietudine del presente e l'incertezza del futuro non mi appartengono più. I dolori tumultuosi e le tempeste dell'esistenza finiscono inevitabilmente con il dissolversi nella profonda e inesauribile gioia di essere vivo e di sentirmi ormai parte di questo impervio e spietato paesaggio.

Scesi dall'aereo una sera di fine agosto del 2014. Ingenuo e inconsapevole. Ventitré anni di bellissima incoscienza. Studierò, mi dicevo, prenderò una laurea, vivrò un anno fantastico e poi tornerò a casa. Tornerò ai verdi campi. Ai fossi. Alle pozze d'acqua nei boschetti. Alle cascine. Ai giri in bicicletta sugli argini presso il Po. Mentre il taxi mi portava verso la mia nuova casa, non pensavo che al presente. Il passato era un ricordo agrodolce. Il futuro non mi interessava ancora.

Sono ormai trascorsi anni da quella sera in cui ho imboccato una strada laterale sui sentieri dell'esistenza, e ripensandoci trovo spesso difficile rendermi conto di quanto fosse stato un passo importante, un nuovo inizio di quelli che rivelano solo in seguito la rottura che segnano sul percorso del tempo. Forse era stato così anche per il primo colonizzatore dell'Islanda: una decisione presa magari per disperazione, o frustrazione per la situazione nella sua nativa Norvegia. Un balzo nell'ignoto, e l'inizio di una nuova storia che mai avrebbe immaginato così emozionante.

A questo pensavo, qualche anno dopo, la prima volta in cui ho finalmente visitato il luogo dove la storia di questo Paese ha avuto inizio: il promontorio di Ingólfshöfði. Il vento era appena accennato, cosa alquanto rara in Islanda. Gettai lo sguardo dalla cima del promontorio lungo la sterminata distesa di sabbia nera che si stagliava fino ai piedi dei monti, tra i quali scivolavano lentamente diverse lingue di ghiaccio dalla calotta bianca parzialmente nascosta dalle nuvole. A pochi metri da me, un costante frullio di ali: centinaia di pulcinella di mare dondolavano impacciati sulle sporgenze della scogliera prima di gettarsi a capofitto verso l'oceano, dal quale tornavano con i becchi variopinti stracolmi di piccoli pesci.

Il promontorio di Ingólfshöfði si intravede dalla strada, doppiando il punto più meridionale della catena montuosa che ospita il ghiacciaio Vatnajökull, la più colossale calotta glaciale in Europa. Da lontano sembra un isolotto senza particolari attrattive, una macchia blu sbiadito oltre una distesa sterminata di pianure sabbiose invase dall'acqua. Avvicinandosi, tuttavia, i contorni si fanno più nitidi, il semplice profilo scuro stagliato contro il cielo si arricchisce di escrescenze, venature, anfratti, sfumature e tanti altri dettagli delle pareti rocciose.

La scogliera, che è lunga di più di un chilometro, larga 750 metri e alta poco meno di 80, svetta imponente sui flutti infidi dell'oceano, tranne che nella parte settentrionale, dove è resa accessibile da un'imponente duna di sabbia nera che può essere risalita a piedi con poco sforzo. In quella tiepida giornata di luglio, la parte superiore del promontorio era di un verde talmente brillante da sembrare più il risultato di un eccesso di zelo da parte di un fotografo nel momento della postproduzione che un genuino regalo della natura; ma l'Islanda ha la capacità di costringerci a riconsiderare tante realtà, inclusi i colori che pensiamo la natura sia in grado di produrre.

Arrivai fin là su un carro aperto trainato da un trattore. Alla guida c'era Einar Rúnar, la cui famiglia vive in quella zona da generazioni. Era stata di suo padre l'idea di portare i primi turisti attraverso i loro terreni fino al promontorio: si era ingegnato e aveva usato i mezzi di cui disponeva, un trattore e un carro. Il figlio non ha voluto tradire lo spirito di questa esperienza, perciò raggiungere il promontorio di Ingólfshöfði significa affrontare una traversata di mezz'ora nell'immensa distesa di sabbia invasa dall'acqua dei ghiacciai, il cui nome è Leirur, termine islandese che indica terreni bassi e sabbiosi parzialmente sommersi da acque superficiali.

Che splenda il sole o soffi un gelido vento da settentrione, questo viaggio della speranza è il prezzo spirituale che si deve pagare per raggiungere quel luogo sospeso tra passato e presente. I sobbalzi, gli sballottamenti, la sabbia nera che schizza, sollevata dalle ruote del mezzo, sono il contraltare a una delle bellezze più rare su cui l'occhio umano possa posarsi. Le distese d'acqua, talvolta striate dai soffi intermittenti del vento, riflettono il cielo e le montagne in lontananza, e per un momento ci si scorda quale sia il profilo dei monti e quale sia soltanto il suo riflesso.

Scalai la duna colossale, plasmata dal vento incessante che nel corso dei secoli ha ammassato quantità immani di sabbia nera, prodotta dall'inesorabile lavorio dei ghiacciai sulle rocce e trasportata a valle dallo scorrere ora placido, ora irruento delle acque di scioglimento.

In cima al promontorio, il nero della sabbia cede il passo a una vegetazione che, per gli standard islandesi, ci si può azzardare a definire rigogliosa. Passeggiai lungo l'orlo del precipizio, contemplando le onde che si sdraiavano e stiracchiavano sulla riva sottostante, tra rocce, ciuffi di muschio e macchie profumate di timo artico. A poca distanza dalla sommità della duna, svetta un pilastro di roccia con una scritta scolpita. Si tratta di un monumento commemorativo, semplice ed essenziale, come tante altre cose in questo Paese. Secondo le fonti medievali, è qui che inizia in qualche modo la storia dell'Islanda come nazione.

Lessi quella frase, che completai con la memoria ancor prima che con gli occhi – conoscevo bene quei resoconti trasmessi secoli or sono su antiche pergamene –, e mi fermai a riflettere.

«*Ingólfur tók þar land er nú heitir Ingólfshöfði*», dalla *Landnámabók.*

«Ingólfur approdò nel luogo che oggi si chiama Ingólfshöfði», dal «Libro delle colonizzazioni».

La *Landnámabók*, o «Libro delle colonizzazioni», è un caso unico nella letteratura medievale europea. Composta probabilmente nel XII secolo, consiste in una sorta di catalogo dei primi colonizzatori dell'Islanda elencati in base alla porzione del Paese in cui si erano insediati, seguendo il perimetro dell'isola in senso orario.

Il testo introduce l'Islanda, identificandola con la terra che in latino veniva chiamata Thule, e ne descrive la scoperta fortuita e i primi fallimentari tentativi di esplorazione, fino alla fondazione del primo insediamento permanente da parte di un notabile norvegese, Ingólfur Arnarson, il quale sarebbe approdato a Ingólfshöfði nell'870 d.C. e avrebbe poi fondato Reykjavík nell'874. Insieme con Ingólfur, la *Landnámabók* elenca un totale di 437 colonizzatori, 383 uomini e 54 donne. Di questi, a volte viene solo riportato il nome e il luogo dove si sarebbero insediati, in altri casi vengono forniti dati biografici, parentele e aneddoti relativi alla loro vita.

Ci sono giunte diverse versioni di questo testo, le quali differiscono su alcuni dettagli grandi e piccoli, ma sono concordi nell'identificare la causa scatenante della colonizzazione del Paese nell'espansione del potere reale in Norvegia. Alla fine del IX secolo, il re Haraldur Bellachioma avrebbe deciso di unificare la Norvegia sotto una sola corona, e molti potenti locali sarebbero scappati in Islanda per fuggire alla sua tirannia. Oggi gli studiosi sono abbastanza concordi nel ritenere questa versione dei fatti un'invenzione a posteriori: un mito fondante per l'identità islandese elaborato nei secoli successivi per giustificare la sua esistenza come nazione.

Anche la spiegazione fornita al nome dell'Islanda non convince troppo: le sarebbe stato attribuito da uno dei primi esploratori, Flóki Vilgerðarson, il quale sarebbe stato tratto in inganno da un'estate particolarmente mite, seguita poi da un inverno rigido in cui il suo bestiame sarebbe perito, costringendolo a fare ritorno in Norvegia. Prima della ripartenza, Flóki sarebbe salito su un monte e da lì avrebbe intravisto dei ghiacci alla deriva in un fiordo, così avrebbe deciso di chiamare l'isola «Terra di ghiaccio», Ísland. In realtà, è molto più probabile che il nome derivi dal fatto che, arrivando dall'Europa via nave, tra i primi elementi del paesaggio che si scorgono ci sono appunto le colossali calotte glaciali del Sudest.

Sia come sia, trovarsi nei luoghi che fanno da sfondo a questi antichi racconti è un'esperienza emozionante a prescindere dalla loro attendibilità storica. Del resto, tanti amano visitare le ambientazioni dei loro film o libri preferiti, e la *Landnámabók* è per me uno dei prodotti più affascinanti della cultura letteraria europea.

Vi si racconta che, una volta raggiunta l'Islanda, Ingólfur gettò in mare i due pilastri lignei che adornavano i lati del suo seggio, facendo voto di stabilirsi là dove si fossero spiaggiati. Nel frattempo, approdò presso il promontorio che avrebbe poi portato il suo nome: Ingólfshöfði, «Capo di Ingólfur».

Mi venne improvvisamente la pelle d'oca, immaginandolo scendere a terra, guardarsi intorno e decidere di accamparsi, con il cuore pieno di speranza.

Ingólfur non era giunto da solo in Islanda. Ad accompagnarlo, su un'altra nave, c'era Hjörleifur, suo fratello giurato. Una volta avvistata la terra, i due si erano separati e Hjörleifur aveva raggiunto un luogo più a ovest, presso il promontorio che porta il suo nome, Hjörleifshöfði, dove venne ucciso dai suoi schiavi irlandesi. La primavera successiva, Ingólfur inviò due schiavi, Vífill e Karli, alla ricerca dei suoi pilastri votivi. Questi rinvennero il corpo senza vita di Hjörleifur e tornarono indietro per riferirlo a Ingólfur, il quale partì immediatamente per una spedizione punitiva.

Seguii con gli occhi la linea della costa fino all'orizzonte, verso ovest, dove la spiaggia nera sembrava sprofondare nel cielo. Immaginai Ingólfur, con il cuore greve dalla rabbia e dal dolore, abbandonare quel luogo ai piedi dei ghiacciai per spingersi ancora oltre, verso l'ignoto.

Una volta vendicata la morte del fratello, Ingólfur si stabilì presso il promontorio di Hjörleifshöfði, dove trascorse l'inverno seguente. In primavera riprese a spostarsi verso ovest, poi si accampò per il suo terzo inverno in Islanda presso il monte Ingólfsfjall, vicino al quale oggi sorge la cittadina di Selfoss, uno degli angoli più sottovalutati del Paese. Fu soltanto la primavera successiva che finalmente i suoi schiavi trovarono i pilastri votivi, arenatisi sulla riva in corrispondenza della collina di Arnarhóll, oggi nel pieno centro di Reykjavík. La mia cara Reykjavík.

Fu lì che Ingólfur si stabilì, e la *Landnámabók* lo descrive come il più nobile tra i colonizzatori, giacché era giunto in una terra disabitata ed era stato di esempio per tutti gli altri. Si sposò ed ebbe dei figli, prima di scomparire dalla storia.

Già. La storia.

La storia islandese più antica è indissolubilmente avviluppata alle storie che sono nate in seguito in questa terra inclemente, e la terra stessa è greve di tutti questi racconti, che la ammantano come un velo invisibile.

Dopo l'approdo di Ingólfur, nei sessant'anni che coprono il periodo denominato «delle colonizzazioni», tutte le terre disponibili in Islanda erano state reclamate, e nel 930 gli islandesi fondarono la loro Assemblea generale. Questa è la data convenzionale che segna la nascita dell'Islanda come nazione.

Einar Rúnar stava raccontando tutto questo, quando gli occhi mi caddero su un enorme uccello marrone, che ogni tanto si stiracchiava rivelando un'apertura alare impressionante. Si trattava di uno stercorario, un uccello marino dalle zampe palmate, seppur dotate di artigli, che si nutre in larga misura di pesce ma non disdegna di predare anche uova e pulcini di altre specie. Ingólfshöfði è un santuario degli uccelli, ve ne nidificano a migliaia.

Non sono però soltanto gli stercorari ad approfittare della manna di tutte quelle uova: anche le persone, nei secoli, hanno strappato la loro vita dalle mani della fame cacciando uccelli e raccogliendone le uova. Nel 1974 il promontorio è stato dichiarato area protetta ed è parte del demanio pubblico, ma gli abitanti della zona, volendo, possono ancora dedicarsi alle antiche attività di raccolta di uova o caccia di uccelli, anche se ormai si preferiscono metodi meno rischiosi per procurarsi il cibo, perché anche l'antico stile di vita della popolazione è protetto come patrimonio immateriale.

Quando Einar Rúnar era un ragazzo, veniva spesso scelto per la raccolta delle uova dalle scogliere; essendo più leggero degli altri, era più facile calarlo con le funi e poi tirarlo su. Ormai sono anni che la gente del posto non deve più fare affidamento su questa pratica pericolosa per sopravvivere, ma le corde ci sono ancora. Sono custodite lì sul promontorio, in un piccolo capanno di legno e lamiera arancione.

Il 19 gennaio 1903, presso il promontorio era naufragato un peschereccio tedesco. Non era la prima volta, e molte vite sono state reclamate nel corso dei secoli da quelle acque infide. Dei dodici naufraghi, nessuno era morto annegato, però erano rimasti per undici giorni esposti al gelo di gennaio senza un riparo, vagando per le distese di sabbia. Nove di loro erano sopravvissuti, ma alcuni erano talmente provati dal gelo che avevano dovuto subire amputazioni. Quella tragedia aveva portato l'allora ambasciatore tedesco a finanziare la costruzione di un rifugio per naufraghi, il primo in Islanda, che fu però realizzato soltanto nel 1912. Oggi non serve più ma viene ancora mantenuto, e al suo interno si trovano un tavolo, letti a castello, una bombola del gas e le vecchie corde usate per calare i giovani coraggiosi dalle scogliere per la raccolta delle uova. Un ultimo ricordo di un tempo lontano e diverso.

Einar Rúnar raccontava con un sorriso sereno sulle labbra. Il sorriso di chi ha imparato ad accettare con pacifica rassegnazione tutte le circostanze dell'esistenza. Io mi soffermai a pensare a quelle vite strappate dalla natura matrigna che tutto controlla e che spadroneggia ancora in questo angolo di mondo. Il freddo, il buio, il nero a perdita d'occhio. Cosa deve essere stato per quei poveri giovani trovatisi in questo angolo di paradiso ormai tramutatosi in un inferno di ghiaccio?

Uscito dal rifugio, continuai il percorso sul promontorio. Dovetti mettermi a correre per evitare di essere attaccato da alcuni uccelli particolarmente territoriali, e quando mi fermai per riprendere fiato, volsi lo sguardo verso l'entroterra. Il colossale deserto nero di Skeiðarársandur correva per chilometri e chilometri, dai piedi dei monti alla riva dell'oceano. Tra il promontorio e i rilievi, solo sabbia. È il motivo per cui questa zona è detta Öræfi, «Terre desolate», ma non è sempre stato così.

All'arrivo di Ingólfur, gran parte dell'area era coperta da foreste di betulle. Per quasi tutto il Medioevo fu conosciuta con il nome di Litlahérað, «Piccola contea»: un angolo d'Islanda bucolico, punteggiato da numerose fattorie, all'ombra di quei monti aguzzi sui quali si adagia la possente calotta glaciale. Sotto di essa, e in particolare sotto la sua sezione più meridionale – chiamata Öræfajökull, «Ghiacciaio delle desolazioni» –, si nasconde uno dei vulcani più pericolosi d'Islanda.

Le fonti medievali sono laconiche e gli annali registrano soltanto che nel 1362 una grande eruzione spazzò via tutta la Piccola contea, avvolgendola nella più totale oscurità anche a mezzogiorno e distruggendo settanta fattorie, oltre a – secondo alcune stime – una ventina tra chiese e cappelle. Nessuno sarebbe sopravvissuto, a parte un'anziana donna e un cavallo.

In precedenza, questa regione doveva essere molto prospera. Non solo gli uccelli marini, ma anche le foche e i cetacei spiaggiati dovevano costituire una fonte economica importante. A seguito dell'eruzione, la zona rimase spopolata per decenni. Ancora oggi, la natura non si è interamente ripresa da quell'evento catastrofico, e il nome di «Terre desolate» rimane appropriato per descrivere questa parte d'Islanda così selvaggia e austera.

Molti si domandano come possano gli islandesi vivere in una terra così soggetta alle catastrofi naturali. Fa sorridere se a chiederselo sono gli italiani, dimenticando i nostri terremoti e i nostri vulcani. Le catastrofi naturali, del resto, possono capitare ovunque: tifoni, inondazioni, siccità, invasioni di cavallette, incursioni aliene... la differenza sta nel nostro modo di affrontare gli imprevisti. Si può scegliere di programmare tutto nei minimi dettagli, e andare in panico a ogni minima deviazione dal piano, oppure si può decidere di vedere che aria tira e improvvisare, ed è proprio questo che fanno gli islandesi.

In Islanda ho trovato una società molto a misura d'uomo, il che crea un contrasto interessante, se la si rapporta alla natura inospitale. Per me, l'Islanda è stata per tanti versi una cura per l'ansia. In Italia mi capitava spesso di essere trattato male in uffici e negozi da personale spazientito e con i nervi a fior di pelle. Per questo sono sempre stato riluttante a chiedere informazioni o approcciare sconosciuti. Avevo paura di incontrare una persona sbuffante che mi avrebbe risposto in modo secco gettandomi in un profondo imbarazzo, e a nessuno piace sentirsi in imbarazzo.

Arrivato in Islanda, come prima cosa dovetti consegnare i documenti per il rilascio del codice fiscale, nei quali emerse un errore nella compilazione. Il mio cuore prese subito a battere forte e mi salì un groppo in gola.

«Tranquillo, te lo sistemo io», mi disse la ragazza allo sportello.

Io mi ero già preparato psicologicamente a dover fare tutto da capo, oltre che a essere trattato come un idiota e accusato di farle perdere tempo.

Più avanti, mi capitò di dimenticare di consegnare un elaborato, che avevo già finito, per un corso all'università. Quando studiavo a Edimburgo mi ero abituato a scadenze ferree, oltre le quali si applicavano penalità calcolate con rigore matematico. In teoria, era così anche in Islanda. In pratica, scrissi al professore – un distinto signore islandese dal sorriso perenne e sereno – profondendomi in umili scuse e pronto alla scure che, ne ero certo, si sarebbe abbattuta sul voto finale.

«No, no! Tranquillo, nessun problema: manda pure adesso!» mi rispose.

E non applicò penalità.

Decisi che se avessi insegnato mi sarei comportato come lui, e così ho fatto. A meno che uno studente dimostri costante sciatteria e incapacità di organizzazione, dal punto di vista educativo non ha senso punire una persona che, come me, ogni tanto può fare qualche errore o commettere una leggerezza. Siamo tutti umani, con storie diverse e complesse, e le procedure standardizzate non funzionano mai bene quando applicate alla nostra realtà individuale.

Poi c'è la questione dello stress e della rabbia. Un giorno mi trovai a dare una mano nella fattoria dei genitori della mia compagna Lára, srotolando una balla di fieno nell'apposita macchina e facendola ruotare tra i denti di ferro che la sfibrano, per poi far precipitare il fieno in un cassone su ruote che avrei trasportato a mano lungo le mangiatoie, per riempirle. Avendo posto il cassone troppo vicino alla macchina, una volta attivatone il meccanismo i denti di ferro fecero presa nel legno, trascinando il cassone verso il basso e sfasciandolo con un rumore spaventoso.

Avrei voluto sprofondare.

Mi aspettavo manifestazioni di fastidio, magari imprecazioni e sgridate sonore. Invece i miei suoceri, senza battere ciglio, presero un trapano e in pochi minuti rimisero insieme il cassone. In effetti, a cosa sarebbe servito esplodere dalla frustrazione per un disguido?

Di norma, gli islandesi non si arrabbiano molto, non urlano e non perdono le staffe. Non li si vede mai litigare e sbraitare in televisione, e questa può anche essere una gran noia, lo confesso, ma nella vita di tutti i giorni non cadere preda dell'ira è un notevole vantaggio.

Mi sforzo sempre di tenerlo a mente quando qualcosa va storto. È difficile non infuriarsi e imprecare per sfogarsi, ma cerco di ricordarmi che la rabbia è negatività, e la negatività che creo finisce con il fare più male a me che agli altri.

Sul versante occidentale della catena montuosa su cui si adagia il ghiacciaio Öræfajökull si trova l'immenso deserto nero di Skeiðarársandur, uno dei paesaggi più surreali che l'Islanda possa offrire. Si tratta di una vasta pianura alluvionale di sabbia e detriti neri, plasmata dalle periodiche inondazioni provenienti dai ghiacciai.

Il calore dei vulcani che giacciono sotto la calotta glaciale causa talvolta lo scioglimento di enormi quantità di ghiaccio; l'acqua accumulata scivola sotto la calotta o si apre dei varchi, irrompendo a valle con una violenza inaudita e spazzando via tutto ciò che incontra sul cammino.

Ho sempre trovato terrificante il pensiero di un evento così catastrofico. Non so quante volte ho attraversato in auto questa regione, che è una di quelle che amo di più e conosco meglio, eppure c'è qualcosa in quei vasti e tetri spazi neri che continua a smuovermi nel profondo dell'animo.

Grazie al cielo, oggi gli scienziati monitorano costantemente la situazione e sono in grado di prevedere eventuali alluvioni, almeno entro certi limiti. Avvengono generalmente nelle stesse aree, e l'unico pericolo reale è il danneggiamento di strade e ponti, nonché il possibile allagamento di zone abitate nel caso in cui i terreni non riescano ad assorbire tutta l'acqua in eccesso. Eppure, l'idea di un boato che infrange il silenzio e di un'ondata fangosa che si abbatte inesorabile rimane sconcertante.

Quando guido lungo la strada che attraversa quel deserto, a volte immagino come sarebbe trovarsi lì e vedere l'enorme onda avvicinarsi dalla lingua del ghiacciaio a nord. Non potrebbe succedere, perché la strada verrebbe chiusa in tempo utile, ma il pensiero dell'impotenza di fronte a una tale forza naturale non può fare a meno di turbare le proprie sicurezze.

Eppure, in mezzo a tanta ineluttabile violenza, si trova anche una fioca luce di speranza: negli ultimi anni, vaste zone aride e desolate di questo immenso deserto hanno cominciato a essere punteggiate dal verde di una miriade di piantine di betulla nana, germogli nati dalle sementi trasportate dal vento dall'antica foresta di Bæjarstaðaskógur, uno degli ultimi brandelli di antica foresta di betulle sopravvissuti allo scempio provocato dalla natura stessa e dall'uomo nel corso dei secoli.

Per arrivarci si segue un percorso di diversi chilometri attraverso l'ampia valle Morsárdalur, protetta da ripidi monti, dove le temperature possono salire localmente a livelli inimmaginabili per l'Islanda. In giornate di sole, il calore può addirittura diventare fastidioso, evento raro in questo Paese.

Camminare da un versante all'altro della valle significa ammirare da lontano, sulla cima di una mastodontica parete rocciosa, la calotta del ghiacciaio ormai separata dalla lingua sul fondo della valle, che oggi è soltanto una frazione di ciò che deve essere stata. Tra la calotta e la lingua di ghiaccio più in basso scorrono diverse cascate, con l'acqua di scioglimento che si apre un varco e spunta sotto lo spesso strato di ghiaccio. Si tratta dei Morsárfossar. Una di queste raggiunge, secondo alcune stime, ben 240 metri di altezza; un dato che ne farebbe la più alta d'Islanda.

Nell'ultimo secolo, grazie all'interesse delle istituzioni e allo zelo del corpo forestale islandese, nonché di alcuni privati, la vegetazione si è espansa notevolmente. Torno spesso là, cammino tra i filari di betulle facendomi strada tra fitte macchie di lupini in fiore, seguo i varchi aperti nella vegetazione dalle pecore che si aggirano curiose nella zona, fino a raggiungere i piedi dei monti sul versante nordoccidentale della valle. Là si trova un torrente caldo che scende placido dalla montagna, e qualche buonanima si è presa la briga di scavare una piccola pozza, lastricandone l'orlo con delle pietre. Come in tutte le pozze naturali, l'acqua è torbida e piena di alghe, ma da quella si gode di una vista impareggiabile sulla valle sottostante e sul monte Skaftafell, con i picchi aguzzi di Kristínartindar. Tutto intorno, rigogliosa e prospera si estende la foresta, in parte sul fondovalle, in parte sui fianchi ripidi dei rilievi.

La più antica fonte in nostro possesso sulla storia dell'Islanda è la cosiddetta *Íslendingabók*, o *Libellus islandorum*, «Libercolo degli islandesi», un compendio di storia composto all'inizio del XII secolo da un prete, Ari Þorgilsson detto fróði, «il Saggio». L'autore scrive che, al tempo della colonizzazione di Ingólfur, l'Islanda era «coperta di boschi tra i monti e le spiagge». Alcuni studiosi suggeriscono di prendere l'affermazione con le pinze, sostenendo che è vera solo per alcune parti d'Islanda ma, secondo le stime degli scienziati, prima dell'arrivo dell'uomo, tra il 20 e il 40% del Paese era coperto da boschi di betulle. Anche se oggi l'Islanda è in larga misura una tundra, allora doveva essere più simile al bosco che osservavo intorno a me mentre stavo sdraiato in quella pozza.

L'arrivo dei primi coloni ha portato all'abbattimento estensivo di foreste per creare pascoli e reperire combustibile, necessario per ottenere il ferro dalle torbiere. La deforestazione indiscriminata ha finito con l'alterare l'equilibrio naturale: la crescita di nuove piante non è riuscita a compensare il ritmo dell'abbattimento e il suolo, ormai sottile ed esposto alle intemperie, è stato dilavato. Così si sono creati molti di quei paesaggi brulli e desolati che colpiscono l'immaginazione di tanti. La loro essenziale e per certi versi drammatica bellezza, priva di fronzoli o orpelli, è una delle attrattive principali di quella che viene giustamente percepita come una terra estrema.

Tuttavia, l'assenza di elementi di disturbo come fili elettrici, capannoni industriali e svincoli autostradali trae in inganno rispetto alla «naturalità» di questi paesaggi: anch'essi sono il risultato di uno scempio operato in larga misura dall'uomo. Non che non ci si sia messa anche la natura, a peggiorare una situazione già compromessa: oltre alle eruzioni e alle alluvioni glaciali, dalla metà del Trecento il clima europeo ha subito un raffreddamento che si è prolungato fino all'Ottocento inoltrato. Nel corso di quei secoli, conosciuti come Piccola era glaciale, i ghiacciai sono cresciuti e la qualità dei terreni è peggiorata. Nel primo Medioevo, in Islanda era possibile coltivare alcune granaglie, ma per tutta l'età moderna gli islandesi dovettero affidarsi alle importazioni perché le condizioni climatiche erano diventate troppo ostili alla crescita di cereali commestibili.

Oggi le foreste islandesi stanno aumentando sensibilmente, coadiuvate dal riscaldamento globale. Ma la loro estensione è resa problematica dalla presenza di numerosi ostacoli. Qualche anno fa partecipai a un'opera di volontariato tesa a contribuire al rimboschimento di una zona desertica del Sud, anticamente coperta di vegetazione ma da secoli arida e sterile. In una giornata, con qualche decina di persone, piantammo e fertilizzammo circa diecimila piantine di betulla. Il tasso di sopravvivenza, ci avevano detto, era tra il 40 e il 60%: su dieci piantine interrate, circa la metà sarebbe morta. L'anno successivo tornai a verificare le condizioni della zona e il tasso di sopravvivenza effettivo era stato dello 0%.

Il cuore mi sprofondò nelle scarpe, mentre contemplavo quella vastità desertica ai piedi di un vulcano ammantato di neve. Bella e terribile, resa tragica dal fallimento di quel grande sforzo che avevamo profuso. Purtroppo, l'attività forestale in Islanda è così: si procede per errori, e l'esperienza di altre nazioni non viene in soccorso, perché le condizioni di questo Paese sono uniche, e ciò che ha funzionato altrove non necessariamente funziona qui. Così l'Islanda rimane brulla e selvaggia, quasi a volerci ostinatamente ricordare che le conseguenze delle nostre azioni scellerate saranno pagate a caro prezzo da molte generazioni a venire. Proprio come le generazioni precedenti hanno dovuto vivere con i risultati delle scelte miopi dei loro avi.

Faccio fatica a non pensare alle tragedie del passato, al dolore e alle difficoltà che gli islandesi devono aver vissuto. Quando percorro quelle antiche strade, mi sembra sempre di sentire la loro presenza, come una traccia invisibile e indelebile lasciata su quei paesaggi. Penso a come sia stata difficile la loro vita, a come mi siano a un tempo così vicini e così lontani, e soprattutto a come sia miracoloso che, in quelle condizioni, un popolo sia stato in grado di partorire una delle tradizioni letterarie più ricche e stupefacenti al mondo.

Sul versante orientale della catena montuosa sulla quale si adagia il ghiacciaio Öræfajökull, invece, si estende una regione detta Suðursveit. Qui si trova una delle meraviglie islandesi tra le più indimenticabili: la laguna glaciale di Jökulsárlón. L'ho visitata più volte di quante possa ricordare, e ogni volta mi sono emozionato come se fosse la prima, anche perché in un certo senso era proprio così. Là, infatti, la lingua di un ghiacciaio incontra una laguna separata dal mare da un breve canale; il ghiaccio si spacca e precipita nell'acqua, dove galleggia per giorni trasportato dalle correnti, fino ad ammassarsi presso l'imboccatura del canale. Da qui scivola verso l'oceano, e i suoi frammenti si riversano su una spiaggia nera a poca distanza, che i turisti hanno ribattezzato

«Spiaggia dei diamanti», ma il cui vero nome è un più prosaico Fellsfjara, «Spiaggia del monte».

Sono i pezzi di ghiaccio a rendere unico questo luogo: alcuni hanno dimensioni colossali, e tutti mutano continuamente forma. Lo spettacolo di cui godi è irripetibile, solo tu in quel momento vedi quel paesaggio, che subito dopo cambierà. Il ghiaccio ha sfumature azzurrine, dovute all'assenza di gas intrappolati nell'acqua, che quando è pura lascia filtrare solo la banda azzurra dello spettro luminoso. È anche striato di nero: le strisce scure sono i depositi di cenere di antiche eruzioni vulcaniche. Nel momento in cui raggiungono il mare, quei pezzi di ghiaccio hanno in media un migliaio di anni alle spalle, da quando sono caduti sotto forma di neve sul ghiacciaio.

Nella laguna nuotano placide le foche. L'imboccatura del canale è troppo stretta per i cetacei o altri predatori, ragion per cui le foche hanno trovato uno spazio tutto loro dove nutrirsi indisturbate del pesce che abbonda in quelle acque.

Una volta, in aprile, sul versante orientale della laguna ho avuto la fortuna di vedere una mandria di renne. Sono state introdotte in Islanda in età moderna, con la speranza di renderle una fonte di attività economica, ma non se n'è fatto nulla: oggi sopravvivono solo allo stato selvatico e sono confinate nell'Est del Paese. La laguna glaciale rappresenta una delle barriere naturali alla loro espansione verso ovest. Di solito passano le estati sui selvaggi altipiani, scendendo in inverno alla ricerca di cibo.

Dove oggi si trova la lingua del ghiacciaio, incastonata in una stretta valle, ai tempi della colonizzazione c'era uno spazio aperto, e il ghiacciaio si estendeva una ventina di chilometri più a monte. Dove oggi vediamo una profonda laguna, nel Medioevo c'era una pianura. Con il procedere della Piccola era glaciale, si accumulava più neve di quanta se ne sciogliesse in estate. Come panna in eccesso che cola da una torta, a poco a poco il ghiaccio scivolò lungo i monti e riempì le valli. Così si è formata la colossale lingua detta Breiðamerkurjökull, «Ghiacciaio della vasta foresta», che all'inizio del Novecento raggiunse quasi la riva dell'oceano.

Da allora, le temperature si sono alzate e in estate si scioglie più ghiaccio di quanto non se ne formi in inverno. Per questo il ghiacciaio si sta ritirando. Il suo peso immane ha scavato un solco profondo, ora riempito dall'acqua delle alte maree. L'ingresso di acqua salmastra nella laguna accelera il processo di scioglimento del ghiaccio, che per questa lingua glaciale raggiunge i 300 metri in meno ogni anno.

Fra due o tre decenni, questo luogo più unico che raro si trasformerà in un profondo fiordo, simile a tanti altri presenti sul territorio. La natura muta in continuazione, e così anche noi. La transitorietà delle cose non risparmia nulla.

2

Aurora boreale

Il lungo inverno sotto le luci del Nord

Alcuni sostengono che ci sia un incendio che circonda gli oceani e le acque che scorrono dai confini del mondo, e dato che la Groenlandia giace nel punto più a nord del mondo, è possibile che questa luce sia il bagliore del fuoco che circonda i mari esterni. Altri suggeriscono che quando il sole scompare oltre l'orizzonte, la luce di alcuni raggi possa raggiungere il cielo, visto che considerano la Groenlandia giacere in posizione talmente esterna sul mondo, che la curvatura della superficie terrestre che blocca la luce solare deve essere meno prominente. Ma ci sono anche coloro i quali sostengono, e questo non mi sembra improbabile, che i ghiacci e il gelo assorbano talmente tanta luce da irradiarla in seguito.

Konungs skuggsjá (*Speculum regale*), XIII secolo

SONO molti o pochi, ventitré anni? Tanti ne avevo quando mi trasferii, il 24 agosto 2014, e all'epoca mi sembravano già una cifra considerevole. Era passato un anno dalla mia prima visita, la breve e intensa settimana che mi aveva fatto innamorare delle atmosfere di quella terra, e che si è poi rivelata fatale.

Arrivai intorno alle dieci di sera alla stazione degli autobus di Reykjavík. Ricordo che durante il viaggio dall'aeroporto c'erano molti posti vuoti, dettaglio che non avrei più visto fino all'insorgere della pandemia. Due ragazze asiatiche superemozionate commentavano il poco che si intravedeva del paesaggio circostante, ormai avvolto dal buio che segue gli ultimi flebili barlumi del crepuscolo.

«Per quanto ti fermi?» mi domandarono.

«Un anno», risposi io non troppo convinto. «Sono qui per un master.»

Un taxi si fermò lì davanti. Feci un cenno che il tassista notò dall'interno dell'abitacolo, così uscì e mi aiutò a caricare le valigie nel bagagliaio. Era un anziano sovrappeso che non parlava inglese. Ce ne sono davvero pochi così. Intendo di individui che non parlano inglese, non di anziani sovrappeso. Gli comunicai l'indirizzo e mi chiese cosa ci facessi lì. Il mio islandese era veramente stentoreo: lo avevo studiato un po' su un manuale tanto costoso quanto inutile, e non avevo padronanza della grammatica. Ma gli dissi che sarei stato presso una famiglia; *fjölskylda* è il termine islandese. Quasi tutte le lingue europee, e anche diversi idiomi di altri continenti, hanno preso questa parola in prestito dal latino, ma non l'islandese. L'etimologia del termine latino lo vuole derivato da *famulus*, «schiavo», probabilmente dalla stessa radice da cui discende anche il verbo italiano «fare». Inizialmente si riferiva soltanto ai servi e agli schiavi, ma poi si è esteso al nucleo famigliare nella sua interezza. Il vocabolo islandese, invece, è un composto che si potrebbe tradurre letteralmente con «multiconnessione».

Le etimologie, pur essendo molto interessanti, a volte non dicono nulla sul significato delle parole e sull'uso che ne facciamo, ma mi piace immaginare che dietro al termine latino ci sia una concezione della famiglia come di «gente che fa cose» nel momento del bisogno. Quello islandese, invece, pone l'accento sul legame interpersonale, dal quale dipendono doveri e vantaggi. Questo concetto si può espandere in modo considerevole, visto che gli islandesi possono tracciare le loro parentele grazie al database online Íslendingabók, il quale mostra chiaramente come siano tutti imparentati, più o meno alla lontana. Capita spesso che, fatte le opportune domande, due islandesi che si incontrano per la prima volta scoprano di avere un trisavolo in comune. Ma la memoria genealogica, una volta molto forte tra la popolazione, sta scomparendo nel *mare magnum* della contemporaneità globale.

La famiglia islandese che mi accolse era formata da una coppia e tre figli, nonché un'amabile nonnina. La loro villa si affaccia sulla baia di Fossvogur; dalla finestra della mia camera vedevo il mare, la spiaggia geotermale e la collina di Öskjuhlíð, con Perlan (la Perla) sulla cima, il futuristico edificio che allora non ospitava ancora il Museo di storia naturale. La mia stanza era calda e accogliente. Ricordo che la prima notte dormii molto bene, mentre mia madre mi raccontò di non aver chiuso occhio, preoccupata per me. Io non ero affatto preoccupato per me stesso, almeno non più. Avevo avuto tante paure, prima. Sono sempre stato così: sono sempre caduto preda dell'ansia prima di suonare in pubblico, di fare un discorso, di discutere un esame, ma una volta in pista vado e tiro dritto. Fu così anche quella volta, e a distanza di anni sto ancora tirando dritto.

Il mattino successivo mi invitarono a trangugiare un voluttuoso cucchiaio di olio di fegato di merluzzo. Non mi tirai certo indietro. Sono stato educato a sorridere e ingoiare tutto trattenendo il fiato, quando sono ospite, e per questo provo spesso un colossale fastidio quando vedo stranieri che si abbandonano a commenti sferzanti su questo o quell'alimento locale. Soprattutto se non l'hanno nemmeno assaggiato.

Era il mio primo giorno da espatriato e dovevo recarmi all'anagrafe per ottenere il codice fiscale. Un banale numero composto dalla mia data di nascita più quattro cifre, ma senza il quale non è possibile fare nulla in Islanda. Non esisteva ancora il roaming gratuito tra i Paesi europei, perciò dovetti fare numerose istantanee schermo delle mappe del percorso. Erano quasi 6 chilometri. Non volevo prendere l'autobus perché, non essendo ancora pratico, non mi andava di rischiare di sbagliare, e poi era una bella giornata, ragion per cui volevo godermi l'aria fresca.

Consegnati i documenti raggiunsi il centro della città e mi infilai nella libreria *Mál og menning* («Lingua e cultura»). Oggi è molto cambiata, ma un tempo era un'istituzione dove si riunivano diverse personalità del mondo della cultura, quando era animata dal vulcanico Óttarr Proppé, ex consigliere comunale, ex parlamentare, ex ministro della Salute, ma tuttora musicista e cantante rock e, dal 2018, gestore della libreria dell'università. Amo vivere in un Paese dove non sei costretto a scegliere una strada lavorativa e a rimanerci bloccato per il resto della vita. Alcuni non hanno una singola vocazione, e non c'è nulla di male a spaziare in vari ambiti.

Quel giorno, ordinai un succo di arancia e un muffin al cioccolato al bar del piano superiore della libreria e mi sedetti a un tavolino accanto alla finestra che dà sulla Laugavegur, la principale via turistica della città. Cercai qualche negozio di biciclette usate per comprarne una, ma ebbi poca fortuna. Il massimo che riuscii a trovare fu un noleggio bici il cui proprietario mi indirizzò, per l'acquisto, verso una località a circa 4 chilometri dal centro, che raggiunsi a piedi.

Ad acquisto ultimato inforcai la mia nuova bicicletta, tornai sfrecciando sugli ampi marciapiedi (in Islanda le bici devono circolare sui marciapiedi, che sono concepiti allo scopo) e raggiunsi la Hringbraut, arteria importante che costeggia il centro cittadino da sud e porta fino al campus universitario. Arrivato sul ponte pedonale che attraversa la grande strada, per un po' guardai da lì gli edifici dell'Háskóli Íslands, l'Università d'Islanda.

Avevo nel cuore un misto di trepidazione e di ardita speranza. Quella che può avere solo un giovane che si vede davanti mille strade, ognuna che conduce verso mete inaspettate, senza la facoltà di sapere aprioristicamente dove si giungerà.

A circa un paio di settimane dall'inizio delle lezioni mi ero già fatto una cerchia di conoscenze ed ero solito trascorrere tutti i pomeriggi o in qualche caffè del centro, oppure negli spazi comuni degli studentati, studiando assiduamente la grammatica dell'antico nordico-islandese. Si trattava del corso più impegnativo di tutti: ogni giorno dovevamo dedicare diverse ore a memorizzare paradigmi verbali e declinazioni nominali, e a tradurre versioni. Una di quelle sere mi ero trattenuto per vedere un film con gli altri. Uscii che erano circa le undici. Portando la bici a mano, feci un pezzetto di strada con un compagno tedesco. Il cielo era limpido e stellato, e l'aria aveva un non so che di frizzante. Era il 10 settembre.

«Mi sembra una notte da aurora boreale», commentai. Non ne sapevo nulla, ovviamente, e mai ne avevo vista una, eppure avevo quella sensazione.

«Naaah! È troppo presto», ribatté lui.

Ci separammo e presi a pedalare lungo la pista che conduce dal campus universitario fino alla penisola di Kársnes, a Kópavogur, dove abitavo. Più o meno a metà strada, eccola. Si dipanava nel cielo come una lunga fascia di seta o raso, ondeggiando come una corda agitata dalle mani di un bimbo invisibile per farle assumere le sembianze di un serpente che strisciava lungo la volta stellata. Le falde di luce si muovevano sinuose, e io pedalavo lungo il mare con il cuore che mi esplodeva. Stavo per mettermi a piangere. Il mio telefono di allora non riusciva a immortalare quelle luci, e mi godetti lo spettacolo dall'inizio alla fine.

Mi fermai nel punto più profondo dell'insenatura di Fossvogur, da dove potevo ammirare il fascio di luce verde che spuntava dai profili delle case alla mia sinistra, per poi gettarsi oltre le cime delle conifere sulla collina alla mia destra. Non so dire per quanto tempo rimasi lì, imbambolato e stordito da quella vista nuova, senza riuscire a capacitarmi pienamente di ciò che stava succedendo. Le luci della città intorno, i rumori occasionali delle auto alle mie spalle, e lei era lì, come se nulla fosse.

Per millenni l'uomo deve essersi interrogato sull'origine e sul significato di quelle luci, e immagino la sofferenza che deve aver provocato il non poter soddisfare la propria curiosità. Ma qualcuno ci ha provato lo stesso.

Nelle saghe medievali islandesi, le «luci del Nord» – *norðurljósin*, come le chiamano qui –, non compaiono mai, e gli studiosi non sono sicuri se ciò sia dovuto al fatto che al tempo della composizione delle saghe fossero meno frequenti, o a qualche altro motivo. Vengono però descritte in un testo che ci è stato trasmesso in diversi esemplari, il *Konungs skuggsjá*, *Speculum regale* in latino, ovvero «Specchio del re». Si tratta di un manuale, o sussidiario *ante litteram*, per i principi norvegesi, destinato a istruire i rampolli della famiglia reale e prepararli al loro importante compito. Nella parte dedicata alla geografia, viene discusso il fenomeno dell'aurora boreale, offrendone tre spiegazioni possibili:

1. il confine del mondo sarebbe circondato da incendi e l'aurora sarebbe la loro manifestazione luminosa;
2. il sole potrebbe emettere luce debole da oltre l'orizzonte durante la notte;
3. i ghiacciai intrappolerebbero la luce diurna rilasciandola di notte per fluorescenza.

Nessuna di queste ipotesi è azzeccata, ma provo un profondo rispetto per i precettori medievali e la loro mentalità aristotelica, in virtù della quale hanno elaborato spiegazioni così «scientifiche».

Oggi abbiamo una conoscenza più precisa dei meccanismi che risiedono dietro alla manifestazione dell'aurora boreale. Infatti, sappiamo che è la conseguenza dell'interazione di particelle solari con i gas che costituiscono l'atmosfera terrestre.

Quando sulla superficie solare si manifestano quelle macchie scure definite appunto macchie solari – già osservate da Galileo –, la nostra stella «spara» particelle sotto forma di quello che viene chiamato vento solare. Quando questo raggiunge la Terra, è intrappolato dal suo campo magnetico e, come accadrebbe a della polvere di ferro posta nei pressi di una calamita, viene trascinato verso i Poli magnetici con una velocità crescente. A mano a mano che scende nell'atmosfera, il vento solare acquista velocità e «cozza» con i gas in essa contenuti, liberando luce. Le aurore sono visibili soltanto in una fascia in corrispondenza dei circoli polari, detta ovale aurorale.

Il colore delle aurore dipende da quali gas sono interessati: il più comune è il verde. Possono però osservarsi anche aurore viola, biancastre e, molto raramente, rosse. La rarità del rosso potrebbe essere considerata un bene, perché alcuni sostengono che le aurore rosse portino sfortuna. Grazie al cielo non sono quelle verdi a portar male, altrimenti sarebbe una continua catastrofe!

Perché un'aurora sia ben visibile, oltre a un'intensa attività solare occorrono cieli limpidi, preferibilmente (ma non necessariamente) non disturbati dalla luce lunare o artificiale. Forse, però, il vero fattore determinante è il tempo meteorologico. Non si può mai sapere con largo anticipo quando si avvisterà un'aurora, e a buone previsioni di attività solare possono associarsi cieli coperti, o viceversa. Per poter capitare sotto la volta stellata quando le nubi non disturbano e il vento solare raggiunge la Terra, bisogna provare e riprovare.

Le aurore boreali cominciano a verificarsi quando si inizia ad avere un minimo di buio notturno, cioè verso la metà di agosto, e si prolungano fino alla metà di aprile. Avvengono anche in piena estate, però la luce solare ci impedisce di vederle. Non sono un fenomeno così raro in senso assoluto, ma per vederle ci vuole la fortuna di capitare in un momento propizio.

Certo, quando si vive in Islanda è tutto più facile. Esco dalla palestra alle otto di sera dopo l'allenamento di scherma: aurora. Vado a portare la spazzatura nel giardino dietro casa: aurora. Esco sul balcone a prendere un po' d'aria dopo una cena con amici attorno a una tavola affollata: aurora. Molti mi chiedono se ci si abitua mai a questo fenomeno, e rispondo sempre che è come per gli arcobaleni: ci si abitua all'idea che esistono, ma vederne uno fa sempre un certo effetto. Quando compare l'aurora e me ne accorgo per caso, se non sono troppo stanco mi fiondo in camera, dove tengo in un contenitore separato gli indumenti termici: pantaloni e maglia, sui quali poi metto altri pantaloni, calze, calze di lana ancora sopra, una felpa, un maglione e un giaccone. Anche se le temperature sono intorno allo zero, stare fermi ad ammirare il cielo significa disperdere velocemente il calore corporeo. È fondamentale trattenerlo su di sé.

Spesso nella foga dimentico i guanti. Maledetti guanti. Allora ritiro le mani nelle maniche e resto un'ora al gelo ad ammirare lo spettacolo. A volte l'aurora danza allegra, altre pulsa, e io rimango lì: piccolo piccolo a sentirmi una nullità di fronte alla meraviglia del cosmo. Non credo possa valere per tutti, ma per me sentirmi piccolo nella vastità dell'universo significa anche percepire i miei problemi e le mie preoccupazioni come ancor più insignificanti. Aiuta a mettere le cose in prospettiva: se io non sono nulla di fronte a tutto quello che ho davanti, cosa volete che siano un dispiacere, una frustrazione lavorativa o qualche inghippo di quelli che la vita non manca mai di metterci sul cammino?

L'aurora è così. È una forza spirituale, oltre che un fenomeno naturale. O meglio, ha la facoltà di accendere qualcosa dentro di noi, anche se spesso ci fermiamo soltanto a un'ammirazione di tipo estetico. È innegabile che sia bellissima, e per questo è forse un po' abusata nel marketing sull'Islanda, dal momento che funziona come un infallibile catalizzatore dell'attenzione in qualsiasi pubblicità. Per me questo approccio è sleale. Se il mio giudizio può avere qualche valore, è meglio non avvicinarsi mai all'Islanda con l'intento precipuo di vedere l'aurora: può capitare facilmente di non riuscirci, ma nel rincorrerla invano si rischia di perdersi anche l'Islanda, e quello è il vero peccato.

In ogni caso, l'aurora è uno dei lati positivi della stagione invernale nordica, quel famigerato periodo dell'anno che tanti temono e rifuggono, ma è talmente denso di bellezze rare da compensare ogni sua pecca. A prescindere però dalle luci del Nord che rischiarano la notte, è innegabile che gli inverni islandesi siano lunghi e bui, anche se non come spesso li si immagina. Molti hanno un'idea distorta o falsata dell'alternanza di luce e buio a queste latitudini: diffusissima è l'idea per cui attraverseremmo sei mesi di buio e sei di luce, situazione che non si verifica nemmeno ai Poli artici!

La verità è che il 21 settembre, dopo l'equinozio d'autunno, quando si hanno esattamente dodici ore di luce e dodici di buio, si cominciano a perdere minuti di luce al ritmo di circa sei al giorno; tre alla mattina e tre alla sera. È dunque un'ora in meno ogni dieci giorni circa, fino a quando non si arriva, intorno al solstizio d'inverno – il cuore della stagione –, ad avere poco più di tre ore di luce, con il sole che sorge a sud, descrive un breve arco nel cielo rasente all'orizzonte e tramonta a sudovest.

Viene poi spesso ripetuto il ritornello per cui nel Nord saremmo tutti depressi a causa del buio che caratterizza i nostri inverni, e che questo avrebbe come conseguenza di portare tanti ad attaccarsi alla bottiglia. Da come viene raccontata questa storia, si immaginano strade devastate, città degradate e sfregiate, tristi e sbiadite, con le vie tappezzate di bottiglie rotte e gente pericolosa che si aggira sbronza minacciando i passanti.

Un'immagine che non trova una corrispondenza nella realtà: ho visto ubriachi in Islanda, ma di solito si tratta di persone normalmente tranquille e riservate che diventano allegre e gioviali. Il peggio che può capitare di vedere sono signore impellicciate che sghignazzano un po' troppo rumorosamente a un tavolo, uomini loro coetanei dalla risata chiassosa che magari attaccano bottone, rilasciando la tensione accumulata in una settimana di lavoro, e giovani che canticchiano brilli sulla via di casa. Esattamente come avviene in Italia, con tanti pensionati che frequentano circoli o osterie e giovani che escono per una serata in compagnia. Non ho mai visto scene da guerriglia urbana come quelle che spesso finiscono sui mezzi d'informazione nel Regno Unito.

Uno sguardo alle classifiche internazionali come quella del sito World Population Review mostra che, nel 2021, l'Islanda non era tra i primi Paesi al mondo per il consumo di alcol. Questi erano: Bielorussia, Lituania, Grenada, Cechia, Francia, Russia, Irlanda, Lussemburgo, Slovacchia, Germania, Ungheria, Portogallo... L'Islanda si collocava dietro a ben 132 altri Paesi (non è al 133° posto perché diverse nazioni hanno lo stesso tasso di consumo e condividono la posizione in classifica, per esempio Malta ed El Salvador hanno il medesimo tasso islandese: 12,8 litri di puro alcol all'anno pro capite, mentre la Francia è a 16,7, l'Italia a 12, la Cechia a 19,2 e la Romania a 18).

Questi dati sono abbastanza sorprendenti, se pensiamo a quanto forte e radicata sia l'idea che più si va a nord, più si incontrano depressione, alcolismo e suicidi. Bisogna ovviamente ricordare che le statistiche possono nascondere variazioni immense: il fatto che gli islandesi bevano in media altrettanto alcol degli italiani potrebbe mascherare il dato che in Italia si beve mezzo bicchiere a pasto tutti i giorni, mentre in Islanda se ne tracanna molto di più nei pasti del week-end o quando si esce. Il consumo totale, per esempio, non dice nulla sulla cultura che un Paese ha dell'alcol e, a onor del vero, nei decenni passati la cultura dell'alcol in Islanda era assolutamente reprensibile: prima che venisse tolto il bando alla vendita di birra, introdotto per ragioni culturali, le persone si ubriacavano con i superalcolici.

Va anche detto, però, che la situazione è molto cambiata rispetto ad anni fa: oggi si cerca il vino di qualità o il bicchiere piccolo e costoso di birra artigianale locale, invece della birra scadente in lattina o della vodka dozzinale. Non si può dunque più sostenere che l'alcol sia un problema così pronunciato come spesso viene suggerito.

Questo discorso si ricollega a un altro stereotipo piuttosto lontano dalla realtà: la questione per cui al Nord, sempre per via del buio, ci sarebbero alti tassi di depressione e suicidi. Secondo i dati forniti dall'OMS, l'Islanda non è particolarmente in alto nelle classifiche su questi problemi, dove si colloca in prossimità di diversi Paesi assolati e ben sotto ad altri insospettabili, come l'Australia, la Francia e gli Stati Uniti.

La depressione è un disturbo complesso, scatenato da una serie di fattori biochimici e psicologici, e ridurlo a una semplice carenza di luce significa in un certo senso mancare di rispetto alle persone che ne soffrono e chiaramente non possono guarire prendendo soltanto un po' di sole. Se fosse così facile, la depressione non esisterebbe o sarebbe comunque molto più semplice da gestire.

Ugualmente, la delicata questione dei suicidi non può essere ridotta a una minore esposizione alla luce solare, visto che in cima alle classifiche mondiali non troviamo certo l'Islanda ma Paesi ben più soleggiati. Inoltre, il fenomeno non è esclusivamente una funzione del tasso di depressione, come molti credono, ma una complicata interazione di fattori socioeconomici, nonché personali.

A volte mi stupisco davvero per il fatto che l'Islanda venga rappresentata sotto una luce positiva in questioni per le quali non merita certo gli elogi che incassa e sia invece criticata per motivi altrettanto infondati. Non si parla mai, per esempio, della corruzione della classe politica, della disastrosa gestione del mercato immobiliare, dello sfruttamento dei lavoratori stranieri, degli insabbiamenti e delle inspiegabili archiviazioni di gravi scandali che coinvolgono personaggi di alto profilo, degli innumerevoli episodi di xenofobia, sessismo e razzismo.

Per ragioni che mi sfuggono, questi problemi non emergono mai e tutto viene nascosto dietro alla facciata di un Paese perfetto, armonioso, civile, egualitario e progressista. Chi vuole muovere critiche all'Islanda, invece, di solito si attacca alla faccenda del buio e alle sue presunte conseguenze. Un paradosso che fatico a capire.

Tanti, immersi come sono nell'esistenza e nello stile di vita che hanno sempre vissuto, non vedono i lati positivi di un'esperienza diversa e si domandano soltanto come sia possibile vivere con poca luce. Personalmente, ho sempre vissuto l'inverno in Islanda in modo assai più positivo che altrove: gli islandesi si armano fino ai denti per affrontare al meglio la stagione.

Non è comunissimo, ma la mia compagna e io siamo molto fortunati con i vicini: viviamo in quella che da fuori sembra una villa a due piani con un seminterrato e una mansarda, invece è un condominio con quattro appartamenti, uno per piano. Il ricavare appartamenti più piccoli nei seminterrati e nelle mansarde serve a diversificare l'offerta e aggiungere al mercato immobili di prezzi accessibili a fasce diverse della popolazione. Ogni tanto, con le altre famiglie dello stabile, facciamo festa tutti insieme. Genitori e bambini si riuniscono a cena intorno a un paio di tavoli uniti per l'occasione, sulle sedie recuperate un po' da tutti, e passano la serata in compagnia. Le porte degli appartamenti sono aperte, si entra ed esce tranquillamente, con i bambini che corrono su e giù tra casa loro e quella degli amichetti.

Una volta – era la fine di novembre – cucinammo carne di pecora al forno per una quindicina di persone. Quel pomeriggio i bambini del piano di sotto avevano decorato i biscotti di panpepato che avevano fatto con la mamma. Uno di loro mi aveva intercettato sulle scale e mi aveva trascinato in casa per farmeli vedere e offrirmene uno. Poi ero rimasto lì a chiacchierare un po', anche se c'era da preparare di sopra, perché gli appuntamenti non sono mai tassativi in Islanda; a mano a mano che arrivavano, le persone si sedevano tranquillamente al tavolo a bere un bicchiere di vino – mi pare fosse un Valpolicella –, senza che nessuno cadesse vittima dello stress organizzativo. A essere troppo fiscali sul lavoro si finisce con l'esserlo nella vita in generale, trasformando anche i momenti di relax in occasioni snervanti.

Finita la cena, che dura al massimo una mezz'oretta perché è quasi sempre un piatto unico e gli islandesi non amano stare a tavola per ore come fanno gli italiani, continuammo a socializzare spostandoci nel giardino dietro casa.

Lo zio di Lára, Jakob, è la persona più estroversa e ingegnosa che io conosca. Potrebbe stare in compagnia una notte intera senza stancarsi, mentre io dopo qualche ora sono talmente esausto da dovermi gioco-forza ritirare. È titolare di una piccola ditta di impiantistica, ed è stato lui a installare l'esposizione permanente del Lava Centre di Hvolsvöllur, il famoso museo vulcanologico. Ha anche vinto dei premi per questo suo lavoro, ma è difficile incontrare una persona più umile. Il suo senso dell'umorismo e la sua allegria hanno il potere di illuminare anche le notti invernali, e se dovessi scegliere un islandese da far conoscere agli stranieri come biglietto da visita, sarebbe sicuramente lui. Bravo ad attaccare bottone, simpatico, pratico, alla mano e servizievole; se fosse il personaggio di una saga medievale, la lista di attributi si concluderebbe con un «amato da tutti». Non lo aggiungo perché suona come un'iperbole, nell'italiano di oggi, ma è proprio così.

Jakob aveva costruito nel giardino del condominio una piattaforma con le piastrelle avanzate dalla pavimentazione del selciato tra la casa e il giardino, e ci aveva piazzato sopra il cesto metallico di una lavatrice dismessa. Quella sera, il vicino del piano di sopra prese dal garage le doghe di un vecchio letto che spezzò sotto i piedi; le bruciammo nel cesto della lavatrice per fare un falò e illuminare la fredda notte subartica.

Jakob aveva portato anche un colossale altoparlante e mi chiese di mettere una canzone. Poi arrivò un bambino del piano di sopra con un'altra richiesta. Si chiama *óskalag*, «canzone desiderio». Di solito la persona deputata alla colonna sonora di un evento domanda appunto se qualcuno abbia un *óskalag* da aggiungere alla fine. L'altoparlante poggiava su un tavolino non lontano dal fuoco con una confezione di vino rosso da tre litri. Rimanemmo tutti in piedi intorno al fuoco a chiacchierare, con la musica alta, fino a mezzanotte passata, ma nessuno si affacciò alla finestra per protestare. Del resto, era sabato sera.

Nella mia città natale non ero stato così fortunato. Una sera stavo giocando a scacchi in compagnia di due amici, e alle undici erano saliti i vicini a lamentarsi. Gli stessi vicini che una volta erano venuti a protestare per il rumore alle nove e mezza della sera di Santo Stefano, mentre avevamo ospiti a cena. È la stessa città dove qualunque evento musicale si tenga nel centro storico, c'è qualche muso grigio che si affaccia al balcone per lamentarsi.

Jakob muoveva ritmicamente la testa, seguendo le pulsazioni della musica. Il suo sorriso la diceva lunga su quanto gli piacesse fare festa con gli altri. Mi domando come mai lo stereotipo dell'islandese non sia lui: in effetti, è assai più conveniente essere così quando si tratta di rallegrarsi l'esistenza in periodi difficili, proprio come l'inverno da queste parti. Io non sono estroverso quanto Jakob, ma devo ammettere che è bello avere intorno persone come lui, che non si fanno problemi a rompere il ghiaccio e a parlarti, rischiarando un po' la fredda notte dell'universo con la tiepida fiamma dello scambio umano.

L'inverno islandese passa così. A volte, quando gli italiani vedono nei reportage o nelle foto le strade vuote di Reykjavík, e anche quando la visitano, immaginano che i suoi abitanti siano tutti al chiuso, tristi e solinghi, a guardare la televisione e deprimersi. Questo perché faticano a concepire metodi di socializzazione diversi dal riversarsi per le strade e passeggiare per corsi e piazze affollate. Per come sono fatto io, camminare in mezzo a gente che non conosco mi fa sentire come un frammento roccioso sballottato in un campo di asteroidi. Ognuno per la sua strada, senza una meta. La cornice della casa, e le relazioni significative tra persone che vengono cementate dalle occasioni sociali, ci rendono più simili alle stelle: sono sempre da sole, ma osservate da lontano sembrano unite da fili invisibili che le trasformano in disegni meravigliosi. Le costellazioni non esistono, se non nell'occhio di chi osserva il cielo dalla Terra, eppure sono incantevoli. Come può qualcosa di invisibile essere così bello?

Alzai gli occhi al cielo e vidi l'Orsa Maggiore sopra di me. A poca distanza la Stella Polare, quasi sopra la mia testa. Uno spruzzo di cenere ardente schizzato dal fuoco si lanciò sulla traiettoria del mio sguardo e si dissolse nell'aria fredda della notte. Un po' come la nostra vita, che brilla e poi scompare per fare ritorno alle stelle dalle quali proviene. Le stelle che poche altre volte ho potuto vedere così bene come a queste latitudini, nel buio invernale che tanto toglie ma altrettanto dona.

Non solo: dopo l'inverno, le lunghe e luminose giornate estive ripagano con gli interessi la pazienza avuta nei mesi precedenti. Di certo, oltre al calore umano, alle occasioni di condivisione e all'atmosfera delle case, aiuta anche la consapevolezza che in un vicino futuro, per esempio una sera di metà maggio, potremo uscire di casa a un'ora tarda, magari alle dieci, salire su una collina e vedere una luminosità ultraterrena accompagnare lo scorrere del sole, che per un'altra mezz'ora non tramonterà, e la sua luce non svanirà completamente dal cielo nemmeno dopo mezzanotte. Ci saranno i ragazzini ancora in giro in monopattino, una coppia che si bacia nell'intimo di una macchina sul terrazzamento affacciato sul mare, e tutto sarà più bello in virtù dell'inverno ormai alle spalle.

Questo ricorda un passo del Vangelo di Matteo:

> Allora Pietro prendendo la parola disse: «Ecco, noi abbiamo lasciato tutto e ti abbiamo seguito; che cosa dunque ne otterremo?» E Gesù disse loro: «In verità vi dico: [...] Chiunque avrà lasciato case, o fratelli, o sorelle, o padre, o madre, o figli, o campi per il mio nome, riceverà cento volte tanto e avrà in eredità la vita eterna».

L'Islanda fa un po' così: in inverno ti chiede di rinunciare alla luce, al tepore, alla gioia di vedere l'azzurro del cielo e il verde dell'erba, al rinfrancante canto degli uccelli, alla frutta matura... e ti mette alla prova. Innegabilmente. Ci vuole del bello e del buono per passare i lunghi mesi invernali. Ma poi arriva l'estate, e tutto quello a cui hai rinunciato ti viene reso centuplicato: ti godi assai di più il tepore, la luce è infinita, il verde dell'erba ti riempie gli occhi di meraviglia, il canto degli uccelli è un concerto in cui nessuna nota appare stonata e le lande brulle si trasformano in un mare di mirtilli, da gustare affogati nella panna con un filo di zucchero.

È difficile capirlo arrivando improvvisamente da un altro angolo del mondo, è qualcosa che si deve provare sulla pelle: dopo un inverno islandese ti accorgi di come la vita non sia affatto scontata, di come i colori siano un dono prezioso, di quanto bello sia esserci.

«Che bellezza», commentò una volta un mio amico italiano guardando l'orizzonte, il tiepido sole estivo che si specchiava sul mare, i cinguettii degli uccelli. Poi aggiunse: «Se solo fosse sempre così...»

«No!» esclamai. Se fosse sempre così non ci sarebbe nulla di speciale. Chi ha sempre tutto finisce con il darlo per scontato e non apprezzarlo più.

3

Þingvellir
Il cuore di una nazione

Quando tutti ebbero fatto ritorno ai loro ripari, Þorgeir si sdraiò, si coprì con una coperta fin sopra alla testa, e rimase là tutto il giorno e tutta la notte, fino alla stessa ora del giorno successivo. I pagani tennero un incontro i cui partecipanti furono numerosi, e presero la decisione di sacrificare due uomini da ognuna delle quattro divisioni del Paese, implorando i loro dèi affinché non lasciassero che il Cristianesimo si diffondesse.

ANONIMO, *Kristni saga* («Saga del Cristianesimo [in Islanda]»), XIII secolo

IL mio primo anno in Islanda fu strano. Un anno in cui imparai a leggere testi vecchi di ottocento anni e familiarizzai con questa terra con l'impostazione mentale di chi comunque sa che se ne andrà. Forse questo fece una grossa differenza. Poi, cosa devo dire… è un mondo un po' diverso dall'Italia. Qui i giovani non vanno in bicicletta su strade acciottolate che attraversano campi verdi e boschetti. Non si sdraiano sull'erba a leggere Baudelaire e Kierkegaard. Non si innamorano scrivendo poesie con un bicchiere di rosso in mano mentre guardano un falò scoppiettare con il fiume sullo sfondo. La mia adolescenza era stata così. A Reykjavík però è differente. Non ho mai visto un ragazzo trasportare una ragazza sulla canna della bicicletta. E la poesia qui nasce in altro modo, dalle ceneri di una notte di sesso ubriaco.

Nonostante tutto, acquistai quasi subito una bicicletta. Da anni è quasi completamente ferma, ma è sempre lì. Ed è bellissima. Un cremonese non potrebbe mai vivere senza possedere una bici. Anche se il nostro fiume è dall'altra parte del mondo, anche se ci troviamo fra i ghiacci dell'Artico, sappiamo che per risolvere una buona metà dei nostri problemi ci basterà inforcare la bicicletta e fare un giro. E queste sono cose di cui uno si rende davvero conto soltanto quando se n'è andato da un luogo.

Ero però determinato a non portarmi dietro il passato: quell'anno in Islanda doveva essere un ciclo compiuto, un capitolo unico in una serie da un solo episodio. Nessuno strascico dal prima, nessun rimpianto nel dopo. Una sorta di tabula rasa, per quanto possibile.

I docenti del corso di laurea magistrale in Studi medievali islandesi organizzano regolarmente escursioni sul campo, ovvero gite nelle quali non ci si limita ad ammirare i panorami naturali, ma dove vengono raccontate le storie ambientate in quei luoghi. È così che ho imparato ad apprezzare il piacere di guardare l'Islanda con occhi consapevoli. Una delle prime escursioni che facemmo fu a Þingvellir, che gli islandesi identificano un po' come il luogo di nascita della loro nazione. Vi si arriva attraversando vaste brughiere, e ci si avvicina raggiungendo un parcheggio adagiato sull'orlo del precipizio che delimita la fossa tettonica.

Dalla balconata sull'orlo della parete rocciosa, lo sguardo si allargava fino ad abbracciare tutta la valle sottostante. Alla mia destra e alla mia sinistra, il dirupo che delimita l'orlo della placca tettonica continentale nordamericana. Davanti a me, la faglia si manifestava nella vasta vallata, che appena più a sud sprofonda tra le acque del più grande lago islandese. Oltre la valle, rilievi montuosi – i resti di antichi vulcani – segnano l'inizio della placca tettonica eurasiatica. Poco sotto di me scorrevano diversi torrenti, alimentati da alcune cascate che precipitano dalla cima della parete rocciosa, formando tante isolette.

Intorno a me c'erano diverse persone, tutte ugualmente meravigliate. Alcune si perdevano con lo sguardo nelle profondità del lago e sugli isolotti coperti di arbusti e piccole conifere, altre volavano con l'immaginazione lungo l'immensa parete rocciosa, altre ancora provavano un'attrazione irresistibile per una casetta che dall'aspetto ricorda una fila di cinque minuscole villette a schiera, accanto alla quale sorge una chiesetta bianca con decorazioni verdi e un piccolo campanile.

Alle mie spalle si trovavano l'ufficio informazioni del Parco nazionale di Þingvellir e il piccolo centro turistico. Tra questo e la balconata, si apre uno squarcio nella parete rocciosa, attraverso il quale è possibile scendere nella profonda gola di Almannagjá, «Gola pubblica», meraviglia e cruccio di tanti geologi. Purtroppo è stata sdoganata l'informazione erronea per cui camminando in questo canyon ci si troverebbe in mezzo a due continenti, con quello americano da un lato e quello europeo dall'altro. La verità è che questa enorme gola non è altro che una minuscola crepa sull'orlo della placca continentale nordamericana, e lo spazio tra questa e la sua omologa eurasiatica è appunto costituito dall'intera pianura, che raggiunge una larghezza di 5 chilometri.

Ho perso il conto delle volte che ho visitato quel luogo, in ogni stagione. In estate si spreca l'intensità fulgente del verde, in inverno il candore abbagliante della neve, in primavera le macchie di verde pallido che punteggiano il giallo delle sterpaglie morte, in autunno i rossi intensi e gli arancioni di erbe, arbusti e delle bacche commestibili che tappezzano un po' tutta la zona. Mi piace calarmi nella gola e osservare sulle alture alla mia sinistra le forme delle rocce, molte delle quali ricordano volti umani. Non sorprende che il folclore islandese abbondi di storie di troll pietrificati, quando ci si rende conto dell'incredibile varietà di fogge che la roccia può assumere.

Una volta scesi sul fondovalle, ai piedi della ripida discesa, il percorso si snoda comodamente seguendo i piedi della scarpata, fino a raggiungere un bivio: qui si può proseguire in linea retta, oppure deviare a destra per girare intorno a un dosso roccioso sul quale svetta una bandiera islandese. Sul lato di questo dosso che dà sulla valle è stata montata una piccola tribuna in legno, da dove si gode di una vista più ravvicinata delle pianure e dell'elemento antropico più accattivante: la casa con annessa chiesetta, Þingvallakirkja.

Quest'ultima fu costruita nel 1859, mentre il campanile risale al 1907. La casa dai muri bianchi e dal tetto verdognolo, invece, fu progettata come canonica per il prete del luogo dall'architetto di Stato Jón Samúelsson, ideatore di molti degli edifici più iconici del Paese. Si tratta di una costruzione in muratura realizzata tra il 1929 e il 1930, ma l'idea dell'architetto era quella di inserirsi all'interno dell'antica tradizione delle case di torba islandesi, le quali erano appunto edifici modulari costituiti da singoli ambienti uniti gli uni agli altri da aperture o corridoi. Oggi questa è la residenza estiva del primo ministro, nonché la sede designata per le visite di Stato. Non è un caso che sia stata scelta per tale scopo, e non dipende certo dall'innegabile bellezza della natura circostante: questo è in realtà il luogo di nascita dell'Islanda, e per un migliaio di anni è stato il cuore e l'anima del Paese.

Nel *Libellus islandorum* si racconta di come il precedente proprietario di quei terreni, un certo Þórir kroppinskeggi (forse «Il curvo barbuto», o «Barbaricurva»), fosse stato messo fuorilegge per l'omicidio di uno schiavo, o un liberto, di nome Kolur. La sua proprietà fu resa demanio pubblico e destinata al Parlamento nazionale, la cosiddetta Assemblea generale, che venne istituita nel 930, convenzionalmente il «compleanno» dell'Islanda. In islandese, «Assemblea generale» si dice *Alþingi* (in islandese antico era invece *Alþing*, e questa forma è spesso quella più usata nelle pubblicazioni in lingua straniera), ed è ancora questo il nome del Parlamento islandese. La zona dove si riuniva anticamente l'Assemblea generale fu dunque chiamata Þingvellir, «Campi dell'assemblea», ed è oggi un parco nazionale nonché sito protetto dall'UNESCO.

Nel Medioevo l'Assemblea si riuniva in questo luogo ogni estate per due settimane, a partire dal giovedì che cadeva tra il 18 e il 24 giugno. Tutti i potenti della zona erano tenuti a presenziare, e in quei quindici giorni venivano discusse ed emendate le leggi, giudicate le cause legali che i tribunali locali non erano riusciti a risolvere, combinati matrimoni, strette alleanze e consumati duelli all'ultimo sangue. Bisogna immaginarla più come una grande fiera che come un Parlamento attuale. Le persone si accampavano nelle tende, i mercanti offrivano mercanzie, gli artigiani vendevano i propri servizi, e probabilmente c'erano anche quelli che arrivavano appositamente per occuparsi dell'intrattenimento, con musica, canti e poesie, banchetti e feste.

Si sente spesso dire che si tratterebbe del più antico Parlamento al mondo. Anche questo è un mito che non regge alla verifica dei fatti: oltre a non essere stato un Parlamento in senso moderno, nel mondo classico c'erano già stati precedenti di questo tipo di assemblea, come il Senato romano. Inoltre, per gran parte della sua storia (conclusasi definitivamente con lo scioglimento, avvenuto nel 1798) ha svolto più il ruolo di Corte Suprema o organo consultivo; già dal 1271, infatti, molti dei suoi poteri furono ceduti alla corona norvegese. Il Parlamento islandese moderno fu istituito nel 1845 con un regio decreto danese, ma la sua sede fu fissata a Reykjavík.

L'esistenza dell'Assemblea generale nel periodo medievale ha portato qualcuno a vedervi un precedente storico per l'attuale status dell'Islanda di Paese democratico e marcatamente liberale. Questo, oltre a dimenticare i sette secoli di monarchia intercorsi tra l'instaurazione del dominio norvegese e poi danese e l'indipendenza, tende a sopravvalutare il ruolo e la natura di questa istituzione: si trattava fondamentalmente di un organo oligarchico, senza alcuna forma di controllo da parte del cittadino comune, e non aveva nemmeno il potere di applicare le sue stesse delibere, mancando di un braccio esecutivo. Vincere una causa legale – e questo è riportato in innumerevoli episodi delle saghe medievali – significava spesso dover stringere più alleanze di quelle su cui poteva contare il proprio rivale, cosicché, alla prova dei fatti, a vincere era spesso il più potente o più influente. Ammesso che si avesse la meglio in una disputa, poi, non esisteva alcun strumento deputato all'attuazione della sentenza: stava alla parte vincente organizzare i propri uomini e costringere la controparte a pagare l'ammenda.

Altra nozione che viene spesso esagerata riguarda l'emancipazione femminile. Per sostenerla si fa appello al fatto che, dalle fonti medievali, sappiamo che le donne avevano la facoltà di chiedere il divorzio. Quello su cui però poi si glissa è che non tutte potevano impunemente piantare in asso il marito e andarsene libere e senza crucci: dovevano poter contare su parenti uomini che si facessero carico della loro protezione, in caso di rappresaglie da parte del marito e della sua famiglia. Inoltre, queste ripercussioni arrivavano puntualmente, e nelle fonti letterarie il divorzio è sempre il motivo scatenante di qualche faida sanguinaria, al punto da far nascere il sospetto che l'opinione generale su di esso non fosse esattamente positiva. Purtroppo il passato è sempre a rischio di essere piegato alle logiche attuali. Si cerca un precedente per giustificare le nostre azioni di oggi.

Un momento fondamentale del periodo in cui si svolgeva l'Assemblea generale riguardava la declamazione delle leggi: prima dell'avvento della scrittura, avvenuto dopo la conversione al cristianesimo, la cultura islandese era soprattutto orale. Anche il famoso sistema alfabetico delle rune non era molto usato e si diffuse soltanto più tardi, nel cuore del Medioevo, come curiosità antiquaria utilizzata per scolpire le epigrafi delle lapidi cristiane. In precedenza, l'assenza di una cultura scritta aveva reso necessario affidarsi alla memoria, ed esisteva una figura designata alla memorizzazione pedissequa del corpus legale, il cosiddetto *lögmaður*, «uomo delle leggi», parola che in islandese moderno designa il normale avvocato ma anticamente descriveva la figura più autorevole del sistema legale.

La declamazione era suddivisa in tre sezioni, essendo il corpus legale assai ricco, e veniva dunque interamente compiuta nel corso di tre anni. Essa era eseguita dalla cima di una roccia detta *Lögberg*, «Roccia della legge». La sua ubicazione originale ci è sconosciuta, ma convenzionalmente è identificata proprio con quella su cui oggi svetta la bandiera islandese. Da lì venivano aperti e conclusi i lavori dell'Assemblea, annunciate le sentenze e le delibere, nonché recitato il corpus legale. Per tutta la storia del Paese, gli islandesi si sono rivolti a quella pianura come a un luogo sacro, per celebrare la propria identità e asserire la continuità con il loro passato. Nel contesto dei moti per l'indipendenza dell'Ottocento, ripresero a riunirsi là; la celebrazione del millenario della colonizzazione, nel 1874, fu celebrata là, così come il millenario della fondazione dell'Alþingi, nel 1930, e la proclamazione della repubblica nel 1944, nonostante in queste ultime due occasioni fosse già stato costruito l'edificio dell'attuale Parlamento, nella capitale.

Mi fermai a guardare la roccia e la bandiera dal fondo della piccola tribuna. Dietro svettava la parete rocciosa. Mi sembrò di vedere la storia di quel luogo sovrimpressa sul paesaggio naturale. Il silenzio, interrotto soltanto da qualche brusio dei turisti di passaggio, si colmò istantaneamente di una moltitudine di eventi accaduti proprio lì, davanti a me, nel corso di oltre un millennio. Liti, dibattimenti, promesse rispettate e infrante, duelli violenti, intrighi... e poi la conversione. Uno degli episodi più affascinanti della storia islandese.

Le fonti antiche, come il *Libellus islandorum* e la *Landnámabók*, raccontano che già tra i primissimi coloni ve ne erano di cristiani, ma che per quasi un secolo il cristianesimo sarebbe rimasto una flebile presenza. Verso la fine del primo millennio, però, i missionari presero ad arrivare dal continente, alcuni spinti dal re norvegese, lui stesso un convertito. I primi capi islandesi iniziarono a convertirsi a loro volta, e questo creò serie difficoltà nel corso delle cause legali: proprio come accadde nell'Italia longobarda, dove i longobardi si affidavano al diritto germanico e la popolazione autoctona a quello romano, sorsero problemi applicativi in caso di dispute tra individui che seguivano tradizioni legali diverse. I cristiani rifiutavano di sottostare al diritto pagano, e questa situazione fu fonte di discordia e conflitti.

Se vogliamo credere ai resoconti medievali, come il *Libellus islandorum* o la *Kristni saga* («Saga del Cristianesimo [in Islanda]»), un'estate in cui il vescovo missionario Þangbrandur predicava all'Alþingi, i pagani si misero a bestemmiare senza ritegno, così che un cristiano, Hjalti Skeggjason, rese loro la pariglia recitando presso la Roccia della legge i versi:

Non vorrei agli dèi abbaiare:
una cagna Freyja mi pare.*

Ne seguì un certo parapiglia, come è possibile immaginare. Stranamente, però, non furono necessari spargimenti di sangue per dirimere quella disputa: i capi della fazione cristiana e di quella pagana si rimisero interamente al giudizio dell'allora uomo delle leggi in carica, Þorgeir, un *goði* – signore locale con ruolo di sacerdote pagano – dotato di autorità sulle genti della zona di Ljósavatn, nel Nordest.

Questi si sdraiò in meditazione sotto al suo mantello e vi rimase fino alla stessa ora del giorno successivo. Dopodiché, fece circolare la richiesta che tutti i partecipanti all'assemblea raggiungessero la Roccia della legge. Da lì pronunciò la sua decisione: per garantire la tenuta del Paese e non farlo sprofondare in una guerra civile, sarebbe stato più conveniente se tutti avessero avuto la stessa religione e adorato un unico Dio, preferendo la strada del compromesso a quella dello scontro. A tal

* Divinità femminile della mitologia norrena appartenente alla cosiddetta stirpe degli dei Vani.

fine, dispose che sarebbe stato permesso sacrificare in privato agli dei pagani, ma la conseguenza per essere colti a farlo sarebbe stata la messa al bando. Rimaneva inoltre la facoltà di esporre i neonati indesiderati e di consumare carne di cavallo, pratiche che erano contemplate nella cultura pagana. Dopo alcuni anni furono abolite anche queste dispense e l'Islanda entrò definitivamente nell'orbita culturale dell'Europa medievale.

La Chiesa locale si organizzò e finì con il diventare l'istituzione più ricca e potente del Paese. Fino alla Riforma, i vescovi islandesi agivano come governatori locali, e fu proprio in quel periodo che la letteratura fiorì, con il lavoro febbrile di diligenti preti e monaci che si consumavano la vista per comporre e copiare, al lume di candela, testi che mescolavano le memorie storiche e la loro fantasia creativa, condensandole in alcuni indiscussi capolavori della letteratura mondiale.

L'anno 1000 è una data facile da ricordare, ma è più probabile che la conversione sia avvenuta nel 999, dal momento che allora il calcolo del tempo non era ancora ben fissato e in alcuni casi si seguiva un sistema che stabiliva l'inizio dell'anno al 1° settembre. Ari il Saggio ci racconta, nel *Libellus islandorum*, che la conversione avvenne nella stessa estate in cui morì il re norvegese Ólafur Tryggvason (Ólafur I), collocandola nel 1000. Tuttavia, il sovrano morì nella prima metà di settembre, ragion per cui la conversione, essendo avvenuta quell'estate ma prima del «capodanno» settembrino, sarebbe da datare al 999. Sia come sia, il numero mille è molto più d'effetto e rende l'idea della fine di un'epoca e dell'inizio di un'altra.

Tra le numerose idee storicamente false che plasmano l'immagine un po' romanzata che molti hanno dell'Islanda, si trova anche quella dell'anima pagana di questo popolo: taluni sostengono, senza prova alcuna, che il paganesimo sarebbe sopravvissuto clandestinamente per secoli prima di riemergere nel Novecento, altri si appellano a certe idiosincrasie islandesi per suggerire una non totale appartenenza al mondo cristiano, come il fatto che preti e vescovi avessero delle concubine, ignorando che questo stato di cose sussisteva in ogni angolo della cristianità (non penso sia necessario ricordare, tra i tanti, papa Alessandro VI Borgia e i suoi figli!).

In realtà, non sappiamo quasi nulla della ritualità, degli atti e delle tradizioni delle religioni pagane del Medioevo nordico. Abbiamo un paio di testi di argomento mitologico, sui quali pesano più di duecento anni di cristianesimo, due descrizioni di templi pagani in saghe medievali, che però sembrano più invenzioni letterarie basate su chiese dell'epoca, e pochissimi dati archeologici e testuali di difficile interpretazione.

A partire dalla seconda metà del Novecento, e ancora di più nell'ambito del fenomeno New Age, sono state inventate forme di neopaganesimo, alcune delle quali ammettono onestamente di essere ispirate a elementi del paganesimo germanico ma senza alcuna pretesa di continuità; altre, invece, reclamano con vigore il legame con il mondo precristiano, si pongono come le autentiche spiritualità dei popoli nordici prima dell'avvento del cristianesimo con il suo nefasto afflato universalista, spesso intrecciando il proprio credo in modo più o meno esplicito con il sangue, sconfinando in territori pericolosi e giocando con ideologie aberranti.

Un interessante esempio è costituito dall'Ásatrú, «Credo degli dei asi», fondato nel 1972 da un poeta e contadino, Sveinbjörn Beinteinsson, e da Jörmundur Ingi Hansen, personaggio eclettico nonché elemento di spicco nella scena hippie dell'epoca.

Ho conosciuto personalmente Jörmundur Ingi a Reykjavík, ormai ottuagenario: un distinto signore amante degli studi, sempre presente alle conferenze di Storia medievale dell'Università d'Islanda, nonché proprietario di un popolare negozio di abiti vintage nel centro della capitale. Stava indagando una pista letteraria che, a suo dire, sembrava fornire credito alla tesi di una presenza romana in Islanda, ipotizzata a seguito del ritrovamento di monete romane in vari punti dell'isola.

L'Ásatrúarfélagið, la società degli *ásatrúar* («coloro che credono negli dei asi»), fu ufficialmente riconosciuta come associazione dal governo nel 1973 ma per anni rimase un movimento estremamente di nicchia, fino a quando non si decise di sfruttarne la presenza per vendere ai turisti un'Islanda mistica, terra di superstizioni, magie e antichi culti pagani. In realtà, l'associazione ha soprattutto un intento culturale ed è in gran parte formata da appassionati dello studio approfondito della letteratura antica. Non fa proselitismo, anzi è contro le sue regole, e la spiritualità individuale resta appunto tale. Parlando con un mio ex studente che era stato membro del consiglio direttivo per diversi anni, è emerso che la maggioranza degli aderenti non ha un credo particolare e la partecipazione alle attività non ha un forte impatto sulla loro vita.

Sono stati soprattutto i media a distorcere l'essenza di questa associazione per commercializzare l'idea di un revival di antichissimi culti rimasti segreti, riemersi dalle nebbie della storia. L'attenzione mediatica fornita a questo movimento è stata spesso sproporzionata all'entità dello stesso. Quando Jörmundur Ingi divenne sommo sacerdote, nel 1994, le adesioni al nuovo credo aumentarono, incoraggiate dal suo carisma. Nel 2021 gli affiliati erano 5.310, facendone il quinto gruppo religioso per dimensioni, dopo la Chiesa nazionale islandese (luterana), quella cattolica e altre due denominazioni cristiane indipendenti. La sua percentuale sul totale, sempre nel 2021, era dell'1,39%. Diverse nuove adesioni sono state raccolte per protesta a seguito di scandali avvenuti nella Chiesa di Stato, ma non si può certo asserire che si tratti di un fenomeno impattante (per non dire caratterizzante) sulla società e sulla cultura islandesi, visto che la frequenza regolare alle celebrazioni si attesta a una manciata di persone. Un fenomeno, questo, che accomuna molte fedi religiose.

Una delle prove più tangibili del seguito relativamente poco nutrito di questo credo è forse rappresentata dal suo tempio: strombazzato sui giornali di mezzo mondo, è da anni in fase di costruzione, con i lavori continuamente interrotti per mancanza di fondi. Il timore di non poter garantire un afflusso costante e sufficiente di donazioni da parte dei fedeli rende le autorità religiose restie a contrarre un prestito bancario per portare a termine l'opera.

Con tutte le contraddizioni e incertezze tipiche di un movimento piuttosto recente, poco radicato e poco strutturato, Ásatrú non ha la pretesa di essere il diretto discendente del paganesimo nordico ed evita volutamente la codificazione esplicita di una spiritualità specifica o l'espressione di dogmi religiosi, in modo da poter esercitare una certa attrattiva su più persone possibile. Negli anni, il movimento è stato spesso cooptato da gruppi di estrema destra, anche se questo è successo soprattutto negli Stati Uniti, dove esiste una lunga storia di sfruttamento di tematiche e simboli nordici e pagani da parte di frange estremiste e razziste. L'Ásatrúarfélagið si è sempre nettamente dissociata da questi sviluppi, dichiarandosi contraria a suprematismo, militarismo e sacrifici animali, sostenendo le battaglie per i diritti degli omosessuali, nonché iniziative di stampo ecologista.

Da tutto questo si può chiaramente notare il distacco dall'antico mondo nordico che ha ispirato tanti movimenti neopagani simili. Da una società che ammetteva la schiavitù e l'abbandono dei neonati, basata sulla faida e sullo sfruttamento incontrollato del suolo, si è passati a un'etica di apertura, tolleranza, fratellanza e rispetto per la natura. Valori diametralmente opposti a quelli antichi.

Eppure, è spesso quasi comico osservare i voli funambolici intentati dalla stampa e dai media per poter incastrare queste nuove forme di espressione religiosa in un contesto storico che, in qualche modo, le nobiliti conferendo loro un'aura di antichità. Ecco che i valori e le espressioni del neopaganesimo di oggi vengono traslate sul passato islandese, trasformandolo in una sorta di giardino dell'Eden fatto di progressismo *ante litteram* e contrapposto alla forza oscurantista e malefica del cristianesimo.

Si tratta di una resa falsata e caricaturale di questo Paese, un taroccamento pacchiano che mette in ombra la sua storia reale, che è molto più appassionante e avvincente di queste costruzioni da parco dei divertimenti. È stata l'Islanda cristiana, non quella pagana, a elaborare una delle tradizioni letterarie più stupefacenti della storia umana, e il cristianesimo permea ogni pagina di questa affascinante letteratura fatta di avventure, eroismo, amori, intrighi, fantasmi, troll, viaggi, esplorazioni e molto altro.

Oggi il cristianesimo è moribondo in Islanda. Molti lo percepiscono come un credo non più adatto a soddisfare le esigenze di un mondo ormai cambiato, ma riconoscere le differenze e le peculiarità odierne non dovrebbe essere il punto di partenza per riscrivere un passato che sia in qualche modo più vicino al nostro sentire. Il passato è passato e, con tutti i suoi aspetti più belli e le sue tragiche storture, è meglio studiarlo e conoscerlo per quello che è stato, non usarlo come arma ideologica per giustificare le nostre battaglie del presente.

La mia passeggiata mi condusse al di là del fiume, oltre un ponticello di legno e fino alla residenza estiva del primo ministro. Il piccolo camposanto davanti all'abitazione sarebbe dovuto diventare una sorta di cimitero nazionale, e nel 1946 vi furono trasferiti i resti del poeta barocco Hallgrímur Pétursson. Da allora non vi è più stato sepolto nessuno; sebbene qualcuno avesse suggerito di inumarvi l'ex campione di scacchi Bobby Fisher, morto nel 2008, l'idea non fu attuata.

Mi avvicinai a una finestra della chiesetta e sbirciai all'interno, poi diressi nuovamente lo sguardo verso la parete rocciosa. Ecco che ritornavano: uomini e donne di ogni epoca si susseguivano incessantemente sullo sfondo immanente ed eterno di quella colossale scarpata sull'orlo della fossa tettonica. Un sussulto partì dalla mia spina dorsale e una piccola ondata di tumultuoso calore si diffuse per tutto il corpo. La storia islandese, quella autentica, è talmente ricca, talmente densa, talmente appassionante che quasi ti soverchia.

Me ne resi conto quasi da subito, e con sempre maggiore intensità, nel corso del mio primo anno in Islanda. Giorno dopo giorno, la scelta di intraprendere il percorso di studi sul Medioevo islandese si confermava quella giusta: a ogni angolo mi attendeva una nuova scoperta, una nuova esperienza, e la mia competenza nella lettura dell'antico islandese maturava di pari passo con l'amore per il Paese e la sua cultura. Mentre imparavo a conoscere sempre di più l'Islanda, piano piano iniziavo anche a capire meglio me stesso, per quanto non osassi indugiare troppo sul futuro, che mi appariva quanto mai lontano e non ancora degno della mia attenzione.

Alla fine dell'anno accademico mi laureai, e a quel punto si presentò la grossa incognita costituita dal mio avvenire. Cosa fare? Non me la sentivo di tornare in Italia. Dopo aver girato un po' l'Islanda, dopo aver assaporato i suoi sovrumani silenzi… Mi sarebbero mancate troppo le scogliere scolpite dal mare. I cieli perennemente arancione delle notti estive. Il profumo di cannella nel buio dell'inverno. Il legno e il muschio. I fantasmi degli antichi protagonisti delle saghe fuori dal finestrino mentre sfrecciavo in auto attraverso un campo di lava sterminato. Ma i soldi stavano per finire ed ero in una situazione precaria. Non avevo una vera direzione, mi mancava un percorso chiaro da seguire. Volevo iniziare un dottorato, per il quale avevo bisogno di tempo così da preparare un progetto valido e una domanda convincente per la borsa di studio.

L'Islanda, come tante altre volte dopo quella, mi presentò la soluzione. Un pomeriggio di fine giugno, al piano rialzato del *Stofan Café* (oggi *Café Rosenberg*) sulla Vesturgata, conobbi Siggi, una delle persone più importanti della mia vita. Ci aveva messo in contatto una conoscenza in comune, che mi aveva informato di questo distinto signore islandese innamorato dell'Italia e degli italiani. Ero seduto a un tavolino che dava verso l'ingresso. Quando entrò non ebbi nessun dubbio che si trattasse di lui. Gli feci un cenno e lui mi raggiunse.

Mi salutò. Ci presentammo. Siggi era un islandese di una certa età che parlava un italiano perfetto. Era stato professore di latino e greco all'Università d'Islanda (era andato in pensione l'anno precedente) ed era stato anche grazie a lui se l'ateneo si era dotato di un dipartimento di Italiano. Suo padre, Pétur Sigurðsson, era stato capitano della guardia costiera, ed era discendente di un'importante famiglia locale. Era stato lui a disegnare gli arpioni utilizzati per lacerare le reti dei pescherecci inglesi ai tempi delle guerre del merluzzo contro il Regno Unito, nella seconda metà del Novecento, quando l'Islanda aveva preso ad ampliare la propria zona economica esclusiva in mare e a boicottare i pescatori inglesi che vi sconfinavano. Siggi aveva a casa un modellino in argento dell'arpione, donato al padre dallo Stato islandese in segno di riconoscenza.

Pareva molto interessato a conoscere la mia storia. Io gliela misi giù semplice, spiegandogli che ero uno studente, ero lì per passione e stavo vivendo la vita senza troppe prospettive, perché il presente per me ha sempre la priorità. Mi chiese se conoscevo questo o quell'italiano, e io gli risposi di no. Durante il mio primo anno in Islanda non ne avevo voluti incontrare. Non so perché, non credo fosse per disprezzo verso me stesso, magari volevo semplicemente dimenticare chi ero stato.

La domanda mi mise in imbarazzo: non volevo che Siggi pensasse che ero una specie di rinnegato. Gli dissi che non avevo cercato la compagnia di italiani perché avevo preferito cogliere l'opportunità di stringere amicizie internazionali e non volevo rischiare di arenarmi in rapporti pigri tenuti in piedi soltanto da una comune nazionalità. Sembrò capire.

Stavamo bevendo una cioccolata, quando gli confessai di essere in difficoltà con l'alloggio. Il mio contratto era scaduto e siccome mi ero deciso tardi a rimanere in Islanda, i miei padroni di casa avevano già trovato un altro affittuario. Era tarda estate, e quello fu l'anno dell'esplosione definitiva del turismo di massa. Fino a pochi mesi prima trovare casa a buon mercato era stato uno scherzo, ma a quel punto era già diventata una tragedia.

Siggi mi ascoltava con attenzione. Dopo un sorso generoso dalla sua tazza, mi raccontò una storia. Quando era un giovane studente si era dovuto recare in Italia per perfezionare il latino. Erano gli anni Settanta, quelli dei colori pastello nelle fotografie, delle Brigate Rosse e dei Queen più innovativi.

Aveva preso un treno dalla Danimarca per Firenze e durante il viaggio aveva incontrato una coppia, lui italiano e lei svedese. (Sicuramente lui l'avrà sedotta e la farà soffrire, pensava Siggi. All'epoca non si aveva una buona opinione degli italiani.) Lui non aveva ancora una sistemazione permanente a Firenze, e il ragazzo gli aveva dato appuntamento il giorno seguente all'arrivo in città, promettendogli di dargli una mano. Siggi si era presentato con molto scetticismo, convinto che quel tizio si fosse offerto solo per essere gentile e che alla fine non si sarebbe nemmeno fatto vivo. Invece lo aveva fatto, e Siggi aveva trovato un alloggio per studenti che ricordava ancora con grande gioia.

Era stato solo il primo di una serie di eventi che avevano definitivamente demolito i suoi pregiudizi nei confronti degli italiani. Mi raccontò che aveva ricevuto così tanto aiuto e affetto da sentire di avere un debito nei confronti della vita, così che all'occorrenza poteva offrire un alloggio a studenti che ne avessero bisogno.

Viveva fuori dal centro di Reykjavík, nella casa che era stata dei suoi genitori, e utilizzava la propria per ospiti e amici. Non mi sembrava vero: proprio quando pareva che tutto fosse perduto, si stava offrendo di darmi una mano.

La fetta di torta cedette sotto il peso determinato della forchettina, che Siggi si portò speditamente e con grazia alla bocca. In sottofondo, musica un po' funky. Fuori, un cielo limpido. Siggi posò la forchetta sul piattino di ceramica, con quel suono che evoca la raffinata pace di un tè pomeridiano in una casa borghese.

«Voi italiani forse nemmeno vi rendete conto di essere la connessione con il nostro passato», mi disse. «È un tesoro che vi portate dietro quando andate all'estero, e la cosa che personalmente trovo più straordinaria è che avete spesso voglia di condividere questa ricchezza con gli altri, mentre la letteratura islandese, almeno fino a vent'anni fa, era considerata appannaggio dei soli islandesi. Le radici stesse della civiltà occidentale sono vive nel vostro Paese, e da voi si impara sempre qualcosa.»

Stavo per mettermi a piangere. Siggi sollevò la tazzina e sorbì lentamente un po' di cioccolata, poi si guardò intorno girando appena il collo. Io, ormai rapito, non gli toglievo gli occhi di dosso.

Posò con calma la tazzina e riprese: «La mia battaglia personale, nel corso della mia carriera, è stata mostrare come la letteratura islandese sia sempre stata collegata a quella del resto d'Europa. Per esempio, sai, dopo il Cinquecento, dopo la Riforma, sono stati scritti più di trentamila versi in latino in questo Paese. Non li includono mai nelle antologie o nei libri di storia della letteratura islandese per via di un bieco nazionalismo. Tanti sottolineano che nel Medioevo il latino non era usato di frequente in Islanda, come a dire che eravamo al di sopra, no? Anche non considerando il fatto che tanti testi latini sono andati perduti o distrutti, ho sempre pensato che al massimo il latino non fosse utilizzato tanto come altrove semplicemente perché gli islandesi non erano molto bravi a usarlo». Ridacchiò. «Quelli che tornavano dal continente e lo conoscevano bene non avevano poi un pubblico vasto che potesse leggere le loro opere. Ma questa è una cosa che non si può dire, perché la versione ufficiale è ancora quella per cui gli islandesi erano troppo speciali per studiare il greco o il latino. Che non ne avevano bisogno perché vivevano nel loro mondo a parte. Ho sempre chiesto ai miei studenti: 'Dov'erano i nostri antenati mentre la civiltà greca e poi quella romana stavano fiorendo?' Non sapevano mai cosa rispondere.»

Ero ipnotizzato. Non avevo mai pensato a queste cose. La consapevolezza di trovarmi di fronte a una persona straordinaria era ben presente nel mio animo. Lo ascoltavo pensando che *nemo propheta in patria*.

«Stanno iniziando solo adesso a capire la vera importanza della cultura classica per poter comprendere la letteratura islandese. Eppure, paradossalmente, nella mia generazione chiunque avesse fatto il liceo aveva studiato latino, mentre oggi sono pochissimi a farlo. Poi, stranamente, all'università ci sono più studenti che studiano italiano rispetto a quelli che scelgono il francese. Quando ero giovane l'Italia era un sogno lontano per quasi tutti gli islandesi, ma oggi la maggior parte di noi ci viaggia tranquillamente. L'anno scorso avevo in casa cinque operai per le ristrutturazioni, tutti erano stati in Italia, e ne abbiamo parlato per ore, mentre lavoravano. Per noi è straordinario trovare tutta quella storia ovunque guardi. Ho avuto un'epifania in un ristorante a Napoli quando, osservando i camerieri che si pizzicavano scherzosamente le natiche, ho capito come Catullo potesse scrivere cose che ai nostri occhi appaiono così elevate o così abbiette. Questa è una divisione introdotta dal cristianesimo, i romani non la possedevano, per loro questi due lati erano parte di un tutto, così come per quei camerieri. Cose che in Islanda non avrei mai visto.»

Osservavo con sconfinata ammirazione quel vecchio e distinto signore islandese che parlava in italiano come se non avesse mai fatto altro nella vita. Vedevo nei suoi occhi una saggezza rara, che avrei voluto afferrare e che intuivo mi avrebbe risparmiato tanti dispiaceri, portandomi a fare le scelte giuste. Ma non si può diventare saggi con le esperienze degli altri, bisogna farlo a spese proprie.

Siggi continuava a parlare dell'Italia come un fiume in piena. La torta sul piattino era solo un ricordo, la cui passata presenza si intuiva da qualche briciola e una striscia di panna vicino al bordo.

«In Italia ho finalmente compreso cosa deve aver provato Gunnar, il personaggio della *Njáls saga*, quando ha deciso di non partire per l'esilio e tornare a casa sua a Hlíðarendi, dove poi lo hanno ucciso. Come si fa a morire per un paesaggio? Ma una mattina che ero a Capo Miseno mi sono alzato dal letto e dalla finestra ho visto il golfo di Napoli e Capri in lontananza. Lì ho capito perché uno dei più grandi eroi delle saghe islandesi ha preferito morire piuttosto che abbandonare i suoi monti.»

L'amore di Siggi per l'Italia mi aiutò a rendermi conto che non c'era nulla di strano o di male ad amare così smodatamente l'Islanda.

4

Reykholt

La parola e il potere

All'inizio dei tempi, Ymir dimorava,
non c'era sabbia, né gelide onde,
nessuna terra in vista, o cielo su di essa,
un abisso senza forma, e nessun filo d'erba.

Völuspá («Profezia della veggente»), XII secolo

A OTTOBRE del mio primo anno islandese feci una gita di due giorni con alcuni compagni di corso. A metà semestre le lezioni sono sospese per una settimana, in modo da dare agli studenti il tempo di recuperare, ripassare o portarsi avanti con il lavoro. Scherzo. Queste cose non le fa nessuno: ne approfittano tutti per andare in giro, prima che l'inverno piombi all'improvviso e renda impossibili gli spostamenti.

Se ripenso a quell'esperienza mi coglie la malinconia. Eravamo in cinque, freschi, con tutta la gioia e l'entusiasmo che può avere qualcuno che ha appena iniziato una delle avventure più emozionanti della propria vita. Trascorremmo due giorni indimenticabili, sfrecciando lungo la Strada 1 nel Sud. Vidi per la prima volta le famose cascate di Seljalandsfoss, quella dove puoi camminare dietro al salto, e di Skógafoss, che proietta spesso un vivace arcobaleno. E la spiaggia nera di Reynisfjara, con le onde infide che hanno trascinato tante vite ingenue negli abissi. E poi oltre, verso le sconfinate pianure desertiche del Sudest, lungo i dirupi che si dipanano a perdita d'occhio, come sipari calati millenni fa sul ribollire infernale della terra. Passai anche da Kirkjubæjarklaustur, ma non diedi particolare importanza alla cosa; nulla avrebbe potuto farmi sospettare che quello sarebbe diventato uno dei luoghi più importanti della mia vita.

Proseguimmo fino alle pendici del Vatnajökull, quel ghiacciaio troppo grande per un piccolo cuore umano: quando vedi da lontano la sua calotta e le sue lingue, che si insinuano tra le cime dei monti e scorrono a valle, è davvero troppo. Il cuore non regge.

Arrivammo quindi alla laguna di Jökulsárlón. Sono passati pochi anni da allora, ma si è allungata a vista d'occhio: il ghiacciaio arretra e il mare vi si infila prepotente. Le foche danzavano eleganti come sirene svogliate tra i blocchi di ghiaccio che galleggiavano placidi godendosi l'ultimo respiro di casa, prima di essere catapultati nel vasto mondo oceanico a sud e concludere la loro vita millenaria tra le correnti.

«Non ci si crede», commentò uno dei miei compagni mentre camminavamo lungo la sponda Est del ghiacciaio Vatnajökull.

Quello che manca alle fotografie è l'esperienza. Non ti preparano alla realtà, perché vedere qualcosa e viverla non sono la stessa cosa. Il profumo freddo dell'acqua, lo scricchiolio del ghiaccio e lo sciabordio delicato che trasporta piccoli pezzi di ghiaccio a riva, facendoli arenare: tutto questo non si percepisce da una foto.

Era bello vedere la gioia sui volti degli altri ragazzi. Noi, vite così piccole alla deriva come quegli iceberg, forse in parte consapevoli di trovarci all'imboccatura della laguna, sull'orlo del vasto oceano, dove la vita avrebbe preso una piega inaspettata e nulla sarebbe stato come prima. Non ho più visto nessuno di loro. Sono andati via, ma credo che l'Islanda, da dentro, non se la leveranno mai più.

«Vino?» chiese il professore. Una trentina di mani si allungarono imploranti e lui, con un sorriso serafico, versò la sacra libagione nettarea nei bicchieri di plastica, aggiungendo: «Forse vi sembrerà poco nordico, ma dalle saghe sappiamo che nelle corti scandinave veniva consumato volentieri vino importato dal Sud, quando ce n'era la disponibilità!»

Era una delle escursioni che avevo fatto con la mia classe di Studi medievali, e quello dell'onnipresenza della birra o dell'assenza del vino sulle tavole nordiche era il primo di tanti pregiudizi che quel percorso mi avrebbe portato a scardinare. Oggi, nonostante il proliferare di microbirrifici artigianali e la diffusione di una vasta gamma di proposte interessanti, la società islandese sta abbracciando sempre di più il vino, con quello italiano che occupa parecchio spazio sugli scaffali dei negozi del monopolio statale.

Il cattivo rapporto degli islandesi con l'alcol, che fino a qualche anno fa era visto essenzialmente come un mezzo per allentare il controllo e svagarsi, sta sempre più mutando nell'approccio più sano che lo vede come un fine: quello di gustare con moderazione e responsabilità un prodotto di qualità, sorseggiato in compagnia con tranquillità e dignità.

Le enoteche hanno iniziato a punteggiare la scena di Reykjavík, gestite da persone con una competenza che rende giustizia a questo patrimonio così ricco e sofisticato. E gli islandesi amano abbracciare e adottare tutto ciò che è sofisticato. C'è ancora da lavorare, per esempio sulle quantità: una volta, a un ricevimento per l'inaugurazione di una mostra al Museo d'arte di Kjarvalsstaðir, i calici di vino bianco offerti agli ospiti erano riempiti fino all'orlo. Ingenuità di chi sta ancora muovendo i primi passi in una realtà nuova.

Anche nelle più sperdute campagne, ormai, grazie alla standardizzazione dell'offerta dei negozi del monopolio statale, è possibile trovare una selezione di vini davvero stupefacente: a ore e ore di macchina dalla capitale, in centri di poche centinaia di anime, si può comunque gustare un Montepulciano, un Brunello, un Primitivo o un Valpolicella. E potete scommettere che gli islandesi lo fanno. A volte dimenticano che non si tratta di birra e ne bevono la stessa quantità, ma il lato positivo è che – generalmente – gli islandesi alticci tendono a essere amichevoli, socievoli e gioviali. Le risse e i parapiglia sono relativamente rari; più facile invece imbattersi in qualche ubriaco barcollante che ti ferma per strada per salutarti o abbracciarti.

Sorseggiai il vino ascoltando il chiacchiericcio intorno a me. Mi trovavo sulla gradinata di una chiesa moderna, un edificio intonacato di bianco con il tetto rosso, su cui svettava una torre campanaria senza finestre, anch'essa bianca e con un tetto rosso che sembrava disegnato da un bambino. La chiesa si trova in una valle, accanto ad alcuni edifici moderni e delle fattorie. Qualche dozzina di anime popola questo piccolo insediamento situato ai bordi di un boschetto.

Il cielo era grigio senza vento né pioggia: quello che in Islanda è considerato «bel tempo». Mentre il professore ci parlava del luogo, mi domandavo se il suo sorriso nascesse spontaneamente dal cuore o fosse una conseguenza del vino.

Eravamo a Reykholt, nel cuore dell'Islanda occidentale. Come del resto tutto il Paese, quell'angolo pacifico e sereno è greve di una storia ricca, turbolenta ed entusiasmante. Questa fu infatti la residenza della figura di maggior spicco del Medioevo letterario islandese, il potente signore locale Snorri Sturluson, ricordato più per i prodotti del suo ingegno letterario che per le fortune politiche (e qui viene in mente un paragone con il nostro Dante, anche lui assai più competente e fortunato nella produzione letteraria che non nell'attività politica).

Anche a Reykholt, la storia non è scritta sul paesaggio. Non la si vede direttamente. Tocca andare a scovarla nei libri, o farsela raccontare da qualcuno. Il problema è che l'assenza di una massiccia stratificazione architettonica accumulatasi attraverso le epoche porta tanti visitatori a dare per scontato che non ci sia nulla da sapere. Non ci sono edifici antichi, dunque non c'è una storia, sembrano pensare alcuni. L'ironia è che la storia di luoghi dal ricco retaggio architettonico rimane preclusa al visitatore che si limita alla fruizione visiva. Spesso ci si accontenta di constatare la presenza di un residuo, una testimonianza tangibile di un remoto passato, senza spingersi oltre. Il passato però esiste ovunque, ogni angolo abitato del globo terracqueo è pregno di storia e di storie, alcune rintracciabili nella memoria umana o nei libri, altre perdute per sempre.

Il complesso di edifici della chiesa alle nostre spalle, costruito tra gli anni Ottanta e Novanta, ospita un'esposizione dedicata a Snorri e alla mitologia nordica, e dal 1996 anche il centro culturale e di ricerca Snorrastofa. A poca distanza, nel piccolo cimitero, sorge la vecchia chiesa di legno, edificio protetto che viene mantenuto dal Museo Nazionale d'Islanda.

Il professore ci guidò attraverso il cimitero, oltre le tombe interrate e coperte dall'erba. Passammo accanto alle tracce che segnano la presenza delle antiche mura di edifici cancellati dal tempo; i resti archeologici, in Islanda, sono quasi tutti contorni dalle forme squadrate ricoperte dal verde.

Al di là del cimitero il prato scende bruscamente lungo una ripida china, e all'improvviso compare alla vista uno spiazzo lastricato, al centro del quale si trova una piscina circolare dal fondo sabbioso. Si tratta di Snorralaug, una pozza di acqua termale menzionata già nelle fonti medievali, e mi piace pensare che, tra impegni politici e letterari, il vecchio Snorri Sturluson riposasse i muscoli stanchi nelle acque calde di questa piccola piscina. Ancora oggi si trova un'infinità di piscine calde in Islanda, e non soltanto le pozze naturali dall'acqua limacciosa: quasi ogni centro abitato ha una piscina pubblica che, oltre alla vasca olimpionica per il nuoto, è sempre dotata di almeno una o due piccole pozze dove stare a mollo. Per gli islandesi le pozze calde svolgono la funzione che per noi hanno i bar: ci si va a rilassare e chiacchierare, seduti lungo le pareti, magari con la pioggia o la neve che cade sulla testa. L'accesso alle piscine è estremamente a buon mercato ed è sovvenzionato con fondi pubblici, trattandosi di quello che è considerato un servizio essenziale.

Se momenti di relax sono fondamentali oggi, figuriamoci nel turbolento periodo medievale, tra lotte intestine, agguati, battaglie e congiure.

Il professore riprese a parlare. La sua voce morbida e calda si espandeva intorno alla pozza, dove eravamo disposti l'uno accanto all'altro, con ciascuno di noi che chissà cosa intravedeva sulla superficie leggermente increspata dell'acqua.

Dopo il periodo di sessant'anni definito Età della colonizzazione, ebbe convenzionalmente inizio la cosiddetta Età dello Stato libero, che si colloca tra l'anno di fondazione dell'Assemblea generale, nel 930, e il 1262, quando l'Islanda diventò un protettorato norvegese. Fu una fase di grande sviluppo, crescita demografica ed espansione. In quei secoli la Chiesa islandese si organizzò, grazie agli sforzi profusi da individui carismatici, in particolare vescovi intorno ai quali verranno elaborate diverse saghe, ma anche numerosi potenti locali, che accumularono potere e ricchezza e iniziarono a scontrarsi per il dominio sul Paese.

Snorri Sturluson aveva cercato di stabilire la propria supremazia rendendosi vassallo del re norvegese Hákon IV Hákonarson, nel 1220. Questa data segna l'inizio dell'Età degli Sturlunghi, dal nome del capostipite di un potente clan islandese, Sturla Þorðarson, nato intorno al 1115, da non confondere con il nipote omonimo, che sarebbe poi diventato uno dei più importanti storici del periodo, essendo l'autore dell'*Íslendinga saga*, la quale costituisce la metà della compilazione di saghe dedicate agli eventi storici detta *Sturlunga saga*, la principale fonte sulla storia islandese dei secoli XII e XIII. Snorri non fu in grado di mettere ordine nei conflitti islandesi e fece l'errore di appoggiare lo *jarl** norvegese Skúli in una congiura ai danni del re, che però fallì; fu quindi ucciso dai sicari del sovrano nella sua dimora, proprio a Reykholt, nel 1241.

Nel 1262, dopo anni di conflitti, i capi islandesi si arresero e ripristinarono la pace, rimettendosi parzialmente all'autorità del re di Norvegia in quello che è conosciuto come *Gamli sáttmáli*, «Vecchio patto». Gli ultimi a unirsi, due anni dopo, furono gli islandesi della regione orientale. L'accordo non era dissimile da quelli che i romani erano soliti stilare con le popolazioni confinanti, le quali si sottomettevano alla loro autorità in cambio di protezione e di privilegi fiscali o legali.

Al di là della garanzia di pace e sicurezza, questo evento politico ebbe poche immediate conseguenze pratiche e in Islanda molto rimase com'era, tranne il fatto che la Chiesa cattolica prese ad accrescere la propria influenza e ricchezza, trasformandosi nel vero potere temporale.

Dal XIV secolo si assistette anche al principiare di quella che chiamiamo Piccola era glaciale, che si prolungherà fino all'Ottocento causando un forte declino economico e culturale, particolarmente marcato a partire dal Quattrocento, quando anche la peste raggiungerà l'Islanda.

Nel 1380, alla morte del diciassettenne re Óláfr Hákonarson, figlio del sovrano di Norvegia e della regina di Danimarca, la reggenza della Norvegia fu assunta dalla madre, Margrete I, che sarebbe poi stata eletta regina dai nobili svedesi nel 1397, diventando così sovrana di tutta la Scandinavia. L'Islanda, la Groenlandia e le Føroyar (isole Faroe) seguirono la Norvegia, entrando a far parte del regno di Danimarca.

Come ho accennato, Snorri Sturluson non fu soltanto una figura centrale delle vicende politiche culminate nella sottomissione dell'Islanda alla corona norvegese, ma è anche il più importante autore del Medioevo

* Titolo nobiliare di rango elevato tipico del mondo scandinavo.

islandese, nonché uno dei pochi nomi associati a dei testi pervenutici, essendo la maggior parte di questi vergati da autori anonimi. In particolare, la fama di Snorri è legata alla compilazione di una monumentale raccolta di saghe biografiche dei re norvegesi, detta *Heimskringla*, «Circolo del mondo», ma soprattutto a uno dei testi più stupefacenti e importanti della letteratura europea: l'*Edda*.

Edda è un termine dalle origini dibattute (nelle fonti medievali viene usato con il significato di «composizione poetica») ed è associato a due testi del Medioevo islandese: uno di questi è appunto l'*Edda in prosa*, o *Edda di Snorri*, l'altro è l'*Edda poetica*.

L'*Edda di Snorri* è un manuale di poesia di corte nordica composto all'inizio del Duecento, prezioso esempio di poesia scaldica (dal termine islandese per «poeta», *skáld*). Da non confondersi con la poesia eddica – quella dei poemi contenuti nell'*Edda poetica* –, la scaldica è principalmente encomiastica: spesso canta le lodi di un monarca o di un potente, oppure commenta episodi storici, o ancora insulta nemici e avversari del poeta. È resa quasi impenetrabile dall'uso frequente di perifrasi (dette *kenningar*) che vanno a sostituire semplici parole, quasi come delle metafore: dire «braccio» sarebbe troppo banale, meglio «trespolo del falco»; «spada» è eccessivamente prosaico, meglio «lampo della battaglia». Alcune di queste metafore, tuttavia, fanno riferimento a episodi della mitologia nordica, che ai tempi di Snorri stava ormai svanendo dalla memoria collettiva della società scandinava, cristiana da circa due secoli. Per esempio, la locuzione «chioma di Sif» per «oro» fa riferimento a un episodio mitologico in cui Sif, compagna del dio Þór (anglicizzato con Thor), avrebbe ottenuto una chioma d'oro magica forgiata dai nani, dopo che la sua le era stata tagliata dal dio Loki.

L'*Edda di Snorri* è suddivisa in quattro sezioni: un prologo, dove l'autore inquadra gli dei nordici nel cosmo cristiano; *Gylfaginning*, «L'inganno di Gylfi», dove vengono spiegati alcuni elementi della mitologia attraverso il personaggio del re svedese Gylfi, travestito da viandante e sotto lo pseudonimo di Gangleri, che interroga tre figure regali – le quali non sono che Odino sotto mentite spoglie – su vari aspetti della mitologia; *Skáldskaparmál*, «Discorsi sulla poesia», una sorta di prontuario a uso dell'apprendista poeta in cui si svolge un dialogo tra il dio marino Ægir e Bragi, una divinità associata alla poesia; e infine *Háttatal*, la «Lista dei metri poetici», dove l'autore elenca stralci di composizioni liriche per esemplificare qualche dozzina di versi caratterizzati da differenti metri sillabici, allitterazioni e rime interne.

L'*Edda poetica* è un'antologia senza un vero e proprio titolo, così chiamata per associazione con l'opera di Snorri, dal momento che vi sono stati riconosciuti alcuni dei testi da cui quell'autore ha attinto il suo materiale. È stata tramandata da un copista anonimo in un manoscritto della fine del Duecento, uno scarno libretto delle dimensioni di un tascabile, che per la sua importanza storica è considerato uno dei tesori nazionali d'Islanda. Raccoglie carmi e poemi di argomento mitologico ed eroico; a differenza dell'intricatissima poesia di corte che troviamo nell'*Edda di Snorri*, la lirica dell'*Edda poetica* è molto più diretta, lineare e accessibile.

La raccolta inizia con la *Völuspá*, «Profezia della veggente», che inquadra la cosmogonia nordica e prevede la battaglia risolutiva alla fine dei tempi, i cosiddetti *Ragnarök*, «Fati degli dei». Seguono vari poemi mitologici, tra cui gli *Hávamál*, «Detti dell'alto», una serie di raccomandazioni morali dalla bocca di Odino, e la *Lokasenna*, «Lite di Loki», dove il dio si imbuca a una festa e rivela una serie di scandali commessi dagli altri dei; probabilmente la loro funzione era quella di denunciare indirettamente comportamenti ritenuti immorali, come l'adulterio. I «Detti» sono seguiti da una serie di poemi eroici ambientati nell'età delle migrazioni (ovvero intorno alla caduta dell'impero romano d'Occidente), che narrano le vicende del ciclo dei Volsunghi/Niflunghi (i Nibelunghi del *Nibelungenlied* tedesco) dal punto di vista di vari personaggi.

La stesura di questi due testi è, per alcuni versi, senza eguali nel Medioevo germanico, e il grosso degli elementi in nostro possesso sulla mitologia pagana del mondo scandinavo è sopravvissuto soltanto grazie a loro.

Per ragioni ancora non del tutto chiare, gli islandesi avevano assunto una sorta di monopolio culturale nel mondo nordico: erano diventati i più abili a preservare la storia antica e i migliori a comporre poesia di corte. Ancora oggi, è stupefacente notare la capacità di alcuni di ricordare intricatissime genealogie o di ricostruirle a partire da una manciata di nomi. Il monaco norvegese Teodorico, vissuto nel XII secolo e autore di un compendio di storia dei re della Norvegia, e il danese Saxo Grammaticus, vissuto a cavallo tra il XII e il XIII secolo e autore delle *Gesta dei danesi*, citano fonti islandesi specificando la particolare competenza storica di questo popolo, quasi che l'essere islandese fosse una sorta di credenziale. Gli islandesi, inoltre, avevano acquisito la fama di eccellenti poeti, e il ruolo di poeta di corte era uno dei ranghi più elevati nel seguito reale norvegese.

Gli studiosi hanno tentato di spiegare la stesura dell'*Edda* da parte di Snorri nel contesto della teoria del capitale elaborata dal sociologo francese Pierre Bourdieu, interpretando la facoltà di comporre poesia di corte come forma di «capitale culturale» che andava perdendo valore, in un ambiente che si stava spostando verso la letteratura cortese importata dalla Francia. In altre parole, l'*Edda di Snorri* rappresenterebbe un disperato tentativo di mantenere viva una conoscenza indispensabile perché la competenza di un poeta di corte venisse apprezzata e valorizzata. Una volta scomparsa la conoscenza necessaria ad apprezzare questa poesia, sarebbe svanita anche un'importante opportunità di carriera e prestigio.

La lettura dell'*Edda* può dare l'impressione che esistesse una sorta di canone mitologico nordico, trasmesso nella sua forma cristallizzata fino alla stesura operata da Snorri. Ciò è assolutamente sbagliato: nelle diverse parti della Scandinavia si adoravano divinità differenti, e dovevano coesistere versioni discordanti dei racconti mitologici, proprio come accade per le diverse varianti di episodi della mitologia classica giunte fino a noi.

Difficilmente, e diversamente dal cristianesimo, il mondo nordico pagano ha mai avuto una concezione sistematica della propria religione. Non esistevano dogmi, apparati amministrativi, catechismo, dottrine, congregazioni per la protezione dell'ortodossia e per la selezione dei testi canonici. Esisteva, semmai, un corpus eterogeneo di tradizioni, spesso contrastanti e senza un'organizzazione centralizzata. Sarebbe dunque un errore considerare Snorri come testimonianza di una realtà generalizzata del mondo nordico a lui precedente di due secoli, o addirittura del mondo germanico prima della conversione: non avendo altre fonti, non ci è possibile stabilire quanto fosse diffuso il materiale tramandatoci da Snorri, e quanti cambiamenti siano intervenuti nel corso dei secoli.

Senza contare quelli che deve avere giocoforza inserito lui per il suo preconcetto cristiano e per dare coerenza e coesione al testo.

Certo è, tuttavia, che Snorri interviene pesantemente sulla presentazione: nel prologo inquadra le divinità nordiche come eroi troiani fuggiti dall'assedio della loro città e approfitta dell'assonanza tra il nome della stirpe divina di Odino (Æsir) e della sua fortezza (Ásgarðr) e la parola «Asia» per collegare il pantheon nordico alla città della tradizione omerica.

Esistono altre analogie con il cristianesimo nella tradizione mitologica nordica a noi pervenuta: dal diluvio universale all'interessante parallelismo tra Odino impiccato e trafitto da una lancia e la crocifissione di Cristo, alla resurrezione del dio Baldr e il principiare di una nuova età dell'oro.

In virtù del fatto che questi prodotti della letteratura islandese contenessero più informazioni sul supposto Medioevo pagano-germanico, nel secolo scorso i nazionalisti tedeschi identificarono l'Islanda come una sorta di santuario dove gli antichi valori erano stati preservati, e tentarono di appropriarsi di questa cultura. È, tristemente, qualcosa che continua anche oggi, con le frange suprematiste che traggono ispirazione da questo materiale letterario elevandolo a testimonianza di un mondo in cui i loro presunti antenati regnavano incontrastati sulle altre razze e la purezza nordica non era ancora stata intaccata.

Viene da pensare che queste persone non abbiano mai letto i poemi eddici o l'*Edda in prosa*, perché l'immagine del pantheon nordico che emerge da quei testi è tutt'altro che glorificante o edificante, e non rispecchia affatto quella consolidata dall'iconografia di ispirazione wagneriana. In quegli scritti, gli dei nordici non sono potenze della natura che governano aspetti del mondo sensibile ma personaggi dalle mille sfaccettature, con pregi, difetti e peccati. Figure molto umane con le quali potremmo rapportarci, piuttosto che esseri superiori e inavvicinabili.

Il professore continuò a parlare, ma io non ero più lì. O meglio, ero ancora lì ma mi sentivo traslato in un piano temporale diverso. Quel luogo – al pari di tutti i luoghi – si trova sulla congiuntura tra una miriade di tempi ed eventi, che mi sovvengono come l'eterno e le morte stagioni della poesia più famosa di Leopardi, un altro che dell'Islanda, seppur a distanza, aveva subito il fascino.

Era una sensazione che, una volta sperimentata, mi sono scoperto a cercare continuamente: osservare il paesaggio e sentirmi come sospeso fuori dal tempo contemplando l'eterno. Anche nel quotidiano, a Reykjavík, potevo ritrovarla facilmente, cosa rara in altre capitali del mondo: andavo spesso verso la punta della penisola su cui sorge la città, che fa Comune a sé e si chiama Seltjarnarnes. Lì si trovano un faro e una spiaggia che abbraccia a semicerchio una baia, con una visuale sui monti a nord.

Tornando da quelle passeggiate meditative, spesso mi fermavo lungo la via Sud della penisola, dove viveva Siggi, nella dimora di famiglia il cui nome era Hrólfsskáli. Lui mi offriva sempre una tazza di tè e una fetta di torta e mi istruiva sull'etichetta e le usanze di mondi e tempi andati. Era il mio confessore laico. Mi rinfrancavo lo spirito osservando il mare e sorseggiando il tè mentre ascoltavo la saggezza profonda di un uomo che dalla vita aveva avuto tanto e le aveva donato altrettanto.

Non era sempre facile vivere in Islanda. Non era sempre facile essere parte di una comunità internazionale come quella dell'università, carica di persone dalle culture e dalle sensibilità diverse, terreno fertile per incomprensioni.

Una volta andai a trovare Siggi e, come sempre, ci mettemmo a chiacchierare. Lui sedeva sulla sua poltrona un po' lisa e guardava oltre la mia testa, verso l'acqua placida e blu chiaro della baia abbracciata dai monti e dai vulcani.

«Abbiamo molto da imparare dagli italiani», mi disse a un certo punto. «Ovunque vadano, fanno la differenza.»

Io non ne ero così sicuro, ma non replicai.

Non è sempre una storia d'amore, quella tra l'Islanda e gli italiani. Tanti si arrendono ai suoi capricci, al suo umore volatile, alla sua malinconia che viene, va e ritorna, alla lunga stagione invernale. Il segreto per superare l'inverno è non fissarsi sull'inverno. Prima di Natale c'è l'euforia per le feste, che aiuta parecchio. Ma se si detesta il Natale è già un problema. Non puoi vivere in Islanda e odiare il Natale: a volte l'atmosfera natalizia è l'unica cosa capace di farti andare avanti. Passate le feste, devi essere contento che le giornate si stiano allungando. E se poi l'estate è piovosa e deludente, be', dovrai fare del tuo meglio per rendere speciali quei pochi giorni di sole.

Questa è un'altra cosa che l'Islanda mi ha insegnato: a diventare padrone delle mie circostanze, a non aspettare che il cosmo inizi a muoversi come farebbe comodo a me. Andare a letto la sera soddisfatto della giornata trascorsa dipende soprattutto da me, dallo spirito con cui affronto quello che l'universo spedisce sul mio cammino. È davvero paradossale che in un Paese in balìa della natura, dove l'uomo non può imbrigliare più di tanto gli elementi e plasmare la propria realtà, si impari così bene a non essere vittima degli avvenimenti.

Prendiamo il lavoro, per esempio: mi è sempre piaciuta l'idea di insegnare, specialmente all'università, dove non bisogna seguire programmi ministeriali e c'è tanto spazio per un insegnamento di tipo socratico, quello che nel gergo degli studi pedagogici viene chiamato *discussion-based teaching*, basato cioè sulla discussione comune di un problema, anziché sulla mera trasmissione nozionistica dall'alto verso il basso. Purtroppo, la carriera universitaria richiede una costanza e una dedizione che metterebbero alla prova chiunque: spesso tocca fare anni e anni di lavoro precario, senza intravedere prospettive all'orizzonte. In Islanda, però, non è un problema così grave; anche se a tutti piacerebbe avere più sicurezza e stabilità, il dover giocoforza dedicarsi a più attività è una manna dal cielo per persone che, dopo un po', finiscono con l'annoiarsi di qualsiasi lavoro. Ho conosciuto diversi stranieri che considerano un grosso vantaggio questo aspetto dell'Islanda: un giorno fai un lavoro, quello seguente ti accorgi che ti sta rendendo la vita piatta e hai bisogno di nuovi stimoli, quindi ne trovi un altro.

Ho iniziato a insegnare Italiano all'Università d'Islanda nel gennaio 2016. Doveva essere solo una supplenza, ma poi è scattato qualcosa con gli studenti, e feedback e risultati si sono rivelati talmente buoni che sono rimasto per gli anni successivi. Intanto proseguivo con il dottorato in Linguistica islandese, tenevo lezioni per il corso sui manoscritti medievali islandesi e ogni tanto facevo anche supplenze di Antico nordico per il mio relatore. Una bella minestra di attività.

Dopo un anno di insegnamento a ritmo serrato e subito prima di ottenere l'assegno di ricerca per il dottorato, per un semestre lavorai addirittura part-time in un asilo nido. È stata un'esperienza importantissima che mi è servita a imparare un'infinità di cose, dal cambio dei pannolini alle fasi dello sviluppo cognitivo dei bambini, oltre a farmi capire che non ero affatto un incapace nelle attività pratiche, come molti intorno a me avevano spesso sostenuto, forse per via del pregiudizio secondo il quale chi eccelle nello studio deve giocoforza essere un inetto nei lavori manuali.

L'asilo dove lavoravo era parte di una rete e nei fine settimana venivano regolarmente organizzati corsi di aggiornamento per i maestri, tenuti da pedagogisti e altri esperti. Ed erano pure pagati come straordinari, pensate un po'!

Fu in occasione di uno di quei seminari che incontrai Íris Dögg, una dolcissima signora islandese originaria delle Vestmannaeyjar. Una conoscente italiana me la presentò e lei mi si rivolse in italiano, chiedendomi di dov'ero. Le diedi la risposta classica: «Una cittadina vicino a Milano», ma lei volle saperne di più, così le dissi che venivo da Cremona. Meraviglia! Si scoprì che negli anni Novanta aveva fatto la ragazza alla pari per una famiglia cremonese, con la quale era rimasta in contatto e che era tornata a trovare negli anni. Mi raccontò anche di aver portato con sé il padre, una volta, e di come gli fosse sembrato di trovarsi in una colossale metropoli, dopo essere stato catapultato dal piccolo arcipelago islandese in un albergo vicino al centro storico di Cremona. Un anno che sono tornato a Cremona per Natale, avevo in valigia un carico la cui natura era tanto sospetta quanto il suo odore: alcune confezioni di pesce essiccato per la famiglia cremonese di Íris Dögg.

Conoscere Íris non è stata però l'unica sorpresa del genere. Una sera d'inverno, raggiunsi il direttore del dipartimento di Italiano, Stefano, per l'esame a distanza di una donna islandese, Jóhanna, che viveva in Italia. I suoi figli erano ormai grandi e lei aveva deciso di prendere un'abilitazione come guida turistica. Molto islandese, da parte sua: nel Paese ci sono centinaia di studenti maturi, persone che hanno già avuto o hanno una bella carriera ma ricominciano a studiare per passione. Come Matthías Geir, che ha alle spalle e davanti a sé una brillante carriera diplomatica, essendo rappresentante dell'Islanda alla FAO, alla WPF e al Fondo internazionale per lo sviluppo agricolo, con sede a Roma, ma che nel tempo libero ha deciso di studiare l'italiano ed è stato il mio primo laureando.

Gli islandesi che si abilitano come guide turistiche devono sostenere un esame su una lingua a loro scelta, per dimostrare di sapersela cavare in quell'idioma; Jóhanna aveva optato per l'italiano. Sarebbe stato Stefano a farle l'esame, mentre il mio ruolo era quello di assistente/testimone, anche se ero libero di porle a mia volta qualche domanda.

La prima cosa che le chiese fu presentarsi, e lei disse subito di vivere in Italia. Poi fece una piccola pausa e aggiunse: «A Cremona».

«No, be'...» saltai su.

Stefano scoppiò a ridere e Jóhanna sulle prime rimase un po' confusa, per poi scoprire l'incredibile coincidenza quando le dissi che io ero proprio di Cremona. Cominciammo a parlare della mia città natale e praticamente fui io a interrogarla, chiedendole di raccontarmi questo e quello, e scoprendo anche di avere qualche conoscenza in comune.

Giunta in Islanda qualche mese dopo, Jóhanna mi portò una scatola di latta decorata piena di torrone cremonese. La conservo ancora perché la trovo un ricordo molto bello da serbare.

Insomma, tra Cremona e l'Islanda ci sono tutti i requisiti per un gemellaggio.

5

Skálholt e Hólar
La giuntura tra due epoche

Tutto era un'altra storia
Nel papato pien di gloria
Vi era amore tra le genti
Un fiorire di talenti,
E l'Islanda tra gli onori,
Mentre oggi son dolori.

Bjarni Jónsson Borgfirðingaskáld, *Aldasöngur* («Canto dei secoli»), 1625

Io e un amico italiano eravamo seduti in un caffè di Reykjavík. Un locale unico, a conduzione famigliare, con arredi vintage, sedie spaiate e tavoli di legno tutti diversi tra loro. Sopra ogni tavolo una candela, spenta perché non era ancora sera; una pallida e speranzosa luce tiepida filtrava dalle finestre. Ovunque intorno a noi, piante, soprattutto grasse. Nell'aria aleggiava un vago sentore di cannella. I tipici *kanilsnuðar*, le «girelle alla cannella», dovevano essere stati sfornati da poco. Pur essendo di origine svedese, questi dolci sono ormai stati sdoganati in tutto il mondo nordico e oltre.

Stavamo parlando del più e del meno, quando arrivò una ragazza a chiederci che cosa volessimo. Il mio amico ordinò per primo, in inglese; era arrivato da poco, e imparare la lingua islandese richiede uno sforzo pluriennale. La cameriera gli rispose sbrigativamente e poi si girò verso di me, che le parlai nella sua lingua. L'espressione del suo viso cambiò, si ammorbidì, e la ragazza si abbandonò a qualche chiacchiera di circostanza con un largo sorriso. Io non feci caso a quella mutazione così radicale, ma il mio amico sì.

Diventare parte della società islandese, essere accettati, non è uno scherzo. Occorrono pazienza e dedizione, ma soprattutto è indispensabile una cosa: imparare la lingua. Può sembrare scontato, eppure è sorprendente quanti non si prendano mai la briga di farlo, preferendo affidarsi all'inglese e frequentando soprattutto altri stranieri. Il fatto che quasi tutti gli islandesi parlino più o meno un po' di inglese trae però in inganno: documenti importanti, comunicazioni fiscali, verbali della polizia, multe e tanto altro sono in islandese. Far valere i propri diritti senza conoscere la lingua può essere un problema. E integrarsi è praticamente impossibile.

Nonostante la crescente diversità e globalizzazione, quella islandese è una società piccola, cementata da saldissimi legami famigliari e amicali. Nulla di strano in questo: anche nelle piccole realtà italiane funziona così. Ricordo il mio stupore quando conobbi una donna di Prato trasferitasi per lavoro a Cremona che si lamentò con me di come fosse impossibile fare amicizia con un cremonese. Mi colse di sorpresa, perché avevo sempre visto i miei concittadini come persone aperte e amichevoli, ma quello che mi era sfuggito era che noi cremonesi eravamo così tra di noi e non necessariamente con i nuovi arrivati, che dovevano pazientare e metterci del bello e del buono per essere inclusi. Per chi viene da fuori può essere una tortura, ma per chi è dentro è estremamente rassicurante sentirsi parte integrante di un tessuto sociale solido. Esistono culture dove c'è più apertura, in cui si socializza più facilmente, però le amicizie sono meno profonde e comportano meno obblighi. Per me gli amici dovrebbero essere quasi come dei famigliari, ma ovviamente serve molto tempo per poter sviluppare un tale livello di intimità.

Personalmente, non ho sentito il peso della «gavetta» per integrarmi. Ho sempre dato per scontato che quando si è nuovi in un luogo non ci si possa aspettare un tappeto rosso ma ci si debba mettere in coda e investire per guadagnarsi la stima e l'affetto degli altri. Ho avuto la mia dose di episodi fastidiosi, ma a parte ricordare che ci sono stati, non ho conservato granché i dettagli: in un paio di occasioni mi è stato chiesto se fossi venuto da solo o con la famiglia – come se fossi un profugo che voleva approfittare del ricongiungimento famigliare –, mentre una volta mi hanno domandato se in Italia ci fosse tanta povertà e come fossero le cure mediche. Quel giorno fu la mia compagna, Lára, a tessere le lodi del sistema sanitario italiano, che non è certo perfetto ma ha diversi punti di forza rispetto a quello islandese. Che, tra le altre cose, ha la malsana tendenza a concentrarsi sul tamponamento dei sintomi, anziché sulla cura dei problemi che li provocano. In ogni caso, non sono episodi come questi a definire la mia esperienza islandese, e non avrebbe senso attribuire loro un'importanza eccessiva.

La cameriera arrivò alle mie spalle con in mano una tazza: «*Jæja, einn cappuccinó, og eitt kaffi!*» («Dunque, un cappuccino e un caffè!»)

Ripresi a chiacchierare con il mio amico, che mi confessò di essere un po' scoraggiato. Trovarsi in un Paese nuovo e sentirsi sradicati, senza un appiglio, non è mai piacevole, ma la responsabilità per destreggiarci e trovare uno spazio è solo nostra.

Devo ammettere che mi è stato di grande aiuto il fatto di essermi mosso soprattutto nell'ambiente accademico, che è per definizione internazionale e basato sullo scambio e la condivisione. Oltretutto, il primo anno del corso del master esaurii lo studio della grammatica dell'islandese antico, che si discosta relativamente poco da quella attuale. Ancora oggi, ogni tanto mi scappano espressioni, costrutti e vocaboli tipici dell'islandese medievale, che suscitano reazioni a metà tra l'ilare e l'ammirato, perché fare un errore grammaticale è un conto, ma fare un «errore» che è in realtà un arcaismo medievale è tutt'altra cosa.

La vera svolta avvenne però nel periodo in cui lavoravo part-time all'asilo nido, quando finalmente creai le basi per poter conversare. Prima di allora, il mio islandese era come un castello costruito sulla sabbia: conoscevo a menadito la grammatica, ma mi mancava la dimestichezza nella costruzione spontanea delle frasi.

Mentirei se dicessi che la conoscenza della lingua non ha cambiato radicalmente la situazione. Poter parlare con il medico, il commercialista e gli impiegati degli uffici pubblici ha fatto la differenza. A tutti capita di trovare nei negozi commessi diffidenti che sembrano controllarti a vista, e ci sono anche in Islanda, ma basta fare due battute nella loro lingua per assistere al rilassamento totale dell'atmosfera.

Questo perché in Islanda la lingua è una componente talmente esclusiva che poterla padroneggiare è come un attestato di appartenenza. In Paesi più grandi, conoscere la lingua è considerato un requisito minimo e non dà accesso a granché dal punto di vista sociale; in Islanda, invece, significa aver mosso il primo passo nelle cerchie locali. È quasi come aver ottenuto una sorta di passaporto.

Ho spesso osservato che alcuni stranieri tendono a porsi in una situazione di superiorità morale e pretendono che gli islandesi si adeguino alle loro convenzioni sociali. Per esempio, qui non c'è una cultura del servizio, e i tempi di preparazione di un caffè al bar sono biblici; questo a volte mi irrita, ma si tratta di un aspetto derivato da una storia che è diversa da quella del mio Paese, e non mi sembra quindi corretto pretendere che i camerieri si adattino a me, come invece fanno alcuni. Trovo questo comportamento arrogante e irrispettoso.

Non sono nemmeno però mai scaduto nell'atteggiamento, comune a molti, di voler nascondere le proprie origini: sono orgoglioso della mia italianità, ma non in senso bieco di superiorità nazionalistica; sono orgoglioso di averne saputo trarre il meglio che ho potuto. In termini culturali, sociali e culinari, la mia estrazione italiana mi ha offerto strumenti che ho fatto miei e si sono rivelati vincenti nelle sfide della vita. Per questo ho rinunciato a mascherare il mio accento e sperare in cuor mio di passare per un *local*. L'Italia è una parte di me che merita di essere valorizzata e che gli islandesi possono vedere come un contributo importante, piuttosto che un elemento di disturbo. Dato che possono considerarti uno di loro anche se non sei islandese, non ha senso fingere di esserlo.

Fu quando Lára e io cominciammo a frequentarci che le cose cambiarono ancor più radicalmente per me. Non avevo mai sentito il peso dell'esclusione da parte degli islandesi, eppure non potei non notare alcune importanti differenze.

Una fredda sera invernale, mi trovavo fuori dalla pizzeria *Flatey*, nella zona di Grandi a Reykjavík, a fumare con un conoscente islandese: «Allora adesso sei dei nostri, eh?» mi disse nella sua lingua. Aveva saputo che stavo frequentando una ragazza del luogo e, per gli islandesi, quello è un atto che sigla definitivamente l'ingresso nella loro società. Quasi come diventare un parente acquisito, con tutti gli oneri e i vantaggi che ciò comporta.

Tempo dopo – lo ricordo come se fosse ieri –, al mio ritorno in Islanda da una vacanza in Italia, una professoressa dell'istituto universitario in cui lavoravo mi venne incontro con un sorriso amichevole dicendomi: «*Velkominn heim!*» ovvero «Bentornato a casa!» In quel momento capii di essere finalmente diventato parte di quella società.

Conoscere Lára era stato difficile. Gli islandesi, in questo tipo di rapporti, possono essere molto diversi dagli italiani. Sebbene si abbraccino e a volte si bacino anche, senza le rigidità e la freddezza che uno può aspettarsi di incontrare in un Paese nordico, le loro manifestazioni fisiche dei sentimenti possono essere decisamente differenti dalle nostre, e ci vuole tempo per imparare a capirsi.

Quando le chiedevo se fossimo una coppia, svicolava. Ci vedevamo ogni giorno e facevamo un sacco di cose, eppure per lei sembrava che non fossimo veramente insieme, o così mi pareva. Poi, lentamente, le cose sono iniziate. Lentamente. Ora lievi, ora turbolente, e Lára è stata un faro per me nei bui e crudeli inverni islandesi. Come un iceberg che può sembrarti freddo e sterile come la morte, ma che può anche strapparti a essa, risparmiandoti il fondo del mare.

Siggi mi aveva detto che tante coppie dal background culturale misto falliscono perché non riescono a comunicare. Io penso che il problema sia piuttosto che a volte non si fa uno sforzo per capirsi. È vero, le emozioni degli islandesi sono come le loro stagioni: appena accennate, quasi indistinguibili le une dalle altre. Manca qualcosa di veramente forte a caratterizzarle. Ma sono io l'ospite in Islanda, e sta a me imparare a capire la loro lingua, anche quella non scritta e non verbalizzata dei gesti e delle convenzioni.

Inizialmente incontravo Siggi anche più volte ogni settimana, ma da quando cominciai a frequentare Lára le visite si fecero più rare. Gli telefonavo regolarmente, comunque, per il semplice piacere di sentire il suono rincuorante della sua voce, il suo italiano caldo e posato, spruzzato di sfumature islandesi. Quando andavo a trovarlo aveva sempre storie da raccontarmi, persone da presentarmi e qualche antico segreto da svelarmi. Se non fosse stato per la sua scuola, non sarei mai stato pronto ad affrontare tanto di quello che la vita in Islanda stava tenendo in serbo per me. Forse non sarei nemmeno riuscito a conoscere veramente Lára, e addirittura me stesso.

Una volta avevo avuto un coniglio nano come animale domestico, che mi aveva dato una lezione di vita importante. Mi ero aspettato una bestiola da spupazzare a mio piacimento come avrei fatto con un cane, invece mi ero trovato di fronte a una creatura diffidente, che a malapena mi concedeva di accarezzargli la testa tra le orecchie. Poi mi ero documentato a fondo sui conigli e avevo imparato che quando provano molto affetto per qualcuno, possono saltellargli intorno. Può sembrare poca cosa a una persona abituata a effusioni più fisiche e travolgenti, o a qualcuno che ha come riferimento il comportamento di un cane, eppure il sentimento a monte di quei gesti è lo stesso, ed è questo che bisogna imparare ad apprezzare. Un coniglio non ti ama di meno solo perché non ti salta addosso e non ti lecca furiosamente come un cane, e gli islandesi possono essere così, meno cani e più conigli.

All'inizio era stato difficile adattarmi. In Italia, se uscivo con una ragazza era perché fra noi c'era già qualcosa. In Islanda, invece, si esce anche se non c'è nulla, e magari proprio per vedere se qualcosa si sviluppa, ma a volte non si sviluppa niente e tu rimani con un palmo di naso. Avevo un po' imparato a fare come gli islandesi, anche se non ero troppo bravo. Per quanto ci si sforzi, l'imprinting culturale di origine è duro da cancellare. In ogni caso, ci provavo: mi sforzavo di prendere le cose come erano senza farmi troppi film, e se poi fosse nato qualcosa in più, perché no?

Era un metodo che aveva i suoi contro, però. Difficilmente nascono cose dal nulla, così come le rose non fioriscono senza cure, ma vallo a spiegare agli islandesi. Fatto sta che in un contesto di questo tipo ho conosciuto Lára. Perso come un turista americano con scarpe Converse nel cuore di Þórsmörk, una vallata isolata tra montagne impervie, magari durante una bufera di neve, cercavo di reprimere quel sentimento che avevo dato per scontato non sarebbe mai stato corrisposto. L'avevo invitata a casa mia, a bere un bicchiere di vino e fare conversazione. Lei si era laureata in Psicologia, e io tenevo banco sfruttando le reminiscenze in materia risalenti ai gloriosi tempi del liceo, a Cremona. Mi sono state utilissime nella vita, inclusa quell'occasione.

Ne ebbi un disperato bisogno, quella prima volta che ci vedemmo, perché la fiducia in me stesso era sotto le scarpe: mi sentivo brutto come il peccato. Qualche giorno prima avevo cercato di spuntarmi i capelli con il rasoio elettrico che usavo per la barba. A una passata troppo vigorosa, la testina si era staccata e le lame erano atterrate sul cuoio capelluto, scavando una pista bianca tra i miei folti boccoli da cherubino rinascimentale dei quali andavo molto fiero. Era finita con me che piangevo piegato a novanta sul piatto della doccia mentre il mio coinquilino mi radeva completamente il cranio. Per i mesi successivi mi sentii inguardabile, e le persone addirittura non mi riconoscevano, ma quella sera Lára sembrò non dare troppa importanza alla cosa.

Qualche tempo dopo, a novembre, la invitai alla festa per il mio compleanno. Non eravamo più usciti insieme, ed ero convinto che non sarebbe venuta per non darmi modo di pensare – vedendola arrivare splendidamente vestita e con quei grandi occhi azzurri, magari con in mano una bottiglia di vino e un biglietto di auguri – che fra noi potesse esserci qualcosa.

Invece andò proprio così. Si presentò un po' in ritardo, quando ormai avevo accettato il triste e ineluttabile fatto che non sarebbe venuta. Era splendidamente vestita e i suoi occhi azzurri irradiavano dolcezza; in mano aveva un sacchetto di carta con dentro quella che sembrava chiaramente essere una bottiglia di vino, e attaccato c'era un biglietto. Ero così felice che non potei più fingere con me stesso di non provare nulla per lei.

Anche dopo quell'occasione, però, ci volle del bello e del buono perché Lára si convincesse ad accettarmi come il suo compagno di viaggio.

Per i primi mesi della nostra relazione non mi presentò nessuna delle persone importanti della sua vita. All'inizio la presi molto sul personale, e glielo feci pesare. In fondo, da ragazzo avevo portato a casa non so quante «fidanzatine»; i miei erano abituati a incontrarle e conoscerle, per poi dimenticarle dopo poche settimane, quando quelle storielle adolescenziali raggiungevano la loro inevitabile conclusione. Per me, il fatto che Lára non mi presentasse ai suoi amici e parenti era un segnale che non voleva che entrassi veramente nella sua vita o, peggio ancora, un sintomo del fatto che si vergognava di me, o qualcosa del genere. Non avevo ancora effettuato il passaggio logico successivo: se, per mia stessa ammissione, l'aver presentato le mie fidanzatine ad amici e famiglia non aveva avuto alcun impatto sul valore dei rapporti che avevo avuto con quelle ragazze, nessuno dei quali era diventato davvero importante, allora il fatto che Lára non mi facesse incontrare i suoi amici e la sua famiglia non era necessariamente indicativo del valore che lei dava alla nostra relazione. Non avendo però ancora fatto questo ragionamento, il suo non volermi «ufficializzare» mi feriva alquanto.

Finalmente, però, dopo più di sette mesi da quando avevamo cominciato a frequentarci, mi portò a conoscere i suoi genitori.

Ero terrorizzato. Del resto, il mio islandese non era ancora davvero fluente, e nelle situazioni sociali mi affido sempre alla parlantina per cavarmi d'impaccio e fare una buona impressione. A dire il vero, non so perché fossi così preoccupato. Forse è perché gli italiani sono abituati a sentirsi bistrattare all'estero e danno per scontato che il mondo ce l'abbia con loro, o ne abbia comunque una cattiva opinione. Non ho mai incontrato nulla del genere in Islanda, semmai il contrario, eppure mi porto dietro questa sensazione di disagio al pensiero di dover dimostrare che non sono qualunque cosa di negativo gli altri stiano immaginando. Ho invece conosciuto molti islandesi innamorati persi del nostro Paese, e se sono stato vittima di pregiudizi, riguardavano piuttosto il dare per scontato che, in quanto italiano, dovessi avere un occhio particolare per lo stile, che fossi esperto di storia dell'arte, ben versato in latino e un mago ai fornelli. Esistono anche pregiudizi positivi, rispetto agli italiani!

Dopo qualche visita dai genitori della mia compagna sono riuscito a sviluppare un rapporto di fiducia e rispetto, intimo e reciproco. Non è passato molto tempo prima che cominciassero a riferirsi a me come al loro *tengdasonur*, ovvero «genero», e anch'io ho preso l'abitudine di definirli i miei suoceri, pur non essendomi ancora sposato. In Islanda, il matrimonio non ha lo stesso peso che ha tradizionalmente avuto in Italia. Prima c'è la convivenza, che è forse vista come un momento più ufficiale del matrimonio stesso, poi arrivano i figli, quindi magari ci si sposa giusto per mettersi in ordine dal punto di vista legale.

Così, mi sono presto sentito parte della famiglia di Lára, e ora di famiglie ne ho due, una italiana e una islandese. Quest'ultima, poi, è molto grande e ama incontrarsi, con tutti i membri riuniti per festeggiare e stare insieme. Da quando riesco a sostenere conversazioni, fare battute e rispondere alle domande, tutti i nostri parenti mi avvicinano per parlarmi e coinvolgermi.

Se fai uno sforzo, gli islandesi ti premiano. Vorrei poter fare una battuta e dire che sono più accoglienti verso gli stranieri di quanto lo siano con i connazionali dai quali sono divisi per via di antiche rivalità, come succede a volte in Italia, ma Nord e Sud dell'Islanda non sono così contrapposti come accade in tanti altri Paesi: gli islandesi sono sempre stati estremamente mobili, e ognuno di loro può vantare antenati più o meno antichi in ogni parte dell'isola. Se esiste una certa rivalità, si trova soprattutto nella mente di alcuni abitanti del Nordest, i quali talvolta manifestano una sorta di senso di superiorità rispetto agli abitanti del resto del Paese. Ormai si tratta sempre di una rivalità goliardica, che al massimo si esplica in commenti su certe piccole differenze di pronuncia. Non esistono, in Islanda, lingue regionali talmente differenziate da non essere mutualmente comprensibili, come accade in Italia, Germania, Francia o Inghilterra, ma ci sono piccole differenze dialettali, nella pronuncia e nel vocabolario. Gli abitanti del Nordest, tuttavia, ritengono spesso di parlare un islandese «più bello» degli altri, qualunque cosa ciò voglia dire.

Ogni tanto, un po' di spocchia cala ancora dal Nord. Per esempio, la prima ondata di Covid-19 aveva colpito soprattutto Reykjavík, risparmiando Akureyri, e non è mancato chi ha attribuito il fatto alla superiore disciplina delle genti del Nord, salvo poi essere costretto a ritrattare quando anche la cittadina dallo specchiato rigore è stata travolta dal virus. Guardando da fuori, l'impressione è quella di una robusta invidia per il ben più dinamico, variegato e popolato Sud, ma potrei sbagliarmi!

Quello di cui invece posso andar certo è che questa rivalità è vecchia quanto la stessa Islanda, ed è già rintracciabile nelle più antiche fonti medievali. Dopo la conversione, la Chiesa cattolica islandese ci mise qualche anno a organizzarsi, e nel 1056 venne fondata a Skálholt, nel Sud, la sede vescovile per la diocesi del Paese. La cosa dovette bruciare alquanto a molti abitanti del Nord, che spinsero per la creazione di una diocesi specifica per la loro parte d'Islanda, ritenendo che avere un vescovo più vicino avrebbe servito meglio i loro interessi. Così, nel 1106 fu fondata la diocesi settentrionale, con sede a Hólar. Per tutta la storia islandese fino all'età contemporanea, questi furono tra i centri culturali più importanti. Skálholt, la cui diocesi copriva il Sud, l'Est e l'Ovest (inclusi i Fiordi Occidentali) era *de facto* la capitale del Paese, con Reykjavík che fino alla metà del Settecento rimase una fattoria di poco conto.

Visitai Hólar nel lontano 2015. Era una soleggiata giornata di giugno e stavo tornando da una gita nel Nord, quando mi misi in testa di inoltrarmi nello Skagafjörður per raggiungere l'antica sede vescovile. Ero ancora studente di medievistica islandese, e per me si trattava di una sorta di pellegrinaggio culturale. La strada non era nelle migliori condizioni, ma si snodava lungo un panorama ondulato, fatto di campi, fattorie e colli dolci che diradavano verso il fiordo. Poco più a nord, una brusca deviazione verso est conduceva nel cuore di profonde vallate, abbracciate da tozzi monti che, nel pulviscolo e nella luce brillante di quel giorno, apparivano di colore blu, striate dal ghiaccio protetto dall'ombra delle loro falde. Nelle vallate, un'erba di un verde che si fatica a immaginare, spolverata con il giallo di una miriade di fiori di tarassaco, sotto il quieto cielo sereno.

La vecchia sede vescovile era lì, ai piedi di un monte. Mi fermai a fotografare il cartello. Hólar, «Colli», lessi, mente lo sguardo scivolava piano piano verso la profondità della valle, che qualche chilometro più in là si sdoppiava in due valli che formavano una «V», ciascuna affiancata da diverse falde montuose tutte in fila.

La chiesa e il suo campanile sono sicuramente gli edifici che più catturano l'attenzione. Sorgono in un campo circondato da un terrapieno e sono separati da qualche metro di prato. Mi avvicinai lentamente, incapace di decidere se scattare fotografie da subito o darmi qualche minuto per gustarmi quell'angolo ameno. La chiesa è in muratura, cosa rara per le chiese islandesi erette prima della metà del Novecento, e questa risale a quasi duecento anni prima. È a una sola navata, è interamente intonacata di bianco e ha una facciata più stretta e sporgente rispetto al corpo principale, di pietra color marrone rossiccio, con una porta in legno affiancata da due alte finestre rettangolari sormontate da tre piccole monofore. La torre campanaria fu invece eretta nel 1950 e dedicata all'ultimo vescovo cattolico della diocesi (e del Paese), Jón Arason, giustiziato nel 1550.

Mi affacciai timidamente all'interno e notai subito alcune decorazioni inusuali per una chiesa protestante, come la coloratissima pala d'altare. Tanti tesori risalenti al periodo cattolico sono stati distrutti dallo zelo iconoclasta di alcuni protestanti, ma diversi islandesi lungimiranti sono riusciti a nascondere e proteggere parecchie opere d'arte sacra, conservandole fino a quando i tempi non sono stati abbastanza maturi per reinserirle nell'arredo ecclesiastico.

All'ingresso, una signora seduta a un tavolino mi salutò sorridendo. Alla mia destra notai un organo di una bellezza rara. Le chiesi timidamente se potevo strimpellarlo per un attimo. Con mio sommo stupore mi rispose affermativamente, pregandomi però di togliere le scarpe per non sporcare la pedaliera. Ubbidii prontamente e mi misi a suonare. Da mesi non trovavo una tastiera sulla quale dare sfogo alle dita, e poterlo fare lì dentro mi diede una scarica di adrenalina che raggiunse i polpastrelli. Un suono antico, quello dell'organo. Un suono che si perde nella storia, proprio come le memorie e le vicende che hanno attraversato quel luogo.

Oltre alla vecchia chiesa, a Hólar esiste un complesso di edifici, fra cui l'università locale, un piccolissimo ateneo che conta circa duecento studenti. Fin dal periodo cattolico, annessa alla cattedrale esisteva una prestigiosa scuola, che proseguì l'attività dopo la Riforma come scuola di latino, rimanendo operativa fino al 1801. Nel 1882 fu invece fondata una facoltà di Agraria, che costituì il primo nucleo da cui nacque, nel 2007, l'Università di Hólar, che offre percorsi di formazione nell'ambito del turismo, dell'acquacoltura e degli studi ittici ed equini. Il campus fornisce poi una serie di servizi, disponibili non soltanto per la comunità universitaria ma anche per chi vive nel circondario, come una scuola per l'infanzia e una primaria.

Al periodo della scuola di latino risale un documento molto utile per comprenderne la natura e il funzionamento. Nel 1743 venne pubblicato un regolamento che includeva dettagli preziosissimi sulla vita nell'istituto: per l'ammissione era necessario saper leggere e almeno un po' scrivere, oltre che avere buone referenze. Al momento dell'accoglienza dei nuovi arrivati, venivano recitate preghiere e un discorso in latino da parte del vescovo. La cattiva condotta era punita con l'espulsione e la restituzione delle spese sostenute dalla scuola per l'educazione. Le materie di studio principali erano il greco e il latino, che gli studenti dovevano leggere e scrivere alla perfezione, e la teologia. Poi si insegnava a fare di conto e si offriva un'infarinatura di ebraico, oltre allo studio del danese e dell'islandese. Ogni mattina e ogni sera si andava a pregare in chiesa.

Un elemento che incuriosisce particolarmente, però, è il menù settimanale incluso in questo regolamento, che si presta a riflessioni interessanti, gettando luce su un aspetto spesso tralasciato nei libri di storia qual è l'alimentazione. Siamo abituati a pensare alla storia come allo studio di macroscopici eventi politici e militari, eppure va sempre più diffondendosi l'interesse, tra gli studiosi, per la cosiddetta microstoria, con l'accento posto sulla vita delle persone comuni.

I ragazzi facevano due pasti nei giorni feriali e tre la domenica; ogni classe aveva un suo tavolo su cui mangiare. Tengo particolarmente a riportare per intero il menù.

Lunedì. *Mezzogiorno*: pesce e burro;* pappa di cereali e latte. *Sera*: pesce e burro; *skyr* (formaggio cremoso) e latte.
Martedì. *Mezzogiorno*: pesce e burro; fagioli e carne. *Sera*: pesce e burro; vescica natatoria fredda.
Mercoledì. *Mezzogiorno*: pesce e burro; zuppa di carne. *Sera*: pesce e burro; baccalà caldo.
Giovedì. *Mezzogiorno*: come il mercoledì. *Sera*: pesce e burro; *slátur* (termine che solitamente indica *blóðmör*, un sanguinaccio, e *lyfrapylsa*, una salsiccia di fegato, grasso, avena e farina di segale) freddo o caldo, a seconda della disponibilità.

* Per «pesce e burro» si intende il pesce essiccato, o stoccafisso, che assolveva la funzione del pane.

Venerdì. *Mezzogiorno*: pesce e burro; pappa di cereali. *Sera*: pesce e burro; *plokkfiskur* (pasticcio di pesce e patate).
Sabato. *Mezzogiorno*: pesce e burro; *slátur* caldo. *Sera*: pesce e burro; *skyr* e latte.
Domenica. *Mattina*: pesce e burro. *Mezzogiorno*: pesce e burro; zuppa di carne o carne e fagioli. *Sera*: pesce e burro; pappa di cereali e acqua, con latte o burro sopra.

Interessante notare come ancora oggi diversi cibi siano abbastanza diffusi tra chi non ha abbracciato *in toto* pizza, hamburger, sushi e nachos: stoccafisso, pesce, zuppa di carne, pappa di cereali, *skyr* e latte sono tuttora elementi preponderanti nella dieta di tanti islandesi poco interessati all'avocado, al seitan e alle salsicce vegane.

È evidente che la componente più consistente dell'alimentazione erano le proteine: il pesce essiccato che veniva consumato come fosse pane offre un apporto nutrizionale di 80-90 g di proteine per 100 g, e solo 2-3 g di grassi. Viene da domandarsi come potessero garantirsi il giusto apporto vitaminico e quali effetti avesse questa dieta sulla popolazione. La risposta sta nella poca materia vegetale consumata, come le alghe marine e le bacche.

A parte questo, bisogna anche constatare che il menù della scuola islandese non è significativamente meno vario di quello delle classi meno agiate dell'Italia di quei tempi, e in certi casi può anche dirsi significativamente migliore: basti pensare all'alimentazione a base di polenta della Pianura Padana, la cui carenza di vitamine del gruppo B causava la pellagra.

Interessante anche il fatto che lo *slátur*, e in particolare la salsiccia di fegato e il sanguinaccio, sia ancora oggi nel menù delle scuole, inclusi gli asili.

Non spiccano invece le frattaglie conservate nel siero di latte acido, il *súrt slátur*, come il grasso di pecora arrotolato, la carne nella gelatina ricavata dalla bollitura delle testine, i testicoli di montone e generalmente tutte le «primizie» di sopravvivenza che oggi sono consumate al massimo una volta all'anno, in occasione di una ricorrenza che cade a gennaio, istituita nel corso dell'Ottocento sull'onda del risveglio nazionalistico scatenato dal Romanticismo: il *þorrablót*, una serata conviviale dove si celebra la tradizione e l'identità islandese.

Skálholt, la sede della diocesi meridionale, è assai diversa. Non si trova in una valle, ma su un poggio nel cuore di una vasta regione a vocazione agricola, circondata sì da monti, ma situati a una distanza ben maggiore. È un territorio ameno, che nella bella stagione si anima del verde di campi, prati e boschetti. Numerosi fiumiciattoli, strade e stradine si insinuano attraverso le colline ondulate. In questa zona si trovano alcune delle aziende più importanti del Paese per la produzione di ortaggi in serra. A dispetto di quel che si può pensare, i prodotti islandesi di serra – pomodori, cetrioli, funghi, peperoni e molti altri – sono di altissima qualità, saporiti e biologici, come chiunque abbia avuto l'onestà di assaggiarli senza pregiudizi può confermare.

Pur essendo stato per secoli forse il sito più importante del Paese dal punto di vista politico e culturale, oggi Skálholt si colloca fuori dai sentieri più battuti, il che è un bene, perché la serenità e il silenzio che questa condizione comportano sono un requisito necessario per sentire più chiaramente la voce della storia che sussurra i ricordi dei secoli andati.

Nel tempo, dalla costruzione della prima chiesa fino alla cattedrale moderna furono erette dieci chiese, alcune perfino più grandi di quella attuale in muratura, che è stata ultimata nel 1963. Qui si trovavano le spoglie del vescovo Þorlákur (Torlaco), unico santo islandese, nonché patrono del Paese dal 1984, ma furono disintegrate dalla furia dei protestanti. Questo è anche il luogo dove la strenua resistenza cattolica degli islandesi ha finito con il soccombere al risoluto tentativo del monarca danese di imporre la Riforma protestante.

La storia della conversione in Islanda è un capitolo davvero appassionante, ma alquanto complicato da una serie di implicazioni di natura politica e identitaria: la Riforma luterana fu imposta da un dominio straniero con atti di estrema brutalità, e nell'Ottocento romantico fu trasformata in una sorta di precedente storico per i moti che miravano alla rottura con il regno danese, elevando l'ultimo vescovo – decapitato dai danesi – a una sorta di protoeroe dell'indipendenza nazionale. D'altro canto, cinque secoli di luteranesimo, condito con una buona dose di anticattolicesimo esplicito, hanno fatto sì che tanti islandesi siano comunque emozionalmente e profondamente legati alla stessa istituzione che rappresenterebbe, secondo la logica romantica, la potenza straniera che ha privato il Paese della sua libertà.

L'attaccamento alla Chiesa di Sato protestante e contemporaneamente al mito dell'ultimo vescovo cattolico giustiziato dai luterani stessi deve aver creato una certa dissonanza cognitiva negli islandesi, ma al giorno d'oggi, con la Chiesa che perde sempre più consensi e il fatto che non sia più necessario battersi per l'indipendenza del Paese, il problema non sembra più sussistere e certe questioni sono ormai ricordi sempre più sbiaditi nella coscienza collettiva.

Solitamente le complesse vicende intorno alla conversione non sono trattate in maniera esaustiva nei manuali di storia, che tendono a concentrarsi sui momenti di svolta e a tralasciare numerosi dettagli che possono essere estremamente appassionanti. Il racconto più affascinante che abbia letto in merito è riportato nei *Biskupa-annálar Jóns Egilssonar*, gli «Annali vescovili di Jón Egilsson», ma è rinarrato in modo più avvincente in un libro uscito nel 1969, *Viðeyjarklaustur: drög að sögu Viðeyjar* («Monastero di Viðey: lineamenti di storia di Viðey»), di Árni Óla, giornalista e autore di numerosi volumi di storia e cultura islandese.

Riassumendo moltissimo, la trama è più o meno questa: nel 1539, il re danese inviò in Islanda un suo rappresentante, un tedesco di nome Claus van der Marwitzen, che si insediò a Bessastaðir (dove si trova l'attuale residenza presidenziale, nell'area metropolitana di Reykjavík, che al tempo era una tenuta di proprietà della corona danese e rimase a lungo la sede dei rappresentanti del re). Questi si rivelò fin da subito un mascalzone, al punto che fu accusato di razzia e omicidio dall'Assemblea generale. Una protesta fu inoltrata al sovrano danese, ma rimase inascoltata.

Al suo seguito, come consigliere, si trovava un tizio di Amburgo, Dietrich von Minden, descritto come violento e incline agli abusi fisici e verbali; con il benestare del suo superiore, faceva il bello e il cattivo tempo. Quando i due vennero a sapere che il re di Danimarca aveva iniziato a confiscare le proprietà ecclesiastiche in madrepatria, ebbero la pensata di fare lo stesso in Islanda.

Alla vigilia della domenica di Pentecoste del 1539, Dietrich lasciò Bessastaðir con dodici uomini, quasi tutti tedeschi o danesi. Dopo un viaggio difficoltoso sul terreno lavico, raggiunsero Laugarnestangi, oggi una piccola penisola sul lungomare di Reykjavík, dove vado spesso a passeggiare la sera per ammirare tramonti e aurore boreali. Lì presero una barca a remi per raggiungere l'isola di Viðey, dove si trovava uno dei più ricchi monasteri d'Islanda. Arrivarono di nascosto e fecero irruzione mentre i monaci erano ancora a letto; li picchiarono e frustarono, lasciandoli insanguinati e pieni di lividi. Lo stesso trattamento fu riservato alle donne e ai bambini dell'isola. Obbligarono quindi tutti gli abitanti a trasferirsi sulla terraferma e razziarono il monastero. Dietrich abbandonò poi Viðey lasciando quattro uomini a presidiarla.

Alla successiva riunione dell'Assemblea generale, il vescovo cattolico di Skálholt, Ögmundur Pálsson, chiese a Dietrich di mostrargli l'autorizzazione del re a saccheggiare il monastero. Lui esibì una lettera che appariva falsificata.

Marwitzen e Minden furono condannati da un tribunale ecclesiastico nominato dal vescovo Ögmundur, dal momento che la legge prevedeva questa procedura nel caso di offesa a personalità della Chiesa. La sentenza rimase però lettera morta, e Dietrich non ci fece troppo caso: ormai inebriato dal potere, decise di proseguire la sua opera, scegliendo di recarsi a est per razziare i monasteri di Þykkvibær e Kirkjubær. Partì l'8 agosto 1539, con otto uomini e un paggio di dodici anni. Sulla strada, però, si fece venire la (per lui) sciagurata idea di fare una deviazione verso la sede vescovile di Skálholt, per togliersi la soddisfazione di molestare il vescovo Ögmundur, all'epoca cieco e indifeso. Mandò due uomini a Oddi, verso est, dove avrebbero dovuto aspettarlo, e si diresse con il resto del seguito verso la sede della diocesi.

Il giorno seguente fu ricevuto dal vescovo, il quale gli chiese perché avesse preso il controllo di un monastero senza che il re gli avesse conferito l'autorità per farlo. Dietrich gli rispose male e se ne andò, per poi tornare più volte a minacciarlo.

Successe però che un prete, don (che in islandese si dice *séra*) Jón

Héðinsson, grande amico del vescovo nonché amministratore della sede vescovile, venne a sapere ciò che stava accadendo e organizzò una rappresaglia. La notte successiva fece reclutare uomini affidabili, pregandoli di raggiungere Skálholt armati.

Quando la mattina Dietrich e i suoi si svegliarono, fu loro servita birra con idromele per intossicarli. Don Jón, tuttavia, fece bere un po' anche i suoi uomini: pessima scelta, perché ciò li rese più belligeranti e chiassosi. Dietrich sentì dello scompiglio e si affacciò alla finestra, notando gli uomini armati. Ma averli scoperti non servì, perché questi entrarono nell'edificio e buttarono giù la porta della stanza in cui Dietrich si era asserragliato. Lui si difese usando un coltello e dei piatti come scudi, ma tale Jón Sigurðson detto «Volpe» riuscì ad afferrarlo alle spalle, gettarlo a terra e trafiggerlo con una lancia. Era il 10 agosto 1539.

Anche i due uomini che Dietrich aveva mandato a Oddi andarono incontro a un destino simile. Ricevettero un falso dispaccio in cui Dietrich comunicava di aver cambiato idea sulla sua destinazione, perciò invertirono la marcia per raggiungerlo; lungo il percorso, però, gli islandesi tesero loro un'imboscata di notte. Entrambi tentarono di fuggire (uno gravemente ferito) ma furono inseguiti e uccisi.

La notizia di questi eventi giunse poi all'Alþingi; fu istituito un processo e, il 27 agosto di quello stesso anno, Dietrich e i suoi furono giudicati colpevoli, mentre i loro uccisori vennero assolti. Dopo la sentenza, gli uomini che la primavera precedente erano stati aggrediti a Viðey decisero di vendicarsi: si recarono al monastero e ammazzarono i quattro uomini che lo controllavano. Il processo che seguì accertò la partecipazione dei quattro alla razzia del monastero e i loro assassini furono dichiarati innocenti.

Il resto della vicenda intorno alla Riforma protestante in Islanda è più noto: il successore del vescovo Ögmundur Pálsson fu il suo discepolo Gissur Einarsson, il quale si era finto un fervente cattolico ma aveva in realtà abbracciato la causa protestante nel corso degli studi in Germania. Questi cercò di diffondere la confessione luterana tra la popolazione, ma con scarso successo; l'assemblea dell'Alþingi condannò il suo operato. Negli anni precedenti aveva stretto amicizia con Oddur Gottskálksson, un tale che lavorava come scrivano per il vescovo Ögmundur, con il quale condivideva le simpatie per la causa protestante. Fu Oddur, in gran segreto dentro una stalla di Skálholt, a produrre la prima traduzione in islandese del Nuovo Testamento, che fu il primo testo a essere stampato in quella lingua.

Gissur Einarsson morì nel 1548 e il vescovo del Nord, Jón Arason, rinfrancato da una lettera ricevuta da papa Paolo III, cercò di far insediare un cattolico come successore, ma il seggio andò al protestante Marteinn Einarsson. Nel 1550, Jón mandò i suoi figli illegittimi ad arrestare Marteinn e si impossessò della diocesi, autoproclamandosi – con il benestare dell'Alþingi – vescovo su tutta l'Islanda e iniziando poi a epurare il Paese dal luteranesimo.

Incontrò però la resistenza di un oppositore, Daði Guðmundsson: i due giunsero alla resa dei conti nell'autunno del 1550, con una forza di un centinaio di uomini per parte.

La battaglia fu dura, e alla fine le forze di Daði prevalsero. Il vescovo fu arrestato e condotto a Skálholt con i due figli illegittimi (sì, la moda dei Borgia di avere concubine e figli pur essendo tenuti alla castità spopolava anche in Islanda!), in attesa di essere processati dall'Alþingi. I carcerieri decisero che era troppo pericoloso tenerli in vita, perché avrebbero potuto attirare una forza di sostenitori dal Nord, perciò li decapitarono il 7 novembre 1550.

Quei carcerieri furono poi individuati e uccisi dai sostenitori del fu Jón Arason, che trasportarono le sue spoglie a Hólar per l'inumazione. In seguito, l'ultimo vescovo cattolico d'Islanda fu elevato a simbolo dell'indipendenza nazionale, ed è anche antenato di praticamente tutti gli islandesi che vivono oggi. Un cippo commemorativo è stato installato nel luogo della sua esecuzione a Skálholt, e una sua effigie si trova tra quelle che decorano la chiesa (luterana!) della cittadina di Akureyri.

Non deve sorprendere: ogni Paese ha le sue contraddizioni più o meno evidenti.

6

Vestmannaeyjar
Pirati, vulcani e set cinematografici

Dopo essere stati per un giorno di navigazione in mare aperto, notammo una nave turca che ci inseguì per due giorni, senza però raggiungerci. L'amicizia tra turchi e italiani è talmente profonda che non appena hanno finito di commerciare, si ammazzano e spediscono vicendevolmente all'inferno senza alcuna pietà.

REVERENDO ÓLAFUR EGILSSON, *Reisubók* («Diario di viaggio»), XII, 1628

È STATO in Islanda che, nel 2018, ho ricevuto una diagnosi di diabete di tipo 1.5, o diabete di tipo 1 a lento decorso, come si chiama tecnicamente. È stato uno dei periodi più bui della mia esistenza, ed è capitato nel momento più difficile possibile: tra febbraio e marzo, quando la primavera è ancora lontana ma uno non ne può già più dell'inverno. Mi alzavo ogni notte anche quattro volte per andare in bagno. E bevevo tantissimo, litri e litri d'acqua. Pensavo semplicemente di essere entrato in un circolo vizioso per cui più bevevo più andavo in bagno e viceversa. Poi però notai che la perdita di peso cominciata mesi prima era diventata preoccupante.

All'inizio avevo pensato che fosse solo per via dello stress: in fin dei conti, è intenso studiare e lavorare allo stesso tempo. Oltretutto, avevo sperato davvero di perdere quel po' di pancetta che avevo accumulato l'inverno precedente. Tutti quei brunch indulgenti al *Laundromat cafe* su Austurstræti non avevano mancato di lasciare il segno. Però nel giro di pochi mesi ero dimagrito una decina di chili. Un giorno feci una ricerca rapida su Google: «Perdita di peso senza motivo e sete», o qualcosa del genere. Il risultato fu: «Diabete», a caratteri cubitali. Appena sotto: «Sete eccessiva» e «Poliuria».

Ma no, pensai. Figuriamoci. Anche i miei dissero: «Ma no, ma no».

Ma no.

Andai dal dottore, che mi fece il test della glicemia: era altissima. «Riproviamo domani mattina a digiuno», mi disse.

Il giorno seguente, quando tornai, la città era grigia e umida. Era l'inizio di marzo, ma l'inverno era ancora ovunque. Le cime dei monti oltre la baia erano nascoste da nuvole basse e i marciapiedi erano incrostati di ghiaccio. Caparbio e inclemente, il vento umidiccio mi stuzzicava le guance scoperte.

Il test andò male: avevo il diabete. Mi sforzai di non scoppiare a piangere, non volevo che il dottore pensasse che ero un idiota.

I mesi successivi furono difficilissimi. Ero confuso, scosso da una scarica scomposta di emozioni negative e soverchianti. C'era la rabbia, ma anche l'incredulità. All'inizio risposi in malo modo ai miei genitori che mi chiedevano informazioni, poi crollai e li chiamai, in lacrime. Mi sentivo perso in una terra crudele e lontana. Pensai di tornare a casa, anche se non volevo farlo, di arrendermi. Era semplicemente troppo: ero in Islanda, con una grave malattia e il peso di una carriera che probabilmente non sarebbe mai decollata.

Una volta capita meglio la situazione, le cose si complicarono ulteriormente. Perché se hai il diabete sei bloccato in un corpo che non riesce più a fare il suo lavoro e piano piano si distrugge da solo. Convivi con la stanchezza cronica, la depressione, l'incubo costante delle complicanze, la perdita della vista, il rischio di infarto e di necrosi, lo spettro delle amputazioni.

Quando lo comunicai al mio relatore mi disse che così è la vita: lui aveva problemi cardiaci. Apprezzai il tentativo di non farmi sentire solo, ma in momenti come quelli c'è davvero poco che serva a farti stare meglio. L'Islanda stessa non sempre collabora. È lì, bella e terribile, e come ogni bellezza, capricciosa e lunatica, può trarti in salvo o infliggerti il colpo di grazia.

La pioggia battente si scagliava contro i vetri della finestra. Fuori, Reykjavík sembrava arrancare attraverso la storia. Sicuramente c'era traffico sulla Hringbraut. Qualcuno stava sorseggiando uno Swiss Mocha al *Stofan Café*. Per salire sull'ascensore dell'Hallgrímskirkja c'era senza dubbio l'immancabile coda. Tutte quelle vite che scorrevano su uno sfondo così indifferente e imponente. Era inverno. Era buio. Era freddo. Per la prima volta l'Islanda iniziava a pesare sulle spalle della mia esistenza.

Per un periodo lottai con una certa depressione, che non mi fu diagnosticata perché non chiesi a nessuno di farlo, ma immagino che questo sia il termine più adatto a descrivere come mi sentissi. Era dovuta al fatto che non riuscivo a adattarmi a quella nuova vita, piena di misurazioni della glicemia, visite mediche e farmaci, con la minaccia incombente delle complicanze mortali e dell'aspettativa di vita che calava. Il diabete è un lavoro a tempo pieno, ogni azione che compi, ogni piano che stendi deve tenerne conto. È un carico che a volte diventa sfiancante.

La depressione è uno spettro antico. Si aggira paziente e caparbia per le vie del mondo. Si adagia sulle sue vittime, come un incubo medievale. Tante soccombono, chi in modo drammatico, chi in un silenzio malinconico. Ogni persona ha i suoi problemi, e non ha tempo per sforzarsi di capire il dolore degli altri. Per questo uno finisce con il sentirsi ignorato e incompreso.

Se vivere significa soffrire così tanto e questa sofferenza non ha senso alcuno di fronte alla vastità del mondo, che cosa ci sto a fare io qui? Se sono travolto dalla vita e da me stesso, ma ora che non sono più un bambino tenero e adorabile agli altri non interessa come mi sento – o magari sono addirittura infastiditi e pensano che io sia buono solo a lamentarmi –, a che scopo andare avanti?

È logico chiedersi, spazientiti, come sia possibile che qualcosa di così piccolo, di così insignificante come il corpo di un essere umano, anche se considerato nel più ampio contesto della sua esistenza, possa ospitare tali quantità di dolore. Crescendo scopriamo che, non importa quanti siano i nostri amici o parenti e quanto presenti siano, siamo sempre e comunque soli, in perenne lotta con noi stessi e con quello che ci circonda, un mondo che a volte prova a diffondere amore e solidarietà ma poi torna sempre preda di egoismi e crudeltà.

Non tutti, forse per fortuna, abbiamo l'attitudine a prosperare nelle situazioni di tensione e competizione. Molti vorrebbero essere lasciati in pace a contemplare il mistero della propria esistenza, o del mondo. Ma ci viene costantemente ricordato di essere dei falliti rispetto a non si sa bene chi, qualcuno che viaggia di più, ha più soldi, una casa più grande, più successo sul lavoro. E oggi tutti sono alla disperata ricerca di una piattaforma dove condividere gli insignificanti piccoli successi del loro quotidiano, così da affermare la propria posizione sulla barca dei vittoriosi in questa lotta senza quartiere per il protendersi perenne dell'esistenza umana verso il futuro.

L'Islanda non ha solo il potere di farti sentire un membro insostituibile di una società piccola, ma presenta anche il rischio di amplificare il senso di umana fragilità e impotenza che magari una grande città tecnologica e iperconnessa riesce più facilmente ad arginare. La vita è preziosa ovunque, ma il fatto che fiorisca in una terra così ostile la fa sembrare ancor più miracolosa. Qui dobbiamo darci da fare tutti, ed ecco allora che, se uno si sente inabile a tal scopo, i problemi iniziano a farsi seri.

Una sera le mie barriere crollarono. Dissi a Lára che sarebbe stato meglio lasciarci, perché avevo fallito in tutto nella vita: non ero ricco, non avevo una casa né buone prospettive di lavoro e avevo una malattia che poteva solo peggiorare. «Tu sei giovane e bella, sei intelligente e hai davanti una carriera solida e gratificante. Io ho perso e non voglio trascinarti con me. Non voglio esserti di peso. Non voglio essere il partner a cui ti aggrappi per inerzia o senso del dovere, non voglio che un domani tu ti alzi maledicendo il giorno in cui hai deciso di stare con me e domandandoti come sarebbe stata la tua vita se avessi scelto un uomo più bello, più ricco... più sano.» Parlai lucidamente e onestamente, per farle capire che aveva scommesso sul cavallo sbagliato ma era ancora in tempo per piantarlo in asso.

Lei mi mise una mano sulla spalla, e da allora è come se non l'avesse mai più sollevata. Un peso che rese subito più lieve il dolore, ricordandomi che dovevo darmi tempo, che non c'era nulla di male nel sentirmi così, era comprensibile, e che lei era lì accanto a me a sostenermi mentre attraversavo quella tempesta.

Una tempesta che purtroppo non accennava a placarsi.

Un giorno stetti particolarmente male al lavoro, così decisi di rivolgermi a una sorta di pronto soccorso psicologico. Avevo bisogno di un professionista che mi ascoltasse. Questa volta, però, rimasi deluso: la donna che mi trovai davanti si limitò a suggerirmi, con freddo piglio da impiegata delle poste, di parlare con il medico di base per vedere se potessi ottenere qualche agevolazione, perché il servizio psicologico non era ancora coperto dal sistema sanitario e costava un occhio della testa. Deluso e ancora più scoraggiato, uscii nel gelido freddo invernale sentendomi senza speranza.

Pensai a come avrei potuto salvarmi dalla disperazione che mi stava invadendo e mi venne in mente solo una cosa: l'Islanda.

Salii sulla collina di Öskjuhlíð. C'erano -8 gradi e non c'era vento. Erano le tre del pomeriggio e c'era ancora una luce da crepuscolo fiacco. Entrai nella Perla, l'edificio che domina la città; sotto la cupola di vetro trasparente c'è un caffè. Presi un cappuccino e una fettina di torta, al diavolo la glicemia, per una volta. Tutto intorno a me la capitale, ai piedi della collina, si stiracchiava sottile su un territorio troppo vasto, coperto di ghiaccio. Oltre la baia, i monti. Si vedeva la penisola di Snæfellsnes, e il vulcano che figura in *Viaggio al centro della Terra* di Jules Verne. Il cielo era terso, di un azzurro saturo con qualche striscia turchese, dovuta alle intrusioni della luce solare arancione. Il mare era piatto, blu scuro. Tutto era bellissimo.

Quel giorno avrei potuto gettare la spugna e andarmene, ma salire sulla Perla mi fece sentire bene al punto di desiderare di tornarci. E così feci l'indomani: tornai là e cominciai a scrivere di Islanda. Era tutto bello come il giorno precedente, forse anche di più. La luce del sole soffusa, il profumo di cannella e torte – che non guardai nemmeno, senza che la cosa mi pesasse –, la città sotto di me e l'Islanda intorno a lei. Erano più di quattro anni che di tanto in tanto andavo a contemplare quella vista, e non me ne ero ancora stancato.

Non so se è perché sono italiano o se sia una mia caratteristica personale, ma ho bisogno di bellezza nella mia vita, e qui in Islanda ne ho sempre vista tanta. Certo, devo salire su una collina, perché Reykjavík sa essere parecchio brutta, con quell'architettura funzionalista e brutalista fatta di cemento armato, acciaio e vetro. Scatoloni deformi, anonimi e grotteschi, frutto di menti che se mai hanno visto il bello, non se ne sono accorte. Ma non importa: da lassù, Reykjavík è il posto più bello del mondo. E nessuno vorrebbe lasciare il posto più bello del mondo.

Mentre tornavo a casa, con il sole ormai tramontato e l'ombra dell'orizzonte che saliva sui versanti delle montagne, riflettevo e mi dicevo che avevo vinto una battaglia ma la guerra era appena cominciata. Però, nonostante le idiozie che il mio senso di inutilità e impotenza mi avrebbe infilato nel cranio, sapevo che avrei potuto contare sulla mia Islanda, la terra che mi stava regalando, tra le mille difficoltà, così tanti momenti che avrei serbato nel cuore.

Una delle cose che avevo notato da quando mi era stato diagnosticato il diabete era che non riuscivo più a contemplare la morte come concetto filosofico. Non potevo fantasticare sul morire, sul come dev'essere, sul dopo... Non potevo farlo perché mi assaliva un terrore viscerale che mi scuoteva dal profondo dei muscoli. La morte era diventata teoricamente e praticamente più vicina, e pensarci faceva troppa paura. Non potevo più fare battute sull'argomento, perché mi sembrava di evocare un demone crudele. Questo mi aveva turbato tantissimo, dal momento che avevo sempre visto la morte in modo molto razionale e distaccato.

Un altro cambiamento spiacevole era stato il fatto che non riuscissi più a fare piani a lungo termine a cuor leggero. Mi sentivo sempre in dovere di aggiungere, anche solo nella mia testa, qualcosa come: Se tutto va bene, se non capita qualcosa. Avevo sempre sentito gli anziani dire: «Se Dio vuole». Ma erano, appunto, anziani.

Nonostante fossi dimagrito, avevo comunque un aspetto sano, e nessuno intorno a me era consapevole di quello che stavo passando. Ogni volta che mi chiedevano: «Come stai?» mi sentivo morire dentro. Non sapevo come rispondere, perché ammesso e non concesso che stessi bene, che non fossi afflitto da quelle ondate di affaticamento che colpiscono i diabetici, in realtà non potevo mai dire di stare bene. Avere una malattia autoimmune significa lottare ogni giorno contro la morte, in qualche modo: se lasci tutto com'è non sopravvivi, perché la situazione «di default» del tuo organismo è che si sta autodistruggendo.

Era palese che la sfida che mi trovavo davanti andava ben oltre la dieta e le medicine: dovevo rivedere un gran numero di elementi che costituivano la mia persona e avevo sempre dato per scontati. In questo contesto, con un notevole colpo di reni, decisi di investire i miei risparmi per andare a scuola guida, ottenere la patente, comprarmi una macchina e godermi l'Islanda come si deve.

Da quando ho dovuto convivere con la malattia, ho imparato e affinato la sottile arte di cogliere la palla al balzo. Un'estate fui contattato da una mia conoscente islandese che lavora nell'industria del cinema. Mi cercava per una particina in un film: due scene e un paio di battute, nulla di che, ma il lavoro era ben pagato e in più avevo trasporto e alloggio in un albergo, per due weekend di agosto, nell'arcipelago delle Vestmannaeyjar. Accettai senza nemmeno pensarci.

Mi avevano riservato una camera doppia, e siccome Lára era impegnata con il lavoro, ci andai con un amico. Partimmo con il traghetto dal molo di Landeyjahöfn, entrato in uso nel 2010, da dove si raggiunge il piccolo arcipelago al largo della costa meridionale in una mezz'oretta, a fronte delle quasi tre ore che erano necessarie quando la partenza avveniva dal porto di Þorlákshöfn. La sua costruzione fu iniziata con i pareri discordanti degli abitanti del posto, di alcuni esperti e dell'allora capitano della Guardia Costiera, che dubitavano dell'attuabilità del progetto per via dei banchi di sabbia che vengono costantemente creati dalle correnti marine.

In effetti, ogni anno il porto deve essere chiuso per sei mesi per il dragaggio dei fondali, in modo da eliminare la sabbia e il fango, che vanno ad accumularsi ai sedimenti della vicina foce di un fiume. Dopo pochi anni dall'apertura del porto, i costi del dragaggio avevano già superato quelli di costruzione.

Situazioni di questo tipo, ahimè, non sono rare in Islanda. Per mentalità, gli islandesi non pensano a una molteplicità di possibili risvolti delle azioni che compiono. Prendono una decisione, e se poi emergono dei problemi li affrontano, più o meno bene. Sono stati plasmati da una storia dalla quale hanno appreso che fare programmi è inutile perché le carte in tavola possono cambiare all'improvviso: un disastro naturale, una carestia, un'invasione di pirati... Sono tutti fattori imprevedibili al momento della pianificazione, dunque che senso ha progettare nel dettaglio? Meglio improvvisare lungo la strada. A volte questa strategia funziona, altre volte fa acqua o, come in questo caso, parecchia sabbia.

Loro hanno un'espressione, «*að hugsa til enda*», che vuol dire «pensare fino alla fine», nel senso di pensare alle conseguenze delle proprie scelte e rendersi conto delle loro implicazioni. È interessante notare che capita più spesso di leggerla o sentirla al negativo – «Non hai pensato fino alla fine!» –, quando qualcuno, particolarmente politici o pubblici amministratori, prende decisioni che causano conseguenze nefaste che si sarebbero potute prevedere.

Dalle mie parti, questo modo di agire veniva detto «fare scoperte», ovvero rendersi conto soltanto in seguito dei risvolti negativi delle proprie cattive decisioni. In Islanda, «scoperte» come il porto invaso dalla sabbia per metà dell'anno sono purtroppo assai frequenti. Per esempio, spinti dall'euforia postmoderna, gli islandesi si sono messi a costruire palazzi dal tetto piatto, in un Paese dove i tetti sono stati spioventi dall'alba dei tempi per ottime ragioni, per poi «scoprire» gravi problemi di infiltrazioni e muffa. O ancora, diversi edifici dalle forme futuristiche finiscono spesso con il creare gravi problemi logistici a chi deve viverci o lavorarci, per via dell'organizzazione sconclusionata degli spazi.

Il mio amico e io salimmo con l'auto sul traghetto e poi andammo in coperta, dove trascorremmo buona parte della traversata nonostante il vento più che fresco che ci soffiava dritto in faccia. Avvicinandosi all'arcipelago sembrava di addentrarsi in un'epoca diversa, fatta di isole sperdute nelle nebbie, patria di eremiti e rifugio per pirati fuggitivi.

L'arcipelago consiste in una serie di isole e faraglioni disposti ad arco, i punti emersi di coni vulcanici creatisi a seguito di eruzioni sottomarine. Soltanto un'isola è abitata, la più grande, Heimaey. Su alcune delle altre si trova al massimo una casetta, che viene usata per pernottare quando gli isolani vi si recano per radunare il bestiame o cacciare volatili. Ogni tanto una di queste casette compare in qualche fotografia con una didascalia che la descrive come «la casa più isolata del mondo».

Il centro abitato di Heimaey occupa una buona parte dell'isola ed è piuttosto popoloso per gli standard islandesi: 4.357 abitanti registrati nel 2021. Il suo nome ufficiale è Vestmannaeyjabær, «Città delle

Vestmannaeyjar», e ha una storia emozionante, narrata nel «Libro delle colonizzazioni». Abbiamo già incontrato il primo colonizzatore dell'Islanda, Hjörleifur, e suo fratello Ingólfur; gli schiavi irlandesi che uccisero Hjörleifur avrebbero poi lasciato la terraferma e si sarebbero rifugiati in questo arcipelago, dove Ingólfur li avrebbe raggiunti e giustiziati, vendicando così la morte del fratello. Provenendo gli irlandesi da un Paese a occidente rispetto ai norvegesi, venivano chiamati *Vestmenn*, «Uomini dell'Ovest», o meglio «Occidentali»; le isole dove si rifugiarono questi fuggitivi irlandesi furono quindi ribattezzate «Isole degli Occidentali».

Le isole sono state per secoli una zona piuttosto povera, ma l'evoluzione e l'espansione del comparto ittico hanno portato notevole benessere alla popolazione, dal momento che le acque di quella zona sono fra le più pescose del Paese. Spesso i visitatori si stupiscono dell'opulenza di alcune dimore locali, domandandosi da dove sia arrivata la ricchezza che ne ha permesso la costruzione. La risposta è: dalle acque gelide dell'Atlantico.

Ci inoltrammo nella stretta apertura che conduce al molo. L'imboccatura si trova tra una ripida scogliera sul lato destro e un campo di lava più basso a sinistra, che dirada verso l'oceano sprofondando nell'acqua. È il risultato dell'eruzione del 1973, la cui colata aveva rischiato seriamente di chiudere il porto, la principale fonte economica della comunità.

La cittadina è modesta e graziosa, anche se al nostro arrivo la trovammo avvolta da una cappa di nebbia. Ciò la rendeva assai più pittoresca e misteriosa. Del resto, è inutile voler vedere sempre tutto inondato dalla luce del sole e sotto un cielo azzurro. È la ricetta perfetta per non essere mai contenti: anziché lamentarsi della nebbia, perché non godere dell'effetto che produce sul paesaggio? Il segreto per essere appagati e felici è non fissarsi su quello che non si ha. Quando sono in Islanda non anelo l'Italia, quando sono in Italia non mi struggo perché mi manca l'Islanda, e quando non c'è il sole non mi cruccio.

Dopo una breve sosta alla chiesa di legno nero che si trova a sinistra del porto, imboccammo la strada che sale costeggiando il fianco della colata lavica. È evidente che quel terreno è nuovo: le rocce affiorano, la vegetazione è ancora recente e sottile e le specie pioniere abbondano.

Finita la camminata, passammo il resto del pomeriggio a leggere, in un caffè-libreria in centro, con una pioggia scrosciante che cadeva dietro i vetri.

La mattina successiva mi alzai di buonora per godere un po' della luce dell'alba sull'arcipelago prima di recarmi alle riprese. Scesi prestissimo a fare colazione, per dedicare tutto il tempo possibile a quel rito quotidiano per me irrinunciabile. La colazione in albergo, poi, è una delle cose che amo di più: quando lavoro come guida, fare una colazione come si deve è il fattore che più influisce sul mio umore.

Uscii nell'alba che gettava una sfumatura arancione su tutto, come un filtro caldo posato discretamente sul paesaggio. In lontananza svettavano i faraglioni e le altre isole dell'arcipelago, e da un campo di golf sul versante Est ammirai la roccia a forma di elefante che si protende da uno dei dirupi dell'isola principale, tuffando la sua colossale proboscide in mare. A malincuore, mi infilai nelle vie deserte della cittadina per raggiungere il set.

Terminate le riprese, il mio amico e io decidemmo di trascorrere il resto della giornata esplorando il più possibile l'isola. Per prima cosa volli salire sulla ripida e sdrucciolevole china del cono vulcanico di Eldfell; fu faticoso, ma una volta in alto potetti godere di una delle visuali più belle su cui i miei occhi si siano mai posati.

Sotto i miei piedi, il cratere colorato di rosso acceso, con l'anello che si abbassava sul lato opposto a quello dove mi trovavo, dal quale si espandeva il campo di lava, ormai freddo e solido ma le cui forme lasciavano intuire lo scorrere del materiale incandescente e viscoso. Oltre il vulcano, la cittadina: un mare di muri bianchi punteggiato da una miriade di tetti dai colori accesi. Dietro l'abitato torreggiavano le alte scogliere; a sinistra si ergeva l'antico vulcano Helgafell e dietro a esso si estendeva il promontorio di Stórhöfði, «Gran promontorio», dal nome poco originale ma molto descrittivo. Nell'oceano dal colore blu profondo, i faraglioni e gli isolotti, inclusa Surtsey, l'isola più giovane, che cominciò a emergere dalle acque solo nel 1963; è proibito accedervi, essendo una sorta di oasi utilizzata dagli scienziati per studiare la colonizzazione ed evoluzione della vita su terre di nuova formazione. Oltre il mare, alla mia destra, verso nord, il profilo bluastro del vulcano sotto la cappa del ghiacciaio Eyjafjallajökull e il profilo della costa islandese che scompariva all'orizzonte.

È difficile rendere adeguatamente le mie emozioni in quel momento, ma è qualcosa che ho provato spesso in Islanda: la sensazione di aver fatto tutte le scelte giuste, incluse quelle sbagliate, perché se soltanto una fosse stata diversa, non mi sarei trovato in quel luogo in quell'istante.

Come si fa a non amare un Paese che ti porta addirittura a benedire i tuoi errori?

Da ragazzino, tutta la mia vita era racchiusa nel microcosmo della mia città, dove mi sentivo sostanzialmente appagato, nonostante tutto. I miei amici continuavano a ripetere che non vedevano l'ora di crescere per andarsene. Io rispondevo che non mi dispiaceva il piccolo mondo di Cremona, perché lì c'era tutto quello di cui avevo bisogno. Sono stato l'unico, poi, a partire e non tornare più.

Compiuti i vent'anni, avevo attraversato una fase in cui mi sentivo estremamente mobile e irrequieto, volevo vedere il mondo. Sognavo di poter girare in lungo e in largo, in qualche modo, ma poi sono arrivato in Islanda. È stato proprio qui, su quest'isola dove mi ero volontariamente confinato, che ho imparato come i viaggi migliori si facciano innanzitutto dentro se stessi.

Ho conosciuto troppe persone che hanno viaggiato tanto tornando senza nulla in tasca, a parte qualche souvenir finito a prendere polvere. Ho anche incontrato gente che non ha viaggiato ma mi ha mostrato una profondità d'animo tale da farmi rendere conto che il viaggio di per sé non vale nulla senza il giusto atteggiamento, così come il giusto atteggiamento nei riguardi della vita rende superfluo il viaggio, per lo meno inteso come attività ricreativa, che è poi il modo in cui la maggior parte di noi lo vede. Non come un'esperienza di vita trasformativa che permette di capire meglio se stessi attraverso l'interazione con una realtà diversa, ma come un semplice fruire di suggestioni visive e curiosità più o meno «esotiche». Un viaggio dovrebbe essere innanzitutto un'esplorazione di sé: lo stimolo esterno, l'esperienza, le sensazioni, sono il primo motore di un processo che è innanzitutto interiore.

Scendendo lungo il fianco della colata lavica, raggiungemmo il Museo Eldheimar, dedicato all'eruzione avvenuta sull'isola quasi cinquant'anni fa. Lo slogan del museo recita: «La Pompei del Nord». Pretenzioso, ma efficace. Il 23 gennaio 1973, alle due di notte, un'eruzione catastrofica era iniziata senza preavviso (per i mezzi dell'epoca), con uno squarcio apertosi sull'orlo dell'isola a poca distanza dall'abitato. Si era reso necessario evacuare l'intera popolazione, perché sussisteva il rischio concreto che l'eruzione ingoiasse l'intero abitato. Per una fortunata coincidenza, il giorno precedente i pescherecci non erano usciti ed erano tutti in porto, pronti per essere usati. Erano stati impiegati anche velivoli, e l'evacuazione si era svolta senza intoppi. Erano stati allestiti centri di accoglienza in varie località della costa sud dell'Islanda ed era stato creato un fondo per aiutare la popolazione.

Decine di costruzioni erano state inglobate dalla lava, mentre molte altre erano bruciate, incendiate dai lapilli infuocati, e tutto il resto era stato ricoperto dalla cenere. Quasi un terzo della cittadina era andato distrutto. Nei mesi successivi, grazie all'aiuto di pompe inviate dagli Stati Uniti, l'acqua di mare era stata sparata sulla colata che avanzava inesorabile verso il porto, in modo da solidificarne il fronte e deviarla verso l'oceano. Soltanto l'agosto successivo le persone avevano potuto fare ritorno a casa, sempre che ci fosse ancora!

Il museo è un edificio moderno, costruito intorno ai resti di una casa distrutta dall'eruzione, ed è altamente interattivo, come quasi tutti i musei islandesi. Ricco di informazioni sulla storia geologica del luogo, è uno di quei gioielli che, tristemente, non vengono quasi mai apprezzati in modo adeguato. Eppure, anche qui si raccolgono importanti spunti di riflessione.

La meta successiva della nostra giornata, raggiunta dopo un breve tratto in macchina, fu il promontorio di Stórhöfði, un grande colle erboso dai fianchi impervi proiettato verso sud, dove il mare e il cielo si confondono. Là vedemmo qualche pulcinella di mare, o fratercula artica. Questi uccelli sono un elemento importante della vita dell'arcipelago, e da sempre fanno parte della dieta locale. A fine agosto, quando lasciano l'isola per svernare in mare aperto, capita che alcuni esemplari giovani prendano male le misure al loro primo balzo e finiscano a terra, nell'abitato, non riuscendo più a spiccare il volo. I bambini del luogo li raccolgono e li vendono ai turisti, che pagano per il piacere di tenerne uno in mano prima di spingerlo in aria per aiutarlo a volare via.

A est del promontorio, nel 1984, si consumò una tragedia: la notte dell'11 marzo, un peschereccio si ribaltò. Dei cinque uomini a bordo, soltanto il ventitreenne Guðlaugur Friðþórsson si salvò. La temperatura dell'aria era di -2 gradi, mentre quella dell'acqua era di circa 5. Era notte, ma il giovane riuscì a nuotare e a raggiungere la terraferma in cinque ore seguendo le luci dell'abitato. Sfortunatamente per lui, non solo indossava jeans e camicia di flanella, ma era anche scalzo, e approdò in corrispondenza del campo di lava, che dovette attraversare ferendosi i piedi. La pietra lavica è una delle materie più taglienti che conosca: ho perso il conto delle volte in cui ho rovinato le suole delle scarpe camminandoci sopra. Non solo: la conformazione irregolare delle rocce laviche facilita le storte alle caviglie. Un vero incubo per il povero ragazzo che, esausto e assetato, prima di raggiungere il paese si dissetò in una vecchia vasca da bagno usata come abbeveratoio per le bestie, rompendo la superficie ghiacciata con i pugni.

Appena giunto nell'abitato venne soccorso e ricoverato. Nonostante l'ipotermia e le gravi ferite ai piedi, guarì e divenne l'oggetto di studi tesi a capire come fosse riuscito a sopravvivere in condizioni così estreme. Pare che il giovane, il cui peso era di 125 chili, avesse tratto vantaggio dalla massa corporea, nel senso che era dotato di uno strato di grasso abbastanza spesso da isolare meglio il corpo. In seguito a questi eventi, Guðlaugur rifiutò di mettersi sotto le luci della ribalta, preferendo invece porre l'attenzione sul fatto che altri quattro uomini avevano perso la vita.

Nel 1996 la vasca da bagno da cui aveva bevuto per dissetarsi è stata trasformata in un monumento, mentre nel 2012 è uscito un film: *Djúpið - The Deep*, che immortala questa incredibile impresa. Gli abiti che Guðlaugur indossava quella notte sono conservati nel museo delle isole. Una storia che ben esemplifica ciò che spesso l'Islanda ti costringe a fare: a volte ti sfianca, ti denuda e ti usa violenza, ma è solo per darti l'opportunità di raggiungere e superare i tuoi limiti.

Terminato il giro del promontorio, ci dirigemmo verso i rilievi che si trovano nella parte occidentale dell'isola. Possono essere scalati, con salite piuttosto ripide e a tratti scivolose, partendo dal cuore della valle detta Herjólfsdalur, il cui nome deriva da colui che secondo le fonti antiche fu il primo a insediarsi nella zona, tale Herjólfur Bárðarsson. In questa valle, ogni anno (pandemie permettendo) si tiene uno dei più importanti festival musicali del Paese, il Þjóðhátíð, «Festival nazionale». Gli ultimi quattro giorni della settimana che precede il primo lunedì di agosto, il luogo si riempie di tende e le giornate sono costellate di eventi, soprattutto musicali. Un palco viene montato nella valle e i ripidi pendii fungono da tribune.

Non mancano mai le polemiche e gli scandali: numerose le denunce per stupro a seguito degli eccessi di questo festival, e le critiche alla polizia che viene accusata di chiudere un occhio, tanta è la partecipazione e la devozione a questa ricorrenza.

Dal canto mio, ero felice di trovarmi lì in un altro momento, così da potermi godere il profondo silenzio della valle, nonché inerpicarmi per l'erto sentiero che conduce alla cresta delle scogliere. La salita è impegnativa e la pendenza assai pronunciata, ma la vista ripaga abbondantemente lo sforzo: scogli, faraglioni, grotte e una miriade di uccelli che fanno la spola tra il mare e le pareti rocciose dove hanno casa. Un punto di osservazione speciale è Há-Há: la vista da lassù è mozzafiato ma, come sempre, non è l'unico regalo che l'arcipelago ha da offrire.

La storia delle isole è ricca di eventi interessanti: nel 1627, circa duecentoquaranta isolani (la metà del totale) furono rapiti e ridotti in schiavitù in seguito a un'incursione di pirati musulmani, principalmente nordafricani ma anche europei convertiti. La vicenda è conosciuta in islandese come *Tyrkjaránið*, «L'incursione dei turchi», perché al tempo gran parte del mondo musulmano in Nordafrica e Asia Sudoccidentale era sotto l'impero ottomano. Con il declino della pirateria al soldo delle monarchie europee, alcuni corsari si erano reinventati dedicandosi ad attività diverse, altri invece avevano mantenuto la loro professione trasferendosi dove continuava a essere richiesta: le città della costa ber-

bera facevano ancora affidamento sulla pirateria per sostenere la loro economia. La conoscenza di ex corsari nordeuropei fu determinante per la riuscita di queste incursioni, non essendo i nordafricani versati nella costruzione di imbarcazioni adeguate, né nella navigazione attraverso le insidiose acque dell'Atlantico.

La nave che approdò sulle isole il 16 luglio fu la seconda di quell'anno ad attaccare gli islandesi, inermi. Con l'avvicinarsi dell'imbarcazione qualcuno si allarmò, ma tanti credettero che si trattasse di un mercantile, così la popolazione non preparò una resistenza all'attacco se non quando era ormai troppo tardi. I pirati avevano già razziato alcune località dei Fiordi Orientali, e avevano a bordo un centinaio di islandesi prigionieri. Scesi a terra sull'isola, diedero libero sfogo agli istinti – stupri, omicidi e quanto di più turpe potessero commettere –, per poi caricare i prigionieri sulla loro nave e condurli ad Algeri, dove sarebbero stati venduti come schiavi e dispersi per tutto il mondo musulmano. Alcuni isolani si salvarono nascondendosi nelle fenditure delle scogliere.

Uno degli sfortunati che furono invece catturati era il sessantenne reverendo Ólafur Egilsson, il quale avrebbe poi composto un resoconto dei fatti. Dopo un mese di permanenza ad Algeri, fu scelto come messaggero e venne separato dalla moglie e dai figli. Gli fu offerto un salvacondotto per potersi recare in Danimarca e chiedere al re il denaro per riscattare la sua famiglia, dopodiché si imbarcò su una nave italiana che lo condusse fino a Livorno. Qui dovette osservare sei giorni di quarantena prima di sbarcare, nonché sottoporsi a un esame medico, quasi un'eco di tempi più recenti. Da lì si imbarcò per Genova, poi per Marsiglia, aiutato da una donna danese (incredibile come l'Europa fosse già così interconnessa!). In seguito raggiunse i Paesi Bassi a bordo della nave di un olandese impietosito dalla sua storia, e infine, il 28 marzo dell'anno successivo, arrivò in Danimarca. A causa delle condizioni finanziarie del Paese, che in quel periodo era impegnato nella guerra dei trent'anni, non ottenne il supporto economico che sperava.

Solo nel 1636 i danesi si decisero a mandare una missione ad Algeri per riscattare alcuni degli islandesi ridotti in schiavitù. Certi padroni richiesero somme troppo alte per i loro schiavi, così che soltanto trentaquattro islandesi furono liberati, e solo ventisette di loro riuscirono poi a tornare in patria. Fra questi c'era la moglie del reverendo, che poté ricongiungersi solo per poco tempo con il marito, il quale morì tre anni dopo; nessuno dei due rivide mai più i loro figli. Tra i fortunati c'era anche Guðríður Símonardóttir, della quale sopravvive una struggente e devota lettera scritta durante il periodo di schiavitù e indirizzata al marito, un pescatore delle Vestmannaeyjar scampato alla razzia.

Prima di tornare a casa, gli islandesi dovettero essere «rieducati» in Danimarca, e il compito di reintrodurli alla vita e alla società ricadde su uno studente di teologia di nome Hallgrímur Pétursson. Lui e Guðríður si innamorarono e lei rimase incinta; per sua fortuna, però, all'arrivo in Islanda scoprì che il marito era morto, cosa che le permise di sposare Hallgrímur. Questi fu ordinato reverendo della parrocchia di Hvalsnes, la cui chiesa attuale, sulla penisola di Reykjanes, è una delle più belle del Paese. Fu poi trasferito all'altro capo dell'isola, nell'Estremo Nordest, a Saurbær presso la penisola di Langanes, dove morì di lebbra più di vent'anni dopo.

Nella sua carriera di pastore divenne un famoso compositore di inni, genere tipico del mondo protestante. Si tratta essenzialmente di poesie devozionali concepite per l'esecuzione canora durante le funzioni religiose. In particolare, sono i cosiddetti *Passíusálmarnir*, gli «Inni della Passione», a costituire il capolavoro di Hallgrímur. Il loro titolo completo (come del resto quasi ogni singola parola di questa lingua) è un po' inquietante per chi non mastica l'islandese: «*Historia pínunnar og dauðans Drottins vors Jesú Kristi, með hennar sérlegustu lærdóms-, áminningar- og huggunargreinum, ásamt bænum og þakkargjörðum, í sálmum og söngvísum með ýmsum tónum samsett og skrifuð anno 1659*». La traduzione è sempre tediosa ma già meno terrificante: «Storia della Passione e della morte di Nostro Signore Gesù Cristo, con i suoi particolari elementi di insegnamento, memoria e consolazione, con preghiere e odi, in inni e canti con varie musiche, composti e scritti nell'anno 1659».

Alcuni sono cantati sulle note di melodie tradizionali, altri sono stati musicati nel corso del tempo da compositori islandesi. Si tratta di versi sulla Passione di Cristo che, in ottemperanza agli stilemi del periodo barocco, elaborano i temi delle scritture attraverso una maestria artistica che si articola di pari passo con la riflessione profonda sul contenuto, nonché sullo sviluppo del lato drammatico ed emotivo.

Personalmente non li ho mai trovati una lettura particolarmente avvincente, ma sono considerati un elemento integrante della cultura islandese, nonché una delle vette della letteratura barocca, e tutti in Islanda ne studiano alcuni a scuola. Vengono ancora eseguiti regolarmente in periodo di Quaresima, quando capita di ascoltarli alla radio o alla TV. Non saprei se siano ancora cantati nelle case di famiglie particolarmente religiose, ma non mi stupirebbe, essendo stati concepiti sia per le celebrazioni in chiesa sia per la devozione privata.

Si insiste molto sul numero elevato di persone che si dichiarano atee in Islanda, ma ciò non dovrebbe essere interpretato come una quasi totale assenza dell'elemento religioso nella vita locale: molte feste nazionali sono tuttora di natura religiosa, e il vescovo luterano partecipa alle cerimonie di Stato proprio perché la Chiesa islandese è un organo nazionale e parte dello Stato.

Ad Hallgrímur Pétursson è dedicata la chiesa più famosa di Reykjavík, la moderna Hallgrímskirkja, che a differenza di quanto tanti credono o sostengono (inclusi certi motori di ricerca web) non è la cattedrale di Reykjavík, ma una normale chiesa parrocchiale. Questo edificio così memorabile, al punto da essere considerato un simbolo della città, fu costruito tra il 1945 e il 1986 su progetto dell'architetto Guðjón Samúelsson. Nel 1992 fu installato l'attuale organo, un colosso di 15 metri e 5.275 canne.

Molti si interrogano sulla curiosa struttura di questa chiesa, che pare ispirata alle forme del basalto colonnare. Alcuni la paragonano a uno space shuttle, e si tratta di uno dei rari elementi di questo Paese che hanno un effetto polarizzante: la bellezza (o la sua assenza) in tanti altri edifici o scorci tende a mettere la maggioranza d'accordo, ma non la Hallgrímskirkja, che o si ama o si odia.

Ogni tanto mi piace visitarla, non per il suo spoglio interno ma per il campanile, sul quale è possibile salire in ascensore previo pagamento di un biglietto di accesso. Da lì si gode di un panorama impareggiabile sulla capitale più a nord del mondo: nelle giornate di sole si vede tutto l'abbraccio dei monti, la vastità del mare, le navi che vanno e vengono, il brulicare della vita nelle vie e viuzze del centro... Quasi come fosse un portale verso una dimensione esterna che permette di guardare il nostro mondo e i suoi movimenti dal di fuori. Come avviene con la meditazione, quando ci si esercita a distaccarsi ed elevarsi al di sopra dei propri dolori e delle proprie preoccupazioni, quel campanile mi permette in qualche modo di sollevarmi oltre i dispiaceri della vita, dimenticarli e vedere soltanto quella bellezza che spero di non dare mai per scontata.

7

Hólmavík
Caccia agli stregoni

1964: Il servizio nella chiesa di Árnes era appena cominciato quando le donne presero ad emettere rantolii, a schiumare dalla bocca e a cadere preda di isteria, al punto da dover essere portate fuori dalla chiesa, 4, 5, 10, 12 e più volte nello stesso giorno festivo. Il che è di per sé spaventoso, ma ciò che lo fu di più era il trovarsi lì presenti a vedere tutto ciò.

MAGNÚS SNÆBJARNARSON e GÍSLI KONRÁÐSSON, *Fitjaannáll* («Annale di Fit»), 1780-1860

HO visitato i Fiordi Occidentali un paio di volte. Sono indubbiamente uno dei posti più belli della Terra. Anche se, lo ammetto, per me sono pochi gli angoli d'Islanda che non definirei «posto più bello della Terra». I fiordi occupano uno spazio particolare nell'immaginario di chi conosce un po' il Paese: sono una delle regioni più remote, per via del fatto che l'arteria principale dell'isola li bypassa quasi sdegnosamente. Per la mia esperienza personale, tanti amanti dell'Islanda li considerano la loro zona preferita e ne cantano le lodi, descrivendola come la sua parte più vera e autentica. Però a volte mi domando se non lo facciano più per il fatto che, essendo una delle aree meno battute, è ammantata da un'aura di esclusività che fa sentire chi l'ha visitata come appartenente a un gruppo privilegiato. Sia chiaro: si tratta di una regione dalla bellezza struggente, ma pur avendo caratteristiche che non si trovano altrove, manca di alcune cose che rendono uniche altre parti del Paese.

Se oggi è una delle zone più isolate, in passato si trattava invece di una delle più connesse con il mondo esterno: le acque pescose e la comodità dei profondi fiordi per l'approdo delle navi ne aveva fatto un centro di scambio internazionale, dove si riversavano spagnoli, francesi, tedeschi, inglesi e olandesi che cacciavano pesce e balene. Ancora oggi, è possibile notare il lascito genetico dei marinai del Sud nella popolazione locale, anche se questo è vero ormai per tutte le zone costiere dell'Islanda. Mi domando se questo scambio genetico, nei secoli, non abbia salvato la ridotta popolazione dai rischi di un patrimonio genetico troppo poco variegato.

I rapporti con i marinai, tuttavia, non sono sempre stati di natura romantica: nel 1615, tre navi spagnole con a bordo circa ottanta balenieri baschi si schiantarono contro gli scogli a seguito di una tempesta. La maggior parte dei marinai sopravvisse, e alcuni furono ospitati dagli abitanti del luogo, così che riuscirono a tornare a casa l'anno successivo. Altri furono meno fortunati: non trovando riparo, si ridussero a rubare del pesce essiccato in un emporio. Quattordici di loro furono uccisi nel sonno da un gruppo di islandesi, e solo uno si salvò.

Tutti i baschi furono poi dichiarati fuorilegge, sentenza che aveva principalmente il compito di rendere gli assassini non perseguibili per omicidio, ma ebbe anche l'effetto di giustificare un'ulteriore rappresaglia contro un altro gruppo dei naufraghi, che si era stabilito presso un fiordo. Furono colti di sorpresa mentre pescavano e trucidati in modo orrendo. Un autore islandese del tempo, Jón lærði, «l'Erudito», commentò in modo assai critico questa barbarie, eppure la sentenza che dichiarava tutti i baschi fuorilegge fu abrogata dal prefetto della regione dei Fiordi Occidentali soltanto nel 2015, in occasione dell'inaugurazione di un monumento alla memoria dei marinai baschi.

Mentre la macchina sfrecciava lungo la strada che serpeggia attorno ai fiordi, non potevo fare a meno di pensare a quelle vite. Un brivido mi corse lungo la schiena. Quei giovani, forse anche più giovani di me, naufragati al principiare dell'inverno islandese, approdati su terre poco popolate e selvagge, dove un pezzo di stoccafisso ti salva la vita un momento ma te la toglie quello dopo... Un pezzo di pesce essiccato, un boccone per strappare qualche attimo di vita alla morsa inesorabile della morte, ma ecco che questa ti raggiunge per altri sentieri, dagli occhi iniettati di sangue di crudeli islandesi aizzati da un sadico e vendicativo sceriffo.

La loro storia non è raccontata nei sussidiari e si legge soltanto nei rari testi di storia islandese, o nei saggi dedicati a quel periodo. Quelle vite spezzate dalla crudeltà di un mondo difficile aleggiano ancora nei fiordi, sembra di poterle sentire nel cuore di quei bracci di mare blu profondo, dove vagano nelle profondità guardando con occhio di biasimo all'ingiustizia che vela l'esistenza. Eppure è un attimo dimenticare quella tragedia: basta che un sole tiepido illumini le propaggini terrestri che proteggono il mare come abbracci gelosi, accendendo il verde brillante dei ripidi pendii, il bruno delle rocce, il bianco candido del ghiaccio che resiste al fiacco tepore estivo.

Qui le strade sono spesso sterrate, senza guardrail e a picco sul mare. Le distanze sono interminabili, per via dell'infinito zigzagare su e giù per le insenature. Sembra che la terra lotti con l'oceano per accaparrarsi lo spazio, ma è proprio dove sia la terra sia il mare riescono a conquistarsi la loro parte, ovvero nel cuore dei fiordi, che il panorama è più bello.

Una volta visitai la regione con due amiche italiane. Lasciato Ísafjörður, ci dirigemmo verso Hólmavík. Lungo la strada ci fermammo sulla punta di una penisola montuosa che separa un fiordo da un altro a guardare le foche che si stiracchiavano sugli scogli. Oltre il braccio di mare, dirupi striati di ghiaccio.

Raggiungemmo quindi Litli Bær, la «Piccola fattoria», poco più a sud dentro il fiordo. Ci sedemmo al tavolo di legno all'esterno; il sole splendeva e la brezza fresca non disturbava affatto la sosta all'aperto. Ordinammo caffè e waffle a una signora di una certa età. Suo marito parlava solo islandese e indossava una camicia a quadri: un contadino di altri tempi. Mi guardai intorno e pensai a come il tempo sembrasse non scorrere. Immaginai la mia vita come una spolverata di sabbia passata per quel fiordo, le sue tracce cancellate dal soffiare imperterrito del vento e del tempo.

Io sarò un ricordo ormai svanito, ma la signora di Litli Bær sarà sempre là, fino al concludersi inevitabile dei tempi, quando la ruota delle epoche avrà compiuto il suo giro. La guardai preparare il caffè sorridendo e porgerci i waffle profumati, con la panna e la marmellata. Le pareti di legno verniciate di verde e azzurro, i soffitti bassi e gli infissi bianchi erano come dovevano essere: da un'altra epoca per un'altra epoca. Fuori dalla finestra della piccola cucina, il fiordo solenne eppure placido. Poco più in là le foche, distese sul confine tra mare e cielo, tra terra e aria.

In un'altra occasione, per festeggiare la laurea magistrale di Lára facemmo una gita nella parte orientale della penisola dei fiordi, in quella che anticamente era la contea di Strandir («Spiagge»). Oggi questa è tra le zone meno popolate d'Islanda, cosa che le conferisce una sfumatura estrema. La strada che la attraversa è sterrata, ed è un vicolo cieco: conduce a nord oltre alcuni fiordi ma poi si interrompe. Dopo, si estende una lunga serie di baie, scogliere selvagge e infine l'Oceano Artico, che spesso trasporta immensi blocchi di ghiaccio alla deriva dalla Groenlandia, sui quali possono trovarsi, stremati e affamati, pericolosissimi orsi polari.

Oltrepassato il piccolo centro di Hólmavík, ci spingemmo più a nord, dove la sterrata costeggia svettanti alture, tagliate da baie e insenature e striate da alte cascate. La costa è spesso impreziosita da tratti più o meno estesi di spiaggia, e la sabbia è candida, non nera come nel Sud. Queste spiagge sono tappezzate dei ricordi vecchi e nuovi del mare, che li abbandona gettandoli verso terra, in attesa di reclamarli nuovamente al prossimo scoppio di furia elementale. Boe, bottiglie e un'infinità di tronchi dal colore argentato che scintillano e abbagliano nel sole del primo pomeriggio.

Si rimane sempre spiazzati quando si scopre che – mancando anticamente specie di alto fusto – gli islandesi si affidavano a tronchi spiaggiati come materiale da costruzione: quante possibilità ci sono di trovarne uno? Figuriamoci di raccoglierne a sufficienza per una casa! Le case islandesi erano principalmente in torba, ma la torba deve essere adagiata su intelaiature di legno, e come si può costruire l'intelaiatura per una casa, anzi per tutte le abitazioni di un intero Paese, quando si deve fare affidamento sul ritrovamento fortuito di tronchi?

In realtà, esistono luoghi dove le correnti marine trasportano tronchi di alberi morti in qualche altra landa del vasto mondo. Uno di questi è la costa del Nordovest, dove i tronchi arrivano addirittura dalla Siberia: gli alberi muoiono, cadono nei fiumi che sfociano nell'Oceano Artico e giungono fino in Islanda. Questa regione è la più «benedetta» in tal senso, e le spiagge locali sono regolarmente battezzate da ondate di tronchi. Un tempo gli islandesi credevano che fossero i resti di alberi che crescevano sul fondo del mare.

In media, un tronco percorre 500-1.000 chilometri all'anno, in mare. Ciò significa che ci vogliono dai quattro ai cinque anni perché raggiunga l'Islanda dalla Siberia, anche se alcuni tronchi restano intrappolati nei ghiacci artici e si liberano solo molto tempo dopo: un tronco alla deriva rinvenuto in Islanda si è rivelato vecchio di cinquecento anni! La permanenza in mare assicura che il legno riceva un lunghissimo trattamento di mineralizzazione dovuto alla salinità dell'acqua: questo lo rende un materiale da costruzione eccellente e durevole.

Il Sudovest dell'Islanda riceve, in misura minore, alcuni tronchi provenienti dal Golfo del Messico, trasportati dalla Corrente del Golfo, mentre le coste Ovest, Sudest ed Est hanno molta meno fortuna. In passato, specialmente nel Sud, con le coste basse e sabbiose che hanno sempre costituito una grave insidia per le imbarcazioni, era il fasciame dei galeoni stranieri naufragati a costituire una fonte preziosa di legname per gli islandesi della zona.

Oggi questo materiale viene ancora regolarmente usato dai proprietari terrieri che possiedono i pezzi di costa sui quali si arena, ma viene per lo più impiegato nella costruzione di paletti per i recinti.

Gli abitanti della penisola dei Fiordi Occidentali hanno da sempre sviluppato metodi per trarre un ritorno economico dall'abbondanza di tronchi alla deriva. Oggi ne vengono creati oggetti artistici di design, anticamente erano commerciati nel resto del Paese, ma furono anche utilizzati per scopi più macabri, come bruciare individui accusati di stregoneria. In effetti nella prima età moderna, e in particolare nel Seicento, la contea di Strandir era famigerata per i numerosi roghi di uomini (a differenza di quanto accadeva nell'Europa continentale, dove le donne erano le vittime più frequenti).

Strandir è una regione dove sembra quasi di respirare la magia; infatti, l'emblema della contea riporta il sigillo magico Ægishjálmur, uno dei tanti simboli magici probabilmente sviluppati a partire dai testi esoterici europei rinascimentali, dove abbondano simboli analoghi. Non hanno nulla a che fare con le rune, con le quali a volte vengono confusi, che erano invece semplici simboli alfabetici derivati con tutta probabilità da un alfabeto italico, forse proprio quello latino. I *galdrastafir*, letteralmente «simboli magici», compaiono in Islanda intorno al 1500, prima inseriti in testi dove la medicina, la preghiera cristiana e la magia si mescolano, poi in alcuni grimori dei secoli successivi.

Ho spesso consultato questi testi di magia. Non esiste nulla di simile nel corpus medievale islandese, ed essi compaiono soltanto nella prima età moderna, quando l'Islanda era sotto il giogo economico del monopolio commerciale danese da un lato, e sotto quello del peggioramento climatico dovuto alla Piccola era glaciale dall'altro. Per come la vedo io, sono un disperato tentativo degli islandesi di riprendere il controllo sulle loro esistenze ormai in balìa delle circostanze esterne.

La nostra macchina non era un fuoristrada, così decidemmo di fermarci al principiare di un'insenatura detta Kaldbaksvík, «Baia di Dorsofreddo», che prende il nome da un monte sul suo versante settentrionale. Da un lato una scogliera impervia e sdrucciolevole, sbriciolata dagli elementi in tante petraie ammassate ai suoi piedi, di fronte una parete montuosa che pare graffiata e dalle cui ferite sembra sgorgare bianco sangue ghiacciato. C'è qualcosa di estremo, in quel luogo. Forse è la sensazione di avvicinarsi a ogni passo sempre più al nulla, dove la civiltà non può soccorrerti, dove la vita si mescola con la morte.

Tornati a Hólmavík, dove avremmo passato la notte, trovammo un paese sonnacchioso. Non c'erano altri turisti in giro e poche anime ravvivavano l'atmosfera, ma non si sentiva la mancanza della presenza umana: la baia del fiordo su cui è appollaiato il centro abitato era placida, il sole tiepido e rasserenante, e il colore delle case conferiva un tono allegro a quel quadretto.

Là c'è uno dei luoghi più misteriosi e affascinanti d'Islanda: la Galdrasýning á Ströndum, «Mostra delle magie a Strandir», colloquialmente conosciuta come Galdrasafn, «Museo delle magie».

Vorrei cogliere l'occasione per bacchettare i miei connazionali: non pensate di poter saltare a piè pari piccole realtà museali di questo tipo solo perché non tracimano di opere d'arte come il Louvre o il British Museum. È un atteggiamento sbagliato. Se si trascorre una mezz'oretta in questi piccoli musei, non soltanto si aiuta la cultura (e l'economia) locale a mantenersi viva, ma si scopriranno un sacco di cose interessanti sulla storia e sulle tradizioni del luogo, che suscitano sempre spunti di riflessione su noi stessi, offrendoci un'occasione di arricchimento personale.

Il Museo delle magie, in particolare, fornisce una quantità di informazioni sulla storia e sulla pratica della magia in Islanda, che faceva appunto grande affidamento sul tracciamento dei sigilli o simboli magici. Non si tratta di magia antica conservata in gran segreto dal periodo precristiano, come tanti pensano, ma di una forma di magia popolare nata nel Rinascimento e paragonabile a quella evolutasi in Europa nello stesso periodo, che fa largo uso di invocazioni a Dio, a Gesù e a varie entità angeliche e demoniache.

Solitamente si tratta di incantesimi che prevedono di tracciare simboli con la saliva o con il sangue su parti del proprio corpo (fronte, palmi delle mani), oppure di inciderli su supporti specifici, spesso accompagnando l'atto con un'invocazione di natura religiosa. Gli effetti desiderati sono di frequente profani, addirittura ridicoli: vincere la paura, causare il terrore ai rivali, proteggere il proprio bestiame o far ammalare quello degli altri, suscitare l'amore di qualcuno (questo potrebbe interessarvi: richiede di incidere un complesso simbolo su un pezzo di formaggio e farlo mangiare alla ragazza amata per farla innamorare. Sono però certo che se si sceglie bene il formaggio non c'è bisogno di ricorrere al simbolo)!

Nel museo si trova anche una riproduzione abbastanza realistica di quelle che sembrano due gambe maschili, con tanto di organo sessuale appeso in mezzo. Si tratta delle «necrobrache», *nábrók* in islandese, una tradizione preservata nel folclore orale e che dubito sia mai stata messa in pratica. L'incantesimo prevede la creazione di pantaloni in pelle umana – che potete appunto osservare in replica –, scorticando le gambe del cadavere di qualcuno con cui vi siete messi d'accordo prima della sua morte e ha accettato di farsi scuoiare da voi. La pelle deve essere perfetta e senza squarci. Dovrete indossarla e farla aderire al corpo, poi dovrete rubare dei soldi a una donna povera in una delle principali festività cristiane e inserirli nella sacca scrotale insieme con il simbolo magico dedicato, anch'esso esposto nel museo. Ciò fatto, i soldi si moltiplicheranno a non finire. Bisogna stare attenti a non rimuovere il denaro inserito originariamente, o il simbolo magico, altrimenti i pantaloni non funzioneranno più e saranno da buttare.

Nonostante il loro lato decisamente grottesco, si è tentati di liquidare queste tradizioni come il risultato di fantasie troppo spinte, prive magari di risvolti concreti, eppure la magia in Islanda ha fatto irruzione in modo brutale in piena età moderna. Per tutto il Medioevo, come del resto anche in Europa, la Chiesa romana e molte autorità secolari erano ufficialmente scettiche riguardo alla stregoneria, condannando più chi ne sosteneva l'esistenza che l'idea stessa.

Verso la fine del Medioevo, però, il proliferare di movimenti eretici iniziò a provocare una reazione più estrema da parte delle autorità ecclesiastiche, che culminerà nel tragico episodio storico della caccia alle streghe. Un fenomeno che interessò solo in parte il mondo cattolico e fu assai più diffuso e marcato in quello protestante. C'è da domandarsi se l'incertezza causata dal rovesciamento del potere religioso dopo la Riforma, unito alle difficili circostanze economiche e politiche del periodo, non abbia portato intere comunità a cercare facili capri espiatori per esorcizzare le proprie paure.

Anche l'Islanda, allora più che mai vittima delle circostanze politiche, economiche e climatiche, partecipò a questo increscioso capitolo della storia europea. Nel primo Settecento furono composti gli *Annali di Ballará*, che riportano eventi significativi avvenuti di anno in anno, in ordine cronologico, e sono tra le fonti più importanti della storia del Paese. È appunto negli *Annali di Ballará* che troviamo questa voce.

> Quell'autunno venne una strana agitazione e una piaga portata da uno spirito maligno o un fantasma a Trékyllisvík, con tale effetto che, spesso nell'arco dello stesso giorno, e soprattutto in chiesa, durante la predica, gli uomini non potevano opporvisi, quando esso si insinuava nelle gole della gente, la quale prendeva a ruttare e a gonfiarsi; ma una volta passato, nessun dolore restava. Furono soprattutto le persone di sesso femminile ancora vergini ad esserne colpite.

Un secolo prima, nella lontana costa nordorientale della penisola dei Fiordi Occidentali, appunto nella regione di Strandir, si erano verificati strani accadimenti che avevano scatenato una caccia al colpevole. Era stato proprio nel remoto angolo del Paese dove mi trovavo – a Trékyllisvík, poco a nord di Hólmavík – che aveva preso piede il più grave episodio di psicosi collettiva e conseguente sanguinosa caccia alle streghe della storia d'Islanda.

La catena di eventi aveva avuto inizio quando era stato notato che una ragazza, Guðrún Hróbjartsdóttir, rifiutava di tornare a casa della madre e voleva rimanere presso la fattoria di tale Þórður Guðbrandsson. La giovane si era ammalata quando i fratelli l'avevano costretta a lasciare la casa di Þórður, ma si era subito ristabilita una volta tornataci. In seguito, quando i fratelli l'avevano intercettata in chiesa e nuovamente ricondotta a casa, si era riammalata della stessa malattia, per poi migliorare dopo avere fatto ritorno da Þórður. La voce si era sparsa e la gente aveva cominciato a credere che Þórður avesse stregato la povera fanciulla.

Sospetto che la ragazza ne fosse innamorata e cercasse una scusa per rimanere con lui, senza però prendersi la responsabilità della sua scelta... chi lo sa! In ogni caso, questo evento aveva drasticamente richiamato l'attenzione delle autorità, e lo sceriffo della contea si era presentato sul posto per condurre un'indagine. Era consuetudine che i sospettati dovessero individuare una dozzina di vicini per certificare la propria buona condotta; Þórður, insieme con altri due uomini, non aveva trovato nessuno pronto a garantire sul suo onore e tutti e tre erano finiti sotto accusa. I due compagni di sventura di Þórður, Egill Bjarnason e Grímur Jónsson, erano a loro volta caduti vittime di voci secondo le quali il primo avrebbe ucciso delle pecore con la magia ed entrambi avrebbero offerto al diavolo il proprio corpo in cambio del potere ottenuto.

Nel processo che era seguito, Egill era arrivato a confessare di essere entrato in contatto con il demonio con incisioni e patti di sangue, mentre Þórður aveva dichiarato di essere stato visitato dal diavolo nella forma di una volpe artica. Io sono abbastanza convinto che si trattasse, almeno nel caso di Egill, di un individuo antisociale con turbe mentali, che messo sotto accusa aveva «dato di matto» raccontando questo delirio. Gli altri due erano probabilmente dei poveri diavoli (in senso figurato, ovviamente!) che per qualche ragione avevano dato sui nervi ai loro vicini. Sta di fatto che la confessione di Egill e le testimonianze accusatorie dei bifolchi della zona erano state prese molto sul serio.

Le voci avevano continuato a circolare e rafforzarsi fino a quando, per una triste coincidenza, era accaduto l'episodio misterioso delle donne che avevano cominciato a emettere incontrollabili flatulenze durante la messa.

Il termine «isteria» non è più in uso nella medicina moderna, ma è probabile che queste donne fossero afflitte da qualche forma di disturbo mentale con manifestazioni fisiche assimilabili a quelle dell'epilessia. Non saprei dire se si trattasse di attacchi di panico o depressione associata a sintomi gastrointestinali, ma mi sembra una spiegazione probabile. Qualcuno ha suggerito che questi episodi fossero dovuti al consumo di grano avariato, contenente una muffa o un batterio che causava effetti fisici e neurologici. Viene spesso rimarcato come il monopolio commerciale danese, istituito nel 1602, avesse permesso ai pochi mercanti danesi autorizzati a gestire il traffico commerciale islandese di vendere merci avariate a prezzi stratosferici.

In ogni caso, gli eventi erano precipitati: il 21 settembre 1654, Þórður ed Egill erano sati condannati e arsi insieme sul rogo, il primo per avere avuto interazioni con il diavolo, il secondo per lo stesso motivo e per l'uccisione di bestiame altrui con mezzi satanici. Quattro giorni dopo, anche Grímur – indicato da Þórður come il più versato dei tre nelle arti magiche – aveva subito lo stesso destino, per avere usato simboli magici e ucciso una pecora con la magia.

Una trentina di anni prima, un altro uomo era stato bruciato sul rogo nella regione dell'Eyjafjörður, ma furono gli avvenimenti di Trékyllisvík a segnare l'inizio del periodo della caccia alle streghe (o meglio: agli stregoni, visto che si trattava prevalentemente di uomini). Furono processate almeno centosettanta persone, di cui ventuno furono arse vive. L'ultimo rogo ebbe luogo nel 1720.

È molto probabile che larga parte di questi individui fosse affetta da disturbi mentali, o avesse comunque un carattere che la rendeva invisa alle loro comunità, le quali – con il classico meccanismo che regola lo sviluppo del mobbing – in momenti di tensione e incertezza ricercavano un capro espiatorio, scelto per la posizione debole all'interno della gerarchia sociale, la cui eliminazione esorcizzasse il problema di cui l'individuo era considerato personificazione. Del resto, tristemente, fenomeni del genere succedono anche oggi.

Fatico a immaginare cosa deve essere stato, per quelle persone isolate sull'orlo più esterno del mondo abitabile, cadere preda di terrori atavici che risalgono dalle viscere e si impossessano della coscienza. Forse essere così indifesi, poveri e impotenti di fronte alle circostanze della vita ha tirato fuori il peggio di loro.

C'è stato un periodo, in effetti, in cui avevo idealizzato molto la solitudine. Non è successo solo a me: la società può essere davvero complessa e stancante, e sognarsi in una graziosa e accogliente casetta in un fiordo sperduto è una via di fuga immaginaria che tanti imboccano. Ma la realtà è che la pace viene presto meno di fronte alle difficoltà che la solitudine e l'isolamento comportano. Per questo, quando esploro l'Islanda più remota, quella che come nessun altro angolo del mondo ha la capacità di farmi battere il cuore, poi sono sempre felice di risalire in auto per tornare all'abbraccio confortevole della capitale.

8

Reykjavík
Una giovane ragazza che si fa capitale

Altrimenti è la norma nel Sud che quelli che vivono più vicino alle stazioni commerciali, dove arrivano le navi straniere, siano considerati i più degenerati e lavativi; e la ragione è che imparano molte più cose cattive che buone dai mercanti. Gli adulti vivono nell'indisciplina e nella sregolatezza per molti versi, e l'educazione dei pargoli non è da meno. Tuttavia, non si nega che esistano uomini d'onore in questi luoghi, sia locali sia tra i mercanti.

EGGERT ÓLAFSSON, *Rejse igennem Island* («Viaggi in Islanda»), 1772

VISITAI Reykjavík per la prima volta nel giugno 2013. Mi fermai per una settimana, approfittando di un'offerta vantaggiosa, e all'inizio non mi fece un'impressione buonissima. Non riuscivo a inquadrarla bene.

Furono soprattutto gli islandesi a colpirmi. Alcuni di loro detestano sentirselo dire, ma non assomigliano per niente agli altri popoli nordici. Non sono quadrati e ligi come i danesi, non sono freddi ed emozionalmente costipati come i norvegesi e, a differenza degli svedesi, hanno un gran senso dell'umorismo. Ad alcuni queste generalizzazioni non piacciono, ma la verità è che caratteri dominanti esistono in tutte le società, e decisamente gli islandesi non sono un popolo le cui caratteristiche dominanti sono freddezza, rigidità, venerazione per le regole e rispetto delle tempistiche.

In Islanda ho imparato che si può essere una nazione nordica progredita e ragionevolmente serena senza sacrificare umanità e spontaneità.

Nel 2013 non esisteva il roaming gratuito in Europa, e non potendo usare un'app di navigazione *in itinere*, memorizzai una mappa mentale del percorso che dovevo seguire per arrivare al faro sulla punta della penisola di Seltjarnarnes: sarebbe bastato seguire il mare. Raggiunta la penisola di Grandi, anziché tagliarla per continuare, la imboccai finendo semismarrito in una zona industriale. Stanco e frustrato, decisi di fare autostop.

Fui raccolto da un distinto signore con i baffi e la coppola, che si offrì di riportarmi in centro. Gli spiegai che ero interessato all'Islanda e alla sua cultura, e lui ne sembrò entusiasta. Mi disse che era proprietario di un locale in centro e che non potevo lasciare il Paese senza aver assaggiato la sua birra, dunque mi portò fin nel suo bar, dove chiese alla ragazza che stava al bancone di offrirmi due birre. Poi se ne andò. Fu la mia prima esperienza con gli islandesi. Il mio imprinting con questo popolo. Negli anni ne ho incontrati moltissimi, di tanti tipi diversi, ma l'immagine che ho di loro è ancora fortemente condizionata da quel primo incontro.

Reykjavík, la capitale di Stato sovrano più a nord del mondo, è un'adolescente. Nutre l'ingenua illusione di poter essere qualsiasi cosa semplicemente volendolo. Le tempeste dell'esistenza non l'hanno ancora toccata al punto da conferirle la severa e realistica rassegnazione adulta che porta a scegliere una strada da percorrere. Forse è questo il suo vero fascino: l'idea che qui tutto possa ancora succedere. Come una stazione dove avremo un'altra chance di prendere i treni che abbiamo perso.

Una delle mie canzoni islandesi preferite è *Fröken Reykjavík*, «La signorina Reykjavík», nell'arrangiamento del cantante Friðrik Dór, che parla di una ragazza bella e innocente dalle scarpe rosse. A me piace vedere questa canzone come una metafora della città stessa.

È sfrontata, Reykjavík. Si pone con molta sicurezza, perché non ha ancora veramente imparato a riconoscere le sue debolezze. Si butta con giovanile incoscienza in ogni cosa che fa. Beve e fuma senza rimpianti, si scatena ogni fine settimana. Sacrifica la sua dignità per un po' di divertimento. Passa la domenica a smaltire la sbornia in silenzio, tra un brunch in un locale alla moda e un cappuccino aromatizzato alla cannella in qualche caffè con le luci soffuse. Trascorre la settimana alla meno peggio, si arrabatta per fare il minimo indispensabile senza troppo sforzo e cerca di darsi un tono, per superare l'immensa insicurezza che la perseguita.

Come tutti gli adolescenti, non ha ancora deciso che direzione prendere. È confusa e sperimenta in continuazione, spesso con risultati grotteschi sul suo aspetto. Non è più benedetta dall'innocenza infantile, ma si trascina il peso di una grande ingenuità. A modo suo è bellissima, però è ancora un diamante allo stato grezzo, e solo a pochi sono palesi il suo valore e il suo potenziale.

La vita a Reykjavík non è troppo diversa da quella in qualsiasi altra capitale europea. Ci sono ristoranti di ogni tipo, concerti, eventi mondani e culturali, mostre, visite di personalità internazionali, club, società sportive e negozi straripanti delle ultime novità di tendenza nel mondo hipster. Risulta difficile rimanere a corto di cose da fare ma, nonostante questo, non si ha mai quella sensazione soverchiante e soffocante che si prova spesso nelle altre capitali europee, quasi ci si trovasse in un formicaio brulicante.

È la cosa che amo di più di questa città. Bastano due passi per raggiungere la riva del mare a nord o sud del centro, da dove lo sguardo può spaziare verso i monti innevati del Hvalfjörður, o le formazioni vulcaniche a sud, lungo la penisola di Reykjanes. A est si innalza la barriera degli altipiani, con la brughiera di Hellisheiði e la catena dei Bláfjöll sulla strada per Vík, nel sereno e quieto Sud, dove si stagliano picchi impervi a due passi dalle spiagge nere. Nelle giornate limpide, verso nordovest, specialmente da qualche punto di osservazione sopraelevato, si vedono le cime appuntite come i denti di una sega dei rilievi che si dispiegano lungo la penisola di Snæfellsnes. Nella sua punta più occidentale, si erge in tutta la sua austera imponenza il cono vulcanico del Monte Nevoso, Snæfell, in cui Otto Lidenbrock, il protagonista del famoso romanzo di Jules Verne, si sarebbe calato per raggiungere il centro della Terra.

Immaginate un venerdì a Reykjavík in pieno inverno, magari nella seconda metà di gennaio. Ci si alza la mattina, non troppo presto se il lavoro lo permette, ed è comunque buio pesto. Le strade non sono cariche di persone che si affrettano per raggiungere il posto di lavoro; ognuno lo fa secondo il suo ritmo, prendendosi il proprio tempo. Un po' come per tutto, del resto, dal servire il caffè al bar al consegnare documenti più o meno urgenti. Il ritmo della vita in Islanda non è laborioso. Molti islandesi amano vedersi luterani nello spirito – a prescindere dal fatto che siano credenti o meno convinti –, eppure non sembrano aver ereditato, almeno nella pratica, quell'etica del lavoro che spinge all'operosità perpetua tipica del mondo protestante, che portata all'estremo crea così tanta miseria in altre società, come quella statunitense.

In Islanda, il lavoro è una necessità da assolvere senza troppi danni. Abbiamo una sola vita da vivere, e ogni secondo rischiamo di vedercela strappare da una natura impietosa e amorale. Perciò, se vi aspettate una società regolata al millesimo, dove tutto procede secondo rigorosi metodi oliati dalla volenterosa industriosità di cittadini-api operaie, rimarrete delusi: l'Islanda è un Paese per chi sa improvvisare.

Ogni mattina, specialmente nel buio dell'inverno, è obbligatorio prendere il *lýsi*: un cucchiaio ben colmo oppure sei piccole capsule, se avete il palato delicato. È l'olio di fegato di merluzzo, fonte di preziosa vitamina D, la cui carenza dovuta alla mancanza di luce sembra contribuire a stati di depressione. L'oscurità è forte. Rende il compito di alzarsi dal letto molto difficile da assolvere. Se il cielo è coperto, oltre a un vago chiarore intorno a mezzogiorno e nel primo pomeriggio, le uniche luci visibili sono quelle dei lampioni e il bagliore del ghiaccio che incrosta i marciapiedi e gli scheletri delle piante. Nelle giornate più limpide, il cielo inizia a schiarirsi intorno alle dieci, dieci e mezza, e la luce raggiunge il suo massimo dopo mezzogiorno. Ma è una luce fioca, fredda, da alba invernale. Alle quattro del pomeriggio il sole è già tramontato, dopo aver descritto un brevissimo arco sull'orizzonte a sud.

Uscire all'aperto, durante l'inverno, non è sempre un'opzione. Gli inverni islandesi, particolarmente nella capitale, sono imprevedibili, e possono andare da quelli più miti, con medie sopra lo zero, a situazioni da inferno dantesco, se ricordate vagamente il secondo cerchio dove si trova «la bufera infernal, che mai non resta». Le tempeste rendono quasi impossibile avventurarsi fuori casa: i venti sono così forti e gelidi che si rischia di essere spinti chissà dove. Di tanto in tanto succede che qualcuno scompaia. Nei casi meno estremi, quando la vita non è a rischio, tocca comunque spingersi nella tormenta, coperti di abiti e calzature impermeabili, e andare a scuola o al lavoro rassegnandosi di buona grazia.

Non tutti gli inverni hanno in serbo tempeste immaginifiche: uno dei modi più facili per identificare i turisti è notare quelli che vestono abiti da spedizione polare quando la temperatura è al di sopra dello zero e i locali sfoggiano cappotti di panno, pantaloni eleganti e scarpette alla moda. I turisti si preparano al peggio, e molte volte vengono sorpresi da temperature più alte di quelle che si sono lasciati alle spalle a Milano o Torino. E spesso arrivano imbottiti con giubbotti dai colori brillanti che agli islandesi ricordano i sacchi per la spazzatura.

Perché gli islandesi amano darsi un certo tono. Fino all'altro ieri erano un popolo di contadini che per lo più viveva in buche nel terreno, mentre ora, grazie alla ricchezza derivata dalla pesca e dal turismo, possono permettersi qualsiasi cosa. E amano dedicarsi a questa attività, tenendosi al passo con le ultimissime mode tecnologiche e stilistiche, con una particolare devozione per tutto quello che è hipster. L'uomo islandese di città tipico è vagamente effemminato, nonostante la barba, che spesso è maniacalmente curata e rifinita, ama il pantalone in fustagno, le Dr. Martens e i panciotti. Perfino i contadini più distanti dalla città e abituati a vivere in modo duro hanno una dolcezza e una semplicità che mal si conciliano con l'idea di uomo pratico, burbero, rude e virile stile cowboy, pur non mancando individui vicini a questo stereotipo.

La donna islandese è sì indipendente, emancipata, ma senza necessariamente sacrificare la femminilità intesa in senso più tradizionale. A volte si nota uno zelo eccessivo nell'abbronzatura artificiale, nelle sopracciglia accentuate e nel colore dei capelli, ma in generale esiste anche qui un'abbondante varietà di stili e personalità, e questo vale sia per le donne sia per gli uomini.

Nel gelido venerdì invernale, dopo il lavoro possiamo fare una passeggiata in centro. Se ci fermiamo davanti al Museo Nazionale, in fondo a una pianura acquitrinosa popolata da uccelli di ogni tipo vediamo la collina di Perlan, con la sua luce rotante, magari un po' velata dalla pioggia. Attraversata la strada percorriamo la via Tjarnargata, con le sue case eleganti, e scendiamo verso il laghetto Tjörnin, per poi attraversare il ponte guardando verso la via Lækjargata, in fondo alla quale si vedono le pendici della catena montuosa di Esja, striate dalla neve e circondate da banchi di nuvole basse e compatte.

Percorso un breve tratto della Lækjargata, svoltiamo all'angolo dove si trovava, dirimpetto al vecchio edificio del liceo, il pub *Ölsmiðjan*, un postaccio più sicuro e pulito di qualsiasi altro postaccio che abbiate mai visitato. Oggi al suo posto si trova un albergo elegante. Da lì possiamo vedere il retro della Cattedrale e, di fianco, il piccolo edificio del Parlamento, sul lato Sud della piazza Austurvöllur, che attraversiamo in diagonale, tra i vasi di verze, l'unica pianta vagamente decorativa che può resistere agli sbalzi d'umore climatici di questa città. Superiamo un vicoletto per arrivare nella piazza Ingólfstorg, dove sorgeva l'insediamento del primo colonizzatore norvegese in Islanda, oggi dominata da un orribile albergo in acciaio e vetro. Non ci sono ragazzi con lo skateboard in questa stagione, ma ci sono alcuni turisti confusi raccolti in capannelli fuori dai due chioschi che vendono hot dog.

Attraversiamo anche questa piazza in diagonale e, girato l'angolo nella Vesturgata, raggiungiamo il *Café Rosenberg*, un locale che sembra una casa. All'interno ci sono divani e poltrone, i ragazzi che servono sono amichevoli, ma da bravi islandesi si prendono il loro tempo. Al piano di sotto c'è un pianoforte scordato; nessuno verrà a fermarti se ti metti a suonare. Se prendi un caffè, hai diritto a un refill gratis, com'è d'uso qui. Puoi anche mangiare qualcosa: zuppe, pasti leggeri o torte. Si può giocare a scacchi, a Risiko!, ci si può rilassare leggendo, o anche lavorare e studiare. Ci andavo spesso con i compagni di corso a tradurre le versioni di antico nordico. Non mancano il Wi-Fi, le prese per i laptop e le luci soffuse. Ci sono coperte di lana da tenere sulle gambe se si sente freddo e la musica è di solito anni Venti e Trenta.

Spesso i viaggiatori snobbano Reykjavík per concentrarsi su quella che definiscono «la vera Islanda», cioè i fiordi, i ghiacciai e i paesaggi sconfinati. La mia Islanda è altro: è la collezione di manoscritti medievali infarciti di saghe, le poltrone d'epoca del *Café Rosenberg*, il profumo di cannella e la musica anni Venti.

La vita nella capitale islandese si snoda tra concerti di band indie, mostre fotografiche ed eventi culturali. Ci sono i concerti classici all'auditorium Harpa, il *chai latte* degli accoglienti caffè sorseggiato mentre un ragazzo barbuto con i capelli perfettamente pettinati all'indietro suona qualche sua canzone un po' melensa, le serate pazze tra *Húrra* e *Kiki*… E poi c'è il contorno delle aurore verdognole che si gettano come drappi di raso lungo i cieli sconfinati che avvolgono monti, valli, ghiacciai e vulcani.

Tuttavia, quando sei immerso nella vita quotidiana, tendi a dimenticare la natura circostante. Quando il buio, il freddo e il ghiaccio iniziano ad avere la meglio sul tuo umore e ti senti solo come non mai ai confini del mondo, o le volte in cui spendi una fortuna in frutta che non vedi l'ora di addentare ma scopri che è avariata, o dopo aver pagato dieci euro di tassa per un libro acquistato su Amazon, o quando il dottore ti presenta parcelle che ti fanno rimpiangere la sanità italiana, è facile ignorare quella che al visitatore appare come una bellezza che potrebbe curare qualsiasi ferita dell'anima e cadere nello sconforto. Ma non è inevitabile: con un piccolo sforzo di volontà, e uno sguardo ardito oltre la baia, si può ricevere quella spinta in grado di segnare la differenza tra la resa e il contrattacco.

La consapevolezza di avercela fatta a dispetto dei problemi è uno dei regali che l'Islanda dispensa più generosamente. Non si tratta della semplice soddisfazione personale che un giovane può provare per aver lasciato la casa dei genitori e raggiunto l'indipendenza – alla fine vivere qui non è per tutti e non è da tutti –, ma di una particolare forma di esaltazione, che può assalire come un boato silenzioso quando il cielo si apre per investirti con raggi di luce fredda e la terra sotto di te sembra ribollire, partecipe della tua felicità. È la gioia tumultuosa di poter dire: «Sono proprio qui. Ora. Nonostante tutto».

Ignorata, evitata, bistrattata, Reykjavík ha una bellezza tutta sua che va cercata e capita. Anche nella stagione autunnale, quando si comincia ad avvertire l'inverno nell'aria – per come soffia il vento, per l'odore che emana e per la luce che cambia –, si trovano momenti dove il ritmo docile e tenue della malinconia cede il posto a quello roboante della speranza e dell'esaltazione: è pur sempre Islanda, diamine. Anche Reykjavík è Islanda, e l'Islanda è anche Reykjavík.

Vivendo nella capitale islandese non si svanisce tra la folla, non ci si sente formiche isolate in un universo troppo grande che va avanti per inerzia. Se si riesce a ritagliarsi uno spazio, il microcosmo tutto intorno acquista un senso, e ci si sente parte integrante e imprescindibile di una storia speciale che un domani varrà la pena raccontare a qualcuno. Reykjavík offre questo. Sì, la frutta e la verdura sono spesso troppo avanti, l'architettura è innegabilmente e indiscutibilmente brutta e le gallerie d'arte tracimano spesso di croste. Ma esistono cose più importanti di queste, almeno per me. Italiano cresciuto in mezzo a una bellezza che ha solcato secoli, millenni.

Me ne sono reso finalmente conto un pomeriggio qualsiasi mentre camminavo per Austurstræti e poi su, attraverso Bankastræti fino a Laugavegur. Le vie laterali che degradano verso il mare offrivano scorci dei monti oltre la baia, con i crinali striati di ghiaccio fresco, le nuvole basse a metà dei pendii come una cintura soffice, e il sole che filtrava al di sotto illuminando di arancione le falde montuose coperte dalla gloria dell'autunno appena sotto l'Artico. A Reykjavík le mie vecchie falcate ampie, scolpite dalla fretta degli anni milanesi, si sono lentamente accorciate, perché correndo non riesci ad apprezzare quegli improvvisi panorami tra le case che lasciano intravedere il vasto mondo disabitato oltre la città. E mentre giravo il collo per godere di quella vista, ho capito perché tutto il bello dell'Italia non mi avrebbe arricchito la vita come quei tozzi monti coperti di licheni.

Per me la cosa più importante è sentirmi protagonista di una storia che leggerei volentieri. Non deve essere costantemente eccitante, piena di colpi di scena, suspense e adrenalina. Dall'Islanda ho imparato che la gioia più intensa e pervasiva può assalirti mentre te ne stai fermo in silenzio sull'orlo di una rupe a osservare il mare, quando ti fermi e ti cali nelle tue stesse profondità per poi scoprire mondi inesplorati dentro di te. Mondi che fanno impallidire il nostro universo.

A che cosa servono i colori, i suoni, i volti, gli stimoli continui, quando finiscono con il soffocare la tua voce interiore, che ha sempre molto di più da raccontare? In Islanda ti trovi a fare i conti con te stesso.

È difficile scovare appigli per sfuggirti: sei da solo in una natura bella e terribile, imponente e indifferente. E tanti non ce la fanno. I colori e il caos di un mercato affollato in un Paese caldo non ti soverchiano come la voce che ti nasce dentro di fronte a un paesaggio vasto e spopolato.

Ascoltiamo troppo, ma non ci ascoltiamo per niente, e quando le circostanze ci costringono a farlo, quello che sentiamo ci porta a scappare, a cercare nuovi modi per distrarci. Quelli che vengono a distrarsi in Islanda sono poi gli stessi che rimangono più delusi. L'Islanda, silente e solenne, non irromperà mai con brulicante fracasso nel tuo animo.

A Reykjavík puoi ammirare dalla finestra di un bar un ghiacciaio millenario appena sull'orizzonte, mentre mescoli il caffè in una tazzina. Puoi andare ad ascoltare l'orchestra sinfonica e subito dopo spostarti verso un deserto freddo, lontano dalle luci, per ammirare l'aurora boreale. A un passo dal nulla che inghiotte e uccide. Puoi uscire da un centro commerciale con un hamburger che consumerai su una spiaggia, guardando un mare oltre il quale ci sono mondi solo immaginati, là dove le acque della Terra sgocciolano oltre i suoi confini e si perdono nello spazio freddo.

Fino alla metà del Settecento, dove ora sorge la capitale islandese non c'era quasi nulla. Reykjavík era solo il nome di una fattoria. Anche le baie di fronte avevano un nome diverso, e oggi non si sa più nemmeno quale sezione della costa fosse denominata «Baia dei fumi» (il significato di «Reykjavík»). Secondo le fonti antiche fu il primo insediamento permanente, ma nel giro di un paio di generazioni precipitò nell'oblio: non c'era un porto, le navi dovevano gettare l'ancora presso degli scogli al largo e le acque basse della baia dovevano essere solcate sulle scialuppe. Non è mai menzionata nelle cartine geografiche dell'età moderna, ed è solo una coincidenza se oggi è la capitale del Paese.

A metà del Settecento, un tale di nome Skúli Magnússon fu il primo islandese a essere insignito della carica di *fogeti*, una sorta di rappresentante del re danese con delega allo sviluppo economico. Skúli era una mente illuminata, e si adoperò non poco per rilanciare l'economia del suo Paese con le politiche di sviluppo che si erano diffuse in tutta Europa con l'Illuminismo. Nel 1751, con altri islandesi, fondò l'Innréttingar, una società dedicata allo sviluppo industriale dell'isola. Le iniziative andarono dai tentativi di espansione dell'agricoltura alla lavorazione dello zolfo e della lana.

Skúli aveva ricevuto l'isola di Viðey come residenza, e là tra il 1753 e il 1755 fece erigere la sua dimora, il più antico edificio in muratura d'Islanda. L'isola si trova al largo della costa presso la quale sorgeva la tenuta di Reykjavík, che era di proprietà della corona danese ma fu donata all'Innréttingar per farla fruttare. Fu appunto qui che Skúli fondò un'industria per la lavorazione della lana, facendo costruire alcune casupole di legno lungo una strada sterrata che prese il nome di Aðalstræti, «Strada principale». Così ebbe inizio lo sviluppo urbano di Reykjavík, che ricevette ulteriore impeto a seguito dei colossali «terremoti del Sud» (*Suðurlandsskjálftar*), avvenuti nel 1784, che causarono la distruzione della sede vescovile di Skálholt, inclusa la sua scuola di latino. Nel 1785, la sede della diocesi e la scuola furono trasferite a Reykjavík, che stava crescendo considerevolmente. La scuola fu poi spostata per alcuni anni a Bessastaðir, dove oggi si trova la residenza del presidente della Repubblica, ma nel 1846 venne ritrasferita a Reykjavík, trasformandosi poi nell'attuale Menntaskólinn í Reykjavík, prestigiosa istituzione che corrisponde grosso modo ai nostri licei classico e scientifico. Proprio nella primavera di quell'anno fu ultimato l'edificio principale della scuola, in legno, in stile neoclassico.

Nel 1845, quando nacque il moderno Parlamento islandese, si decise di stabilirne la sede a Reykjavík, anziché a Þingvellir, dove fin dal 930 si era tenuta l'Assemblea generale. Pertanto, il Parlamento ebbe come sede l'aula magna del nuovo edificio del liceo fino al 1881, quando fu ultimato l'attuale palazzo Alþingishúsið. Questo si trova accanto alla cattedrale (Dómkirkjan), nella piazza Austurvöllur, «Campo orientale», dove oggi hanno luogo le principali proteste e manifestazioni politiche.

E tutto questo ha avuto inizio con qualche baracca di legno lungo una strada sterrata, quando Skúli gettò le basi per lo sviluppo economico islandese. Una di queste baracche, al numero 10 di Aðalstræti, è ancora in piedi; risale al 1762, cosa che ne fa dunque la più antica del centro di Reykjavík, e può essere visitata. La via ha mantenuto il suo nome, pur essendo ben lontana dall'essere una strada principale. Poco discosto, nella piccola piazza denominata Víkurgarður, «Giardino della baia», si trova una statua dedicata a Skúli, che molti considerano il padre di Reykjavík.

Ho passeggiato spesso per la capitale con Siggi, ed era sempre come se avessi accanto la storia della città fatta persona. Nei suoi settant'anni e più di vita aveva visto Reykjavík trasformarsi in un modo che chi è arrivato all'inizio del XXI secolo fatica a concepire. Amava i negozi dell'usato, Siggi. Si faceva mandare riviste di antiquariato da amici italiani e aveva un occhio incredibile per mobili e oggettistica. «Questo probabilmente è inglese, forse della fine del Settecento ma non più tardi del 1830», diceva, osservando un armadio. Una volta mi portò al *Góði hirðirinn*, «Il buon pastore», un grande capannone dove si vende merce usata. Mentre io curiosavo tra libri sgualciti e vedevo solo ciarpame, Siggi emergeva da dietro uno scaffale con un sorriso innocente da bambino che ha appena trovato qualcosa di soddisfacente nell'uovo di Pasqua: «Questo è un candelabro vittoriano! Guarda...» Indicava il prezzo scritto a mano su un adesivo cartaceo: 700 corone islandesi, circa 5 euro. «Vale almeno 300 euro!» aggiungeva.

Ogni tanto amava mettermi alla prova, mostrandomi strani oggetti e chiedendomi di indovinarne l'uso. Una volta, per esempio, mi fece vedere un paio di forbici dai manici decorati con motivi di viticci d'uva e grappoli, con le lame molto piccole rispetto alle dimensioni del manico. Mi spiegò che servivano a tagliare i raspi dei grappoli presentati in tavola: staccare gli acini a uno a uno non sta bene, perché rimangono i mozziconi e sono brutti da guardare.

Quando mi invitava a cena, a volte si univano altri italiani, o degli islandesi che spesso avevano qualche passione per l'Italia. Oppure guardavamo un film o ascoltavamo musica classica, e in ogni sera trascorsa con lui imparavo più cose di quante avrebbe potuto insegnarmi una scuola. Quella piccola casa, ricolma di pezzi di antiquariato, sembrava una parentesi nello spazio-tempo. Un angolo di un'altra epoca e di un altro luogo adagiato sulla riva del mare, con una vista sul luminoso Sud, sulle catene montuose della penisola di Reykjanes, sui sobborghi dell'area metropolitana della capitale, oltre la baia.

Un giorno, nell'estate del 2015, Siggi mi offrì un biglietto per un'opera lirica in islandese per bambini, in cui cantava una nostra comune conoscente. Al termine della rappresentazione, che ebbe luogo in una delle numerose sale dell'auditorium Harpa, mi presentò a una signora che si trovava lì per l'occasione: era Vigdís Finnbogadóttir, il primo capo di Stato donna democraticamente eletto al mondo, nel 1980. L'avrei incontrata di nuovo solo una volta, pochi anni dopo, in occasione della presentazione della nuova traduzione dell'*Inferno* di Dante in islandese in endecasillabi e terzine incatenate. C'erano anche altre personalità pubbliche, incluso il presidente della Repubblica Guðni Th. Jóhannesson, che è un professore di Storia dell'università in aspettativa. La presenza di queste figure mi parve un segno tangibile della grande importanza che l'Islanda attribuisce alla cultura.

C'era anche Siggi, e come al solito parlava con tutti, con l'immancabile sorriso giocoso. Veniva sempre invitato a eventi che riguardassero l'Italia; pochi altri hanno fatto tanto quanto lui per promuovere la cultura italiana in Islanda, e la creazione di un dipartimento di Italiano all'università nazionale è dovuto in larga misura al suo impegno.

Un pomeriggio di inizio aprile mi trovavo con una cara amica italiana nell'allora *Stofan Café*. Stavamo aspettando Siggi. Volevo farli conoscere. A dire la verità avrei voluto che tutto il mondo conoscesse Siggi, ma la mia amica era quantomeno un inizio. Lui entrò semitrafelato, chiedendoci di scusarlo perché intendeva recarsi nella piazza del Parlamento, dove stava per avvenire un «momento storico». Sapevo che erano state organizzate proteste. Era il 2016, ed era scoppiato lo scandalo dei *Panama Papers*; il primo ministro, Sigmundur Davíð Gunnlaugsson, vi era invischiato fino al collo. Era finito in una trappola ordita da un giornalista locale con un collega svedese, che lo aveva svergognato di fronte a tutta la nazione.

La trappola consisteva in un'intervista nella quale il giornalista svedese aveva posto domande generali al premier, chiedendogli cosa ne pensasse, per esempio, dell'evasione fiscale. Il primo ministro aveva risposto ostentando passione per la rettitudine morale e la giustizia fiscale: «Come tutti i Paesi nordici, diamo grande importanza al fatto che ognuno debba contribuire al benessere della società, che è vista come un grande progetto collettivo», aveva dichiarato. Poi il giornalista gli aveva chiesto un'opinione sui cittadini che nascondevano i conti dietro società off-shore e in paradisi fiscali, e lui aveva risposto: «L'evasione fiscale è presa molto seriamente, perché se qualcuno imbroglia danneggia la collettività». Quando lo svedese gli aveva chiesto se lui stesso avesse mai sfruttato società off-shore, l'inglese del primo ministro era improvvisamente peggiorato. Si era agitato, protestando che quella era una domanda strana da sentire per un politico islandese, che suonava quasi come un'accusa, ma poi si era ricomposto e aveva negato, sostenendo che i suoi guadagni erano tutti regolarmente dichiarati.

Alla fine il giornalista aveva sganciato la bomba: «Signor primo ministro, cosa sa dirmi della compagnia chiamata Wintris?» Lui aveva iniziato a balbettare, sudare e tremare. Aveva accampato delle scuse, ma era stato incalzato dal giornalista islandese, che fino a quel momento era rimasto seduto in disparte. Sigmundur Davíð Gunnlaugsson si era alzato, aveva fatto su e giù per la stanza e poi era scappato, ripetendo di non avere nulla da nascondere. L'intervista era poi stata trasmessa in esclusiva sulla rete nazionale, una sera in cui mi trovavo a cena da Siggi. C'erano anche dei suoi parenti, ed eravamo tutti incollati alla TV. Ricordo il palpabile imbarazzo generale.

Nonostante lo scandalo e la vergogna, il premier rifiutava di dimettersi, ed era per questo che la protesta era stata organizzata. La mia amica e io ci unimmo a Siggi e ci dirigemmo verso la piazza del Parlamento, così stipata che riuscii a vedere qualcosa soltanto salendo su una fioriera. Secondo alcune stime, erano presenti circa diecimila manifestanti; molti tiravano banane e *skyr* contro il Parlamento. Non avevo mai visto così tante persone insieme, in Islanda; pare che molte fossero venute da fuori. In seguito il primo ministro avrebbe rassegnato le dimissioni, ma dopo aver cambiato look facendosi crescere la barba è tornato in politica, a capo di un partito centrista, ed è stato rieletto in Parlamento.

La dimensione della protesta fu però storica, e ricordo ancora con emozione la bellezza di quella piazza piena di persone. Sembrava più una fiera o un festival che una manifestazione politica: famiglie con bambini piccoli, giovani, anziani, nessuna macchina incendiata né vetrina infranta, niente guerriglia urbana. Non è nello stile islandese protestare in quel modo. C'è chi obietta che le dimostrazioni pacifiche non ottengono alcun risultato, perché vengono ignorate da chi ha il potere di cambiare le cose, ma in quel caso almeno le dimissioni del premier furono ottenute.

Una volta terminata la manifestazione, la folla si dissipò rapidamente e noi facemmo ritorno al caffè, attraverso la piazza Ingólfstorg. Non sembra quasi nemmeno di essere nel centro di una città, quando si passeggia per Reykjavík. È tutto così piccolo e grazioso, eppure anche qui, come altrove, la storia si dipana e scorre, ormai da più di mille anni, e mi emoziona il pensiero di aver preso parte a quel momento memorabile. Con tutti i suoi pregi e difetti, Reykjavík è ormai la mia città, il luogo in cui vivo e dove sono diventato la persona che sono.

Molti la snobbano, senza darle nemmeno una chance di mostrare loro il meglio che ha da offrire. Ma viaggiare con un bagaglio di pregiudizi porta a non capire quello che si scopre, e a travisarlo.

Reykjavík è una città che ha iniziato a essere tale nel corso del Novecento, mentre prima era soltanto un paesotto. Non ci si può aspettare lo sfarzo secolare delle capitali europee, ed è davvero sciocco farlo, così come è insensato imputare alla realtà islandese di non avere alle spalle la stessa storia e le stesse condizioni che hanno permesso lo sviluppo dell'arte e dell'architettura europee. Anche a Reykjavík esistono edifici in stile neoclassico, ma sono realizzati in legno coperto di lamiera, perché questo era quanto ci si poteva permettere in passato, e anziché recriminare che manchino palazzi e castelli sardanapaleschi, bisognerebbe semmai apprezzare il fatto che gli islandesi abbiano prodotto tanta bellezza nel loro piccolo e con i mezzi che avevano, cosa che, se vogliamo essere onesti, è ancor più straordinaria. Non stupisce che un Paese ricco, al centro di rotte economiche importanti, sviluppi una cultura sofisticata e produca manifestazioni opulente del suo livello di raffinatezza; viceversa, qualunque forma di espressione artistica in una terra inclemente come l'Islanda non può che essere considerata un piccolo miracolo.

È un po' come l'obolo della vedova della parabola evangelica: una piccola offerta da parte di chi non ha quasi nulla vale più del sostanzioso contributo di chi ha denaro da buttare. Questo non significa che le espressioni artistiche islandesi siano a un livello superiore, ma che la loro importanza va contestualizzata e non può essere ridotta a un becero paragone quantitativo/qualitativo con quelle di altri Paesi.

A questo penso quando passeggio per le sale del Museo Nazionale, contemplando gli oggetti d'arte che mostrano una maestria non certo affinata come quella rintracciabile altrove, ma racchiudono un'eccezionalità di altro tipo. In quei momenti mi sovviene una battuta da un film d'animazione che da bambino adoravo, *Mulan*, quando un personaggio sentenzia: «Il fiore che sboccia nelle avversità è il più raro e il più bello di tutti». Per me la cultura islandese è così, senza nulla togliere ai meriti delle altre. Anche una città come Reykjavík, con i suoi contrasti, le sue incoerenze e le sue brutture, risplende di una bellezza luminosa come il più bel sole delle notti estive.

Kaffivagninn è il miglior ristorante di Reykjavík. Anche se lo sanno davvero in pochi, e ancora meno sono quelli che osano dirlo ad alta voce. Nel suo angolo nascosto, sul lato del porto vecchio più discosto dal centro, vede passare tante persone ogni giorno, tra *locals* e turisti. Molti di loro entrano, consumano ed escono, ignari di aver fatto un viaggio nel tempo, quando l'Islanda era più sola e si moriva in mare.

È questo il ristorante più vecchio d'Islanda, come lo slogan sul suo sito internet precisa. Fu fondato nel 1935, e altro non era se non un furgoncino che vendeva soprattutto caffè, da cui il nome che significa appunto «Furgone del caffè». Per anni è stato il luogo preferito da tanti marinai e pescatori. Il menù è semplice e infarcito di ricette tradizionali; mangiare qui significa mangiare islandese a buon prezzo, ed entrambe le cose non sono poi così scontate. Per questo ci ho sempre portato i miei ospiti a pranzo o a cena almeno una volta: si tratta di un'istituzione culinaria, oltre che storica.

Prima di trasferirmi in Islanda, avevo fatto un sogno. Forse era a occhi aperti, non ricordo. Ero da solo in un locale di Reykjavík, tenevo in mano una tazza bianca e sedevo a un tavolo a ridosso di un finestrone affacciato sul mare. Quando entrai da *Kaffivagninn* la prima volta, con Siggi, fui folgorato dal ricordo di quel sogno. Era come se avesse avuto luogo proprio lì. Nel sogno, sullo sfondo scorreva dolcissima una canzone di Julie Fowlis, cantante folk scozzese: *Biodh An Deoch Seo 'N Làimh Mo Rùin* («Il mio amore aveva sempre da bere in mano»), dall'album *Mar A Tha Mo Chridhe* («Com'è il mio cuore»), uscito nel 2005. Ogni volta che vado da *Kaffivagninn* la ascolto. Quel sogno si è realizzato, e non voglio dimenticarlo. Lo so, è strano che per me la colonna sonora di questo angolo d'Islanda sia in gaelico scozzese, ma tant'è.

A volte ho la sensazione che la musica islandese manchi di qualcosa, e quel qualcosa è un collegamento con il passato. L'arte e l'architettura locali più di una volta hanno dato un calcio ai grandi personaggi dai quali avrebbero avuto molto da imparare. Forse per impazienza. Nessun adolescente ribelle ha voglia di fare la gavetta, e le teste calde non sanno riconoscere i propri limiti. Così l'Islanda si tuffa nel futuro artistico e architettonico per porsi come avanguardia rispetto alle sorelle europee più anziane ed esperte. E i risultati sono sotto gli occhi di tutti. Architettonicamente Reykjavík è come una giovane che sperimenta con gli stili, senza mai avere la pazienza di mettersi umilmente al lavoro per padroneggiarne uno. Il risultato è una cacofonia visiva fatta di progetti frettolosi e a volte scadenti, che le si perdonano solo per via della sua incoscienza adolescenziale. Si tratta di un'arte e un'architettura in fuga in avanti, un taglio netto con il passato fatto di legno, pietra, torba ed erba sul tetto. Sicuramente si trova qualche edificio bello o apprezzabile, ma il senso generale è quello di una sorta di sradicamento, come se quell'architettura potesse benissimo trovarsi in qualsiasi altro luogo del mondo.

Altrettanto vale per la musica. Quella islandese, pur sapendo essere incantevole, profonda e toccante, non emerge dalle calotte dei ghiacciai o dalle voragini che si aprono sulla crosta terrestre. Non evoca la vita nelle campagne prima della rivoluzione hipster che ha investito il Paese all'inizio del XXI secolo. Non emerge dalla storia imponente e brutale come le eruzioni sottomarine. È come slegata da questa terra che amo, non la descrive, non vi deriva e non ne è caratterizzata. Quando la ascolto, vedo l'auditorium Harpa, vedo le strade della capitale durante la Notte della cultura, il festival Airwaves e i giovani che festeggiano lungo le strade illuminate nei fine settimana, l'acciaio e il cemento dei palazzi e degli alberghi, i ristoranti all'avanguardia con chef che sfornano il meglio della cucina contemporanea. Ma io cerco altro.

Cerco un passato che viva ancora nelle cose del presente, grandi e piccole. Cerco il caffè di cicoria dei contadini prima della fioritura dell'import-export, l'avanzare dei ghiacciai prima delle visite guidate in motoslitta, i viaggi in sella attraverso i deserti neri striati da torrenti impetuosi, prima che ci fossero i tour a cavallo. Cerco le faide famigliari e le lotte per la sopravvivenza che si sono fatte strada nelle saghe medievali. I monaci ricurvi che stendevano diligentemente la memoria del loro passato in quella lingua grezza ma dolce, che si avviava a diventare il mezzo per la trasmissione di uno dei più stupefacenti miracoli letterari della storia umana. Non trovo granché di tutto questo, nella musica islandese. Molti ritrovano però tante delle atmosfere e delle suggestioni naturalistiche che hanno vissuto e provato in Islanda, nella sua musica, e in fin dei conti l'Islanda ha tanti volti e tante personalità, e diversi di quelli che amo li ritrovo anche nelle sue canzoni. Raramente si tratta di musica che è fiorita a fatica sulle torbiere spazzate dal vento, nelle valli profonde e sulle spiagge bianchissime del Nordovest, ma c'è lo stesso molto di questa terra anche nella sua musica.

Kaffivagninn è un'eterna e immutabile sosta sull'autostrada dell'esistenza. Mentre tutto scorreva e cambiava, mentre monarchi erano deposti e democrazie spolpate, mentre si vincevano o perdevano guerre e le cartine geografiche venivano ridisegnate, *Kaffivagninn* è sempre stato lì. Con il suo pesce fresco di giornata, il suo menù semplice e prevedibile, con tutta la sicurezza che ciò comporta.

Il giorno che andai lì per la prima volta con Siggi, dai finestroni che danno sul vecchio porto si vedevano le navi ormeggiate dondolare placide su un mare eccezionalmente calmo per il mese di novembre. Il cielo era terso e il sole basso gettava una sfumatura arancione su ogni angolo, come un filtro grafico superimposto.

Siggi ordinò una *rauðspretta*, una platessa, e io una porzione di *plokkfiskur*, il pasticcio di patate e merluzzo. Gli raccontai di come mi dispiacesse vedere tutti i miei amici italiani gettare la spugna, di come si sentissero tutti delusi non dall'Islanda, ma dagli islandesi. Io non mi ero mai accorto, forse per ingenuità, di quanto fosse difficile farsi degli amici. Entrare nei giri. All'università avevo conosciuto tante persone, e vedendole ogni giorno non mi ero mai reso conto che forse in fondo non mi consideravano veramente uno di loro. La differenza l'avevo notata dopo essermi messo con Lára, una volta che ero tornato dalla campagna raccontando di come avessi preso tutte quelle pecore per le corna. Un fatto banale, che però aveva cambiato qualcosa: al lavoro tutti avevano cominciato a parlarmi di più e a invitarmi più spesso qui e là.

Siggi mi ascoltava con attenzione, infilando in bocca generose forchettate di pesce senza togliermi gli occhi di dosso. La luce filtrava dai finestroni, soverchiando con solennità la flebile fiamma del moccolo che qualche cameriere aveva diligentemente acceso e posto in un bicchierino di vetro scuro sul tavolo.

«Sì», commentò, prendendosi poi una lunga pausa. Guardò fuori per qualche istante, e i suoi occhi sembrarono attraversare i fianchi ripidi dei monti oltre la baia e abbracciare l'Islanda intera. Bevve un sorso d'acqua e si sfregò le labbra l'una contro l'altra, quindi iniziò a spiegare. «Tu hai abbondantemente dimostrato di voler seriamente trascorrere qui il resto della tua vita. Lára è stata come il sigillo definitivo sulla tua dichiarazione di intenti. E questo fa una grossa differenza. Noi islandesi siamo così: apprezziamo molto gli uccelli migratori, ma non riponiamo in loro tutte le speranze. Loro arrivano, ci abituano ai loro colori e rendono bella la nostra breve estate. Poi però quando giunge l'inverno ci abbandonano, e noi restiamo qui a fare i conti con tutto quello che la stagione comporta. Non possiamo fare affidamento sugli uccelli migratori. Le amicizie sono importanti, richiedono tante energie. Qui in Islanda non puoi rischiare di farti amico qualcuno che nel momento del bisogno potrebbe essersi stufato ed essersene andato per sempre.»

Qualcosa mi si stava muovendo nell'animo.

«Non si tratta di egoismo», continuò lui, «ma di senso di sopravvivenza. Troppi stranieri si arrendono e se ne vanno. Noi siamo islandesi, questa è casa nostra e dobbiamo viverci, è importante che scegliamo con cura i nostri compagni di viaggio.»

Non faceva una piega.

Accompagnai Siggi a casa e lo lasciai abbracciandolo con una gratitudine rara. La gratitudine di chi sente che senza l'altra persona la vita non sarebbe mai stata la stessa. Dove sarei adesso, se non avessi incontrato Siggi? Quanto potrei dire di conoscere l'Islanda, di amare la mia Italia, se non fosse stato per il tempo passato con lui?

9

Kirkjubæjarklaustur
Il monastero, il vulcano, il castigo divino, la rinascita

L'8 giugno 1783, che era il giorno di Pentecoste, con il tempo bello e calmo nel corso della giornata, a nord dei più vicini centri abitati della regione di Síða, comparve una strana foschia di sabbia nera e una nuvola talmente grande che, nel giro di poco tempo, si diffuse sopra tutta Síða e su parte di Fljótshverfi; talmente spessa che dentro le case calò l'oscurità, e da lasciarvi le impronte camminandoci sopra. Lasciava una polvere come cenere di carbone. Mentre la pioggia che cadde da quella nuvola nera, quel giorno a Skaftártunga, era una sorta di cenere bagnata, simile all'inchiostro. Dal Meridione, un freddo vento marino disperse quella nube, così che io e gli altri preti potemmo, sotto un cielo calmo, officiare una celebrazione la cui gioia si sarebbe presto tramutata in dolore.

Jón Steingrímsson, *Fullkomið skrif um Síðueld* («Rapporto completo sul fuoco di Síða»), 1788

L'eruzione del Laki avvenuta tra il giugno 1783 e il febbraio 1784 riveste un ruolo importante nella storia islandese. Si tratta di una delle più famose mai verificatesi, non soltanto perché è stata una delle più catastrofiche, con conseguenze gravi percepite anche ben lontano dalle sponde dell'isola, ma soprattutto perché ammantata della storia eroica di un personaggio entrato nel mito locale con il soprannome di «chierico di fuoco»: il reverendo Jón Steingrímsson.

L'eruzione partì da una fessura, non troppo diversa da quella della recente eruzione presso Fagradalsfjall del 2021, ma lunga ben 27 chilometri, e con una modalità diversa da quella della corrente «eruzione turistica», ovvero caratterizzata inizialmente da esplosioni causate dall'interazione della lava con l'acqua in superficie che, vaporizzando violentemente, scagliava in aria cenere e rocce. Dopo qualche giorno le esplosioni lasciarono il posto all'effusione di magma, più simile a quella cominciata nella penisola di Reykjanes nel marzo 2021. Quell'eruzione epocale produsse quasi 15 chilometri cubi di lava, che si diffuse su una superficie di 580 chilometri quadrati, oltre a un'ingente emissione di gas tossici, in particolare acido fluoridrico e anidride solforosa.

La distruzione provocata dall'avvelenamento di aria, acqua e terra, con la conseguente moria di animali selvatici e domestici (secondo le stime, il 50% di tutto il bestiame), portò alla morte di circa un quinto della popolazione islandese. Inoltre, in tutto l'emisfero Nord, le temperature crollarono a causa dell'effetto filtrante dell'anidride solforosa sulla luce solare, producendo magre annate in Europa, siccità in Africa Settentrionale, diminuzione dei monsoni in Asia e il prolungamento di una carestia in Giappone.

Nei momenti più tragici, tuttavia, gli eroi mostrano la loro vera stoffa, e nella calamità piombata sulle vite degli islandesi dell'ameno distretto di Vestur-Skaftafellssýsla si distinse particolarmente il parroco locale. Una personalità forte, generosa e responsabile, capace di acume scientifico, che in quel terribile frangente si rivelò un faro per la popolazione. Probabilmente basandosi su note e appunti stesi durante il periodo dell'eruzione, Jón compose un resoconto, completato nel 1788, con le proprie osservazioni del fenomeno. Il manoscritto fu pubblicato soltanto nel 1907, con il titolo *Fullkomið skrif um Síðueld*, «Rapporto completo sul fuoco di Síða». Il testo ci è pervenuto nel manoscritto originale, conservato alla Biblioteca Nazionale d'Islanda con la segnatura *Lbs 1552 4to*.

A quel tempo non esistevano conoscenze scientifiche sviluppate circa le eruzioni vulcaniche, ma alcune considerazioni del reverendo sul comportamento della lava e sugli effetti dell'eruzione anticipano scoperte della scienza più recente. L'interesse principale, tuttavia, credo sia sicuramente quello storico-antropologico, vale a dire la finestra umana che il resoconto apre su quell'evento. Contemplare un campo di lava creatosi a seguito di un'eruzione catastrofica può essere emozionante per chi ha una passione spiccata per gli eventi geologici, ma il lato umano delle vicende è qualcosa che raggiunge più facilmente il cuore di tutti.

Il racconto inizia delineando la situazione del distretto nel periodo precedente alla catastrofe. A dire di Jón, anni particolarmente miti e di abbondanza avevano causato una degenerazione nella popolazione, la quale si sarebbe impigrita e avrebbe finito con il trascurare i doveri cristiani: alcol e tabacco circolavano liberamente, e a volte perfino i preti erano troppo ubriachi per dire messa. Sono poi narrati alcuni fatti singolari che avrebbero dovuto far intuire l'imminente arrivo di una calamità, come la comparsa di strani insetti e la nascita di agnelli con due teste, nonché un sogno premonitore fatto da Jón stesso, in cui veniva avvisato che sarebbe stato messo alla prova.

Gli eventi si misero in moto l'8 giugno 1783 quando, nonostante il tempo calmo e sereno, da nord comparve un nugolo di sabbia nera che in breve tempo investì le intere aree di Síða e Fljótshverfi. La polvere che precipitava dal cielo sembrava cenere di carbone e fu trasformata in un liquido nero e viscoso dalla pioggerella che cadde quello stesso giorno. La nuvola fu poi allontanata da un vento da sud e la messa si poté celebrare normalmente, ma poco dopo la terra prese a tremare. L'indomani la nube salì ancora più in alto nel cielo e il fiume Skaftá cominciò a diminuire la sua portata d'acqua. Il 10 giugno ci fu una pioggia mefitica che ustionava la pelle e gli occhi, provocava capogiri, bruciava il fogliame e causava piaghe al bestiame tosato. L'11 giugno, dalla nuvola nera si abbatté una tempesta che coprì il territorio di materiale che impedì alle greggi di nutrirsi per i successivi cinque giorni. Il 12, finalmente la lava comparve dalla gola dove scorre il fiume Skaftá, con rapidità allarmante e boati terrificanti. Il giorno 13 fu caratterizzato da un aumento dei tremori e dei boati, descritti dal reverendo come il tuonare di una cascata in lontananza.

L'indomani, alla calma del vento si accompagnò una pesante caduta di cenere, che conteneva una lega di rame e ferro. Un'altra pioggia tossica, di colore bluastro, provocò difficoltà respiratorie a persone che avevano già problemi di quel tipo. Gli uccelli migratori fuggirono, e le uova che si lasciarono alle spalle non erano commestibili per via del sapore di zolfo. Ci fu una moria di trote in uno specchio d'acqua della zona, interi stormi di uccelli furono trovati morti e l'erba prese ad appassire.

Notevoli sono la precisione e l'attenzione per il dettaglio scientifico mostrate dall'autore, tipiche se vogliamo del periodo illuminista. Gli scienziati moderni sono stati in grado di dedurre la composizione chimica di quelle esalazioni grazie alla minuzia con cui il reverendo descrive gli effetti che ebbero sulle piante e sugli animali.

Di fronte alla catastrofe, la gente si adoperò come meglio poteva, cercando per esempio di rastrellare la cenere dai prati, o provando a lavare l'erba raccolta. Gli animali tuttavia la rifiutavano, a meno che non venisse mescolata con fieno vecchio, e con il passare del tempo le bestie iniziarono ad accusare i sintomi della fame, dimagrendo e non producendo più latte. In un passo drammatico, Jón racconta di come disgraziatamente nessuno ebbe la lungimiranza di immaginare che sarebbe stato meglio macellarle tutte prima che avessero il tempo di deperire, in modo da avere almeno una provvista di carne per le persone. Aggiunge però che i cavalli non avevano ancora mostrato segni di indebolimento: una nota interessante che conferma l'elevata resistenza di questi animali eccezionali.

Il 16 giugno la lava eruppe dal canyon dello Skaftá, distrusse due fattorie e raggiunse il vecchio campo di lava tra Síða e Skaftártunga, incenerendo una foresta di betulle e salici che stava prosperando in quel luogo e alcuni pascoli nelle vicinanze. La colata procedette verso la zona della fattoria di Skál, per poi dirigersi a sud. A quel punto, tre fattori della tenuta di Mörtunga si recarono sulla cima del Kaldbakur, uno dei rilievi più prominenti sugli altipiani della zona, da dove videro ventidue sorgenti di fiamme innalzarsi dalla valle di Úlfarsdalur. Doveva essere uno spettacolo simile a quello dell'eruzione presso Fagradalsfjall, ma su una scala estremamente più vasta. La notizia provocò il panico, perché tutti temevano che la lava si sarebbe fatta strada tra i monti e avrebbe raggiunto il cuore della regione.

Lo stesso giorno, Jón si recò alla fattoria di Skál per verificare se fosse possibile mettere in salvo le suppellettili della chiesa, ed ebbe modo di fare alcune osservazioni geologiche interessanti sulla colata che avanzava. Notò nuova lava che emergeva dagli interstizi di quella più antica, intuendone i movimenti sotterranei; esaminò l'interazione della lava nuova con quella vecchia nel momento della fusione e provò a gettare alcune pietre nella colata per verificare se si fondessero. Non accadde, e questo divenne un buon argomento per rassicurare la popolazione sulla protezione offerta dalle pareti rocciose che correvano lungo il distretto.

Jón ci racconta poi un episodio toccante per la nostra sensibilità moderna (ma non per la sua), avvenuto il giorno successivo, il 17 giugno. Il reverendo salì sulla brughiera di Geirland: su quelle terre fredde e ostili si erano stabiliti due uomini, i quali avevano abbandonato delle eccellenti fattorie nelle pianure. Fatto strano, verrebbe da pensare, ma subito il motivo ci viene spiegato in modo più esplicito: questi uomini «andavano molto d'accordo in più sensi», mentre «Dio, che vede tutto», li avrebbe costretti a fuggire per primi, facendo avanzare la colata proprio in quella direzione, «ponendo fine ai loro atti e alla loro coabitazione». Si trattava ovviamente di una coppia omosessuale, ed è davvero tragico pensare alla disperazione di quei poveri uomini che per vivere il loro amore in pace avevano deciso di trasferirsi in una casupola in una zona inospitale e nemmeno lì avevano avuto tregua, perché colti dalle forze della natura.

Questa situazione continuò per tutto il mese di luglio, con la lava che avanzava inesorabile ingoiando fattorie e seguendo il corso del fiume, spingendosi verso il piccolo centro di Kirkjubæjarklaustur. La regione a est di Síða, Fljótshverfi, dove ora si trova il lussuoso *Fosshótel Núpar*, fu abbandonata in seguito alla pioggia di cenere. Ancora oggi, il suo panorama brullo di campi di lava coperti dal muschio contrasta in modo netto con quello bucolico di Síða. Per tutta la durata della catastrofe, il reverendo si sarebbe prodigato per sostenere materialmente e spiritualmente i suoi parrocchiani. Forte di un'incrollabile fede, di fronte alla miseria che imperversava, riuscì a essere un riferimento e un sostegno per i sopravvissuti, ma fu in altre circostanze che la sua figura entrò nella leggenda.

Il 20 giugno era una giornata nuvolosa, con tuoni e lampi. La terra seguitava a scuotersi; il reverendo decise di dire messa per chiunque potesse recarvisi, con il cuore greve per il pensiero che sarebbe stata l'ultima. La lava avanzava verso Kirkjubæjarklaustur, i fumi e i vapori rendevano perfino difficile intravedere la chiesa. Jón racconta di come tutti fossero rassegnati ma non impauriti, pronti a consegnarsi nelle mani di Dio, per poi tagliare corto: non vuole vantarsi, anzi devia il discorso lodando il Signore a più riprese e saltando direttamente alla conclusione della messa. La leggenda narra però che nel sermone abbia ammonito i parrocchiani, invitandoli a pentirsi dei loro peccati e ad affidarsi umilmente al giudizio divino, rinfrancandoli e rassicurandoli che si trovavano in buone mani.

Questo episodio ne ricorda un altro, che è tra i più famosi della letteratura islandese medievale: il passo drammatico della *Njáls saga* in cui, nella sua casa circondata dai nemici e data alle fiamme, il protagonista Njáll esorta tutti a non cedere alla paura, perché Dio non li avrebbe abbandonati né in questo mondo né in quell'altro.

Effettivamente, a messa conclusa, i parrocchiani erano ancora tutti in vita e la colata si era fermata a una certa distanza dal paesello. Prese a circolare la voce che fosse stata proprio la messa tenuta da Jón Steingrímsson ad aver fatto arrestare il cammino della lava, risparmiando il centro abitato. A seguito di questo evento, il reverendo venne soprannominato *eldklerkur*, «chierico di fuoco».

La chiesa in cui Jón recitò la messa non esiste più, resta soltanto il perimetro dei muri, che sono ormai una cornice di terreno sopraelevato coperto d'erba. Si trova al centro di un cimitero, nel cuore di Kirkjubæjarklaustur. Accanto al muro che delimita il terreno consacrato sorge una cappella commemorativa, un edificio moderno dalla forma triangolare. Vicino al cimitero si trovano invece i resti, a dire la verità non particolarmente imponenti, del convento femminile esistito dal 1186 fino a poco dopo la Riforma protestante e la dissoluzione dei monasteri.

La presenza del convento ha lasciato numerose tracce nella coscienza collettiva locale. Systrafoss, «Cascata delle sorelle», è il nome della cascata che scivola lungo la parete rocciosa che protegge il centro abitato e ricorda un velo; è generata da un lago, che giace in alto sulla brughiera, Systravatn, «Lago delle sorelle». Leggenda vuole che due suore vi si recassero spesso per fare il bagno, e in un'occasione avrebbero visto una mano che reggeva un pettine d'oro affiorare dall'acqua. Spinte dalla curiosità, avrebbero raggiunto il punto dove la mano era emersa, per essere poi trascinate negli abissi.

Poco al di sotto, sulla parete rocciosa, con una breve deviazione dal sentiero che conduce sulla brughiera e verso il lago, si raggiunge la grotta di Sönghellir, «Grotta del canto», dove si dice che le suore si riunissero a cantare per i monaci del monastero di Þykkvabæjarklaustur, quando questi si recavano in visita da loro. Ogni volta che torno là, mi piace infilarmici per cantare qualche inno gregoriano (non che ne sia proprio in grado, ma fa lo stesso un certo effetto).

Sembra legittimo chiedersi perché i monaci andassero a trovare le suore, e i racconti popolari locali sono abbastanza espliciti in merito. Una volta mi è capitato di leggerne uno in cui una giovane suora si intratteneva regolarmente di notte con un uomo. Le consorelle se ne accorsero e avvisarono subito la madre superiora, andando a bussare alla sua porta nel cuore della notte. La badessa arrivò alla cella della giovane e, coltala in flagranza, prese a rimproverarla aspramente, fino a quando quella si accorse che la madre superiora indossava sul capo non il velo, ma dei pantaloni maschili. Anche lei era solita divertirsi la notte con qualche uomo! Dopo essere stata svergognata, la badessa se ne sarebbe andata commentando la natura fallace dell'essere umano.

Se le reminiscenze scolastiche non vengono meno, sarà facile riconoscere in questo racconto popolare la novella del *Decameron* di Boccaccio solitamente titolata «La badessa e le brache del prete». È probabile che, in qualche momento nel corso dell'età moderna, un islandese avesse letto una versione del *Decameron* per poi rielaborarla in foggia locale, fino a che fu registrata a metà Ottocento nella raccolta di racconti popolari e fiabe islandesi.

Uno dei numerosi contatti tra il nostro Bel Paese e la Terra del Ghiaccio, e nemmeno il più straordinario: già nel XII secolo un vescovo islandese, Jón Halldórsson, si era recato a Bologna per studiare Diritto canonico e aveva portato con sé in Islanda alcuni racconti che doveva aver sentito narrare oralmente, ma che in Italia sarebbero stati messi per iscritto solo un secolo più tardi, per esempio da Petrarca. Gli studiosi hanno inoltre notato che l'idea della cornice in cui si incastrano diverse storie, ovvero quella che ritroviamo nel *Decameron* (o nei *Racconti di Canterbury* di Geoffrey Chaucer del XIV secolo), penetra anche in Islanda e viene utilizzata nell'impostazione di alcune saghe.

Appena fuori dal paese, verso ovest, si trova un colle brullo sulla cui cima s'innalza un largo torrione roccioso, ripido e dalla cima piatta. Si tratta di Systrastapi, la «Rupe delle sorelle». Sulla parete è fissata una fune d'acciaio, e i più coraggiosi possono provare ad arrampicarsi. Io ho tentato un paio di volte, ma senza guanti la fune fa troppo male alle mani. Forse è meglio così: si mantiene l'aura di mistero che circonda questo luogo. La leggenda, infatti, vuole che sulla cima si trovi la tomba di due suore arse sul rogo nel Medioevo; l'una per aver proferito blasfemie contro il papa, l'altra per aver profanato l'ostia benedetta e aver conosciuto carnalmente il diavolo. Con l'avvento della Riforma, il crimine della prima suora sarebbe decaduto, e sulla tomba sarebbero spuntati dei fiori. Personalmente trovo difficile credere che ci sia mai stata una tomba su quella roccia, ma il fatto di non poterlo verificare personalmente lascia sempre aleggiare un dubbio che contribuisce ad ammantare di magia quella rupe.

In paese, poco oltre il sito del cimitero e del monastero, appena sotto la cascata di Systrafoss, si trova la tenuta di Kirkjubær, «Fattoria della chiesa», che dà il nome al centro abitato: Kirkjubæjarklaustur significa «Monastero della fattoria della chiesa». Kirkjubær fu il nome del primo insediamento nordico della zona, fondato da Ketill lo Stupido, il quale pare fosse così chiamato per via dello strenuo attaccamento alla fede cristiana. La *Landnámabók* riporta che, prima del suo arrivo, la zona era abitata da monaci eremiti irlandesi, e che i pagani non potevano insediarvisi. Cosa questo significhi esattamente viene poi spiegato con un aneddoto per cui, alla morte di Ketill, un pagano di nome Hildir avrebbe tentato di stabilirsi sulla tenuta di Kirkjubær, ma appena varcato il confine della proprietà sarebbe morto sul colpo.

Subito fuori dal paese c'è poi una formazione rocciosa chiamata Hildishaugur, considerata la tomba di Hildir, anche se sappiamo che prese questo nome dopo che il tumulo originario fu cancellato dal tempo e si perse memoria della sua posizione reale. Poco discosto si trova una formazione geologica incredibile: Kirkjugólfið, «Pavimento della chiesa»; dal terreno affiorano le cime di numerose colonne di basalto che ricordano le mattonelle di un pavimento, infatti per lungo tempo si è creduto che si trattasse del pavimento della chiesa che dovette dare il nome a Kirkjubær.

Il visitatore occasionale fatica spesso a leggere questo paesaggio. Difficilmente riesce ad andare oltre il mero apprezzamento estetico della natura inusuale e drammatica. La verità è che il territorio islandese, anche quello più brullo e desolato, è denso di toponimi che descrivono rocce, anfratti, rive, poggi, declivi, dossi e ogni elemento naturale possibile e immaginabile. Dietro a ognuno c'è una storia o una leggenda, magari custodita in qualche raccolta di tradizioni popolari, o nella memoria fallace dei vecchi contadini della zona.

Tutto questo patrimonio immateriale è parte integrante dell'esperienza islandese, e potervi accedere significa comprendere meglio ciò su cui si posano i nostri occhi. Né più né meno di quando visitiamo un museo accompagnati da uno storico dell'arte che ci illustra il passato e la simbologia dietro a un dipinto il cui messaggio altrimenti ci sfuggirebbe, lasciandoci soltanto un superficiale apprezzamento estetico. Eppure c'è talmente tanto da scoprire scavando in quei compagni preziosi che sono i libri, custodi di un'infinità di tesori.

Il Sud è la parte dell'Islanda che conosco meglio, perché là si trova la fattoria dei genitori di Lára, ed è là che lei è vissuta. È sempre da là che è fuggita, a sedici anni, per studiare in un liceo di Reykjavík, stanca dell'isolamento delle campagne. Ma ora ci torna sempre più volentieri, forse anche spinta dall'amore che io stesso provo per quell'angolo di mondo. Anch'io credo di non aver mai apprezzato l'Italia prima di aver visto la meraviglia che il mio Paese suscita sempre negli occhi di Lára.

Le relazioni come la nostra, tra persone di nazionalità diversa, possono incontrare difficoltà dovute alla differenza di mentalità e di abitudini. Per esempio, gli islandesi hanno spesso il brutto vizio di lasciare tutte le luci accese, produrre un volume disumano di rifiuti buttando via cibo aperto e non ancora scaduto, e di andare in giro senza ciabatte; tutte cose che farebbero venire un aneurisma a una mamma italiana. Le differenze non sono però necessariamente inconciliabili, possono anzi costituire lo spunto per una crescita personale importante, andando a selezionare il meglio che ognuna delle due parti ha da offrire. Mi piace pensare che, così come io sono riuscito a vedere l'Italia con occhi diversi, con gli occhi di Lára, così anche lei abbia fatto lo stesso con l'Islanda, guardando oltre quello che per lei era solo norma o abitudine e constatando che, per qualcuno che non ci è cresciuto, questa tundra subartica può essere il luogo più bello del mondo.

Ricordo ancora una delle prime volte in cui visitai quelle zone non già da turista che le attraversa sfrecciando per raggiungere la laguna glaciale, ma da figlio adottivo. Io ero sul sedile posteriore, la luce del sole era calda, il cielo era terso, ma i campi coltivati a foraggio tradivano la presenza di un vento fresco, che serpeggiava sui declivi piegando bruscamente i fili d'erba. Alla mia destra vedevo le distese sconfinate delle pianure alluvionali e dei sabbioni, striati da un intreccio di rigagnoli che intagliavano sinuosamente la sabbia nera. A sinistra, invece, le antiche scogliere – ormai lontanissime dal mare – si innalzavano ora bruscamente ora gradualmente, come un'interminabile parete impenetrabile dietro alla quale si stendevano, infiniti e immoti, gli altipiani.

In fondo alla strada, verso est, si vedeva distintamente il profilo del Ghiacciaio delle desolazioni e nel mezzo, un po' più slanciata del resto della calotta, la piramide del picco Hvannadalshnjúkur, la vetta più alta del Paese, un gobbo tozzo che tuttavia raggiunge i 2.110 metri. La calotta, contenuta a malapena dalle montagne seghettate, scivolava inarrestabile verso il mare, dove – sapevo – si frantumava in tanti pezzi dalle forme curiose, che fluttuavano placidi nella vasta laguna prima di ammassarsi presso la breve strettoia che li avrebbe condotti all'oceano aperto.

Fino al Novecento, questa era la regione più sperduta e isolata dell'Islanda: un tempo ci si muoveva soprattutto in barca, e quelli che oggi sono i remotissimi e semidisabitati Fiordi Occidentali erano un'area popolosa e prospera, che intratteneva scambi commerciali (più o meno legali) con Spagna, Francia, Germania, Inghilterra e altri Paesi. Nel Sudest invece non ci sono porti naturali, le coste sono basse e sabbiose, e nei secoli scorsi numerosi vascelli trovarono la loro fine incagliandosi sui fondali.

Anche il trasporto via terra era limitatissimo in questa zona, circondata a nord dagli inesplorati altipiani centrali; a ovest dal vasto deserto di Mýrdalssandur, creato dalle alluvioni generate dalle eruzioni che avvengono sotto la calotta del ghiacciaio Mýrdalsjökull; e a est da un altro deserto nero alluvionale, Skeiðarársandur. Questi deserti sono solcati da numerosi corsi d'acqua impetuosi e infidi, il cui percorso cambia improvvisamente. In passato era più semplice risalire verso i ghiacciai e scavalcarne le calotte, anziché cercare di attraversare le pianure alluvionali. Solo negli anni Settanta del Novecento fu terminato l'ultimo ponte sul deserto di Skeiðarársandur, e soltanto da allora è possibile girare tutta l'isola in auto.

Arrivati alla fattoria dei suoceri, venni subito sorpreso dagli inarrestabili belati delle pecore; tranne alcune che si trovavano nella stalla perché stavano per partorire, erano tutte nel campo lì vicino, oppure sui declivi.

Eravamo circondati dal verde: il pendio dietro la casa era coperto di erba, la casa della nonna di Lára era celata da fronde delicate, spuntate da poco. Il rabarbaro svettava in una piccola aiuola in mezzo all'aia. Nei campi che per chilometri si spiegano fino alla riva del mare, mandrie gloriose di cavalli islandesi. Entrati in casa, fui assalito da un profumo di cibo, condito dai commenti di una bambina. Alcuni vicini erano venuti a cena e la serata trascorse tranquilla, mentre io cercavo timidamente di tenere il passo con la conversazione in islandese, finché non andammo nella stalla per nutrire due agnelli orfani, la cui madre era morta cadendo in un fossato.

Con cinque o seicento pecore in una fattoria gestita da due sole persone il lavoro è tanto, ma credo che per qualcuno che ama la libertà e la natura incontaminata ne valga davvero la pena. Poco prima di andare a dormire, nonostante la luce fosse ancora molta, scese improvvisamente una fitta nebbia, che rese il panorama circostante identico a quello a cui ero abituato negli inverni umidi della Bassa Padana.

La mattina seguente, mi svegliai al profumo inconfondibile dell'avena cotta nel latte. Lára aveva già sistemato le scodelle sul tavolo: pappa d'avena con una spolverata di cannella e qualche mandorla, una tazza di tè per me, una di caffè per lei. Fuori la luce non accennava a demordere, sopravvissuta alla notte nonostante il momento di *défaillance* della sera prima, quando era scesa la nebbia.

Terminata la colazione andai nella stalla, ad accarezzare gli agnelli.

Era curioso osservare le loro diverse personalità. Quelli più paurosi che scappavano, gli stessi il cui piccolo cuore sembrava esplodere se provavi a tenerli in braccio, e quelli coraggiosi che ti saltavano addosso, senza spaventarsi se li sollevavi da terra. Una pecora stava per partorire, il ventre gonfio e pulsante, sul muso dipinta un'espressione di confusa preoccupazione.

Amavo già il Sud, fin da quel mio primo ottobre in Islanda, quando lo avevo esplorato per la prima volta con i compagni di corso. La gloria svettante delle montagne e la maestosa temerarietà dei grandi ghiacciai non si trovano altrove. Almeno non nella stessa misura. Perfino i mitici Fiordi Occidentali, in tutta la loro primordiale e antica bellezza, non reggono al confronto. I loro rilievi, formatisi in ere remote nel corso di eruzioni subglaciali, hanno le cime piatte; se li fotografi da un fianco, si vedono solo una striscia blu per il mare, una marrone per le alture e una azzurra per il cielo. Nel Sud, invece, i monti sono degni del loro nome. E mi bastava guardare dalla finestra per ricordarmi di quanto fosse vero.

La domenica mattina, salimmo in auto con alcuni parenti e prendemmo la strada principale verso est, deviando dopo un po' proprio al limitare del deserto nero di Skeiðarársandur, gargantuesca distesa di detriti depositati dalle furiose inondazioni provenienti dal cuore del Vatnajökull. Salimmo leggermente su una dolce pendenza e incontrammo una recinzione con un cancello, davanti al quale la strada era invasa dall'acqua. Lára scese ad aprire il cancello, così che la macchina poté proseguire sullo sterrato, dirigendosi verso quella che mi parve la casetta più graziosa che avessi mai visto. Da lontano scorsi la sagoma di un uomo fermo sul bordo del piccolo terrazzamento su cui poggiava la casa. Mentre ci avvicinavamo notai il suo sguardo torvo, che si tramutò immediatamente in un sorriso da un orecchio all'altro quando riconobbe i passeggeri della vettura.

Credeva fossimo turisti. Da quelle parti non li amano particolarmente: ne arrivano troppi, si perdono, si feriscono, fanno danni e disturbano le attività agricole. A volte sconfinano nelle abitazioni private senza nemmeno bussare, chiedendo dove si debba pagare per sostare in un campeggio che magari si trova a chilometri di distanza. Non parliamo poi dei rifiuti che lasciano in giro, del calpestio strenuo che sfianca la debole vegetazione e lascia terra battuta ovunque.

Appurato che non fossimo membri di tale schiera, fummo accolti con un calore che mi sarei aspettato soltanto in qualche ridente paesino dell'Italia meridionale. Quell'uomo, la sorella e l'anziana madre, che era la sorella della nonna di Lára, erano ora i proprietari di quella casa, dove Lára e i suoi fratelli avevano passato molto tempo da bambini. Gli islandesi sono tra i pochi popoli di cultura occidentale a non aver ancora interamente abbracciato la nuclearizzazione della famiglia. Per loro la famiglia è qualcosa di ampio, e tante famiglie si riuniscono ancora nelle campagne, per esempio nella dimora ancestrale, che viene magari usata a turno da fratelli e cugini per le vacanze estive.

La casetta era ricoperta di lamiere grigie dal vago tono azzurrino ed era circondata da un piccolo giardino di erba curata, dove spuntava qualche audace tulipano. Oltre il recinto, campi di foraggio fino ai piedi dei pendii, dopodiché le montagne si lanciavano bruscamente nel cielo terso.

Lára scambiò qualche parola con i parenti «alla non troppo lontana», i quali ci invitarono molto giovialmente all'interno per un caffè. Entrammo in un'anticamera che sembrava un'aggiunta al corpo dell'edificio, dove ci togliemmo le scarpe fangose e le giacche fradice che normalmente accompagnano i visitatori e gli ospiti nelle campagne. In casa, il pavimento di pietra lasciava spazio a uno di legno, e un piccolo corridoio conduceva attraverso due stanzette fino a una graziosissima cucina, tutta in legno bianco e con una grande finestra rivolta verso il mare. Sulla stufa, un bollitore di metallo grigio dall'aria antica. Su una mensola di legno in un angolo, una radio, anch'essa non all'ultimo grido, diffondeva le note di quelli che sembravano inni protestanti cantati da un coro professionista, inframezzati da qualche perorazione in cui potevo chiaramente distinguere la parola *Jesús*.

Mentre mi sforzavo strenuamente di seguire la conversazione, nel caso qualcuno mi chiedesse qualcosa, osservavo la tovaglietta decorata con disegni di fragole selvatiche che sembravano usciti da un libro di botanica. Ci servirono subito il caffè; in Islanda si beve tanto caffè, sempre. Ci si annaffia ogni dispiacere e ci si condisce ogni gioia. Ascoltavo gli altri chiacchierare e guardavo fuori dalla finestra, osservando il verde dei campi, il nero fumoso del sabbione e il bianco del ghiacciaio che si tuffava nel blu dell'oceano. Immaginai come doveva essere trascorrere i giorni di tempesta invernali da quelle parti, ma chissà! Forse il fischiare del vento attorno alla casa e il tremare dei vetri è il giusto modo per ricordare come tutto, là fuori, è vivo e respira.

Finita la pausa caffè, ci incamminammo verso i pendii. Stavo per essere iniziato a qualcosa a cui gli stranieri raramente hanno accesso: ci saremmo addentrati nelle terre selvagge, dove non esistono sentieri o cartelli. Dove solo chi è cresciuto in groppa a un cavallo e ha trascorso anni a rincorrere le pecore tra i dirupi e le brughiere sugli altipiani sa orientarsi. E fu davvero una fatica.

La salita era ripida e il terreno irregolare, cosparso di quei dannati ciuffi d'erba che si innalzano come gibbi dal suolo, minacciando di spezzarti le caviglie a ogni passo. A un tratto, la salita si interruppe bruscamente per lasciar spazio a un terrazzamento non visibile dal fondovalle, dove un terreno paludoso fatto di pozzanghere, rigagnoli e melma si estendeva per qualche decina di metri, prima di riprendere l'ascesa verso la cima. Io procedevo a passo spedito, fermandomi ogni tanto per fare fotografie. Piano piano mi resi conto che quella che sembrava la cima di una piramide era una sporgenza che nascondeva un interminabile crinale roccioso da ambo i lati, i quali si riunivano come i cateti di un triangolo che delimitava un vasto altopiano ricoperto di brughiere.

Prima della cima, il crinale diventava verticale, e per proseguire era necessario trovare un passo. Io – testardo e stupido – mi diressi verso il primo che vidi. Si rivelò davvero pericoloso, dato che si trovava sulla sommità di un crepaccio che tagliava la pendenza della montagna, e che raggiunsi camminando sul fianco ripido presso il suo orlo, fino a un piccolo terrazzamento di pochi metri quadri che lo sovrastava. Qui una parete di circa 3 metri mi separava dal passo vero e proprio. Se fossi scivolato e finito in malo modo sul terrazzamento sottostante, avrei rischiato di rotolare nel precipizio.

Fatto il primo passo, mi accorsi che la parete era umida e sdrucciolevole. Dovevo stare attento a non posizionare le mani troppo in alto oltre le mie spalle, per evitare di perdere la forza dei muscoli, ma non c'erano appigli vicini, ed ero già a più di un metro da terra. Se fossi caduto mi sarei fatto male, seriamente. Mi concentrai per non lasciarmi prendere dal panico. Poggiavo su una zolla di terra sporgente con un piede, mentre con l'altro cercavo disperatamente un punto stabile per sollevarmi, le mani strette attorno a rocce che parevano alquanto precarie. Mi feci forza e, con un pizzico di disperazione, riuscii a spingermi oltre quel muro di roccia, atterrando a pancia in giù sul terrazzino naturale sovrastante, trascinando rapidamente le gambe per allontanarmi dal baratro. Il passo era estremamente angusto e sdrucciolevole. Le pareti ai lati sembravano volersi chiudere sulla mia testa, ma finalmente sbucai sul brullo altopiano. Gli altri non erano ancora saliti. Mi sentii subito bene. Non c'era vento e la vista su quell'angolo di mondo era una delle più commoventi su cui avessi mai posato lo sguardo.

Faceva caldo, si sudava parecchio, e mi portavo ancora dentro il tremore per la paura e lo sforzo. Gli altri arrivarono strisciando a fatica attraverso un passo un po' più in là. Il fratello di Lára era un esperto di quelle zone e voleva metterci a parte di un tesoro nascosto tra le falde di quei crinali rocciosi. Attraversammo gli spogli altipiani, tra cumuli di ghiaccio, torrenti, macchie di sabbia fradicia e qualche raro uccello. Ci fermammo a bere da un torrente che filtrava da una piccola calotta di neve compatta, poi proseguimmo fino a un avvallamento dove un altro torrente rallentava il suo corso, stendendosi in una pozza d'acqua chiarissima e fredda come l'inverno.

Qui, senza pensarci troppo, mi tolsi i vestiti e mi tuffai. Il gelo mi catturò i piedi e le mani con un dolore sordo, che si tramutò però in un piacevole tepore una volta uscito, quando mi asciugai al sole.

La camminata proseguì verso un ripido crinale, dal quale costeggiammo un profondo canyon di cui non si scorgeva il fondo. Da lì raggiungemmo la parete dell'altopiano opposta a quella da cui eravamo arrivati, che dava su una zona selvaggia e disabitata, da dove si intravedevano diversi torrenti precipitare dai dirupi formando piccole cascate. Nella ripidissima discesa trovammo la carcassa di una pecora; qualcuno commentò che probabilmente era stata mangiata dalle volpi dopo essere rimasta a vagabondare per uno o due anni, a giudicare dalla lunghezza della lana. Tutto il panorama circostante era quieto e solenne. Non c'era anima viva e non si sentiva il tramestio solerte della civiltà urbana.

La vera sorpresa fu però il momento in cui aggirammo una falda nella parete rocciosa ai piedi dell'altopiano e ci trovammo di fronte un largo crepaccio che si apriva al suo interno, lasciando passare un'imponente cascata a più salti. Era un luogo immaginifico. Qui ci fermammo per mettere qualcosa sotto i denti, mentre io constatavo ancora una volta che tutto ciò che sentivo dire sul Sud dell'Islanda – ovvero che si trattava di una zona ormai snaturata a causa dell'eccessiva antropizzazione e presenza di turisti – erano soltanto sciocchezze. L'Islanda incontaminata, quella che ti fa sentire piccolo e indifeso in una natura pericolosa e sconfinata, è anche lì. Non è necessario spingersi fino alla riserva naturale di Hornstrandir nei Fiordi Occidentali per trovare quella sensazione primordiale.

Percorrendo la sfiancante via del ritorno lungo il fianco dei pendii, ripensavo alla mia vita. Ripensavo all'Islanda. Per quanto tragici potessero essere gli accidenti che affliggevano la mia esistenza e per quanto scoraggiato e avvilito potessi sentirmi, bastava guardarmi intorno per ricordare quanto valesse la pena esserci.

Un altro giorno partimmo da casa dei genitori di Lára per raggiungere Núpsstaður, «Luogo del monte», poco oltre Kálfafell, l'ultimo baluardo di civiltà nel distretto di Fljótshverfi, prima del deserto alluvionale di Skeiðarársandur. Ci trovavamo ai piedi del Lómagnúpur, «Monte delle strolaghe», un tumulo subglaciale formatosi dall'accumulo di lava sotto un'antica calotta di ghiaccio, che costituisce la più alta parete rocciosa d'Islanda, con un salto di 754 metri. Qui sorge una fattoria ora disabitata ma un tempo fiorente. Uno dei suoi proprietari, Hannes Jónsson, fu anche *landpóstur*, ovvero postino per la regione, e divenne famoso per la sua profonda conoscenza non solo del deserto alluvionale ma anche dei ghiacciai, che a volte era necessario raggiungere e scavalcare, prima della costruzione della strada e dei ponti attuali. I suoi figli, Eyjólfur e Filippus, sono stati gli ultimi inquilini della fattoria. Filippus è morto nel maggio 2010, all'età di cento anni.

Accanto alla vecchia casa in legno e lamiera, si trova un'antica cappella di torba dalla facciata nera, Núpsstaðarkirkja. Da lontano sembra poco più che un gibbo erboso, e soltanto la facciata con la croce bianca sul punto più alto ne svela la funzione. Ci stanno dentro non più di una decina di persone belle strette, oltre al sacerdote. Fu costruita nella seconda metà del Seicento, ma poi cadde in rovina e fu sconsacrata, per essere poi restaurata e riconsacrata nel 1961. Fu il primo edificio islandese a essere dichiarato protetto e a entrare nella sfera di competenza del Museo Nazionale. Il piccolo altare al suo interno è della fine del Settecento, e più che un altare sembra un comodino.

Oggi non è possibile raggiungere la chiesetta a causa di un contenzioso tra il Museo Nazionale e i proprietari del terreno, i quali non vogliono lasciarlo aperto al pubblico per evitare i danni che un costante afflusso di turisti senza controllo apporterebbe alla zona (rifiuti abbandonati, calpestamento della vegetazione, incuria...). Io ho avuto la fortuna di visitarla e assistere a una messa luterana celebrata in occasione dell'addio del parroco del distretto, che era stato trasferito.

Essendo la chiesa così piccola, la maggior parte delle persone sedeva all'esterno sull'erba e ascoltava la funzione da un altoparlante. Quella fu la mia prima messa luterana, e ricordo che notai quanto fossero maggiori le somiglianze con la messa cattolica, che non le differenze. Penso sempre che sarebbe un mondo migliore per tutti, se ci concentrassimo su ciò che ci accomuna, anziché fissarci su quello che ci divide.

Terminata la messa, un tavolo all'esterno della casa fu imbandito con caffè islandese, torte e frittelle. Il caffè veniva filtrato in colossali taniche, dalle quali si prelevava pompandolo con forza. Quel suono di risucchio e sbrodolamento del caffè che precipita nella tazza diventa quasi una coccola, quando lo si associa a qualcosa di familiare e accogliente. Per me è diventato un suono che sa di casa, indipendentemente dai giudizi miopi di chi non tollera altro caffè se non quello che è stato abituato a bere nella sua cultura di origine.

Le persone parlavano, si salutavano e si abbracciavano. I bambini giocavano e correvano in giro, oppure si allungavano per raggiungere le frittelle sul tavolo. Il chiacchiericcio invadeva l'aria: un suono che ormai quel luogo sentiva raramente, da quando non era più abitato.

La nonna di Lára era contenta di vederci lì. Lessi nel suo sorriso che lo apprezzava davvero. Mi presentò ad alcuni conoscenti e iniziammo a chiacchierare.

Dopo un po' mi fermai un attimo a contemplare la chiesa, così modesta eppure così bella, nella sua genuina semplicità. Prodotta da mani lavoratrici che non avevano altri mezzi se non la loro devozione. Un monumento non tanto alla divinità, quanto alla fede e all'ispirazione dell'uomo, che fiorisce anche nelle condizioni più difficili.

Davanti a me, oltre l'edificio, torreggiava il Lómagnúpur; alla mia sinistra, i crinali montuosi sul retro della fattoria; a destra, le sconfinate distese sabbiose che si estendono fino al mare. Lì, da qualche parte, giace sepolto sotto la sabbia un galeone olandese di nome *Het Wapen van Amsterdam*, incagliatosi sul basso fondale il 19 settembre 1667 e poi sprofondato nella sabbia. Del suo equipaggio di duecento persone, centoquaranta perirono. Molti morirono di freddo tentando di attraversare proprio quell'immensa distesa di sabbia umida sotto la tempesta. La stessa distesa che quel giorno pareva così calma, sotto un cielo pacifico.

Leggende su leggende nacquero da questo disastroso evento. Pare che i membri dell'equipaggio che si salvarono avessero barattato merci preziose a bordo del vascello con trasporti verso ovest, per poi poter fare ritorno a casa. Si racconta che gli abitanti di quella regione povera e isolata avessero dormito per anni in lenzuola di seta avute dai marinai, ma probabilmente si tratta di una favola, così come deve esserlo la voce per cui il galeone celerebbe ancora un magnifico tesoro. Gli studiosi sono abbastanza convinti che il suo carico dovesse essere di spezie, che all'epoca erano assolutamente preziose, ma dopo qualche secolo sotto la sabbia è difficile che possano vendere bene sui mercati attuali.

Le fonti paiono suggerire che le autorità danesi avrebbero reclamato il carico del galeone e che diversi islandesi addetti al suo recupero se ne sarebbero intascati una buona parte. Alcuni ritengono anche che la nave non sia sprofondata nella sabbia ma sia stata smantellata per riciclarne il legname. È dunque possibile che non ci siano né un tesoro da scoprire, né addirittura un galeone, ma c'è chi continua a crederci.

Il fratello del bisnonno paterno di Lára, Bergur Lárusson, ottenne il permesso dal governo per condurre una ricerca che ebbe luogo nel 1971.

Dieci anni dopo, in un'area poco discosto da quella dove si credeva fosse sprofondato l'*Het Wapen van Amsterdam*, i metal detector segnalarono qualcosa. Lo Stato islandese avviò allora un colossale scavo che portò alla luce un rimorchiatore tedesco, il *Friederich Albert*, incagliatosi all'inizio del Novecento. Nell'estate 2020, un magnate russo ha finanziato una ricerca ulteriore, che è stata molto pubblicizzata sui media islandesi, a dire il vero più dei suoi risultati, di cui non si è più saputo nulla; ciò porta a sospettare che il tentativo sia stato nuovamente infruttuoso. Forse, da qualche parte, in quelle insidiose sabbie, si trova ancora quell'antico galeone olandese che non smette di far sognare.

10

Hörgsland

Pecore, elfi e cavalli: il mio idillio islandese

Nella tenuta il cui nome è Reykir, un'estate, fu prodotta la birra per il vescovo Páll, come veniva fatto anche altrove. Ma quando il lievito fu posto sotto il materiale della birra, e tutto era stato minuziosamente preparato, la fermentazione non iniziò, e il lievito prese ad andare a male. Si cercò di porvi qualsiasi rimedio che venisse in mente, ma passarono molti giorni senza che nulla funzionasse, e i più ritennero che tutto sarebbe andato in malora. La padrona di casa, che era responsabile per tutto, invocò san Torlaco vescovo, che in qualche modo sistemasse la faccenda. Come lo ebbe invocato, iniziò subito la fermentazione nei barili, buona e forte, la quale produsse la birra più squisita, e questo fu considerato il più bel miracolo da quegli uomini che lo vennero a sapere.

ANONIMO, *Jarteinabók Þorláks helga* («Libro dei miracoli di san Torlaco»), XIII secolo

L'ISLANDA mi ha insegnato che la luce che rischiara lo spirito è soprattutto di natura interiore. Il periodo dell'Avvento in questo Paese è molto buio. Ma anche estremamente luminoso. I cieli si rischiarano appena della luce del sole intorno al mezzogiorno, e solo per poche ore, eppure le vie delle città e dei paesi si illuminano delle luci di Natale, e su tutti i davanzali compaiono quelle candele elettriche di origine svedese disposte in fila su una base triangolare. Restano accese giorno e notte, e rendono il passeggiare per le vie coperte di neve una gioia per l'umore. Uno si immagina che dietro quelle finestre ci siano persone che sorseggiano una cioccolata alla cannella, sedute in poltrona a guardare la televisione, bambini che decorano i biscotti di zenzero con la glassa colorata, persone che ascoltano un audiolibro mentre lavorano a maglia.

I locali si illuminano di luci soffuse. Le luci forti non sono le benvenute, come un esplodere di grancasse nel mezzo di una seduta di meditazione presso un torrente nascosto in un boschetto. Il loro timido lucore accende gli sguardi profondi di tante persone che si riuniscono per scambiarsi parole, esperienze e pensieri. Ammanta le risate, le battute e le sciocchezze che si perdono oltre le finestre e le porte a vetri, prima di sfumare nel buio dell'universo.

L'inverno può essere un momento difficile, ma non deve essere per forza così. La luce interiore può illuminarlo, e l'Islanda ha trovato davvero tanti modi per farlo. Molte sono le tradizioni natalizie e i piccoli gesti che ravvivano le giornate. Un dicembre islandese vissuto con il giusto spirito può essere mille volte più luminoso e gioioso di un luglio mediterraneo ingrigito dalla routine e dalla rassegnazione.

Nel periodo dell'Avvento è tradizione preparare il *laufabrauð*, «pan di foglie». È una sorta di pane fritto, la cui importanza nella cultura islandese è stata riconosciuta nel 2007, quando gli è stato dedicato un francobollo. L'Istituto Árni Magnússon per gli studi islandesi, istituto autocefalo all'interno dell'Università d'Islanda dedicato allo studio e alla promozione della cultura islandese in tutti i suoi aspetti, ha preparato la candidatura per la tradizione del *laufabrauð* alla lista del patrimonio culturale immateriale mondiale dell'UNESCO.

Non si sa esattamente quando sia stato inventato, ma compare per la prima volta nelle fonti all'inizio del Settecento, menzionato da uno studioso originario dei Fiordi Occidentali, Jón Ólafsson di Grunnavík, il quale lo descrive come uno dei dolci islandesi. Proprio come accade per certe ricette italiane con varianti regionali, per le quali ci si scanna su quale sia la variante «giusta», anche per il *laufabrauð* esistono differenze tra una famiglia e l'altra, che sfociano in commenti sprezzanti su come chi non lo prepari nel modo in cui si è abituati lo starebbe «rovinando». Ci sono quelli che sostengono vada mangiato esclusivamente da solo, ma pare che la maggioranza lo mangi imburrato, mentre altri lo consumano con la carne di pecora affumicata e altri ancora lo accompagnano con sciroppo dolce.

È uno degli alimenti nazionali più tipici e diffusi, e la tradizione vuole che la famiglia o gli amici si riuniscano per decorare e friggere questo «pane» natalizio. Si può preparare l'impasto, oppure si possono comprare i dischi di pasta già pronti per l'intaglio. Quest'ultimo può avvenire usando piccoli rulli con decorazioni geometriche in rilievo, oppure aiutandosi con dei coltelli, magari piegando la pasta per farne decorazioni come quelle dei fiocchi di neve in carta. Ci si siede attorno al tavolo e ci si cimenta in questo lavoro creativo tutti insieme, mentre qualcuno si occupa della parte logistica per la frittura.

C'è l'unto da ripulire, ci sono i piatti da lavare, ma è un piccolo prezzo per la gioia che quella condivisione porta, ed è una gioia che resta dentro a lungo, rischiarando anche la notte più buia.

Lára e io passiamo le vacanze di Natale dai suoi genitori. La strada che porta alla fattoria è lunga e, in quella stagione, assai buia. A metà pomeriggio arriviamo a Vík e ci fermiamo per una pausa. Il sole è da poco tramontato dietro i faraglioni, le strade non sono innevate, ma qua e là permangono macchie di ghiaccio isolate, a monito per i viandanti: possono sempre essere nuovamente ricoperte di neve.

Arriviamo verso la fattoria che è quasi sera ed è buio pesto. Non ci sono lampioni, le uniche luci visibili sono quelle di Natale, che seguono il contorno del tetto spiovente della casa, e quelle delle finestre della sala da pranzo. Sembrano sospese nel profondo buio del cosmo. Non si intuisce la presenza dei dirupi sul retro della fattoria, e mi sembra di vedere i campi incrostati di ghiaccio solo perché li ho ben impressi nella memoria.

Nei giorni che trascorriamo là ci alziamo tardi. La luce inizia a comparire a sudest soltanto verso le dieci e il cielo non si schiarisce veramente prima delle undici. I genitori di Lára si svegliano ugualmente presto, per andare nella stalla ad accudire gli animali. Quando mi alzo, prendo una generosa cucchiaiata di olio di fegato di merluzzo e faccio una tarda colazione con yogurt denso, noci e mandorle. I latticini in Islanda sono fenomenali, e il latte è di qualità superiore. Gli animali fanno una vita assai migliore dei loro omologhi in altri Paesi, e la differenza nella qualità dei prodotti è palese. Annaffio il tutto con un bel caffè filtrato. Quando sono in campagna non lo faccio nella moka, perché per me è come consumare un misto di frutti di mare in una località alpina, o un arrosto di cervo con polenta sulla Costiera Amalfitana. Si può fare, e non c'è nulla di male, ma per me non funziona. Il caffè filtrato islandese è l'accompagnamento migliore alle atmosfere dell'Islanda di una volta, quella che si respira nelle remote campagne.

Finita la colazione, si è fatto chiaro. Sembra un'alba, ancora: il sole è basso e la luce debole e molto arancione. Durerà poche ore soltanto. In quelle ore esco, ben coperto. Faccio un giro nella stalla, dove trovo centinaia di pecore a consumare quel che resta del fieno distribuito poco prima. Si tengono vicine per scaldarsi, ma il loro calore riscalda anche me. I cani mi corrono incontro esaltati, vogliono attenzione e gliene concedo un bel po'. Anche i montoni si affacciano curiosi con occhi imploranti, mendicando una generosa grattatina sotto il mento o dietro alle orecchie. Si danno piccoli colpi di corna per mandar via i rivali e tenere tutta per sé la mia mano dispensatrice di piacere.

Esco dalla stalla e l'aria è ferma e frizzante. Pulita come la coscienza di un angelo. Mi avvicino a dei cavalli islandesi che stanno poco discosti dalla stalla, con gli zoccoli piantati nel fango duro e gelato. Hanno la livrea invernale, folta e lunga, che conferisce loro un aspetto più tozzo, quasi da orsacchiotti. I cavalli islandesi sono i principi di questa terra: plasmati da più di mille anni sull'isola, si sono adattati perfettamente e non temono i rigori invernali. Si lasciano accarezzare, prima di stufarsi e voltarsi.

Continuo la passeggiata e raggiungo un gibbo erboso di pochi metri di diametro al limitare del campo attiguo alla fattoria. Quel piccolo rialzo del terreno si chiama Álfhöll, «Colle degli elfi», e così come un'infinità di altri elementi del paesaggio islandese nasconde una storia, che risale alla fine del Settecento ed è registrata nella monumentale raccolta ottocentesca *Íslenzkar þjóðsögur og ævintýri* («Racconti popolari e fiabe islandesi»), di Jón Árnason.

> Tale Jón Jónsson lavorava come gestore commerciale per il proprietario terriero di Hörgsland, suo omonimo, Jón Jónsson *spítalahaldari*, «gestore dell'ospedale» [che aveva soprattutto la funzione di lazzaretto], il quale in quel tempo si trovava sulla tenuta, e serviva tutta l'Islanda orientale. Secondo un'antica credenza, era proibito tagliare l'erba per la fienagione dal Colle degli elfi, perché ciò avrebbe scatenato

l'ira dei suoi inquilini, che avrebbero causato un tale maltempo da rovinare la fienagione.

Jón il commerciante non dava peso alle dicerie, e siccome gli pareva che l'erba sul colle fosse ottima e abbondante, si risolse a tagliarla senza troppi complimenti, nonostante i manovali della tenuta lo implorassero di fermarsi. Mentre faceva ciò, il cielo era limpido e non c'era una bava di vento.

A taglio concluso, gli uomini presero ad affilare le lame delle falci, e a un tratto prese a piovere a catinelle, e un vento furioso si mise a soffiare. A quel punto giunse sul luogo il padrone, che fece notare come rischiassero di perdere tutto il fieno con quel tempaccio, e i lavoratori gli dissero che c'era appunto da aspettarselo, visto che Jón il commerciante aveva osato tagliare l'erba dal Colle degli elfi. Questi, nel mentre, si era seduto a riflettere, preoccupato di essere incolpato per la perdita del raccolto. A un tratto si alzò e proclamò: «Se c'è qualche creatura in questo colle che sta causando questa tempesta per mostrare il suo potere, ne dimostri altrettanto facendola cessare, altrimenti sono pronto a tagliarne fino all'ultimo filo d'erba e a rivoltarne il terreno».

Appena ebbe detto ciò, la tempesta si placò, e la fienagione fu risparmiata.

Da allora l'erba su quella collinetta non viene tagliata, e ogni volta che il papà di Lára passa per il campo con il trattore, le gira intorno evitandola. Jón Jónsson il commerciante si trasferì poi in una fattoria alle pendici dei monti Eyjafjöll, mentre l'altro, Jón Jónsson il gestore dell'ospedale, è uno degli antenati di Lára.

Difficile descrivere il rapporto degli islandesi con la superstizione rispetto agli elfi. Si potrebbe definire uno scetticismo con riserva. Secondo la mia esperienza, la maggior parte di quelli che vivono a Reykjavík ha un atteggiamento molto razionale: gli elfi non esistono, ma sono una parte importante del nostro folclore tradizionale.

In campagna queste sicurezze si sfumano. Lontano dalla rassicurante presenza della città e dei suoi servizi, la natura impervia e selvaggia sembra aprire nuovi scenari possibili. Gli islandesi non ammettono facilmente di crederci, ma risulta palese che non sono del tutto convinti della loro non esistenza: «D'accordo, non esistono, ma come spieghi questa cosa che mi è successa?» E di solito raccontano episodi in cui un oggetto è scomparso e riapparso altrove, o narrano di luci intraviste in luoghi dove la tradizione vuole che dimorino queste creature.

È importante specificare un particolare: gli elfi del folclore islandese non c'entrano nulla con quelli della mitografia medievale nordica. Hanno un nome che deriva chiaramente da essa, però non sono una «razza» separata. Sono esseri umani come noi, ma invisibili. La leggenda della loro creazione vuole che Dio avesse visitato Adamo ed Eva, con quest'ultima che avrebbe nascosto alcuni dei suoi figli perché se ne vergognava, non avendo fatto in tempo a renderli presentabili. Dio la mise alla prova chiedendole se quelli che gli aveva mostrato fossero tutti i suoi figli. Lei mentì e Dio sentenziò che quelli che erano stati nascosti a lui sarebbero stati nascosti anche agli uomini. Da allora, i discendenti di quei figli di Eva abitano in rocce, colline e montagne, in sontuosi palazzi dove non si conosce la fame e la povertà. A volte rapiscono o scambiano i figli con quelli degli uomini, oppure si sposano con questi e li portano nel loro mondo.

Risulta facile liquidare le storie e le tradizioni sugli elfi come favole per bambini, magari poetiche ma non particolarmente degne di riflessione, eppure sono un oggetto di studio profondo: rappresentano il modo che gli islandesi hanno trovato per alleviare alcuni gravi dolori dell'esistenza e hanno un grande valore storico e antropologico. In un mondo ignorante, povero e isolato, un genitore doveva pur farsi una ragione del fatto che il proprio figlio aveva qualcosa che non andava nella testa e nel corpo, e immaginare che fosse stato scambiato dagli elfi era una spiegazione semplice e accettabile per potersi rassegnare a un dolore. Altrettanto, era meglio immaginare un giovane scomparso in mezzo alle montagne felicemente sposato con un'elfa bellissima, mentre si godeva la vita beato nel mondo nascosto, piuttosto che affrontare la dura realtà della sua probabile morte violenta in qualche profondo crepaccio chissà dove sulle montagne.

Similmente, in una società che non ha ancora ben compreso certi meccanismi biologici, quando si verifica una moria di animali, o questi

Colonia di pulcinelle di mare a Ingólfshöfði.

La laguna glaciale Jökulsárlón.

Il bosco di betulle di Bæjarstaðaskógur. In fondo, le cascate Morsárfossar.

Il parco nazionale di Þingvellir.

La chiesa di Reykholt.

La pozza calda detta Snorralaug, a Reykholt.

La cattedrale di Hólar.

Le scogliere di Heimaey, la più grande delle isole Vestmannaeyjar.

Hólmavík.

Litli Bær.

Un tratto di costa di Strandir.

Aurora boreale vista dal lungomare di Reykjavík.

Reykjavík vista dalla Hallgrímskirkja.

Kirkjubæjarklaustur.

Hörgsland.

Réttir *di Foss á Síðu.*

Nubi madreperlacee.

Panorama degli altipiani interni.

Chiesa del convento dei frati minori cappuccini a Kollaleira, nel Reyðarfjörður.

Djúpivogur e la Langabúð, sullo sfondo il Búlandstindur.

Glaumbær, la facciata.

Glaumbær, la baðstofa.

Akureyri, scorcio della via principale.

Il faro di Garður.

Kleifarvatn.

Lettura della Flateyjarbók *ad Árnastofnun.*

La chiesa di Flatey e, sulla destra, la biblioteca.

Þorpið, il villaggio, a Flatey.

Eyjafjallajökull.

Panorama dal vulcano Hengill, guardando verso Hellisheiði.

L'inizio dell'eruzione presso Fagradalsfjall.

scompaiono, spiegarsi i fenomeni con un intervento degli elfi significa non doversi struggere incessantemente e infruttuosamente nella ricerca di una spiegazione alle proprie tragedie.

Mentre passeggio mi fermo sempre a osservare la collinetta degli elfi, adagiata ai piedi di quei ripidi dirupi. Ogni tanto un cavallo nitrisce e il cielo da arancione e turchese chiaro si fa color cobalto, con le tinte calde che si ritirano sempre più verso occidente, come una macchia di tè sul tavolo che si asciuga al vento. Infine, il freddo alle mani mi suggerisce di tornare in casa. La luce va già calando: in quel periodo dura solo tre o quattro ore.

Mi siedo al tavolo e guardo fuori. Tutto è bellezza. A volte apro un libro di racconti popolari e fiabe islandesi. Ce ne sono a dozzine, di libri di quel genere, non di storie: quelle sono a migliaia! Raccolte e catalogate negli ultimi due secoli da studiosi diligenti, sono un patrimonio colossale di tradizioni che ammanta il territorio senza che il passante distratto se ne renda conto.

Una tradizione natalizia islandese è incentrata intorno a una famiglia davvero particolare. Si tratta di una famiglia di troll, che non dobbiamo immaginare come orchi bitorzoluti con in mano una clava, quanto come esseri umanoidi, dall'aspetto più simile a vecchi nani. A capo della famiglia c'è l'orchessa Grýla, che nelle fonti medievali non era associata al Natale ma era un generico spauracchio per i bambini indisciplinati, un essere orrendo che rapiva infanti con i quali sfamava se stessa, i suoi tre mariti, Boli, Gustur e Leppalúði, e i loro ottanta figli. Dal Seicento in poi, però, nelle poesie in cui figura si dice che Grýla sia particolarmente attiva nel periodo che precede il Natale. I suoi figli, gli *jólasveinar* («ragazzi di Natale»), che oggi assolvono alla funzione di Babbo Natale – dilazionato però su tredici giorni –, erano ugualmente usati come spauracchio per far comportare bene i bambini. Ognuno di loro ha un nome evocativo ed è associato a un particolare dispetto.

12 dicembre: *Stekkjastaur*, «Paldirecinto», ruba il latte alle pecore.
13 dicembre: *Giljagaur*, «Fossatizio», ruba la panna del latte.

14 dicembre: *Stúfur*; «Tozzo», ruba le pentole sporche per mangiare l'unto rimasto.
15 dicembre: *Þvörusleikir*; «Leccacucchiaio», ruba i cucchiai di legno e i mestoli per leccarli.
16 dicembre: *Pottaskefill*; «Leccapentole», ruba gli avanzi dalle stoviglie sporche.
17 dicembre: *Askasleikir*; «Leccascodelle», si nasconde sotto ai letti dove una volta rubava le scodelle che gli islandesi usavano per mangiare e che conservavano sotto al letto.
18 dicembre: *Hurðaskellir*; «Sbattiporte», fa esattamente quello che dice il suo nome!
19 dicembre: *Skyrgámur*; «Trangugiaskyr», come il fratello sopra, anche questo ha un nome assai descrittivo, infatti adora rubare il cremoso formaggio islandese.
20 dicembre: *Bjúgnakrækir*; «Sgraffignasalsicce», questo ha una passione per le *bjúgur*, salsicce – spesso di carne di pecora – che assomigliano a grossi würstel.
21 dicembre: *Gluggagægir*; «Affacciafinestre», spia nelle case in cerca di qualsiasi cosa che valga la pena rubare.
22 dicembre: *Gáttaþefur*; «Annusaporte», sente l'odore del pane fritto islandese e lo ruba.
23 dicembre: *Ketkrókur*; «Ganciodacarne», ruba carne usando un lungo gancio.
24 dicembre: *Kertasníkir*; «Sgraffignacandele», ruba le candele per mangiarne il grasso.

Gli *jólasveinar* acquisirono la funzione di dispensatori di doni nel periodo prenatalizio solo verso l'inizio del Novecento, quando presero a essere assimilati alle emergenti figure di Babbo Natale/san Nicola di altre tradizioni europee e, da mostri animaleschi, acquistarono fattezze più umane, di anziani dispettosi, brutti e zozzi, ma simpatici. Dalla notte che precede il 12 dicembre fino a quella che precede la vigilia di Natale, i bambini islandesi lasciano una scarpa sul davanzale (i davanzali in Islanda sono all'interno delle case, non fuori al gelo). A quelli che si sono comportati bene, gli *jólasveinar* faranno avere un regalino, agli altri lasceranno una misera patata!

La mattina di una vigilia, l'ultimo *jólasveinn*, Sgraffignacandele, mi fece trovare sul davanzale della stanza un bel regalo: una tazza dei Mumin, *Múmínbolli*, in islandese. Si tratta di oggetti casalinghi di design decorati con i personaggi dei libri per bambini della scrittrice finno-svedese Tove Jansson. Come del resto quasi ogni moda che prende piede in Islanda, sono presenti in ogni casa. Gli islandesi amano sentirsi all'ultimo grido, e non vedono l'ora di mettere le mani sulle novità che compaiono sul mercato. Sono però grato di quel regalino, una tazza che raffigura un piccolo Mumin che attraversa una bufera di neve coprendosi la testa con le mani. Mi ricorda un pastore islandese che si inoltra nelle terre selvagge per recuperare le ultime pecore smarrite sugli altipiani.

Quella stessa mattina, mentre facevo colazione ancora assonnato, la mamma di Lára mi toccò una spalla con una mano e con l'altra mi indicò la finestra: «*Glitský*», mi disse, con calma serena. Io non avevo idea di cosa fossero questi *glitský*, e inizialmente pensai che si riferisse a quelle nuvole tinte di arancione dal colore dell'alba che potevo intravedere all'orizzonte. Poi però li vidi davvero: colossali batuffoli dai riflessi madreperla stiracchiati lungo il cielo, rilucenti delle più belle sfumature dell'iride.

Si trattava di rare nubi madreperlacee, che si formano nelle regioni polari quando, a enormi altezze, nella stratosfera, la luce solare molto bassa colpisce goccioline congelate di acqua e acido nitrico. Scomparvero poi per qualche ora, ma tornarono ancora più notevoli subito dopo il tramonto. Un fenomeno ben più raro dell'aurora boreale e forse ancor più toccante.

Il 23 dicembre mi alzo sempre prima del solito: è una festa importante in Islanda, perché è una delle due giornate del calendario dedicate al patrono nazionale, Þorlákur helgi, san Torlaco, ed è detta appunto Þorláksmessa.

I più acuti osservatori noteranno che il culto di un santo stride con il fatto che dal 1550 l'Islanda sia un Paese protestante, ma effettivamente questo è soltanto uno degli strascichi del periodo cattolico che lo zelo riformatore non è riuscito a estirpare completamente. Innumerevoli giornate e ricorrenze sono ancora conosciute con il nome del santo del rito cattolico, anche se il culto dei santi fu abolito con la Riforma.

Il santo cui è dedicata questa giornata è Þorlákur Þórhallsson, nato nel 1133 a Hlíðarendi, la stessa fattoria che era appartenuta all'eroe Gunnar Hámundarson della *Njáls saga*, il capolavoro letterario del Medioevo islandese. Le fonti parlano di Þorlákur come di un uomo eccezionale, disciplinato, ben disposto verso tutti, coraggioso e pieno di carisma. Da giovane era diligente e bravo a scuola, e iniziò gli studi per diventare sacerdote nella sua terra natale, in Islanda, ma si spostò poi a Parigi e a Lincoln, in Inghilterra, per perfezionarsi.

Al suo ritorno in patria, dopo sei anni, la famiglia aveva dei piani per lui: farlo sposare con una donna di buon lignaggio. Ma Þorlákur era di diverso avviso e, a seguito di un sogno premonitore, decise di rifiutare il matrimonio. All'epoca, il celibato dei presbiteri imposto dalla riforma gregoriana non era ancora universalmente diffuso, specie fuori dall'Italia, per cui non c'era nulla di strano nel prendere moglie, eppure Þorlákur non solo volle restare celibe, ma addirittura si batté per l'introduzione dell'obbligo di celibato per i presbiteri. Nel 1168 divenne abate del monastero di Þykkvabæjarklaustur, nel Sudest, e nel 1174 aiutante del vescovo di Skálholt, il quale morì due anni dopo.

Þorlákur fu consacrato vescovo dopo di lui, nel 1177; sebbene fosse quasi riluttante, appena eletto iniziò una vigorosa e rigorosa opera di riforma della Chiesa islandese, che versava in cattive condizioni finanziarie. I miracoli che gli vengono attribuiti vanno dal serio, come la guarigione della lebbra, al triviale, come il ritrovamento di attrezzi agricoli persi nella neve, il recupero delle energie di un cavallo stremato, il salvataggio di birra la cui fermentazione non era inizialmente andata a buon fine o la sopravvivenza di una mucca impantanata. Se ne contano a decine. Si racconta anche che fosse un grande bevitore, ed è sicuramente un santo con il quale ci si può più facilmente relazionare.

Si spense appunto il 23 dicembre 1193, e nel 1198 fu proclamato santo dal Parlamento islandese, con l'approvazione del vescovo cattolico del tempo, Páll Jónsson. La sua vita e i suoi miracoli sono registrati in numerosi manoscritti medievali, a testimonianza della sua importanza nella società islandese. Soltanto il 14 gennaio 1984, con papa Giovanni Paolo II, la Chiesa cattolica incluse ufficialmente Torlaco tra i suoi santi.

Almeno cinquantasei chiese gli erano dedicate, oltre a un numero imprecisato di cappelle e santuari. La Riforma protestante, imposta dal re danese intenzionato a scardinare l'assetto della società islandese e assoggettarla al suo controllo, portò anche alla distruzione e dispersione dei suoi resti, che erano stati oggetto di devozione per gli islandesi. Oggi, con la libertà di culto che è stata ripristinata nel 1874, Þorlákur è il santo patrono del Paese, particolarmente per i fedeli cattolici, che sono il secondo gruppo religioso più numeroso, ma riveste comunque un ruolo culturale importante anche per i protestanti.

Nel corso dell'Ottocento, e in particolare con l'emergere del Romanticismo, dei nazionalismi e dei moti autonomisti, Torlaco fu elevato a una sorta di eroe nazionale, ed è a quel periodo che risalgono le prime testimonianze di festeggiamenti tenuti in suo onore il 23 dicembre.

Questa è anche la giornata che in Islanda viene dedicata alla decorazione dell'albero di Natale, che è ancora soprattutto una conifera vera. Al mattino, il papà di Lára entra in casa con un abete appena tagliato, che fissiamo sulla base in metallo e decoriamo fino all'ora di pranzo. In sottofondo, una voce calda e morbida legge diligentemente gli auguri di Natale alla radio. Costume, questo, che continua fin dagli anni Trenta del Novecento: privati, aziende ed enti pubblici possono inviare i propri auguri, che vengono letti a partire dalla sera del 22 e continuano per tutto il 23 dicembre, fino a mezzanotte.

Nei secoli passati, l'*hangikjöt*, la carne di pecora islandese affumicata, veniva bollita in questo giorno per poi consumarla a Natale, e in alcuni casi anche il 23 stesso, sebbene quel giorno fosse costume mangiare di magro, quindi pesce e non carne. Nell'Ovest dell'Islanda, e in particolare nei Fiordi Occidentali, l'alimento tradizionalmente associato a questa giornata è la razza fermentata, detta *skata*, il cui sapore – per così dire – fatica molto a mettere tutti d'accordo. Il consumo di questa leccornia si è diffuso anche altrove, in particolare a seguito della massiccia emigrazione dalle campagne verso la città che ha caratterizzato il XX secolo.

Nella nostra famiglia, nell'entroterra del Sudest, una zona a vocazione agricola, la tradizione non è quella di consumare razza fermentata e grasso di pecora (grazie al cielo!) ma un altro pesce, il *saltfiskur* («pesce salato»), cioè merluzzo conservato sotto sale; quello che in italiano si chiama baccalà. Viene bollito e accompagnato da verdure a loro volta bollite; lo si schiaccia nel piatto con la forchetta con le verdure per farne una sorta di pasticcio, che viene poi irrorato di burro fuso versato da una salsiera. È accompagnato da pane dolce di segale e *flatkökur*, sorta di piadine morbide cotte sulla padella rovesciata, entrambi consumati con burro salato spalmabile.

Sapere di seguire una tradizione, quando questa ha ancora un valore per chi la celebra, ha un profondo impatto emotivo: regala la sensazione di essere inseriti in una narrazione storica coerente e solida, nutre e stimola il senso di appartenenza ed è una forma di ritualità che conferisce senso al tempo e ai cicli dell'esistenza. Seguire i ritmi della natura scandendo i periodi dell'anno con il rispetto di certe tradizioni e creandone di nuove è uno dei tanti modi per decorare e abbellire la propria vita, traendone un profondo e autentico appagamento.

Il 24 dicembre, *Aðfangadagur*, è il momento più importante delle festività natalizie: alle sei del pomeriggio inizia la solennità, scandita dai rintocchi di una campana alla radio e seguita dalla celebrazione della messa. A quel punto gli islandesi si mettono a tavola. Anche se durante il resto dell'anno cenano più tardi, alle sette o addirittura alle otto, quello è l'orario per il cenone della vigilia. Durante la cena, il sottofondo della radio, con gli inni protestanti intonati da un coro, accompagna e accarezza lo svolgersi di quella tradizione.

Il mattino della vigilia, in larga parte avvolto dall'oscurità, lo passiamo a cucinare e stare insieme. La luce invernale è accompagnata da quella delle candele sul tavolo della cucina e sul tavolino del salotto. In Islanda il pasto più importante della ricorrenza natalizia è la cena della sera della vigilia.

A pranzo, ci deliziamo le papille gustative con salmone marinato accompagnato da salsa alla senape, pane tostato e burro, seguiti dal dessert: pappa di riso e latte dolce, assimilabile al *risalamande* danese. La nonna di Lára ci nasconde dentro una mandorla, e c'è in serbo un piccolo regalo per chi la troverà nella propria porzione.

Quando si avvicinano le sei, la tavola è già imbandita e la radio è accesa; dopo l'ultimo rintocco della campana che sancisce l'inizio della festività, la cena viene servita in tavola e noi ci riuniamo tutti intorno a quel ben di Dio.

Ogni anno viene pubblicata una statistica del menù della vigilia di Natale scelto dagli islandesi. La stragrande maggioranza consuma *hamborgarhryggur*, una sorta di prosciutto di Bayonne cotto al forno oppure bollito. Può essere insaporito con miele, senape, chiodi di garofano e tante altre spezie, e viene servito con contorno di patate caramellate e insalata Waldorf. Si è diffuso nel corso del Novecento ed è diventato rapidamente il piatto preferito dagli islandesi per questa ricorrenza.

La sera della vigilia alcuni si recano a messa, credenti e non. La messa di mezzanotte a Natale è stata reintrodotta per pressione popolare dopo che era stata abolita nell'ambito delle riforme conseguenti all'introduzione del luteranesimo. Esiste una breve novella dell'autore islandese Gunnar Gunnarsson, *Aðventa* («Avvento»), tradotta in italiano con il titolo *Il pastore d'Islanda*, per paura che il riferimento religioso del titolo originale avrebbe scoraggiato tanti lettori. Si tratta della storia di Benedikt, che anche sotto il Natale non rinuncia a tornare sugli altipiani alla ricerca di pecore smarrite, in mezzo alla neve con il suo cane fedele e un montone. Una vicenda che è metafora dell'esistenza, e forse contribuisce a infondere un senso di gratitudine per il trovarsi in una casa, al riparo dalle intemperie, in quella notte fredda e buia.

È sempre la sera della vigilia che ci si scambiano i regali. Apro ancora i miei pacchetti con la stessa trepidazione che avevo da bambino. Non me la sono mai scrollata di dosso, e mi domando se sia così anche per gli altri. Se l'adulta compostezza esibita non sia soltanto una facciata che nasconde la stessa identica gioia di quando si è piccoli, o se quella gioia non sia scomparsa, repressa e uccisa da un malsano realismo e una malintesa maturità.

Fuori, il buio regna sovrano. Un buio che sa di eterno. Non trovo difficile capire perché tante tradizioni islandesi siano così infarcite di credenze nel soprannaturale. Quel buio è così avvolgente, così totalizzante, che forse funge da temporaneo conforto immaginarlo pregno di vita.

Alcuni elementi del periodo natalizio islandese possono essere però abbastanza cruenti o grotteschi: come racconta lo studioso di folclore Árni Björnsson nel libro *Saga daganna* («Storia dei giorni»), nel periodo invernale che seguiva il macello del bestiame in autunno, e fino al Natale, ci si dedicava alacremente alla lavorazione della lana. Questo lavoro era detto *tóvinna*. A esso era associata la credenza che un tempo le persone fossero costrette a portare delle sorte di forcelle di legno o di osso sugli occhi, chiamati *vökustaur*, «stecchi della veglia», per mantenersi sveglie e continuare a lavorare, una sorta di tortura che è ragionevole pensare non sia mai successa, se non nei racconti popolari. L'origine potrebbe essere rintracciata in un equivoco derivato da una fantasiosa interpretazione del termine, che forse designava, più prosaicamente, una sorta di spiedo usato per allungare il cibo a persone che si trovavano a letto (e non solo se erano malate, ma anche per riposare, stare al caldo o per pigrizia).

Legato alla tradizione della lavorazione della lana sembra essere anche lo *jólaköttur*, l'animale domestico della famiglia degli *jólasveinar*, figura grottesca di enorme gatto che divorerebbe i bambini che non hanno ricevuto vestiti nuovi in regalo. Ogni anno, in centro a Reykjavík viene allestita una grande scultura metallica illuminata dalle sembianze di un colossale gatto. L'origine di questa strana tradizione è probabilmente da ricercarsi nel fatto che, nel periodo invernale, ai bambini che lavoravano la lana venivano donati capi di vestiario nuovi, una sorta di premio di produzione, e la storia del gatto doveva agire come stimolo a lavorare alacremente per ottenere in dono qualche indumento nuovo e scampare alle fauci del mostruoso felino.

Oggi, per fortuna, il periodo di Natale è assai meno tetro e queste figure spauracchio sono diventate delle simpatiche caricature, ma è bello e significativo ricordare le loro antiche origini. Pur essendo mutate nel tempo, queste tradizioni sono una testimonianza dell'evoluzione storica della cultura islandese, ed è importante approcciarle con una prospettiva diacronica, che le osservi nelle diverse fogge e nei diversi ruoli che hanno avuto attraverso le epoche.

Per me il Natale è sempre stato un momento importante. Un periodo per ripristinare le mie relazioni. Sotterrare dissapori vecchi e nuovi, cementare gli affetti e prepararmi a iniziare un nuovo anno nel migliore dei modi. Il fatto che questa festività cada nel cuore dell'inverno ha anche il pregio di spezzare una stagione che quassù al Nord sa essere difficile. Per quanto, come ho detto, gli islandesi siano bravissimi a disseminare l'inverno di tanti momenti di condivisione e convivialità.

Il giorno di Natale, nella nostra famiglia islandese si usa consumare il già citato *hangikjöt*, con contorno di patate e piselli, salsa tipo besciamella (chiamata *hvít sósa*, «salsa bianca»), cavolo rosso marinato e *flatkökur*, le «piadine» islandesi. I dolci variano tantissimo: noi ne prepariamo uno gelatinoso alla frutta, il *grautur*, che è simile alla marmellata ed è presente anche in altre culture, per esempio è conosciuto in tedesco come *grütze* e in danese come *grød*.

Diverse tradizioni natalizie si sono sviluppate o sono decadute nel corso degli anni, come danze di gruppo, giochi, canti, mercatini (famoso quello di Hafnarfjörður) e molto altro. Ogni anno si tiene un famoso concerto di Natale, *Jólagestir Björgvins*, che prende il nome da un noto compositore di hit natalizie che converte canzoni italiane degli ultimi decenni in canzoni natalizie islandesi.

Non è l'unico a essersi dilettato in questa curiosa attività artistica, e svariati altri cantautori islandesi hanno preso a prestito melodie nostrane attribuendo loro testi islandesi a tema natalizio: *Gente come noi* di Ivana Spagna è diventata *Þú og ég og jól*, «Tu, io e il Natale»; *Gente di mare* di Umberto Tozzi è diventata *Komdu um jólin*, «Vieni a Natale»; *Così celeste* di Zucchero ha ispirato *Ef ég nenni*, «Se mi va», mentre *I' te vurria vasà*, canzone napoletana di fama mondiale, è stata trasformata in *Mín bernskunnar jól*, «Il mio Natale dell'infanzia». Nel 2021 si è aggiunta *Styttisit í það*, «Manca poco [al Natale]», sulle note di *Felicità* di Albano e Romina. La mia preferita è però *Þú varst mín ósk*, «Il mio desiderio eri tu», sulla musica di *Vivo per lei*, degli O.R.O., e non manco mai di inserirla nelle mie playlist natalizie, che accompagnano tanti momenti sotto le feste, quando sto in casa con la famiglia, sia essa quella islandese o quella italiana.

Il Natale islandese, come quello di ogni altro luogo, è chiaramente in continua mutazione ed evoluzione e si adatta costantemente allo spirito dei tempi. Per me, però, rimane come una sorta di bolla temporale dove ci si ricongiunge con il passato, e le tradizioni, pur cambiando, sono una sorta di filo rosso che tiene insieme il tessuto del tempo.

11

Altipiani
Solitudine nell'Islanda più selvaggia

Quando una festa si avvicina, gli uomini si preparano a celebrarla, ognuno a modo suo. Ce ne sono molti e anche Benedikt aveva il proprio, che consisteva in questo: quando iniziava il digiuno natalizio, o meglio, se il tempo lo permetteva, la prima domenica d'Avvento si metteva in viaggio. Riempiva una bisaccia di provviste, calzettoni di ricambio, varie paia di scarpe di cuoio nuove e un fornelletto da campo; prendeva con sé una latta di petrolio e una bottiglietta d'alcol e se ne andava tra le montagne, che in quel periodo dell'anno erano popolate solo dagli uccelli predatori più resistenti, dalle volpi e da qualche pecora sperduta. Proprio di queste Benedikt andava in cerca, bestie sfuggite ai tre raduni regolari dell'autunno.

GUNNAR GUNNARSSON, *Il pastore d'Islanda*, 1936

LA solitudine è un gusto acquisito. A pochi piace al primo assaggio. Bisogna imparare ad apprezzarla. Nei miei anni di studente, quando non avevo ancora capito a fondo questo Paese, c'erano sempre feste in abbondanza. Del resto è quello il modo più facile per sopravvivere agli inverni, ed è qualcosa che si impara molto presto. A volte le feste si tenevano nei dormitori, ma non erano nulla di che. Quelle a casa da me sì che erano momenti epici, con la porta a vetri che dava sul giardino, sul quale spesso danzavano le aurore, che mollavamo tutto per andare ad ammirare. E gente che entrava e usciva da ogni stanza, che poi finivi con l'aprire una porta e trovare due intenti a farsi gli affari loro, e la coda per il bagno, e fuori il contorno della notte stellata con la musica pop dei primi anni Duemila, quando il mondo non era ancora crollato e uscivamo dagli anni Novanta con tanto ottimismo e molto poco senso pratico. Appartengo alla generazione Y, i millennial, quelli che tutto era possibile, come cantavano i Finley, che valeva la pena correre dei rischi nella vita, quelli di prima della crisi, prima della generazione Z, cresciuta durante la recessione con più marcato pragmatismo. C'era un po' di sano trash, ma mai eccessivo. Capitava di finire a letto con questo o quello, ma con i dovuti accorgimenti e senza troppi strascichi.

Non è però una vita sostenibile sul lungo termine. Stanca. Crescendo e maturando diventa imperativo studiare altre strategie per far fronte agli ostacoli psicologici che la vita ci pone davanti. Non si può dimenticare ogni cosa facendo una festa. Bisogna rallentare, esattamente come quando si impara, da visitatori, che correre tra una tappa e l'altra in Islanda serve a esaurirsi e a rovinarsi le soste, quando invece si dovrebbe gustare ogni stimolo del viaggio. Assaporare più lentamente il tutto, macinare meno chilometri. È così per l'Islanda ed è così per la vita.

Ci eravamo arrampicati sui ripidi pendii dietro la fattoria. Il Sudest islandese è così: una linea infinita di pareti rocciose che scompare all'orizzonte. A nord le vaste brughiere e gli altipiani, a sud le sconfinate pianure che si sdraiano placide verso la riva del mare, punteggiate da acquitrini e solcate da fiumi e torrenti che si stropicciano verso l'oceano. Una volta i pendii erano scogliere e le pianure erano sommerse dal mare. Questo quando l'Islanda era interamente coperta da una spessa calotta di ghiaccio, che comprimeva la terra sottostante come pan di Spagna. Poi il ghiaccio si sciolse e il terreno si innalzò: oggi la riva del mare è a una ventina di chilometri da quelle antiche scogliere, dietro le quali si trovano gli altipiani. Ampi spazi fatti di valli, rilievi, vulcani, laghi, canyon e solitudine senza appello.

È lì che, per quasi metà dell'anno, vive indisturbata gran parte delle pecore islandesi, ed era lì che ci stavamo dirigendo. Ormai ottobre era iniziato e dovevamo raccogliere le ultime rimaste per ricondurle a valle, nelle stalle, dove sarebbero state al riparo fino all'estate successiva.

Per buona parte della sua storia, l'Islanda è stata un Paese di contadini. Noi oggi la immaginiamo soprattutto come una nazione di pescatori, ma non è sempre stato così: sebbene il pesce fosse una parte importante della dieta locale (particolarmente quello essiccato, il famoso stoccafisso), la pesca era soprattutto di sussistenza. Gli islandesi la praticavano principalmente in inverno, perché l'estate era dedicata al lavoro nelle fattorie, ma non disponevano di imbarcazioni di dimensioni considerevoli e utilizzavano bagnarole scoperte, che spesso andavano perdute tra i flutti.

Fin dagli albori della loro storia, gli islandesi sono stati soprattutto agricoltori e allevatori, e la loro principale fonte di sostentamento era la pecora locale, una razza antica, che fornisce carne e lana, due beni di prima necessità a queste latitudini. Lo stile di allevamento è molto diverso da quello di altri Paesi, perché qui le pecore trascorrono l'inverno in stalla, dove vengono nutrite con il fieno locale ricavato durante l'estate dai fattori. Gran parte dei campi verdissimi visibili dalla Strada 1, quando si percorre il perimetro islandese nei mesi estivi, sono coltivati a erba per il foraggio invernale. Durante l'estate le pecore non ne hanno bisogno, né hanno bisogno dei contadini, perché badano a se stesse, spaziando libere nell'immensità selvaggia degli altipiani, che sono una regione interamente disabitata e attraversata da mulattiere percorribili solo in fuoristrada.

Maggio è la stagione delle nascite; le pecore vengono fatte accoppiare perché gli agnelli nascano tutti durante questo mese. Una fattoria media conta intorno alle seicento pecore, e ognuna di queste può partorire due o tre agnelli. Per tutto il mese, giorno e notte, i fattori devono assistere le pecore partorienti. Anche gli agnelli possono trovarsi in posizioni sbagliate al momento del parto e rischiare di soffocare, e anche loro possono rimanere orfani. A volte è possibile convincere una pecora che ha appena partorito a adottare un agnello non suo: bisogna cospargere l'orfano del sangue e del liquido amniotico dell'agnello appena partorito e, se si è fortunati, la pecora penserà che anche l'orfano sia suo.

Purtroppo questo non funziona sempre: la natura è crudele. Capita che le pecore rifiutino i loro stessi agnelli, specie se sono al primo parto, ed è necessario legare loro le corna per evitare che colpiscano i figli. A volte si abituano ai piccoli, altre no, e gli agnelli orfani rimangono da soli. Alcuni fattori se ne prendono cura personalmente, oppure li cedono ad altri disposti a farlo: li allattano con il biberon, li scaldano con il calore del loro corpo e li accudiscono al meglio delle loro possibilità. Non ho mai visto così tanto amore per i propri animali come qui in Islanda, né così tanta attenzione dedicata al loro benessere, il che ha del paradossale, se si pensa che spesso dietro quelle centinaia di capi c'è il lavoro di una sola coppia di esseri umani.

C'è chi ritiene che sia ipocrita o contraddittorio amare gli animali per poi nutrirsene, ma è una prospettiva sbagliata da cui osservare questa situazione: semmai, il fatto di nutrirsi di un animale non è certo una buona scusa per usargli violenza o mancargli di rispetto quando è in vita.

Al termine della stagione delle nascite, tra maggio e giugno, le pecore sono condotte all'esterno. Si sollevano gli agnelli davanti al loro muso, arretrando piano piano per convincerle a seguirti. Una volta fuori, passeranno un periodo di acclimatamento nei campi attorno alla fattoria e saranno poi condotte sugli altipiani attraverso i passi montani, dove resteranno da sole fino all'autunno.

Chiunque viaggi in Islanda durante l'estate è destinato a incontrare pecore un po' ovunque. Sebbene ogni anno i fattori facciano del loro meglio per recintare le proprietà, c'è sempre qualche pecora che riesce a sfuggire rompendo o saltando una recinzione, così che capita spesso di vedere una madre con due agnelli attraversare la strada. A scuola guida ho dovuto seguire lezioni pratiche su un circuito automobilistico, dove ci insegnavano, tra le altre cose, a evitare di investire le pecore sbandando e rimettendoci poi subito in carreggiata. Le pecore sono parte integrante dell'anima di questo Paese.

Alla fine di agosto, e per tutto il mese di settembre fino all'inizio di ottobre, è il periodo dei raduni: le pecore che si sono sparpagliate per mesi in giro per il Paese vanno riunite e ricondotte a valle. Ed era proprio questo che stavamo facendo, quel tiepido pomeriggio di ottobre, quando ci inerpicammo sul fianco dei pendii per raggiungere gli altipiani.

A questa attività partecipano contadini di fattorie attigue, aiutati dai parenti. Si usano cavalli e quad-bike per spingersi sulle montagne, accompagnati dai cani da pastore. A ognuno viene fornito un walkie-talkie e un membro del gruppo viene eletto *fjallkóngur*, il «re della montagna»; sarà sua la responsabilità di coordinare gli spostamenti.

Arrivato a destinazione, mi posizionai in cima a una cresta sul lato Ovest della valle dove sarebbero state convogliate le pecore, che si apriva come uno stretto e lungo anfiteatro dentro la linea ininterrotta dei dirupi, sboccando direttamente sulle pianure a sud. Alle mie spalle una sezione di altipiani tagliata da un canyon profondo, davanti a me e alla mia sinistra, rispettivamente a est e a nord della valle, le alture dalle quali avremmo visto avvicinarsi gli altri a cavallo, con il bestiame.

Sentii gracchiare il walkie-talkie: «Ne vedo quattro lungo il pendio a ovest del monte», disse qualcuno.

«Le vedo, faccio il giro largo e le recupero», rispose qualcun altro.

«Einar! Prova a suonare il clacson! Queste non si spostano…»

Tutto intorno, il silenzio.

Il cielo era terso, e il sole basso di ottobre tingeva tutto di una sfumatura arancione, che in altri Paesi del mondo si può apprezzare solo per pochi minuti dopo l'alba o appena prima del tramonto.

A parte le occasionali comunicazioni intercettate dall'antenna del mio dispositivo, il rombo ovattato di una cascata in lontananza era l'unico suono percepibile. Dopo un paio d'ore, finalmente le vidi: due gruppi di pecore avanzavano dalle cime dei rilievi che circondano il fondo della valle a nord, iniziando pian piano a scendere in fila indiana. Alcune deviarono e andarono a infrattarsi tra le rocce, inseguite da un cane che cercava di recuperarle e farle tornare indietro.

Dopo qualche minuto spuntarono i cavalli, infine i quad.

«*Uh! Ah! Pssss! Oh! Oh!*» sentii gridare.

Dalla cima della cresta si riversò un fiume di pecore, procedendo un po' di corsa e un po' a passi lenti e sospettosi, incanalandosi verso la pianura in una disciplinata fila indiana.

Da lontano intravidi il «re della montagna», in sella a un cavallo. Un uomo sorridente e sornione, che amava il suo lavoro, la vita a contatto con la natura e scherzare e bere in compagnia, ma suscitava un grande rispetto. Del resto, era un *bóndi*. È questa la parola islandese per «contadino» o «fattore», e non si porta dietro la semplice connotazione di lavoratore manuale che si sporca le mani con la terra e in mezzo agli animali; si tratta di un termine che evoca importanza, proiettando un'aura di autorità e di saggezza. Nelle saghe medievali, il titolo di *bóndi* viene usato come forma di rispetto per rivolgersi ai potenti signori locali. Ancora oggi, il *bóndi* è una figura ricca di *gravitas*.

Sentii la sua voce nel walkie-talkie. «Robbi, ce ne sono otto a ovest rispetto a te, verso l'orlo dei dirupi.»

Confuso, domandandomi se mi fossero passate davanti al naso, mi precipitai oltre la cresta e scesi in un piccolo avvallamento, dove le vidi comparire una volta superato un piccolo dosso erboso. Appena mi notarono, iniziarono a correre seguendo il ciglio del precipizio a sud. Dovevo farle deviare verso nord, perché più avanti si trovava un ripido strapiombo, dove sarebbe stato impossibile andare a recuperarle se avessero deciso di avventurarsi lungo quelle rocce e fermarsi lì. Cercai di indirizzarle dove il pendio che scendeva verso valle era più dolce: vedendo le altre attraversare la valle in fila ordinata, sicuramente si sarebbero unite a loro.

Maledizione. Andavano esattamente dove non volevo che andassero.

«Robbi, sono scese verso la parete rocciosa», disse qualcuno al walkie-talkie. Qualcuno che, dall'altra parte della valle, riusciva a vedere tutto quello che c'era sotto i miei piedi.

Il pendio era davvero ripido in quel punto della cresta. Quasi verticale. Onde di muschio sconnesso si alternavano a gradini di terriccio e pietra sdrucciolevole. In caso di caduta, sarebbe stato un problema frenarsi prima del fondovalle. Scesi con cautela, puntando i talloni per lottare contro la gravità. Vedevo le pecore continuare ad avanzare nella valle, ma non quelle che si trovavano sotto di me, coperte dalla curvatura del pendio sotto i miei piedi.

«Tutto bene, Robbi, sono scese tutte.»

Tirai un respiro di sollievo e mi spostai per raggiungere un punto meno ripido da dove scendere.

Una mezz'ora dopo, tutte le pecore radunate erano state ammassate in vasti campi recintati lungo i pendii a sud. Saltai su un quad, abbracciando il guidatore per non essere sbalzato via: dovevamo raggiungere l'estremità dei campi per convogliarle tutte in un recinto più piccolo, da dove sarebbero state caricate su un carro e riportate nella stalla un po' per volta.

Quel giorno, essendo ottobre, si trattò di radunare soltanto poche decine di capi, gli ultimi rimasti. Il vero lavoro è però un mese prima, tra la fine di agosto e l'inizio di settembre, quando i fattori passano giorni sugli altipiani a riunire il grosso delle greggi, pernottando nei rifugi. Qualcuno sale con il fuoristrada lungo le mulattiere che attraversano i campi di lava, trasportando le provviste, gli altri arrivano a cavallo o con i quad. Il bestiame viene radunato in recinti predisposti, prima di essere condotto a valle.

Le pecore che si incontrano non appartengono necessariamente ai contadini che le trovano, ed è qui che entra in gioco una delle tradizioni più importanti di questo Paese. Così importante che le famiglie della capitale portano i bambini ad assistervi, perché costituisce una sorta di ponte con il passato, con le proprie radici: parlo delle cosiddette *réttir*, parola che in italiano può essere tradotta con «smistamenti». In varie regioni dell'isola esistono numerosi recinti di forma circolare, ma anche rettangolare, il cui nome è *rétt*, «recinto», appunto. Quelli tradizionali e circolari si possono immaginare come la ruota di una bicicletta, con un cerchio centrale collegato con il perimetro esterno, e tante sezioni separate nella raggiera. Lo spazio tra un «raggio» di questa ruota e un altro è una sezione di proprietà di una data fattoria.

Ogni gruppo di contadini che ha radunato delle pecore sulle montagne ne conduce a centinaia a valle e le riunisce in un grande campo esterno, collegato al recinto circolare tramite un'apertura nel perimetro di quest'ultimo. Da questa apertura le pecore vengono convogliate un po' alla volta attraverso un corridoio e, quando raggiungono il cerchio centrale, devono essere individuate manualmente leggendo i codici dei cartellini e prelevate per le corna, per poi essere condotte nella sezione del recinto della propria fattoria, che ha il nome di *dilkur*. Anche questa attività di smistamento, proprio come il raduno, non è lasciata al caos ma è gestita dal *réttarstjóri*, il «coordinatore del recinto».

Ogni *dilkur* è separato dal cerchio centrale da un cancelletto. Dietro a questo sta per tutto il tempo in piedi una persona deputata ad aprirlo per far passare le pecore che vengono trasportate, chiudendolo subito dopo per evitare che ritornino nella mischia.

Ormai da anni, ogni settembre, partecipo alle *réttir* di Foss á Síðu o di Skaftá. Con i guanti, gli abiti impermeabili che a fine giornata saranno pieni di fango e la consapevolezza di rimediare qualche livido e qualche caduta, ma con tanta voglia di buttarmi in quell'antica attività che stanca il corpo tanto quanto arreca pace allo spirito.

Eccole che arrivano!

Davanti a me un uomo spalanca il cancello che divide il cerchio centrale dal corridoio che porta all'esterno, e da lì irrompe davanti ai miei occhi un mare di nuvole bianche dalle corna ricurve. A volte le pecore corrono in tutte le direzioni, altre corrono in cerchio, seguendo la stessa direzione, come un vortice di lana.

Ormai non ci sono più agnellini da latte: dopo quattro mesi, sono cresciuti e hanno corna e forza a sufficienza per opporre una discreta resistenza, ma sono le pecore più anziane a costituire la sfida maggiore. Mi faccio strada tra esemplari che scalpitano, beccandomi qualche botta nelle cosce. Cerco strenuamente il codice sui cartellini: una parola, in quel turbinio frenetico!

La cosa strana è che con l'esperienza si imparano a riconoscere le proprie pecore a occhio. Del resto, quelle di una stessa fattoria sono tutte parenti e hanno qualcosa in comune che permette di distinguerle, anche se trovo difficile spiegare di cosa si tratti. Una volta individuata una, e verificato il numero del cartellino, la afferro per le corna, che tornano molto utili in questa situazione. Per questo i contadini islandesi preferiscono selezionare pecore con le corna, pur esistendo anche esemplari che ne sono sprovvisti.

Con un movimento rapido, mi posiziono sopra la pecora, di modo che si trovi in mezzo alle mie gambe. A questo punto la sollevo: se i suoi arti anteriori non toccano terra, non si divincolerà più di tanto. Così facendo, la trasporto fino al cancelletto all'ingresso della nostra sezione. L'addetto lo apre e, lasciate andare le corna, la pecora ci corre dentro. Questo è il metodo più rapido, anche se richiede un grande sforzo fisico, dal momento che logicamente le pecore tendono a opporsi quando vengono afferrate.

Fuori dal recinto, ogni fattoria ha qualche membro deputato al rinfresco: caffè, latte al cioccolato, le frittelle morbide a forma di fiocco dette *kleinur*... Tra una tornata di pecore e la successiva si può fare una pausa per rifocillare corpo e spirito, e per dare tregua ai muscoli delle braccia. A fine giornata, si disporrà un carro all'ingresso esterno di ogni sezione, su cui saranno caricate le pecore che saranno trasportate un po' per volta verso i campi intorno alla fattoria.

A questa attività di smistamento partecipano tutti, adulti e bambini, e a volte alcuni turisti offrono il loro aiuto per poter entrare nello spirito del luogo. Questa è anche un'occasione per incontrare amici e parenti, e magari persone che non si vedevano da tempo. Alcuni vengono apposta da Reykjavík, a tre o quattro ore di distanza, per assistere a quell'evento. Tutti sorridono e chiacchierano, i ragazzini siedono sui muretti che dividono le varie sezioni; sotto, le nonne controllano i nipotini.

Oggi, sempre meno islandesi comprendono il valore di questo stile di vita tradizionale. Con rare eccezioni, i giovani non sono interessati a questo mondo, che dunque rischia di scomparire sotto la spinta inesorabile della modernità. Ormai è appannaggio soltanto di pochi, veramente innamorati di quella vita ma che devono pagarla al prezzo di non potersi mai muovere (a meno di trovare qualche parente o vicino che badi alle bestie in loro assenza) e di non fare profitti significativi.

La legge islandese proibisce al singolo allevatore di produrre e vendere carne autonomamente: può essere venduta solo a consorzi autorizzati, che la lavoreranno. Gli intermediari rendono i ricavi dei fattori poco consistenti. Il lato positivo di questo stato di cose è che in Islanda ci sono esclusivamente allevatori con un profondo amore per la vita all'aria aperta e il lavoro con gli animali, e ciò ha un impatto sul prodotto finale, che proviene da bestiame che ha vissuto nel migliore dei modi possibili. D'altro canto, il lato negativo è che un lavoro poco redditizio e faticoso rischia di non esercitare abbastanza attrattiva e catalizzare tutte le braccia necessarie per svolgerlo.

Come in tanti altri Paesi, anche in Islanda si incontrano forti contrasti. Due forze, una antica e una moderna, si contendono l'anima della Terra del Ghiaccio: da una parte, si ha uno slancio verso il futuro e una sorta di fuga dal proprio passato, a volte percepito a torto dagli stessi islandesi come povero, poco interessante per il resto del mondo o addirittura umiliante; dall'altro, un bisogno sottaciuto di tornare alle proprie radici per proteggerle.

Questo crea un conflitto: cos'è l'Islanda? Una nazione moderna e variegata che si evolve e muta insieme con il resto del mondo, incentrata intorno alla sua capitale, oppure un mondo rurale che si oppone strenuamente alla minaccia della sua cancellazione da parte delle forze della modernità? È l'Islanda che si interroga sul valore di un passato percepito come una zavorra, o è l'Islanda che si interroga sul valore di una globalizzazione che finisce con il rendere tutto uguale, spazzando via tradizioni e specificità millenarie?

L'Islanda è però tutte e due le cose: è la città cosmopolita, internazionale, aperta e in continuo cambiamento, l'architettura anonima in vetro e acciaio, i festival musicali e l'arte contemporanea, inclusa quella che tutti fingono di apprezzare per non sentirsi additare come ignoranti. Ma è anche la vita nelle campagne, l'allevamento delle pecore, la lettura delle saghe medievali, il lavoro a maglia nelle sere invernali, la carne di agnello affumicata con patate e besciamella, la marmellata di rabarbaro, i cavalli, la solitudine e la diffidenza verso le novità.

Nel momento in cui mantengono un equilibrio sostenibile, queste due forze opposte sono la più grande risorsa per questo Paese, ed è la loro interazione dialettica che permette all'Islanda di affrontare le sfide del futuro con il giusto spirito: ricordando da dove viene, riesce a capire meglio dove vuole andare.

12

Djúpivogur

Romani, irlandesi, norvegesi… e un fuggitivo di origini africane

«Vichingo» era il nome di una professione, non una questione di retaggio [etnico], come rivela un colossale studio genetico.

ANDREW CURRY, *Science*, 16 Settembre 2020

UN pomeriggio ero a bere un caffè con un amico italiano al *Kaffivest*, un locale nella parte ovest di Reykjavík frequentato da personalità pubbliche e dai prezzi esorbitanti. Il mio amico era seduto di fronte a me. Leggevo tanta compassione nel suo sguardo. Avremmo dovuto parlare di me, invece – per qualche strana ragione – finimmo a parlare di lui. Credo sia stato una sorta di istinto di conservazione da parte mia: ascoltare i problemi degli altri ci fa sentire che i nostri non sono poi così gravi. Da qualche parte avevo letto che in un esperimento fatto in ambienti di lavoro, i soggetti registravano livelli più alti di soddisfazione con aumenti insignificanti di stipendio assegnati a loro in modo esclusivo, che non con aumenti significativi ma applicati a tutti i colleghi. Insomma, siamo più contenti non se stiamo meglio, ma se sappiamo che c'è chi sta peggio. Meccanismo perverso che ci porta a giocare al ribasso, ma tant'è. Se c'era una cosa di cui in quel momento avevo un bisogno disperato, era di sapere che anche il resto dell'umanità stava soffrendo.

Dalle mie parti c'è un detto: «Se andassimo al mercato con i nostri problemi, torneremmo ciascuno con i suoi». Il senso è che pensiamo sempre che gli altri stiano meglio di noi, perché non abbiamo la percezione di quello che stanno passando nella vita; se dovessimo scoprirlo, non saremmo poi così impazienti di scambiare i nostri problemi con i loro. In quel periodo ero alla perenne ricerca di merce da rifiutare.

Il mio amico mi stava chiedendo aiuto. Non per questioni burocratiche, come spesso succede, o per organizzare le vacanze. No: era residente in Islanda e aveva bisogno di parlare del male di vivere che lo aveva assalito. Mi raccontò le sue frustrazioni in questo Paese dove la società è ora ingenua e innocente, ora ipocrita, e dove la libertà viene descritta innanzitutto come libertà di acquistare.

Visto da fuori, il grosso della popolazione sembra avere una vita dignitosa, ma da fuori non si notano tanti dettagli. Come il sistema sanitario costoso e a tratti proibitivo, la violenza domestica, la pessima pianificazione urbana di Reykjavík, la miopia di classi dirigenti che vogliono costruire piste ciclabili in centro, dove abitano e lavorano, quando la città è così spalmata che le persone rimangono imbottigliate nel traffico per ore per raggiungere uffici e scuole, che sono tutti ammassati sulla punta della penisola, rendendo l'inquinamento un problema reale.

Nessuno vede lo sfruttamento avido che gli islandesi fanno dei lavoratori stranieri e delle loro risorse. Se hai diritto a sconti, o agevolazioni in generale, nessuno te lo viene a dire. È un Paese come gli altri: nessuno si prende amorevolmente cura di te. Il mio amico aveva pensato di trovare vita facile, e le sue riflessioni mi diedero molto da pensare. Anch'io a volte mi trovavo preda di un certo malanimo.

Gli islandesi si muovono in massa e raccolgono migliaia di firme in un giorno se si tratta di boicottare l'Eurovision Song Contest in Israele, ma non si interessano ai diritti dei lavoratori, alla sanità, alla pressione fiscale per i redditi più bassi, o al grave problema della mancanza di case per le fasce più deboli. Hanno lasciato che le classi dirigenti cancellassero i colossali debiti di alcuni imprenditori dopo che lo Stato si era assunto il peso di nazionalizzare le banche fallite, ma non sono stati fatti sconti ai cittadini comuni con debiti meno ingenti. E, a dispetto di tutto, i partiti che vanno al governo sono sempre gli stessi.

Se non sei un eremita sprofondato nel più denso menefreghismo, non puoi restare indifferente a questioni del genere. Il problema è che da straniero sei sempre combattuto tra il bisogno e la voglia di contribuire a migliorare la società di cui sei ormai parte e la paura di sentirti dire che dovresti tacere ed essere grato di non essere ancora stato sbattuto fuori a calci.

Gli amanti del mondo senza frontiere tendono ad appartenere a classi sociali le cui caratteristiche fondamentali travalicano i confini nazionali. È facile sentirsi a casa ovunque e avvertire l'afflato universalista se frequenti ambienti dove tutti parlano cinque lingue, hanno studiato in scuole internazionali, fanno sport e attività ricreative di un certo tipo. Ho impiegato parecchio tempo per capire che per me era facile sentirmi a mio agio in Islanda perché mi muovevo in ambienti dove condividevo molte esperienze che a tanti altri fuori da quei giri sono sempre state negate.

Ho dovuto imparare che solo un certo tipo di persone sa cosa sia il vetro di Murano, ha frequentato l'opera e in vacanza si dedica alla visita di musei e gallerie. Per gli altri è difficile sviluppare lontano da casa quel senso di appartenenza e di familiarità di cui ogni essere umano giocoforza necessita. Una volta, all'università, ho conosciuto un ragazzo inglese che da dodici anni viveva per lunghi periodi in Islanda. La considerava «casa», e in effetti possedeva una casa tutta sua in una strada elegante. Non spiccicava una parola di islandese, ma per i circoli elitari che frequentava tutto ciò non aveva importanza.

Ho anche conosciuto una ragazza polacca che lavorava in una fabbrica di pesce. Le sue frequentazioni erano quasi tutte polacche. Nessuno di loro parlava inglese, ma tutti parlavano islandese in qualche modo, e per loro trasformare l'Islanda in «casa» sembrava un compito molto più difficile. Si muovevano in ambienti dove incontravano islandesi che non erano interessati ad avere esperienze e amicizie internazionali, né avevano sufficienti punti in comune per poter costruire rapporti profondi e duraturi. Per questi islandesi la Polonia era una terra degradata di delinquenti, mentre nei giri frequentati dal ragazzo inglese la Polonia era la patria di Chopin, Marie Curie, Roman Polański, Arthur Rubinstein... Facile, da polacchi, sentirsi accolti e a casa se si frequentano quei giri.

A un corso di islandese ho incontrato una donna filippina; quando ha scoperto che ero italiano si è illuminata: «Quindi sei cattolico!» Cercava un appiglio con cui stabilire una relazione tra noi due, qualcosa che ci avvicinasse, e io, che non andavo in chiesa da più di dieci anni, mi sono sentito estremamente colpevole. Non tanto per la chiesa, ma per il fatto di essermi precluso un motivo di avvicinamento a molte persone. Mi sono commosso, tempo dopo, e ho pensato molto a quella ragazza, leggendo il resoconto delle vicende di Pietro Querini, nobiluomo veneziano: naufragato sulla rotta per le Fiandre, fu trascinato dalla Corrente del Golfo su una barcaccia fino a uno scoglio delle isole Lofoten, in Norvegia, dove fu strappato a malapena alla morte, insieme con i pochissimi superstiti, da pescatori del luogo. Era la fine del XIV secolo e l'accoglienza meravigliosa che gli fu riservata, nonché il senso di fratellanza che traspare tra i veneziani e i norvegesi, sembrano derivare dal loro essere tutti cattolici. Un secolo e mezzo prima che il luteranesimo, degenerato a opera di sovrani tanto ambiziosi e rapaci quanto i papi che criticavano, spaccasse l'Europa in due. Una frattura che ha causato ulteriori ferite e divisioni nella nostra vecchia Europa.

In questa nostra epoca così complessa, dove la religione sembra essere un fondale sbiadito e accantonato da qualche parte in un angolo del palcoscenico, può essere molto difficile creare legami tra individui che non hanno un'analoga estrazione sociale. Quando uno straniero giunge da lontano, da una cultura assai diversa, può fare davvero tanta fatica a inserirsi e sentirsi accolto, e questo difficile compito è reso ancor più arduo dalle leggende che circolano sulla chiusura e sull'omogeneità del popolo islandese, la cui unicità sarebbe illecito scalfire.

Ormai, però, questo è soltanto un mito: non solo le nuove generazioni includono sempre più islandesi nati da coppie internazionali, ma anche in passato i marinai stranieri hanno spesso lasciato tracce del loro passaggio nel patrimonio genetico locale. I remoti fiordi e tante altre località costiere sono testimoni silenziosi della ricchezza e della diversità delle origini del popolo islandese.

L'Est è forse la parte meno conosciuta dell'Islanda, stando alle statistiche sul numero di visitatori. Ci sono due vie principali per attraversarlo: quella che costeggia i fiordi, sinuosa, lunga, scenografica, e una più breve ma impervia, che bypassa i fiordi e raggiunge l'entroterra, dove si trova il capoluogo della regione, Egilsstaðir. I tour fatti di corsa tendono a tagliare questa zona, che spesso si ammira dal finestrino della vettura che sfreccia lungo la costa, eppure anche qui ogni angolo meriterebbe una mezza giornata per essere goduto appieno.

I fiordi sono di frequente invasi dalle nebbie che si accumulano sull'oceano, la cui umidità finisce con l'ammassarsi nelle insenature circondate dai monti disposti a ferro di cavallo. È proprio qui che si trovano le tracce più antiche della storia dell'isola. In questa regione, come nei Fiordi Occidentali e in altre località costiere, sono sempre esistiti contatti con il mondo esterno: pescatori di varie nazionalità, ma in particolare francesi, hanno lasciato il loro segno, come nella cittadina di Fáskrúðsfjörður, nel fiordo omonimo, fondata dai francesi a metà Ottocento. Ancora oggi la segnaletica è bilingue: islandese e francese.

Il fiordo successivo, più a nord, si chiama Reyðarfjörður, e anche là si trova un'insospettabile connessione internazionale, anche se più recente: nel 2007, la Chiesa cattolica islandese vi stabilì la sede della parrocchia di san Torlaco, dedicata al santo patrono del Paese, che copre tutto l'Est e parte del Sudest. Sempre qui, lo stesso anno, fu anche fondato un convento dell'ordine dei frati minori cappuccini: una tipica casa islandese rivestita di lamiera, posta sopra un terrazzamento che domina la parte più profonda del fiordo, nella località denominata Kollaleira. Accanto al convento, nel 2017 fu costruita una graziosissima chiesa in legno donata dalla Slovacchia all'Islanda, che a mio avviso è uno degli scorci più incantevoli dell'isola.

Una volta volli rischiare e accompagnai là un gruppo di italiani. Avevo raccontato loro che si trattava di un convento, pregandoli di non immaginarsi la Certosa di Pavia, e soprattutto di non fare inutili paragoni: non ci si può aspettare di trovare la classica bellezza degli edifici italiani nei remoti fiordi islandesi, e cercarla significa avere sugli occhi un filtro che impedisce di coglierne la bellezza unica, una bellezza diversa, non certo considerabile superiore o inferiore. Salimmo dietro al terrazzamento, superando una macchia di conifere. Negli spazi vuoti tra l'intreccio dei rami, un quadretto costituito dall'incantevole chiesa in legno, e sotto di essa il fiordo, oltre il quale svettavano i monti macchiati dal verde del muschio e dal bianco del ghiaccio. Una quiete che avvolgeva come una coperta, e la serena consapevolezza di trovarsi sull'orlo dell'infinito, presso la riva del vasto oceano. Come speravo, la contemplazione di quella bellezza non deluse.

Sempre in questa regione si trova l'approdo del principale traghetto che collega l'Islanda all'Europa, nel fiordo di Seyðisfjörður, mentre la cittadina di Neskaupstaður ospita ogni anno un festival importante detto Neistaflug, «Volo delle scintille», in cui si suona e si fa festa, nonché un altro festival musicale dal nome peregrino, costituito da un gioco di parole creato spostando una sola lettera nella parola Neistaflug: Eistnaflug, qualcosa come «Volo dei testicoli».

Ho un ricordo particolarmente vivido delle svariate volte in cui ho attraversato l'Est. A parte la nebbia spesso presente nei fiordi, in quella zona le temperature sono di frequente le più elevate del Paese e si hanno le estati migliori e assolate, con temperature che superano i 20 gradi. Potrà magari sembrare poca cosa, ma il calore della luce solare, in Islanda, è più intenso (secondo alcuni per via del fatto che lo strato di ozono è più sottile a queste latitudini), per cui scottarsi è tutt'altro che raro!

Un giorno di inizio agosto, mentre accompagnavo un gruppo di turisti, mi capitò di fermarmi per pranzo nella cittadina di Djúpivogur, «Insenatura profonda», che si trova all'imboccatura del primo fiordo nel Sud della regione. Personalmente preferisco i Fiordi Orientali a quelli Occidentali, perché le montagne che li abbracciano sono estremamente scenografiche: rilievi aguzzi e seghettati, e altri che sembrano piramidi perfette di fabbricazione umana, come il famosissimo Búlandstindur, che domina Djúpivogur svettando per oltre 1.000 metri.

Dopo l'abolizione del monopolio commerciale da parte della Danimarca, in Islanda ebbe inizio una certa ripresa economica, e il settore che si è sviluppato maggiormente a partire da quel periodo è la pesca, che nei secoli era stata appannaggio di Paesi stranieri, con inglesi, tedeschi, norvegesi, francesi e spagnoli che raggiungevano le acque islandesi con i loro vascelli per approfittare delle pescose acque al largo dell'isola, mentre gli islandesi pescavano soprattutto durante gli inverni per sussistenza e su delle bagnarole, attività che reclamava tante vite ogni anno.

Arrivammo da sud, lungo la spettacolare costa ai piedi dei monti che contengono la calotta glaciale del Vatnajökull, il quale sbuca ogni tanto dagli squarci tra i rilievi. Era una giornata assolata e la temperatura sfiorava i 30 gradi. Un'ondata di calore davvero rara, per questo Paese, ma ormai siamo sempre più abituati alle severe fluttuazioni climatiche. L'autobus si fermò presso il porticciolo del piccolo centro abitato. A sinistra si trova una casa in legno piuttosto lunga, dalle pareti rosse e dal tetto nero. Il suo nome è Langabúð, ovvero «Bottega lunga». Si tratta dell'edificio più antico di Djúpivogur, costruito nel 1790 e utilizzato come stazione commerciale dai danesi. Oggi ospita un caffè-ristorante, il centro culturale della cittadina e un museo dedicato a uno scultore del luogo.

Appena sceso dal pullman notai qualcosa che non c'era l'ultima volta che ero stato lì: uno strano monumento su un piccolo terrazzamento che domina il porto. Si tratta di un pilastro nero, sul quale si trova una freccia in vetro turchese dalla forma di un puntatore di mouse e alla base, sui due lati, le due parti di una catena spezzata, su cui è scritto in caratteri turchesi piccoli e molto distanziati FRELSI, «libertà». Capisco subito di che cosa si tratta, e ne trovo conferma quando vedo la scritta, con il medesimo carattere turchese, lungo la colonna: HANS JÓNATAN, il nome di una delle figure più curiose e straordinarie della storia islandese, nonché probabilmente un mio parente acquisito.

Il monumento è stato collocato da poco, nonostante se ne fosse parlato per anni: Hans Jónatan è stato il primo islandese di origini africane, e centinaia di islandesi possono vantarlo come antenato (quelli accertati sono circa ottocento). Il DNA di sua madre è stato parzialmente ricostruito nel 2018 in un importante studio genetico effettuato su 182 suoi discendenti diretti. Il risultato ha permesso di collocare l'origine ancestrale della madre in un'area dell'Africa occidentale situata intorno alla Nigeria.

Mi misi subito a narrarne la storia, rimasta pressoché sconosciuta fino a pochi anni fa: Hans Jónatan era nato nel 1784 a Saint Croix, nelle isole Vergini, che allora erano una colonia della Danimarca. Era figlio di una schiava africana, Emilia Regina, e di un danese la cui identità non è accertata. In quanto schiavo, era di proprietà di una famiglia danese, che seguì quando questa si trasferì a Copenaghen nel 1789. Nel 1801, a soli diciassette anni, scappò dalla famiglia e si arruolò nella marina danese, dove si distinse nel corso di una battaglia navale contro il Regno Unito combattuta presso Copenaghen.

Il principe ereditario gli garantì la libertà come premio per il suo servizio, ma la sua vecchia padrona riuscì comunque a farlo arrestare, per poi portarlo con sé nelle Indie Occidentali. Ne seguì una battaglia legale: la schiavitù era ormai stata abolita in Danimarca, ma non nelle colonie, e la corte decretò che Hans Jónatan avrebbe dovuto ricongiungersi con la famiglia dei proprietari e seguirli nelle colonie, rimanendo dunque di loro proprietà.

Determinato a non tornare schiavo, nel 1802 fuggì e non se ne ebbe più notizia. Soltanto quasi due secoli dopo venne a galla il resto della vicenda: Hans Jónatan si era rifugiato in uno dei più lontani avamposti del regno danese, l'Islanda. Qui aveva vissuto come fattore per un periodo, facendosi molto ben volere dalla popolazione locale, integrandosi perfettamente e sposando una ragazza del luogo, dalla quale aveva avuto tre figli. Aveva quindi lavorato per qualche anno alla stazione commerciale, quella che oggi si chiama Langabúð, per poi diventarne gestore nel 1819, senza che nessuno sospettasse il suo passato di schiavo in fuga. Morì nel 1827.

Fu in occasione di un Natale trascorso in Islanda che scoprii la possibilità di avere acquisito Hans Jónatan come parente, quando notai che nelle farmacie islandesi vendevano test del DNA che permettono, tra le altre cose, di individuare la predisposizione genetica a malattie, ma anche la stima dell'etnia, che consente di sondare la provenienza geografica dei propri antenati fino a una manciata di generazioni addietro. Non si tratta di una scienza esatta, ed è più da intendersi come un divertimento, quasi come l'oroscopo, ma può comunque fornire spunti di riflessione.

Acquistai dunque un test per me e uno per Lára, come regalo di Natale, e i risultati furono piuttosto interessanti. I miei erano abbastanza prevedibili: quasi interamente italiano, un po' del Nord e un po' del Sud, con una spruzzata di Nordeuropa e una di Grecia. Quelli di Lára, invece, includevano per più del 90% una provenienza scandinava, ma anche un interessante 1% dalla Nigeria. Interrogata un'amica la cui madre lavora proprio per la compagnia che ha effettuato lo studio genetico su Hans Jónatan, emerse che il DNA africano è estremamente raro in Islanda, ed è possibile che le sia derivato proprio da Hans Jónatan, anche se servirebbe un test *ad hoc* per accertarlo.

Effettivamente, secondo il database genealogico islandese Lára non sarebbe imparentata con lui, ma sappiamo bene che non sempre, negli alberi genealogici, i nomi dei genitori ufficiali corrispondono a quelli dei genitori biologici. Attendibile o no dal punto di vista delle parentele biologiche, questo colossale database genealogico è uno degli strumenti più straordinari di cui gli islandesi possono usufruire.

Leggenda vuole che in Islanda tutti sarebbero imparentati abbastanza strettamente, e che esisterebbe un'app per controllare di non essere cugini della persona incontrata in discoteca con la quale si vorrebbe passare la notte. Questa storia viene ripetuta da anni ma, come accade per tante altre, si tratta di una leggenda metropolitana: gli islandesi non sono molto più imparentati tra loro di italiani che hanno famiglie radicate su un certo territorio da generazioni. Quando vado a trovare mia nonna in campagna, ogni persona che incontriamo salta fuori che «è nostra parente», e mi viene scodellata la genealogia che ci collega. Fino a un paio di generazioni fa gli islandesi erano abilissimi in questo, e pubblicavano numerosissimi volumi con le genealogie degli abitanti di determinate aree nel corso dei secoli, rivelatisi fonti preziose per la realizzazione di questo database online.

La deCODE genetics, un'azienda privata, ha ottenuto nel 2000 un permesso dal governo di accedere ai database privati della popolazione: cartelle cliniche, alberi genealogici e informazioni genetiche. Ha dunque pubblicato diversi studi rivoluzionari in ambito genetico, ma ha anche sviluppato un sito che raccoglie tutte le informazioni reperibili di carattere genealogico e ospita un database digitale dove si possono cercare informazioni sulla propria genealogia. Nella home page si trova una casella dove basta inserire il nome di un qualsiasi islandese vivente o deceduto per generare l'albero genealogico che lo connette all'utente. È anche possibile aggiungere dettagli biografici, foto e altre informazioni.

A meno che non si tratti di persone vissute nei secoli passati e decedute, le informazioni sono accessibili soltanto ai parenti stretti. Per le persone ancora in vita, gli unici dati pubblici sono la data e il luogo di nascita. Non è possibile cercare un islandese a caso e vedere chi sono i suoi parenti per ficcanasare nei loro affari, si può solo verificare la parentela con lui. Non che ficcanasare sia necessario: in Islanda la privacy non è tenuta in gran conto. Gli islandesi molto raramente sollevano questioni di privacy, e i fatti privati di tanti sono conosciuti da altrettanti. In effetti alcune voci si sono alzate contro la deCODE genetics, gettando dubbi sulla liceità del suo possedere tutti questi dati su ogni singolo cittadino, ma sono state generalmente minoritarie, e gli islandesi non sembrano farsi troppi problemi rispetto all'idea che l'azienda detenga tutte quelle informazioni su di loro.

Questo potrebbe indurre qualcuno con una mentalità diversa a credere che una tale situazione porti a diffusi casi di ricatti, minacce, pettegolezzi maligni e quant'altro. Non è però ciò che ho verificato io: il fatto che tutti sappiano più o meno gli affari di tutti, anche quelli più intimi e scabrosi, ha l'effetto inaspettato di svuotare il pettegolezzo del suo significato. Proprio come certe dichiarazioni di personaggi pubblici mettono a tacere le speculazioni, il fatto che tutti siano ben consapevoli che l'umanità intera è peccaminosa e fallibile porta a ridurre drasticamente il tasso di bigottismo e gli atteggiamenti giudicanti.

Innumerevoli volte ho sentito gli islandesi discutere delle vite disastrate di loro conoscenti in modo del tutto naturale, come se ne stessero riportando le esperienze delle vacanze estive. In Italia ero abituato a sentire discorsi di questo tipo permeati da un palpabile senso di sdegno, percepibile nel lessico usato e nel tono della voce. Amici e conoscenti nella mia città natale che avevano affrontato ostacoli e sfide pesanti nel corso della vita – come alcolismo o altre dipendenze, gravidanze indesiderate e così via –, al di là di una facciata di accettazione sociale, quando non erano presenti divenivano spesso oggetto di commenti sprezzanti o scandalizzati. Tutti inciampano e fanno errori, e sapere di vivere in mezzo a persone che non punteranno il dito quando capiterà a me è qualcosa che mi rasserena moltissimo. A volte mi domando se non siano proprio la parentela generalizzata e le dimensioni esigue della popolazione a facilitare questo atteggiamento, ma ne dubito: realtà piccole e isolate di altri Paesi non sono automaticamente più tolleranti, anzi!

La questione dell'utilizzo di un'app per verificare un'eventuale parentela stretta è invece totalmente infondata: al massimo sarà capitato che per curiosità qualche islandese abbia controllato la parentela con un amico o un conoscente, anche se non ho mai sentito di nessuno che lo ha fatto, se non nel privato di casa propria. Assolutamente falso dire che gli islandesi verifichino la parentela prima di scegliere il partner; idea che diventa ancora più assurda se consideriamo il fatto che il concetto di famiglia in questo Paese è molto ampio e gli islandesi sanno benissimo chi sono i loro cugini, prossimi e lontani.

Per gli sconosciuti, invece, si può appurare fino a dove risale la parentela; per esempio, una rapida ricerca mostra che Lára è imparentata con la cantante Bríet, avendo un capostipite in comune sei generazioni fa, ma anche con GDRN e Björk, otto generazioni indietro, così come con l'attuale presidente, o con la prima ministra Katrín Jakobsdóttir. Ho provato a controllare anche la parentela tra la mia compagna e diversi islandesi che conosco. Non capita quasi mai di trovare un antenato in comune prima della seconda metà del Settecento, il che significa che prima di questa data, probabilmente, quasi tutti gli islandesi che hanno avuto discendenti sono antenati di quasi tutti gli islandesi di oggi, ma si tratta appunto di parentele che risalgono a più di duecento anni fa, non certo di cuginanze più o meno vicine. Conoscere il proprio passato ed essere consapevoli della sua ricchezza, complessità e varietà sono i migliori antidoti a certe chiusure e a tanti pregiudizi.

Proseguendo lungo la costa raggiungemmo il centro abitato di Stöðvarfjörður, «Fiordo della stazione». Il fiordo prende il nome dalla fattoria di Stöð, «Stazione», appunto. Qui è stato eseguito uno scavo archeologico che ha riscritto la storia del Paese. E questa volta per davvero. Ormai è diventato un vizio quello per cui i giornali riportano ogni scoperta storica, per quanto piccola o ininfluente, come qualcosa che «riscrive la storia»: iperboli talmente abusate che evitarle, ormai, equivale a scrivere sottotono.

Nel 2015, a Stöð fu scoperto il sito di due antiche costruzioni, poste l'una sopra l'altra, risalenti al periodo della colonizzazione. Lo scavo che ne è conseguito ha portato alla luce una sfarzosa dimora, costruita sui resti di un'altra precedente.

L'edificio più antico è databile intorno all'anno 800 d.C., ed è dunque di quasi un secolo precedente all'inizio della colonizzazione del Paese come riportata nelle fonti medievali, la cui veridicità era sempre stata accettata senza grandi obiezioni, anche perché tutti gli altri siti fino ad allora rinvenuti erano databili proprio al periodo delle colonizzazioni così come riportato nei resoconti antichi. È anche vero che sono state rinvenute alcune monete romane, che sono però prive di valore, cosa che getta dubbi sull'ipotesi che possano essere appartenute al tesoro privato di un colonizzatore norreno. Alcuni non ritengono impossibile che qualche cittadino dell'impero romano, magari proveniente dalla Britannia, abbia visitato l'Islanda. Del resto, fin dai tempi di Pitea di Marsiglia, ovvero dal IV secolo a.C., girava la voce di una terra boreale, vicina al punto in cui il mare congela, il cui nome era Θούλη, o Thule nella trascrizione latina. La sua identificazione precisa è tuttora oggetto di dibattito, ma nel Medioevo gli islandesi erano sicuri che la terra chiamata Thule nei testi latini fosse proprio la loro.

Chissà se dalle nebbie che si ammassano al limitare dell'oceano affiorarono dei vascelli romani e posarono per primi gli occhi su questi monti impervi. Del resto, stando alle fonti islandesi, ci sarebbero riusciti i monaci anacoreti cristiani nella metà del primo millennio usando imbarcazioni in pelle! Non ci sono ancora prove archeologiche della presenza di questi eremiti, ma poco distante dalla costa dei Fiordi Orientali si trova un'isola chiamata Papey, il cui nome sembra appunto indicare la presenza dei *papar*, che è il termine con cui i norreni indicavano i monaci cristiani.

Facemmo una sosta nel piccolo centro abitato di Stöðvarfjörður, perché una coppia di ospiti desiderava visitare l'Esposizione di rocce di Petra, una mostra di minerali raccolti da una signora del luogo nel corso della sua vita. Il resto del gruppo non era interessato, dunque dovetti trovare qualcosa di alternativo e optai per una passeggiata verso il porticciolo: era una giornata molto calda, ben 29 gradi, e il panorama del fiordo era di una bellezza appagante. Mentre costeggiavamo la strada che attraversa quella piccola conurbazione, notai il tetto azzurro cielo di una chiesa in lamiera che spuntava da dietro alcuni arbusti sul pendio alla mia sinistra. La chiesa non era indicata sulla mia app di mappe. Decisi di raggiungerla per curiosare, salendo una breve e ripida stradina affiancata da alti ciuffi di erba e sterpi. Avvicinandomi, vidi un uomo in bermuda in cima a una scala che verniciava la facciata, mentre una donna leggeva un libro seduta su una panchina. Per non allarmarli, visto che ero seguito da una ventina di persone, mi rivolsi a loro in islandese chiedendo se potevamo avvicinarci e fare una foto. Essendo ancora lontani da me, non sentirono e mi chiesero di ripetere quel che avevo detto; in quel momento l'uomo sulla scala si girò e lo riconobbi all'istante: «No! Ciao!»

Era un professore di Letteratura dell'Università d'Islanda che conoscevo bene, ma non sapevo avesse contatti con quella parte del Paese. Saltò fuori che lui e la moglie possedevano una percentuale della proprietà di quell'edificio, che altro non era se non un alloggio per vacanze, che viene anche affittato ai turisti. Ci riservarono un'accoglienza calorosa, con grande stupore del gruppo che accompagnavo, che probabilmente si aspettava di essere cacciato a fucilate.

Ci invitarono a visitare l'interno dell'ex chiesa: c'erano ancora il pulpito e l'altare, però c'erano anche divani, un tavolo con alcuni computer, un angolo cottura e sulla balconata del coro era stata ricavata una camera da letto. La moglie del professore mi raccontò la storia dell'edificio, che un tempo si trovava presso Stöð, nel profondo del fiordo, e aveva rischiato la demolizione, prima di essere spostato nella sua posizione attuale e riconvertito in alloggio privato.

Quando uscimmo nel caldo sole del pomeriggio, il mio gruppo era estasiato, consapevole di aver appena vissuto un'esperienza irripetibile che aveva reso quel viaggio unico per loro, ma anche per me.

Sulla piattaforma davanti all'ingresso della chiesa, appoggiata su un tavolino, si trovava una moka. «Una moka, naturalmente!» come osservai ad alta voce davanti ai proprietari, i quali scoppiarono a ridere.

La moka è diventata sempre più comune in Islanda, anche se non credo vincerà la lotta con le macchinette a capsule. Ho un'amica, Ása, che padroneggia con maestria la tecnica del caffè fatto con la moka, e ogni tanto posta dei tutorial sui suoi profili social. È stato appunto tramite i social media che l'ho conosciuta. Ása vive a Verona ed è la moglie del calciatore Emil Hallfreðsson; si è talmente appassionata alla cucina italiana che ha deciso di importare nel suo Paese d'origine tanti prodotti di punta del nostro mondo enogastronomico. Ormai in Islanda si trovano tra i migliori oli e vini italiani, molti formaggi, la soppressata, la giardiniera, le olive di Cerignola e tanto altro. È diventato difficile imbattersi in un buffet dove non sia presente un vasetto con il pesto alla genovese da spalmare sul pane.

Di solito immaginiamo che all'estero l'Italia sia vista come un Paese invischiato in problemi politici, situazioni di degrado e criminalità, ma la realtà è che tanti hanno un'idea quasi onirica di questo Paese; a tutti gli altri, Ása mostra appunto un lato dell'Italia più sereno, più elegante, quello che alcuni sognano guardando i film di Fellini, quello della «dolce vita».

Ása ha poi il merito di dedicare molto tempo a mostrare agli islandesi come fare il migliore uso dei prodotti italiani, perché anche se noi lo diamo spesso per scontato, non sempre è ovvio come sfruttare al meglio un ingrediente. Per esempio, non è raro che islandesi non avvezzi alla cucina italiana cuociano la pasta mettendola nell'acqua ancora fredda, e poi ci versino sopra il sugo, freddo pure quello, senza cuocerlo, senza soffritto. Ovviamente questo non è segno di una bassa caratura morale ma soltanto dell'appartenere a una tradizione diversa. Il meridionale che nel Nord Italia chiede il pane per accompagnare un piatto con la polenta sta facendo un perdonabilissimo errore dovuto al fatto che il suo modo di concepire il pasto non può prescindere dal pane, e nessuno gli ha insegnato che la polenta va appunto a sostituirsi a questo. Ugualmente, anche gli italiani possono in qualche modo «rovinare» pietanze e ingredienti islandesi trasferendovi abitudini culinarie italiche. È inevitabile che succeda, ma è anche una bella cosa, perché è quando si incontrano e confrontano esperienze diverse che nascono i risultati più interessanti.

Personalmente, forse da italiano, preferisco la semplicità: quando gli ingredienti sono di qualità elevata, la gloria di un piatto traspare grazie a essi. Per esempio, ritengo che condire in qualsiasi modo un filetto di salmone appena pescato sia da considerarsi vilipendio, perché trovo assurdo coprire il sapore originale del pesce freschissimo sotterrandolo sotto salse, spezie, erbette e quant'altro. Al contrario, gli islandesi sembrano apprezzare la complessità e hanno un gusto per l'elaborato, almeno nei ristoranti. Pur non mancando chef che sanno proporre ingredienti locali di altissima qualità in modo elegante e semplice, spesso si cerca di stupire con accostamenti arditi e con l'aggiunta di dettagli ricercati. Per loro è inconcepibile l'idea per cui questa complessità «rovinerebbe» un piatto; la ritengono invece indice di raffinatezza, cosmopolitismo e modernità.

In ogni caso, è sempre una gioia vedere stranieri che apprezzano la nostra cultura, in particolare quella culinaria, perché ci sono poche cose altrettanto intime quanto il nutrirsi, e mangiare italiano è un po' come portarsi dentro una parte d'Italia.

13

Glaumbær
Il comfort della torba

Le case sono ricavate nella terra / e non c'è scampo dai pidocchi. / Vanno a letto presto la sera / e si alzano tardi la mattina. / Dormono in dieci o più in un singolo letto, / uomini e donne insieme. / Stanno disposti testa contro piedi, / russando e scorreggiando come un mucchio di maiali / tutti sotto una singola coperta.

GORIES PEERSE, *Van Ysslandt* («Sull'Islanda»), 1561

ERA stato un viaggio relativamente lungo, quasi quattro ore, ma ne era valsa la pena. Mi trovavo in una casa islandese dell'Ottocento, interamente in legno, costruita in un'epoca in cui il crescente benessere di alcune fasce della popolazione permetteva l'acquisto di costruzioni di legno prefabbricate dalla Scandinavia. Il suo nome è Áshús e si trova sul terreno del Museo di Glaumbær, «Podere baldoria», quello che amo definire «la Versailles d'Islanda». Si tratta di una delle case di torba più sontuose (se mai abbia senso usare questa parola quando si tratta di edifici islandesi!) conservatesi. Adagiata su un dolce pendio erboso nel cuore dei campi che diradano verso la riva dell'ampio Skagafjörður, nel Nordovest, Glaumbær è uno dei tanti luoghi in Islanda che ti danno la sensazione di trovarti a una fermata dove si incrociano diverse traiettorie del tempo e dello spazio.

L'avevo già visitata innumerevoli volte, e in quell'occasione decisi di godermi più a fondo l'atmosfera di Áshús, che ospita uno dei più graziosi caffè dell'isola, con una serie di stanze arredate con suppellettili che paiono essere state salvate dal rovinoso scorrere delle epoche. Un numero imprecisato di tavoli e tavolini dalle gambe intagliate, sedie decorate una diversa dall'altra e tazze e tazzine di ceramica dipinta a mano, anch'esse scompagnate. Le pareti sono rivestite da assi di legno verniciato di un bianco grigiastro e delicate tendine mascherano appena il panorama della vallata.

Quel giorno in cucina c'era una signora in abiti tradizionali, che mi preparò una brocca di caffè; sul bancone erano adagiate torte e frittelle fatte in casa. Il profumo di caffè si sparse nelle accoglienti stanze e avvolse tutto, me incluso, che mi sentii abbracciare dalla pace senza tempo di quell'atmosfera così lontana dalle cure e dalle tragedie del mondo. Una stufa di ghisa in un angolo mi guardava impassibile, come una prozia severa che osserva il nipote discolo seduta su una sedia a dondolo.

Lasciai vagare gli occhi fuori dalla finestra e pensai al passato. Non al mio: quello era soltanto una virgola abbozzata, rispetto all'intreccio della storia di queste contrade. Glaumbær è uno dei luoghi della storia incredibile dell'esplorazione del nuovo mondo da parte dei popoli nordici a cavallo del primo e del secondo millennio, tramandata in due versioni abbastanza diverse, l'una denominata *Grænlendinga saga*, ovvero «Saga dei groenlandesi», l'altra *Eiríks saga rauða*, «Saga di Eiríkur il Rosso».

La storia, grosso modo, è quella della scoperta fortuita della Groenlandia e della sua successiva colonizzazione, seguita dalla scoperta altrettanto casuale di terre a ovest, con l'aiuto di una tempesta che spinse una nave fuori rotta. L'esplorazione delle terre a occidente risultò poi in un tentativo di colonizzazione, che non sarebbe andato a buon fine a causa di conflitti con la popolazione nativa. Una prova archeologica dell'esplorazione nordica del continente americano è emersa negli anni Sessanta del Novecento, quando una stazione nordica risalente agli anni intorno al 1000 è stata scoperta sull'isola di Terranova, in Canada. Gli annali islandesi riportano anche che i groenlandesi avrebbero continuato a recarsi a ovest per l'approvvigionamento di legname fino al XIV secolo.

Poco di quanto raccontano le saghe, oltre all'avvenuta esplorazione del Nordamerica, può essere provato, ma se vogliamo credere alla loro storia, uno dei protagonisti, Þorfinnur il Promettente, una volta abbandonata l'idea di stabilirsi nelle Americhe sarebbe tornato in Islanda e avrebbe acquistato il terreno di Glaumbær, dove si sarebbe stabilito con la moglie Guðríður Þorbjarnardóttir e il figlio Snorri, il primo europeo nato in America del quale abbiamo notizia. Alla morte del marito, Guðríður si recò in pellegrinaggio a sud, forse fino a Roma, e al suo ritorno fece erigere una chiesa a Glaumbær, facendosi poi suora. Una donna eccezionale che aveva esplorato in lungo e in largo il mondo conosciuto. Oggi una piccola statua di lei con il figlioletto si trova davanti alla chiesa di Glaumbær.

L'attuale edificio in torba era splendido, nei secoli passati: una costruzione modulare composta da un numero variabile di ambienti, collegati da un buio corridoio interno dal pavimento in terra battuta. Visto da lontano, sembra una dimora degli hobbit, fatta di tante collinette erbose, con la facciata in legno dipinto di bianco e alcuni dettagli verniciati di un giallo tiepido. La parte più recente risale alla fine dell'Ottocento ma, come per tutte le case di torba, è spesso difficile datarne i vari elementi costitutivi, non ultimo perché edifici di questo tipo necessitano di essere ricostruiti regolarmente. Negli anni la torba tende a disgregarsi e sfaldarsi, e mantenere queste case ha un costo elevato. Viene dunque da domandarsi perché sia stata la modalità di costruzione privilegiata in Islanda fino all'Ottocento inoltrato. Perché non costruire in legno o pietra?

È risaputo che, all'inizio dell'età delle colonizzazioni, ovvero a partire dall'870 d.C., l'Islanda presentava cospicue coperture boschive, come segnalato nelle fonti antiche: nella *Kjalnesinga saga*, «Saga degli abitanti di Kjalarnes», ambientata nella zona di Reykjavík, si dice che un personaggio fece costruire la sua casa vicino a una strada spianata attraverso un bosco perché erigerla altrove sarebbe costato troppa fatica, visto il fitto della vegetazione.

Bisogna però resistere alla tentazione di immaginare un'Islanda coperta di foreste lussureggianti: probabilmente gran parte di questa vegetazione era costituita da arbusti e betulle alte non più di un paio di metri. Devono essere state comunque poche le distese di betulle di dimensioni più ragguardevoli, come quelle visibili oggi nelle foreste di Hallórmsstaðaskógur, nell'Est, e Bæjarstaðrskógur presso Skaftafell.

All'inizio del Duecento risale la stesura delle prime saghe islandesi, prose (o prosimetri) sulle vicende dei primi coloni del Paese e dei loro immediati discendenti: faide, amori, battaglie, intrighi... E già in questi testi compare il problema dell'approvvigionamento del legname, che può essere dedotto dalla presenza di conflitti per il controllo di residue macchie boschive. Alla fine del Medioevo, in Islanda non c'erano quasi più coperture arboree.

I coloni avevano preso ad abbattere foreste per creare pascoli e carbone, ma non avevano fatto i conti con il suolo islandese: estremamente sottile e delicato, una volta scoperchiato e sfruttato si impoverisce e non produce più nulla. Poi intervengono il vento e l'acqua ad aprire squarci nel sottile strato organico che copre la nuda roccia, e piano piano (o anche molto rapidamente) questi squarci si allargano. Ancora oggi l'erosione è un grave problema in Islanda, e far attecchire le piante sul suolo sottile e stremato non è cosa da poco. Ci si riesce bene con i lupini, che preparano il terreno e lo rendono adatto alla crescita di altre specie, come le betulle, ma non a tutti piacciono perché hanno la tendenza a espandersi rapidamente e dominare il paesaggio.

Se dunque da un lato si costruiva raramente in legno per la penuria di tale materiale, dall'altro non si usava la pietra in quanto troppo fredda e inefficiente dal punto di vista energetico: scaldare edifici in pietra durante un inverno rigido è difficile e dispendiosissimo, e l'Islanda, come detto, non aveva combustibile efficiente in abbondanza. Costruire in pietra avrebbe significato vivere in ghiacciaie. La soluzione al problema fu trovata in uno dei materiali più abbondantemente disponibili: la torba, appunto.

Lo scheletro della casa veniva fabbricato con legname talvolta importato (dalla Norvegia o anche dall'America!) oppure, più di frequente, con tronchi spiaggiati, e intorno a esso venivano posti i mattoni di torba.

Inizialmente, nei primi secoli del Medioevo, la casa era costituita da uno stanzone con un focolare al centro, che poteva essere diviso in più ambienti tramite pannelli in legno. Lungo i muri si trovavano panche per sedersi e per dormire. Potevano essere aggiunti spazi ulteriori aprendo porte nei muri e costruendo camere annesse, con funzione di dispense o alloggi privati per il capofamiglia. Questo tipo di abitazione è visibile in alcune ricostruzioni fatte dagli archeologi, come Stöng, nel Sud, o Eiríksstaðir, nell'Ovest.

Nel Trecento, con il principiare della Piccola era glaciale e il peggioramento climatico, le case lunghe del primo periodo vengono sostituite da un altro modello, che consiste in costruzioni più piccole adibite a funzioni diverse ma collegate e interconnesse, di solito disposte l'una di fianco all'altra. Il nome di questo stile architettonico è *gangabær*, qualcosa come «fattoria corridoio». Nell'Ottocento si sviluppa invece il *burstabær*, dove la fila di case è sostituita da un edificio principale con facciata in legno, al quale sono collegati altri ambienti tramite passaggi interni, a formare un corpo unico.

Con la divisione in edifici interconnessi più piccoli, il volume generale diminuì di conseguenza, anche per facilitare il riscaldamento, e a parte i locali adibiti ai lavori, come la cucina, la fucina, il deposito, la dispensa eccetera, la maggior parte della vita si svolgeva in quella che nel Medioevo era stata la stanza da bagno, *baðstofa*, ma che aveva ormai assunto il ruolo di ambiente polifunzionale. Questa ospitava, disposti lungo le pareti, letti piccoli e stretti su cui dormivano più persone, disposte testa contro piedi. Con così poco spazio si rischiava di cadere, dunque gli islandesi idearono un fermo che consisteva in un'asse di legno detta *rúmfjöl*, «asse da letto», spesso finemente intagliata e decorata. Durante il giorno veniva rimossa e usata, tenendola sulle gambe, come piano per lavorare o mangiare. Il cibo veniva consumato nell'*askur*, una sorta di brocca di legno con un coperchio che poteva a sua volta essere finemente decorato.

La sera, particolarmente in inverno, mentre si lavorava la lana alla luce di lampade a olio di pesce o di balena, qualcuno leggeva ad alta voce i manoscritti delle antiche saghe, o recitava le loro trasposizioni in rima. Con l'avvento della stampa, accompagnato dalla Riforma luterana, le saghe non vennero però stampate perché esistevano alcune riserve sulla loro liceità, ragion per cui furono copiate a mano fino al XX secolo! La loro sopravvivenza è dovuta in larga misura all'essere rimaste letture popolari per passare i lunghi e bui inverni.

Spesso la *baðstofa* era sopraelevata rispetto al resto della casa, perché l'aria fredda è più pesante e si accumula nello spazio sotto le assi di legno, mentre quella calda tende a salire verso l'alto. Con lo stesso principio viene mantenuta una temperatura di oltre 20 gradi negli iglù, il cui ingresso si trova in una conca scavata nel ghiaccio che fa sì che l'aria fredda che entra nel passaggio vi rimanga intrappolata, mentre il calore si accumula nel resto della cupola, la cui base è sopraelevata rispetto al passaggio di ingresso.

Il calore non era generato dal fuoco, perché non c'era legna da ardere, e la torba che veniva bruciata per cucinare faceva più fumo che calore;

non poteva dunque essere arsa nell'ambiente in cui le persone passavano la maggior parte del tempo, perché avrebbe annerito e intossicato tutto e tutti. Era la torba con cui era costruito l'edificio a isolare dal freddo e, laddove lo spazio sotto la *baðstofa* lo consentiva, il calore del bestiame, che saliva verso l'alto. Ancora oggi, entrando nelle case in torba si percepisce una temperatura assolutamente accettabile e piacevole, senza l'ausilio di alcun metodo di riscaldamento. La torba non è però un buon isolante per l'acqua, e umidità e infiltrazioni erano una piaga costante per chi abitava in questi edifici.

Sebbene la torba fosse usata come materiale da costruzione un po' ovunque nel Nord Europa, è soltanto in Islanda che diventa essenziale, per le case dei poveri come per quelle dei ricchi, e anche per le chiese. È fondamentalmente costituita da erba e altro materiale organico impregnato di acqua, che non riesce a decomporsi per via dell'assenza di ossigeno nel suolo. È lo stadio iniziale della formazione del carbone fossile. A vederla, sembra terra compattata.

Le tecniche per il taglio sono assai diverse, così come quelle per il suo utilizzo quale materiale da costruzione, e diverse regioni d'Islanda avevano tradizioni e metodi differenti. Esistevano appositi badili per il taglio di «mattoni» che venivano messi dapprima a essiccare, per essere poi disposti intorno all'intercapedine in legno degli edifici, a volte sopra una base in pietra, costruendo muri spessi anche più di un metro. La durata di questi muri è molto variabile, ma si attesta a non più di due o tre decenni. Questo perché le radici delle piante che tengono insieme il materiale finiscono con lo sfaldarsi, e i «mattoni» si sbriciolano.

Per i ceti più abbienti, la parte interna della casa era rivestita da pannelli in legno, che rendevano l'aspetto assai accogliente, ma in molti casi il pavimento era in terra battuta e irregolare, mentre i muri erano di nuda torba.

Oggi questi edifici sono protetti, o dal Museo Nazionale o, in rarissimi casi, da privati. Sono spesso poco apprezzati, nel loro valore storico-culturale, anche dagli islandesi stessi, che li vedono come un retaggio di un passato povero e umiliante. Rappresentano invece la testimonianza di un episodio della storia umana da cui possiamo trarre tantissimi insegnamenti, a cominciare dall'abilità di sopravvivere in ambienti ostili, dai sacrifici che i nostri predecessori hanno fatto nelle loro dure esistenze e dalla capacità della creatività umana di sbocciare nel cuore delle avversità. È in queste case umide e povere che è stata preservata, al lume di lampade a olio di balena, una delle letterature più originali e stupefacenti della storia universale.

E io mi trovavo lì, a contemplare tutto questo nell'accogliente caffè, tra il legno e le ceramiche, i quadri dalle cornici vecchiotte e il profumo di torta. Un'atmosfera accogliente e familiare che però non contrasta affatto con il sentore epico del passato, anzi vi si incastona alla perfezione, così come l'atmosfera delle case e dei locali di Reykjavík nei mesi invernali si sposa perfettamente con i tumulti della natura che si sfogano fuori dalle finestre illuminate dalle luci natalizie.

Gli islandesi hanno fatto in parte proprio un concetto fondamentale della cultura danese, che è diventato poi rappresentativo di tutta la Scandinavia: si tratta dello *hygge*, per dirla alla danese. Questo sostantivo descrive una sensazione di accogliente serenità che ci fa sentire in pace con l'ambiente circostante, e che viene creata con una serie di stratagemmi quali decorare la casa in modo personale, accendere una candela o sprofondare in una poltrona leggendo un libro sotto una coperta fatta a mano.

È il modo nordico di sentirsi felici dove si è, di rendere ogni attimo piacevole e speciale lavorando molto sui particolari. Lára mi ha insegnato l'importanza della bellezza dei momenti. Un dettaglio come dei fiori freschi su un tavolo, una nota di colore aggiunta a una torta acquistata dal fornaio, una pianta grassa infilata in un vasetto di metallo dorato, la disposizione degli ingredienti dentro un semplice piatto quotidiano, le tazze scelte per il caffè... Tutto questo può tracimare di bellezza e rendere la vita degna di essere vissuta. Non serve bagnarsi gli occhi dei tesori d'arte di prestigiosi musei, o cercare lo splendore dei centri storici, per circondarsi di bellezza. La si può creare intorno a sé in ogni istante, sulla scrivania, in una tazza di caffè, in un angolo della casa.

Certo, serve avere occhio per queste cose. Un occhio artistico. Lára ne è naturalmente dotata, sa rendere bella ogni cosa che tocca, con aggraziata maestria e sconcertante naturalezza. È così facile preparare una scodella di pappa d'avena che provoca quasi disgusto a guardarla, ma Lára è in grado di renderla altrettanto facilmente un'opera d'arte. Il modo in cui la pone nella ciotola, anch'essa sapientemente scelta da lei tra migliaia di opzioni possibili, la maestria con cui affetta la banana e ne dispone i pezzi sopra, e il modo misurato in cui adagia i mirtilli per poi spolverare il tutto con la cannella zuccherata.

A volte compiamo i gesti quotidiani in modo affrettato, sovrappensiero, come automatismi. Non abbiamo tempo e voglia di mettere il cuore in ogni gesto, eppure farlo rende tutto più piacevole e lieve. Dover lavare bicchieri e piatti non costa più tanta fatica se ci si è scaldati il cuore con i momenti vissuti facendone buon uso.

Sto imparando, piano piano, a rendere speciali i momenti affinando l'occhio per i dettagli, e a fianco a me ho una grande maestra. Dico sempre a Lára che è un'artista della vita: i suoi capolavori non abbelliscono piazze o pareti di musei, ma l'esistenza di chi le ruota intorno, cosa che – se vogliamo – è ancora più importante.

14

Akureyri
Nord, Sud, passato e presente

Conoscete la terra dolce allo sguardo,
E dai monti con i picchi blu,
E dal canto di cigni e dalle trote nei fiumi,
E dai campi di fiori gioiosi,
E dalle ripide cascate, dal mare luminoso,
E dalle ampie calotte glaciali.
Possa il Signore benedirla
Finché il mondo dura.

JÓNAS HALLGRÍMSSON, *Íslands minni* («Lode all'Islanda»), 1839

GLI italiani del Nord sono tendenzialmente più rigorosi di quelli del Sud, in merito agli orari. O, per lo meno, questo è quanto il sentire comune ama affermare. Altrettanto, abbiamo l'idea che svizzeri e tedeschi siano ancor più ligi agli orari. Non conoscendo questi popoli non posso esprimermi in merito, ma quello che posso asserire con assoluta convinzione è che in Italia esiste lo stereotipo per cui più si va a nord, più le persone diventano «quadrate», fissate con la puntualità, quasi ottusamente asservite al rispetto delle regole.

Se si andasse in Danimarca, che è ancora più a nord della Germania, si sarebbe tentati di credere a tutto questo: i danesi contano le settimane dell'anno e sanno dirti che cosa hanno programmato per la settimana venticinque, o per la trentadue. Tuttavia, questa deduzione logica che estende a tutta Europa un'esperienza tipicamente italiana è basata su premesse fallaci tanto quanto l'altrettanto erronea convinzione secondo cui più si va a nord e più fa freddo. Questo sarebbe vero se l'unico fattore a influenzare la temperatura dell'aria fosse la latitudine, ma ci sono un'infinità di altri fattori in gioco, per cui capita spesso, in inverno, che località dell'entroterra italiano, sia in pianura sia in montagna, sperimentino temperature ben più rigide di quelle dell'Islanda costiera.

L'acqua calda del Golfo del Messico viene trasportata verso l'Artico dalla corrente oceanica e, entrando a contatto con l'aria fredda del Nord, perde calore. Questo calore, tuttavia, non si dissolve nel nulla ma viene trasmesso all'aria, che si riscalda. La temperatura media di dicembre, a Reykjavík, è di 0 gradi, che non è però il risultato della combinazione di massime e minime più estreme, come accade in molte località italiane. No, le temperature sono quasi sempre intorno ai +2 o -2 gradi, con rarissime punte di +10 o -10. La grande massa d'acqua dell'oceano esercita una forza mitigatrice sul clima, e le temperature sono sempre molto stabili, con scarse escursioni termiche tra giorno e notte e tra le diverse stagioni.

Come il loro clima non è freddo quanto si possa ritenere, così non lo sono neppure gli islandesi, tanto che, lungi dall'essere una nazione che esibisce grosse difficoltà nelle interazioni sociali, l'Islanda si rivela una sorta di piccolo mondo mediterraneo nell'Estremo Nord. Il comico Ari Eldjárn ha definito i suoi connazionali «gli italiani del Nord». Da italiano nato e cresciuto in Lombardia posso confermare, specificando però che si tratta degli «italiani del Sud» del Nord.

Dalle parti dove sono nato si usa telefonare e mettersi d'accordo per incontrarsi. Di norma si stabiliscono i termini: ci troviamo a casa di qualcuno o fuori? A che ora? Chi porta cosa? Avevo però imparato fin da piccolo che quella non era una norma universale: nel paesino dell'entroterra pugliese dove trascorrevo le vacanze dalla mia famiglia materna, era normale che le persone si presentassero in casa d'altri senza avvisare, e che fossero invitate a fermarsi per il pranzo. Anche gli orari, dall'esperienza che ho vissuto, erano più elastici al Sud, e avevano spesso un valore indicativo.

Altrettanto accade in Islanda, come ho scoperto presto e come ancora oggi fatico un po' ad accettare.

«Questo weekend ci vediamo per cena con i nostri amici», mi dice Lára.

«Intendi venerdì, sabato o domenica?» chiedo io, poi aggiungo: «A che ora? Da chi? Cosa dobbiamo portare?»

Lei fa spallucce e io so che dovrò aspettare per avere le risposte, e che con tutta probabilità si deciderà il giorno stesso, ma anche che esiste una probabilità altrettanto elevata che non si faccia nulla. A volte uno non se la sente all'ultimo momento, del resto, e il lunedì non può sapere se avrà energie o tempo per stare con gli amici nel fine settimana. Logico, no?

E non c'è nulla di male: gli incontri amicali devono essere un piacere, non un dovere! Almeno questo è ciò che mi dico quando questa mentalità mi causa frustrazione. Frustrazione che a volte monta quando sono io a ospitare e la gente arriva in un lasso di tempo che può estendersi fino a due ore, ma anche questo fa parte del doversi adattare a una nuova cultura: non sta scritto da nessuna parte che essere puntuali sia meglio di essere flessibili, come purtroppo tanti credono. La puntualità si paga al prezzo di una rigidità che, di fronte agli imprevisti che possono sempre capitare, si trasforma in frustrazione e rabbia: «Ma perché non arrivano? È una mancanza di rispetto!» Queste emozioni negative fanno però male solo a noi, non ai ritardatari che comunque dobbiamo aspettare, per cui tanto vale non prendersela.

Ho imparato a estrarre il cellulare, leggere qualcosa, ascoltare dei podcast… Non vale la pena consumarsi nella bile per un ritardo, anche se la bile a volte mi sale ancora, ma ci sto lavorando!

Una volta dovevo incontrarmi con Þórdís Edda, un'amica e collega, in un caffè. Abbiamo tenuto insieme il corso di Manoscritti medievali islandesi per qualche anno; lei si occupava della parte storica e codicologica, io di quella linguistico-paleografica, nella quale si insegna agli studenti a leggere l'islandese di ottocento anni or sono. Dovevamo stilare un piano di contingenza per via della chiusura dell'università dovuta alla pandemia e ci eravamo dati appuntamento, ma io mi persi a fare altre cose e finii con il tardare. Mentre ero per strada mi arrivò un messaggio: «Sono in ritardo di dieci minuti», seguito dall'emoji con la bandiera islandese. Le risposi: «Anch'io», seguito dalla bandiera italiana. Forse essere ritardatari non è panitalico, e certamente per tanti è uno stereotipo mediterraneo che pare poco edificante, ma diciamo che farlo mio mi ha fatto sentire più vicino al modo di sentire e vivere islandese. Siamo abituati a confrontarci con popoli più a nord di noi pensando che la loro presunta stretta aderenza alle regole e puntualità siano virtù indiscutibili e da imitare, eppure è proprio in uno dei Paesi più nordici che esistano che ho imparato che si può anche essere orgogliosi di non essere puntuali, anzi è meglio sforzarsi di esserlo se ci si vuole integrare ed evitare di impazzire dalla frustrazione.

Questo però non dovrebbe dare l'impressione che il popolo islandese sia un'entità monolitica, con caratteristiche ben definite e immutabili: pure nella lontana Islanda esistono piccoli contrasti regionali. Poca cosa, a dire il vero, e generalmente si tratta di battute fatte soprattutto per distendere l'atmosfera e cementare le amicizie, come ormai è consueto anche tra italiani provenienti da aree geografiche storicamente rivali, i quali possono punzecchiarsi in amicizia.

Gli islandesi del Nord, e in particolare quelli della zona intorno ad Akureyri e Húsavík, hanno fama di essere un po' spocchiosi e di vantarsi di avere l'accento più bello tra quelli dell'isola. La sua «bellezza» consiste nel fatto che i suoni *p*, *t* e *k* sono sempre pronunciati con un'aspirazione, un po' come succede nell'accento calabrese stereotipato. Questa pronuncia fu quella che si impose originariamente in televisione come la più «corretta» o «bella» (concetti insignificanti dal punto di vista linguistico!). Oggi non è più considerata tale se non da qualche nostalgico, ma coloro che sfoggiano questo accento amano ancora rimarcare, occasionalmente, che il loro modo di parlare è in qualche modo superiore: caratteristica che, naturalmente, rispecchia l'interezza del loro essere.

Eppure, la popolazione di queste zone avrebbe ben altro di cui vantarsi, oltre all'aspirazione delle consonanti occlusive: Akureyri, «Lingua di terra del campo», è il grazioso capoluogo dell'Islanda settentrionale, e uno dei quadretti più scenografici di tutta l'isola. Il nome è probabilmente dovuto al fatto che, in origine, alcuni terreni dovevano essere adatti alla crescita di cereali, e non risulta difficile crederlo, visto l'attuale stato del giardino botanico (che sembra un angolo di Danimarca nel cuore della tundra subartica).

Mi piace molto questa cittadina, anche se non è uno dei miei luoghi del cuore. Si trova in una posizione pittoresca sulla sponda occidentale del lungo e largo Eyjafjörður, «Fiordo delle isole», e la sua popolazione si attesta intorno ai ventimila abitanti. Il fiordo esercita un'azione protettiva sul clima della zona, che è molto più stabile rispetto al Sud, nonché interessato da inverni più rigidi e nevosi ed estati più tiepide e assolate.

Il nome della cittadina non compare nelle fonti più antiche, ma la zona del fiordo fu reclamata da uno dei più importanti colonizzatori dell'isola, Helgi il Magro. Il «Libro delle colonizzazioni» sostiene che fosse di religione mista e credesse in Cristo pur affidandosi a Þór (Thor) per i viaggi in mare e le decisioni difficili. Helgi era cresciuto in Irlanda e lì aveva sposato Þórunn, figlia di Ketill Nasopiatto, un potente signore norvegese la cui progenie annovera, oltre alla moglie di Helgi il Magro, alcuni tra i più importanti colonizzatori. Fra questi, Helgi bjóla, colonizzatore della penisola di Kjalarnes, oltre la baia a nord di Reykjavík, come narrato nella *Kjalnesinga saga*, e Auður la Sagace, che si insediò nel Nordovest, come raccontato nella *Laxdæla saga*. Suo nipote, figlio di sua figlia Jórunn l'Intelligente, colonizzò la zona di Kirkjubær.

È sempre difficile stabilire se dietro questi resoconti ci sia una verità storica o piuttosto la fantasia dei compilatori medievali, ma rimangono letture avvincenti e appassionanti a prescindere dalla loro veridicità. Meno emozionante, invece, è il primo documento in cui viene menzionata Akureyri: si tratta di carte processuali risalenti al 1562, quando una donna del luogo fu condannata per adulterio. All'epoca era una piccola stazione commerciale gestita dai danesi, e solo verso la fine del Settecento fu costruita la prima abitazione. Per tutta l'età moderna Akureyri faticò a decollare come centro urbano, e la sua economia era basata soprattutto sull'allevamento del bestiame. Fu soltanto nella seconda metà dell'Ottocento che, su impulso di pescatori norvegesi, i locali fiutarono la miniera d'oro che si nascondeva sotto le acque profonde del fiordo. Gli anni tra la seconda metà del XIX secolo e la metà del XX sono detti appunto *síldarárin*, «anni dell'aringa», per il ruolo centrale che questo pesce ebbe nell'economia islandese. La pesca dell'aringa fu forse il fattore più determinante nello sviluppo di questa cittadina (e di tante altre in giro per l'Islanda), e ancora oggi Akureyri rimane un centro importante per il settore ittico.

La regione circostante non è meno meritevole di attenzione: il fiordo è una meta eccellente per l'avvistamento delle balene (che gli islandesi hanno smesso di cacciare da alcuni anni) e tutta la regione è una costellazione di centri abitati dalla storia antica e interessante: villaggi, fattorie e piccole cittadine dall'atmosfera pittoresca, affacciate sull'Oceano Artico. Qui si trovano alcuni degli scorci più belli d'Islanda, come le cascate di Goðafoss e di Dettifoss, il canyon di Ásbyrgi e il lago Mývatn.

Io e Lára sfruttiamo ogni occasione possibile per girare l'Islanda (oltre all'Italia, ovviamente!). Una volta eravamo andati a trovare una sua cara amica che possiede una guesthouse nel Nord, vicino a Húsavík, e con lei facemmo una gita a Dettifoss, la maggiore cascata d'Europa. Il parcheggio si trovava in una zona desertica sconfinata: a perdita d'occhio, rocce grigie con qualche macchia di muschio, che ricordavano la superficie lunare. Da lì toccava scendere lungo una parete e inoltrarsi in un ampio terrazzo inclinato che culminava su uno strapiombo terrificante. Era il canyon scavato nello scorrere delle ere dal fiume del ghiacciaio, che poco più a monte, sul terrazzo naturale, si gettava nel profondo canyon creando la più possente cascata che avessi mai visto.

Mi fermai sull'orlo dell'abisso; Lára mi diceva di stare indietro, ma io non le diedi retta. Sedetti su una roccia a gradino, con i piedi sull'orlo di quel baratro scuro, dove l'acqua bianco sporco precipitava per poi rimbalzare violenta sulle pareti della voragine con un boato assordante, formando nuvole di spruzzi. In quel periodo accusavo ancora abbastanza spesso i colpi della malattia sull'umore. Le malattie croniche sono così, compagne tristi che rovinano la festa a giorni alterni, e abituarsi alla loro presenza non è un processo facile, né tantomeno breve.

Mi concentrai sul salto della cascata. Un volo niente male. Male. Chissà quanto male farebbe. Chissà se la morte è così male come sembra. A volte quando la vita fa male davvero, la morte sembra il male minore. Un po' di pace e silenzio, una liberazione. Poi vengono in mente tutti i baci non dati, i Natali non celebrati, i libri non letti, le canzoni non cantate... e forse si inizia a pensare che sarebbe un peccato. Avevo ancora tante cose da fare in Islanda. Il timore inconfessabile che la parte migliore della mia vita fosse ormai passata c'era, ma qualcosa in quel salto scosceso di acqua gelida e roccia mi fece riflettere. C'erano ancora diversi chilometri prima che l'acqua potesse finalmente trovare pace alla foce. D'accordo, Dettifoss era un momento rapido, drammatico e memorabile. Un momento che tutti ricordano e vogliono fotografare a ogni costo. Ma lo Jökulsá á fjöllum – questo il nome del fiume glaciale – è lungo, e sul suo corso c'era ancora tanto da vedere. Sarebbe stato sciocco fermarsi a Dettifoss.

Infatti ci spingemmo molto più in là, fino ai monti Hljóðaklettar, le «Rocce degli echi», impressionanti formazioni basaltiche che restituiscono un'eco misteriosa e sono considerate territorio di creature soprannaturali. Durante il viaggio pensai all'esperienza a Dettifoss e mi resi conto che, dopo tanto tempo, avevo timidamente ripreso a filosofeggiare sulla morte. A piccoli passi, l'Islanda mi stava portando a una rinascita interiore che non credevo sarebbe mai stata possibile.

Sulla strada per Akureyri, venendo da Reykjavík, si attraversa la lunga e stretta vallata di Öxnadalur. A un certo punto si scorge sulla destra una ripida parete rocciosa che culmina in una cresta seghettata, lungo la quale spicca in particolare una punta rocciosa estremamente aguzza che raggiunge un'altezza di 1.075 metri. Il suo nome è Hraundrangi. Ai suoi piedi sorge una fattoria, Hraun, dove nel 1807 nacque Jónas Hallgrímsson, esponente di spicco del Romanticismo, poeta e naturalista, sicuramente tra i nomi più amati della letteratura islandese.

Nemmeno l'Islanda fu risparmiata dai refoli di nazionalismo che spazzavano l'Europa dall'inizio dell'Ottocento, con il progressivo diffondersi degli ideali romantici, e Jónas ne fu uno dei più vivaci promotori, con le sue opere poetiche e i numerosi scritti usciti sulla rivista *Fjölnir*, pubblicata a Copenaghen tra il 1835 e il 1847. Essa diede considerevole impeto alla standardizzazione dell'ortografia islandese, ponendo anche un forte accento sulla necessità del purismo linguistico. Al tempo stesso, fomentò i moti che sarebbero poi culminati nell'indipendenza dal regno danese, un secolo più tardi. Anche se all'epoca ricevette un'accoglienza contrastata, ebbe un impatto duraturo sulla lingua islandese, contribuendo (tra le altre cose) all'affermazione di alcune convenzioni ortografiche arcaicizzanti, per le quali «spinse» molto uno degli autori della rivista, il filologo Konráð Gíslason. Oggi, l'ortografia islandese rappresenta assai di più lo stato della lingua nella fase medievale che non quello attuale; in altre parole, in tanti casi si scrive come si pronunciava ottocento anni fa!

La ragione di una scelta ortografica conservativa era di natura politica: serviva a sottolineare la continuità culturale con il glorioso mondo medievale islandese e la sua letteratura. Era importante che l'identità della lingua islandese moderna e di quella antica fosse immediatamente ovvia.

La questione della lingua figura spesso e volentieri in modo preponderante nei moti indipendentisti, perché l'ideale romantico che associa una lingua a una nazione, dunque a uno Stato, ha un forte impatto ideologico, quasi che si tratti di un dogma: ancora oggi, movimenti indipendentisti in tutta Europa fanno spesso leva su differenze linguistiche per giustificare le loro aspirazioni politiche. Il nostro Cavour, che era di madrelingua francese, si scusava nelle sue lettere di non usare l'italiano, che aveva paura di «massacrare» ma riconosceva comunque come sua lingua nazionale, così come tanti altri letterati e politici che peroravano la causa dell'unificazione italiana. L'Islanda non ha mancato di partecipare a questa tendenza e, ancora oggi, la lingua è vista come un simbolo molto forte di identità e unicità.

Il 16 novembre, giorno di nascita di Jónas Hallgrímsson, ricorre la Giornata della lingua islandese. Solitamente, per l'occasione, si tiene un fitto calendario di eventi dedicati alla lingua e alla letteratura della Terra del Ghiaccio, con conferenze, convegni, spettacoli, dibattiti e molto altro. Il ministro dell'Istruzione conferisce il premio annuale, intitolato appunto a Jónas, a una persona che si è distinta in modo particolare per il contributo alla difesa e allo sviluppo della lingua.

Per chi non lo sapesse, l'islandese è una lingua che appartiene alla famiglia indoeuropea, che comprende le sottobranche romanza, germanica, slava, celtica, greca, indo-iranica e diverse altre. Più specificamente, è una lingua germanica del ramo settentrionale. Bisogna fare attenzione a non confondere «germanico», aggettivo che si riferisce alle antiche popolazioni germaniche vissute al tempo dell'impero romano, con la Germania attuale, il cui aggettivo è «tedesco». Anche il tedesco è una lingua germanica, ma non tutte le lingue germaniche hanno a che fare con la Germania! Si tratta soltanto di un'etichetta che descrive una famiglia di lingue imparentate e discendenti da un antenato comune, il protogermanico, che era parlato nella Scandinavia meridionale e in parte della Germania settentrionale nei secoli attorno all'inizio dell'era volgare, e che ha poi finito con l'espandersi ed evolversi nelle varie lingue germaniche attestate.

L'islandese, storicamente, discende dall'antico norvegese, al quale resta per tanti versi più affine del norvegese moderno, che si è evoluto rispetto alla sua fase medievale forse tanto quanto l'italiano si è evoluto rispetto al latino. L'islandese è strettamente imparentato anche con il faroese, lingua parlata nelle Føroyar (arcipelago-nazione politicamente appartenente al regno di Danimarca), e con le altre lingue scandinave continentali, danese, norvegese e svedese. Più alla lontana con tedesco, inglese e nederlandese.

Le somiglianze tra queste lingue sono numerose, ma non sono sempre subito ovvie a un profano. Essendo una lingua indoeuropea, l'islandese è imparentato alla lontana anche con l'italiano. Ciò si nota soprattutto da alcuni elementi molto arcaici del lessico, come le parole per «pesce», *fiskur*; «corno», *horn*; «padre», *faðir*; «madre», *móðir*; «capro», *hafur*; «suino», *svín*; «sole», *sól*; «grano», *korn*; «campo coltivato», *akur* (latino: *ager*, da cui «agricoltura»); dai pronomi *ég* (nel quale riconosciamo il latino *ego*) e *þú* («tu»); dai numeri e da alcuni elementi grammaticali tipici delle lingue dell'Europa ma altrimenti rari nelle lingue del mondo.

La lingua islandese si è sempre prestata particolarmente bene a discorsi di tipo nazionalistico perché è quella che meglio può essere usata per accedere ai testi del passato nordico, essendo la più vicina all'antico nordico-islandese, nonché la più conservativa tra le lingue scandinave. Ciò conferiva grande prestigio, nella mente dei romantici, alla nazione che la parlava. Fin da tempi antichi, gli islandesi hanno consciamente rifiutato moltissimi prestiti da altre lingue europee, così che se in Scandinavia continentale si studiano *grammatikk*, *biologi* e *musikk* e si va (in caso di bisogno) dallo *psykolog*, in Islanda si studiano *málfræði* (qualcosa come «linguologia»), *lífsfræði* («vitologia») e *tónlist* («arte del tono»), mentre si va dal *sálfræðingur* («esperto dell'anima»). A diverse ondate di prestiti, irradiatesi dai mercanti danesi, tedeschi e inglesi, o dalla scuola di latino della diocesi di Skálhólt, sono seguite altrettante ondate di purismo che hanno artificialmente rallentato l'evoluzione dell'islandese.

Ovviamente, però, la realtà è molto più complessa, e la lingua islandese è ben lontana dall'essere un fossile medievale tramandatoci intatto dall'era delle saghe. Negli ottocento anni trascorsi dalla loro stesura si è verificata una miriade di cambiamenti nella pronuncia, nella grammatica e nel vocabolario. Molto più che in italiano, effettivamente, perché l'italiano non è stato parlato dalle masse fino a poche decine di anni fa. Per secoli è stato invece una lingua che si apprendeva sui libri, usata esclusivamente da un'élite istruita, e ciò lo rendeva meno soggetto a mutamenti, proprio come il latino. Oggi l'italiano sta cambiando molto più rapidamente di quanto non abbia fatto per secoli, mentre l'islandese ha seguito un'evoluzione più costante, a partire dalla sua fase più antica, quando i primi testi furono messi per iscritto.

Fino al Settecento la grafia islandese, pur non essendo standardizzata e uniforme ai livelli attuali, si era per molti versi evoluta di pari passo con la pronuncia; il nazionalismo ottocentesco impose però una riscoperta e una riconnessione con le antiche (presunte) radici nazionali, ricorrendo spesso alla lingua e alla letteratura per sottolinearle. In questo frangente, la grafia passò attraverso diverse proposte e fasi, fino a stabilizzarsi nella forma attuale nel corso del Novecento, come un compromesso tra forti tendenze arcaicizzanti e adattamenti alla pronuncia moderna.

Giusto per fare un esempio, in un manoscritto del Seicento troveremmo la grafia *geingur* – che corrisponde alla pronuncia attuale – per quello che anticamente era pronunciato e scritto *gengr* (con *g* dura, come in «ghetto»). Sono però intervenuti due cambiamenti: la *e* si è evoluta in *ei* davanti a *ng*, e il nesso finale *-gr* ha sviluppato una vocale di supporto diventando *-gur*. Entrambi i mutamenti sono presenti nella grafia del Seicento, mentre lo standard di oggi, *gengur*, rivela soltanto l'inserimento della vocale di supporto. Questo significa che uno studente straniero deve imparare che la *e* si pronuncia *ei* davanti a *ng*, perché la grafia non rappresenta questi cambiamenti. Se oggi scrivessimo come nel Seicento, il problema di imparare queste regole non si porrebbe: basterebbe «leggere come si scrive».

Anche in italiano, in misura minore, abbiamo regole di questo tipo:

c ha pronuncia diversa davanti a *e* e *i*, per esempio. In latino classico, tutte le *c* si pronunciavano con suono duro *k*, poi però il suono si è evoluto nella *c* di «cerchio» davanti a *e* e *i*, e oggi dobbiamo imparare le regole ortografiche relative a questi suoni, mentre potremmo benissimo scrivere sempre *c* per il suono di *ciao* e sempre *ch* per il suono di *casa*. In effetti, in italiano antico questa convenzione si trova: il motto della casa editrice Loescher recita: «È bello doppo il morire vivere anchora», frase associata a Bernardino Corio, storico quattrocentesco. Tutte le lingue attraversano diverse tendenze e mode nelle regole che ne codificano la trasmissione scritta: anche per questo è sciocco infuriarsi quando qualcuno scrive «quore», «squola», «quoco» o «itagliano»: sono grafie che rispecchiano correttamente una pronuncia reale della lingua che non ha nulla di più o meno corretto di quella ufficiale poi canonizzata dalla televisione!

Come succede tra italiani, anche gli islandesi amano fare le pulci alla grammatica e all'ortografia altrui per soddisfare il proprio narcisismo. È sempre un motivo di riscatto, per una persona qualsiasi, il poter correggere la lingua altrui, anche di qualcuno molto più istruito che ha battuto distrattamente un post sui social media. Nemmeno quando è ragionevole presumere che l'autore conosca a menadito le convenzioni grammaticali dello standard attuale (e magari anche quelle della lingua nei secoli passati!) tanti riescono a resistere alla tentazione di sfoderare la propria pedanteria, non perdonando una svista, o un errore palesemente imputabile al correttore automatico. È un fenomeno insopportabile, e probabilmente non sradicabile, perché la tentazione di nutrire il proprio ego attraverso l'umiliazione altrui è sempre troppo forte, e pare essere trasversale alle culture.

Una volta, il capo di un'organizzazione sindacale islandese è stato crocifisso perché pareva che in un'intervista avesse detto: «Me andrebbe di», anziché «Mi andrebbe di». Uno dei più autorevoli linguisti del Paese, Eiríkur Rögnvaldsson, il quale viene spesso interrogato su tali questioni, si è pronunciato dicendo che quell'uso è diffusissimo nella lingua già da molti decenni ed è lo standard per una fetta consistente della popolazione, dunque andrebbe considerato una variante accettabile e non un attentato all'integrità dello Stato (o della sua lingua). A nulla è però valso il suo parere: le casalinghe di Selfoss e i vari Jón Jónsson (l'equivalente islandese del nostro Mario Rossi) avevano deciso che le regole impartite loro alle elementari da maestre armate di bacchetta non erano certo negoziabili, né tantomeno discutibili da parte del più illustre linguista del Paese.

Anche l'attuale ministra dell'Istruzione, Lilja Alfreðsdóttir, è stata sepolta dalle contumelie per aver saltato una lettera nella pronuncia di una parola. Pure in quell'occasione Eiríkur Rögnvaldsson ha spiegato che non si trattava di un errore, ma di una variante tipica di questa o quella zona attestata da moltissimo tempo. Ricordo il commento piccato di una conduttrice radiofonica, la quale sosteneva di averne abbastanza di professori che giustificavano ogni castroneria con il fatto che è parte della lingua viva, e che lei voleva sapere cosa è corretto e cosa non lo è. In pratica, era frustrata per non aver ricevuto dalle autorità linguistiche la licenza di uccidere («correggere» è un verbo troppo poco enfatico per questi casi!) chiunque trasgredisse le regole convenzionali che aveva imparato a scuola. Ma è sempre così: gli esperti sono bravi soltanto quando confermano le nostre tesi, altrimenti sono incompetenti, prezzolati, inattendibili, antiquati e quant'altro. Il problema è che la scienza, a differenza della politica, non dovrebbe pronunciarsi per acclamazione popolare.

A prescindere da questi fenomeni di linciaggio grammaticale, è innegabile che la lingua islandese sia stata tradizionalmente soggetta a forze conservatrici molto pronunciate, che ne mascherano l'evoluzione.

Per fare qualche esempio, basti citare il fatto che fino agli anni Trenta del Novecento era uso scrivere *je* (secondo la pronuncia) quella che anticamente, fino al Quattrocento, era una *é* (ovvero una *e* lunga). Poi si è deciso di ripristinare la grafia *é*, anche se negli ultimi seicento anni la pronuncia (e quasi sempre anche l'ortografia) è stata *je*.

Inoltre, anticamente si usava la *z* per combinazioni di *t*/*d*/*ð* + *s*. Per esempio, il verbo «sedersi» è formato, come in italiano, dall'infinito, *set-ja*, più il pronome clitico riflessivo *-st* (corrispondente all'italiano *-si*); nel presente indicativo, «io mi siedo» si costruisce sempre con questo pronome, che viene aggiunto al verbo: *ég set* + *st*, che risultava in *sezt*. Poi, secoli fa, la pronuncia della *z* (ovvero *ts*) si è semplificata a *s* ed è scomparsa dall'ortografia, perché non esistevano ancora né le ortografie standard né i «grammar nazi», fino a quando si è deciso di reintrodurla per feticismo verso l'arcaico. È soltanto negli anni Settanta del Novecento che è stata abolita definitivamente dall'ortografia, e da allora viene scritta *s*, secondo la pronuncia.

È rimasta invece la lettera *y/ý*, nonostante molti propongano di abolire anche questa perché la sua pronuncia, anticamente una *u* francese, è diventata la stessa di *i/í* già dal Quattrocento. Ma il Romanticismo Ottocentesco ha virato decisamente verso il mantenimento della distinzione ortografica, che causa un sacco di grattacapi a bambini e adulti, che devono sempre chiedersi: Si scrive con *i* o con *y*? *Leiti*, «rialzo del terreno», e *leyti*, «parte», si pronunciano in maniera identica ormai dal Quattro/Cinquecento, ma gli islandesi devono imparare a scriverli in modo diverso.

Ci sono tantissimi altri esempi, ma citarli tutti richiederebbe un libro intero! È comunque evidente come questa lingua abbia subito profondi cambiamenti, mascherati dalla grafia conservativa impostasi a partire dall'Ottocento. In realtà, anche l'islandese si è evoluto parecchio rispetto alla sua fase medievale, e non è vero che gli islandesi leggono senza problemi testi antichi. Sarebbe come dire che noi leggiamo Dante senza problemi.

La figura cardine dell'indipendentismo islandese, forse suo malgrado, fu Jón Sigurðsson, che studiò storia e letteratura a Copenaghen per poi trovare lavoro alla Fondazione Arnamagnæana, che custodiva la collezione di circa tremila manoscritti lasciati in eredità all'università della città da Árni Magnússon nel 1730. Ci sarebbe da domandarsi quanto il lavoro a stretto contatto con il retaggio del passato islandese abbia risvegliato l'orgoglio nazionale di Jón, ma sta di fatto che prese a dedicare sempre meno tempo alla letteratura e a utilizzarlo invece per l'attività politica. Quando la Danimarca concesse all'Islanda di rifondare il proprio Parlamento (in quella che, con un termine anacronistico, potremmo definire «devoluzione»), Jón fu eletto deputato e rimase tale fino alla fine dei suoi giorni. Non fu mai un rivoluzionario, non organizzò sommosse né compì gesti teatrali, limitandosi a promuovere con i suoi discorsi e scritti la causa di una sempre maggiore autonomia dell'Islanda all'interno del regno di Danimarca.

Il suo contributo è unanimemente ritenuto determinante per la causa indipendentista – anche se lui non la promosse mai esplicitamente –, tanto che il giorno della sua nascita, il 17 giugno, è stato scelto come festa nazionale. Ogni anno, in questa data, la piccola piazza del Parlamento si riempie di persone che assistono a un'esecuzione musicale dal balcone del Parlamento, seguita da una piccola parata e da un discorso del primo ministro. Il culmine della celebrazione è la performance della *fjallkona*, «donna della montagna», una donna vestita in costume tradizionale che simboleggia e personifica la nazione, la quale ha il compito di recitare un discorso poetico al Paese. Sempre in questa data, nel 1911, fu fondata la prima università islandese, l'Háskóli Íslands, quella dove ho studiato dal 2014 e dove lavoro dal 2016 e che tanti all'estero chiamano erroneamente Università di Reykjavík, la quale esiste ma è un piccolo ateneo privato fondato nel 1998. Alla nascita dell'Università d'Islanda probabilmente nessuno aveva immaginato che, in un Paese così piccolo, ne sarebbero sorte altre, invece sono spuntate istituzioni universitarie anche altrove nel Paese, per esempio ad Akureyri, ma anche a Bifröst, Hvanneyri e Hólar.

In concomitanza con i moti che sarebbero sfociati nell'autonomia prima e nell'indipendenza poi, sono nate alcune tradizioni nazionali ancora oggi osservate dagli islandesi. Una di queste, che fa andare in sollucchero i fanatici del mondo nordico, è il cosiddetto *þorrablót*, «sacrificio di *þorri*». Da poco più di un secolo, ogni anno, il venerdì che cade tra il 19 e il 25 gennaio segna l'inizio di un mese (denominato appunto *þorri*) dell'antico calendario pagano, che era lunare; per questo i mesi erano mobili. In questa occasione è costume organizzare serate conviviali tra colleghi o membri di associazioni, durante le quali si tengono discorsi, si recitano poesie tradizionali, si cantano canzoni e si mangia quel cibo dei tempi andati che ormai compare nei supermercati soltanto a gennaio, in previsione dell'arrivo di questa festa, ma che altrimenti non viene quasi più consumato da nessuno.

Il nome di questo mese compare per la prima volta in un manoscritto del Duecento (*GKS 1812 4to*), una miscellanea latino-islandese che include testi per il computo, il calcolo dell'oroscopo e molto altro materiale. Qui viene spiegato come il mese di *þorri* abbia inizio di venerdì, quando il sole entra nel segno dell'Acquario: «Poi il sole entra nel segno dell'Acquario, tre notti prima del giorno di sant'Agnese. Questo mese è considerato secco dalle popolazioni del Sud. Noi lo chiamiamo *þorri*».

È invece nella «Saga degli abitanti delle Orcadi» che troviamo per la prima volta il termine *þorrablót*, oggi usato per descrivere i raduni conviviali che si tengono (di norma) nei giorni successivi all'inizio del mese di *þorri*. Commentatori islandesi dell'età moderna hanno sostenuto che tale ricorrenza fosse un'antica festa sacrificale di mezzo inverno tra le genti scandinave. L'interpretazione non è esente da problemi, perché sappiamo che esisteva anche un'altra festività di mezzo inverno, tenuta nel mese di dicembre: *jól*, termine che in islandese moderno significa «Natale». Non è compito facile, però, ricostruire come avessero luogo queste cerimonie: nessuna fonte in nostro possesso le descrive, e i tentativi fatti dai filologi del periodo romantico risentono dell'influenza (a noi tramandata) esercitata dall'idea di Chiesa organizzata, che era invece assolutamente estranea al mondo nordico precristiano, il quale doveva sicuramente mostrare una varietà anche sconcertante di differenze a livello locale, mancando un'autorità centrale e un concetto di ortodossia.

Posto dunque che le origini del nome e la natura della ricorrenza rimangono oscure, abbiamo però maggiori conoscenze sull'uso del termine *þorri* nell'età moderna. Compare in composizioni poetiche del Seicento e del Settecento come una personificazione dell'avvento del gelo, e pare che esistesse, almeno presso alcune famiglie, il costume per cui la padrona di casa usciva dalla porta la notte prima dell'inizio di *þorri* per invitarlo ad accomodarsi dentro e a non essere troppo crudele. Potrebbe essere stato una sorta di rito apotropaico (ovvero teso ad allontanare influssi maligni), ma è difficile stabilirne la diffusione, il significato e l'antichità.

Secondo alcuni resoconti dell'età moderna, sarebbe stato il padrone di casa a dare il benvenuto al gelo invernale, essendo il primo ad alzarsi il primo giorno di quel mese, infilandosi soltanto una gamba dei pantaloni e trascinandosi dietro l'altra, uscendo di casa scalzo e saltellando intorno alla casa su un piede solo. Anche in questo caso, è impossibile risalire all'origine e alla diffusione di tale costume.

Difficile anche stabilire quanto gli islandesi credessero al significato di queste usanze: così come oggi ci sono persone che vanno in chiesa per tradizione, pur non essendo credenti, in passato dovevano essere praticate ritualità senza che alle loro spalle ci fosse una credenza vera, perché anche se viene a mancare l'elemento superstizioso o religioso, la tradizione e la ripetizione dei riti possono avere valore in sé all'interno di una società, per il senso che danno allo scorrere del tempo.

Importante è resistere alla tentazione di vedere in tutto questo la sopravvivenza di riti precristiani: è molto probabile che tradizioni e superstizioni si siano evolute in modo spontaneo e indipendente nel corso dello scorso millennio, e gli islandesi dell'età moderna che hanno inventato un festival usando un nome antico erano altrettanto cristiani di qualunque altro popolo europeo del tempo.

Nel 1867 abbiamo la prima fonte certa su un *þorrablót* come evento in senso moderno, organizzato da una società di Reykjavík, *Kvöldfélag* («Società della sera»), gruppo di uomini interessati alla discussione di vari aspetti della cultura locale che si dedicava alla produzione di saggi, articoli e testi letterari. Questo *þorrablót* fu un momento conviviale privato i cui dettagli sono rimasti un segreto. Qualche tempo dopo, però, nel 1873, alcuni studenti islandesi a Copenaghen tennero a loro volta un evento che chiamarono *þorrablót*, nel contesto delle numerose rievocazioni fantasiose del passato antico che i romantici di ogni Paese si dilettarono a elaborare con l'intento di plasmare miti fondanti che giustificassero i moti per l'indipendenza e la creazione di Stati-nazione.

L'anno successivo, nel 1874, si tenne proprio ad Akureyri il primo *þorrablót* pubblico, pochi giorni dopo la proclamazione della libertà di culto nel regno di Danimarca. Nei secoli successivi alla Riforma, la Danimarca aveva represso numerose tradizioni islandesi e la creazione di questo nuovo festival, al quale fu attribuito un nome antico, era in qualche modo una sorta di *statement* per asserire il desiderio di identità indipendente che gli islandesi nutrivano, riallacciandola a un passato mitico che la nobilitasse.

Nei primi decenni del Novecento la celebrazione si diffuse in tutto il Paese, e prese la forma di una cena durante la quale vengono enunciati discorsi in onore di varie persone, costellata da momenti in cui tutti si alzano in piedi e cantano insieme recitando ballate tradizionali (questo format è diffuso in altre ricorrenze islandesi, per esempio certe cene aziendali, in particolare in occasione del Natale, dove il pasto viene inframezzato da brevi discorsi, a volte ironici, e dal canto di carole e inni con gli invitati tutti in piedi).

Da segnalare la presenza, a Reykjavík, di associazioni che raccolgono islandesi provenienti dalle diverse regioni del Paese: furono proprio queste a diffondere la tradizione, dagli anni Cinquanta e Sessanta del Novecento. Nei *þorrablót* delle associazioni di questo tipo si diffuse anche l'usanza di consumare il cibo dei tempi andati, come quello che veniva preservato nell'acidissimo siero di latte (*súrmatur*, «cibo acido») ed era costituito per lo più da interiora e altre parti non pregiate dell'animale, ma che si rivelava preziosissimo per sopravvivere agli inverni. Si diffuse anche l'uso di servire questi alimenti in appositi vassoi profondi di legno, detti *trog* (termine imparentato con l'italiano «trogolo»), e oggi è possibile acquistare nei supermercati o in certi ristoranti dei vassoi con selezioni di prodotti tradizionali.

Il primo esempio di uso del termine *þorramatur* – «cibo di *þorri*» – in riferimento a questi alimenti è del 1958, quando compare in un quotidiano. Qualche anno prima, nel 1954, un ristoratore di Reykjavík, Halldór Gröndal, aveva avuto un'idea geniale: in occasione del *þorrablót* aveva offerto «cibo islandese tradizionale» ai suoi clienti, come trovata pubblicitaria. Pare che avesse colto l'opportunità perché qualcuno si era lamentato che non era più possibile reperire quel cibo al di fuori dei *þorrablót* celebrati dalle associazioni, così Halldór pensò di renderlo disponibile nel suo ristorante, *Naustin*, che si trovava sulla Vesturgata. Dal 1960 in poi altri lo hanno seguito a ruota, così che oggi, ogni anno, questo tipo di alimenti compare a gennaio nei supermercati e nei ristoranti e viene appunto chiamato *þorramatur*, perché è ormai indissolubilmente legato a questa ricorrenza.

Va detto che, nonostante sia una tradizione sentita e radicata, il *þorrablót* pare ormai avviato sulla strada del declino: i giovani islandesi la vedono come una ricorrenza noiosa ed è raro che vi partecipino. Il cibo, però, sembra acquistare popolarità: fuori da questa occasione viene consumato solo da qualche nostalgico dei tempi andati, ma è molto popolare tra i turisti, i quali contribuiscono, con il loro entusiasmo per queste stranezze, a plasmare un'idea di Islanda nella quale poi gli islandesi stessi si identificano.

C'è da ammettere che hanno mostrato una grande intelligenza imprenditoriale riuscendo a rendere curioso e interessante per gli stranieri cibo di questo tipo, ovvero scarti e frattaglie, specialmente se si pensa che hanno materie prime di altissimo livello, come salmone, merluzzo, agnello e molto altro, e chef di altissimo livello.

Una volta avevo invitato da me alcuni amici per festeggiare il *þorrablót*. Avevo comprato tutte le vivande tipiche e, nel pomeriggio, avevo deciso di passare qualche ora presso il faro a Seltjarnarnes. Era un sabato pomeriggio e, tornando a casa per preparare, ero passato davanti alla casa di Siggi. Notando la luce della cucina accesa, per un attimo ero stato tentato di fermarmi a salutarlo, ma mi ero trattenuto troppo sulla spiaggia e avevo paura di fare tardi, così avevo deciso di tirare dritto.

I miei amici, in quell'occasione tutti italiani, erano arrivati con altri piatti, e grazie al cielo tra di loro c'era qualche vegetariano, così non ci riducemmo a consumare soltanto frattaglie preservate nel siero di latte ma anche una bella torta salata, della pasta e dei dolci. Un'occasione che mi confermò come il valore delle tradizioni stia nella loro funzione di riunire e aggregare le persone, e che le feste comandate forniscono una preziosa occasione per potersi prendere una pausa dal ritmo frenetico dell'esistenza e dedicare tempo alla famiglia e agli amici. Per questo credo sia importante osservarle, a prescindere dal loro retroterra religioso o culturale.

Il mercoledì successivo, un giorno come tanti, con il cielo grigio e l'umidità alle stelle, mi trovavo in università ad analizzare alcuni manoscritti, quando mi arrivò una telefonata. Urgente.

«Purtroppo devo darti una brutta notizia. Siggi è morto.»

Non avevo pianto così tanto da quando ero bambino. Di solito quando sono triste voglio stare solo, eppure in quel momento sentivo il bisogno di un contatto umano. Per fortuna quella mattina incontrai una professoressa che era stata molto amica di Siggi, e mi fermai a parlare con lei. Il suo dolore era palpabile, pur nella compostezza di signora elegante qual è. Sapevamo entrambi che il vuoto lasciato da Siggi sarebbe stato difficile da colmare. L'impronta che ha scolpito in me è indelebile; ancora oggi, in certe situazioni, immagino cosa avrebbe pensato lui, e commento imitando la sua voce.

Così tanto, dell'Islanda, mi ricordava lui. Mi aveva preso che ero un ragazzo sprovveduto e senza una meta chiara, e mi lasciava più maturo e con una direzione da seguire in questa vita così incerta e complicata.

I funerali islandesi sono diversi rispetto a quelli italiani. Nel senso che si dividono nettamente in due momenti: quello per piangere e quello per rinfrancarsi. C'è la messa, con il sermone del pastore che nomina una sfilza di parenti e amici legati al morto, l'uscita del feretro, che viene deposto in una buca del terreno (i loculi non esistono in Islanda) dove le persone lasciano cadere dei fiori. Qui si piange, ci si abbraccia e si fanno le condoglianze. Poi si tiene un ricevimento, che può essere in una palestra o in una sala polifunzionale, ma anche in un ristorante o un locale. Si offrono tartine, torte, caffè e tè, e si chiacchiera come a una festa, ricongiungendosi con persone che non si vedevano da tempo e ricordando insieme momenti piacevoli.

Erano in tanti a quel funerale. Siggi era stato molto amato. Aveva fatto del bene e se n'era andato in silenzio, senza disturbare, ma probabilmente conscio del fatto che il suo ricordo avrebbe aleggiato a lungo nella vita di tante persone. Non c'è modo migliore di prolungare la propria esistenza che lasciare un'eredità di gratitudine, come il sapore gradevole che resta in bocca dopo aver inghiottito un pezzetto di torta: non c'è più, ma la sua dolcezza rimane ancora per un po'.

15

Garður
Le balene e il «tempo da finestra»

È bello vivere qui, sai, se mandi giù che siamo in quattro gatti, a volte nei posti piccoli la vita diventa più grande.

Jón Kalman Stefánsson, *Luce d'estate: ed è subito notte*, 2005

La zona in cui sorge il villaggio di Garður, «Giardino/Cortile», viene menzionata nel «Libro delle colonizzazioni», quando il primo colono, Ingólfur Arnarson, ne fece dono a una parente, Steinuður gamla («la Vecchia»), che lo aveva accompagnato nel suo primo inverno in Islanda. Nei secoli Garður è stata una piccola comunità prospera, grazie alla vicinanza di acque assai pescose, e fu qui che fu eretto il primo faro d'Islanda, nel 1897, che rimase in servizio fino alla costruzione di uno più grande nel 1944. Accanto a questo si trovano un piccolo museo e un ristorante, anche se la zona viene frequentata soprattutto per il suo essere una penisola proiettata nell'oceano, il che ne fa un punto ideale per le osservazioni di aurore boreali. È anche considerata un'area privilegiata per l'avvistamento di cetacei, pare per via delle correnti che si incontrano e rimescolano il plancton. I cetacei sono un argomento delicato.

Ho conosciuto una signora delle Føroyar la quale affermava che ci fosse soltanto da ringraziare l'attivismo internazionale, se la pratica della caccia alle balene pilota non si era ancora estinta. Sosteneva che qualche decennio fa stava diventando sempre più rara, fino a quando l'attenzione internazionale si è concentrata sulla piccola nazione insulare, tuonando, accusando e giudicando i faroesi che, mossi dall'orgoglio e quasi per ripicca, avrebbero reagito incrementando la caccia. «Quegli attivisti non hanno a cuore le balene, vogliono solo far sapere al mondo che sono meglio di noi.» Questo punto di vista mi aveva scosso.

L'Islanda non caccia più balene dal 2019 e ormai i prodotti a base di balena che si trovano in giro sono soltanto gli avanzi surgelati degli anni addietro, che piano piano vanno esaurendosi. La balena non è mai stata una parte integrante della dieta islandese, quanto piuttosto un raro complemento, e pochi sono gli islandesi che dichiarano di averne mai mangiata regolarmente. Il suo consumo era declinato al punto che la caccia non era più giustificata. Diversi imprenditori del comparto turistico, nonché politici e personalità pubbliche, hanno alzato la voce, sostenendone l'inutilità economica, e infine ha prevalso l'idea per cui agli islandesi conviene molto di più che le balene siano vive, vista l'attrattiva che esercitano sui turisti. Uno sviluppo molto positivo, mi sento di dire, che dimostra come spesso la pressione internazionale per incoraggiare questo tipo di cambiamenti non sia affatto necessaria, anzi!

In occasione del mio primo viaggio in Islanda avevo visto delle balene da poca distanza, dal ponte di una piccola nave, nella baia di Reykjavík, eppure questo non mi aveva affatto preparato a quello a cui avrei assistito diversi anni dopo. Nel marzo 2021, si diffuse la notizia dello spiaggiamento di una megattera presso Garður: nessuna tragedia causata dall'uomo, l'animale era già morto per cause naturali quando le acque dell'oceano ne avevano trasportato il corpo a riva, a poca distanza dal faro di Garður, sulla penisola di Reykjanesskagi.

Nei secoli passati, gli spiaggiamenti di cetacei erano eventi importanti, sia che fossero naturali, sia che fossero provocati dall'uomo, che cacciava gli animali spingendoli verso riva o arpionandoli. La quantità di risorse fornite da un singolo cetaceo era sufficiente per giustificare lo scatenamento di faide. Le leggi medievali islandesi sono estremamente prolisse e dettagliate in merito allo sfruttamento delle balene spiaggiate, proprio per l'importanza che rivestivano: il loro grasso e la loro carne erano una fonte di nutrimento preziosa, e l'olio che si otteneva dalla loro lavorazione era un combustibile essenziale per illuminare le lampade nelle lunghe notti invernali.

Fortunatamente, nel 2021 nessuno si mise a litigare per quella carcassa, mentre frotte di curiosi accorrevano per ammirare l'animale da vicino. Il corpo era a grande distanza dall'acqua, perché in quel punto la marea è molto forte. Andai sul posto con un amico nel primo pomeriggio, per evitare la ressa; c'era già una manciata di persone, famiglie con bambini.

Da piccolo avevo visto degli elefanti in uno zoo, e posso dire che la loro stazza passa quasi inosservata rispetto a quella di questi giganti dei mari. Le pinne bitorzolute della megattera erano più alte e larghe di me. Non era ancora pericolosamente gonfia, quindi potei avvicinarmi fino a sfiorarla. Stetti sopravento per risparmiarmi le narici dall'odore forte della carcassa. L'occhio della balena era semichiuso ma, anche nella morte, c'era qualcosa di estremamente solenne in quella creatura.

Rimasi per un po' a contemplare quella vista nuova, assaporando appieno la meraviglia e il timore reverenziale che sembrava quasi essudare da quel corpo senza vita. Mentre mi dirigevo là avevo immaginato che quella visione mi avrebbe suscitato delle riflessioni sulla transitorietà delle cose, invece fu proprio l'esatto contrario: osservare quel magnifico animale circondato dall'abbraccio della costa millenaria di lava scura e dell'oceano blu intenso mi portò alla rasserenante constatazione del nostro essere parte integrante dell'eterno evolversi dell'universo.

Sulla strada del ritorno verso il parcheggio, ci fermammo al faro. Da lì si gode di una delle viste migliori sul golfo di Faxaflói, nel cuore del quale sorge Reykjavík. Le montagne a nord sembravano emergere improvvisamente dal mare appena mosso, bianche e sfavillanti sotto un cielo azzurro pallido, lievemente sfumato dai colori caldi della bassa luce invernale. Saliti in macchina, superammo l'aeroporto e ci infilammo nella strada che conduce alla capitale, costeggiando quei colossali campi di lava innevati sui quali – non immaginavo ancora – in capo a qualche giorno sarebbe nato un nuovo vulcano.

Mi perdo sempre con lo sguardo in questi angoli, e ogni volta mi torna la meravigliosa sensazione di essere grato del momento che sto vivendo, e di non voler essere da nessun'altra parte.

Non piace però solo a me, l'Islanda: è tra le mete preferite dei travel blogger. Vengono qui, magari in camper, e diffondono storie e materiale video che porta tanti a invidiare il loro stile di vita nomade, al perenne inseguimento della bellezza. Penso che queste storie di ragazzi straordinari siano un po' come una droga, perché fanno credere che si possa sfuggire alla noia che prima o poi coglie ciascuno di noi. Ed è particolarmente tra i giovani che fanno presa, perché i giovani credono di avere tutto il tempo per poter diventare come gli idoli delle storie che guardano. Storie che si interrompono sempre prima che uno possa vedere le conseguenze a lungo termine delle scelte fatte da questi personaggi fuori dagli schemi. Ed è naturale: nessuno vuole leggere la storia di uno che ha mollato il lavoro per girare il mondo ma poi è finito in bancarotta o – peggio ancora – in un ufficio più deprimente di quello che aveva abbandonato per dedicarsi a viaggi sconsiderati. In fondo, pensare a tutti i possibili risvolti (positivi e negativi) di ciascuna delle proprie azioni è un esercizio che pochi fanno, perché ti porta a confrontarti con la triste realtà che qualunque scelta tu faccia, prima o poi avrai comunque qualche bella gatta da pelare, e per togliertene una adesso te ne vai magari a creare altre dopo. Ma in una mentalità plasmata da serie TV che culminano e terminano al vertice della parabola dei loro protagonisti, che posto possono avere riflessioni di questo tipo?

Il mondo globalizzato ci fa spesso sentire profondamente inutili. Che senso ha la nostra vita quando siamo così tanti, e quando così tanti sono pronti a sostituirci? Per sfuggire a questo sentimento, per non sentirci azzerati, diluiti e dissolti, ci aggrappiamo ai social media e cerchiamo affannosamente un modo di provare agli altri e a noi stessi che esistiamo davvero e che la nostra esistenza, in fondo in fondo, è meglio di tante altre e più degna di essere vissuta.

Abbiamo bisogno di ritagliarci uno spazio in cui sentirci qualcuno. Ma è tutt'altro che semplice, al giorno d'oggi. Il nostro valore per la comunità in cui viviamo viene spesso messo in ombra dalle capacità superiori di qualche individuo che opera nel nostro campo e spopola in rete. Il mondo intero è a portata di schermo, e poter vedere il mondo intero ci condanna irreparabilmente a doverci confrontare con la nostra limitatezza.

Considerando tutto questo, chi vuole più occupare una posizione nella quale nessuno lo considererà mai insostituibile? Per questo tanti sembrano avvicinarsi all'Islanda: vogliono mostrare l'unicità della loro esperienza di vita, per sfuggire alla monotonia. Eppure l'Islanda offre una soluzione ben diversa e più efficace: non è certo più così remota da rimanere sconosciuta e ignorata, ma non è nemmeno abbastanza centrale da essere una stazione di interscambio della vita planetaria. Qui si possono esprimere i propri talenti e brillare, senza troppo timore, circondati da una comunità piccola nella quale ogni vita è preziosa e più difficilmente sostituibile. Non si scompare nella folla. Semmai, è la folla a sparire in Islanda. Inghiottita dal tempo e dal paesaggio. Noi che viviamo qui ci teniamo stretti gli uni agli altri. Ci conosciamo e sappiamo che stare qui ha un significato particolare, anche se spesso fatichiamo a formulare in cosa consista la sua particolarità.

Intorno all'aeroporto internazionale di Keflavík sorgono alcuni centri abitati che spuntano come germogli di speranza dall'arido colore atro dei campi di lava. Sono insediamenti abbastanza recenti, la cui pianificazione urbana non lascia certo a bocca aperta, eppure a loro modo sanno essere graziosi. Bisogna però guardare questi paesaggi urbani con gli occhi di qualcuno che è incondizionatamente innamorato di questa terra, altrimenti l'esperienza della fruizione visiva non è necessariamente delle più positive.

Non esiste una spiegazione ufficiale su quella che – secondo la mia esperienza – la maggioranza dei visitatori e dei locali percepisce come bruttezza architettonica. Dagli anni del funzionalismo, a inizio Novecento, una furia iconoclasta paragonabile a quella seguita all'introduzione della Riforma luterana ha cercato di cancellare il passato, falcidiando gli edifici dei periodi precedenti. Un'infinità di graziose case di legno è stata demolita: la ragione ufficiale era che erano prone agli incendi, ma non credo sia così. Penso piuttosto che gli islandesi si siano voluti buttare a capofitto nel futuro, dimenticando un passato di cui si vergognavano. Sì, c'era la gloria dei trascorsi medievali, con la loro eredità letteraria, ma già in un resoconto del Settecento un islandese che osservava i suoi connazionali ne lamentava il fatalismo e la rassegnazione.

Penso che gli islandesi abbiano cercato di lasciarsi alle spalle tutto con un cambiamento radicale, come quando si butta via la roba dopo una brusca rottura con una persona importante, perché tutto ciò che te la ricorda diventa fonte di dolore e vergogna. Così, dai primi del Novecento a oggi l'Islanda è stata ricoperta di scatole di cemento, acciaio e vetro. Quando questa era una novità, ci si salvava ancora citando la leggenda metropolitana per cui lo stile gotico fu percepito come brutto al suo diffondersi, sebbene oggi sembri universalmente bellissimo. La storia è falsa, ma ha funzionato per convincere le persone ad accettare stili architettonici che, a distanza di un secolo, appaiono ancora più brutti di quando furono costruiti.

Il nuovo quartiere del porto vecchio a Reykjavík, tra il centro storico e l'auditorium Harpa, è stato costruito in uno stile che vuole emulare i centri direzionali delle metropoli: edifici moderni, alti e compatti, l'uno a ridosso dell'altro. Tradizionalmente, in Islanda si erano sempre lasciati ampi spazi tra le costruzioni, per evitare che chi viveva ai piani bassi rimanesse perennemente all'ombra, dal momento che il sole non è mai alto nel cielo. La vicinanza eccessiva tra gli edifici, inoltre, crea dei percorsi in cui il vento si incanala, aumentando la sua forza. E in Islanda il vento non scherza. Una volta, gli islandesi avevano cura di orientare il retro delle case in legno e torba nella direzione da cui soffiavano tipicamente i venti di tempesta. Il retro era fondamentalmente un piccolo clivo coperto d'erba, che saliva da terra fino al tetto: il vento, soffiando, ci scivolava sopra, e la facciata della casa era protetta.

Pare che tutta questa attenzione a dettagli così importanti per la vita delle persone sia stata accantonata in favore di una diversa visione, che però sembra scollegata dalla realtà: l'edificio della Casa Nordica, centro culturale per la cooperazione dei Paesi nordici, fu disegnato dal famoso architetto finlandese Alvar Aalto, il quale forse non aveva molte conoscenze sul clima islandese: l'ingresso principale è orientato a nord e dunque esposto ai gelidi venti che trasportano il freddo da settentrione. Il portone automatico, che si apre verso l'esterno come di consueto in Islanda, per facilitare le uscite in caso di emergenza, a volte fatica ad aprirsi contro la furia del vento. Quando passeggio in centro, vedo sempre capannelli di persone lungo le vecchie vie, mentre quelle nuove, strette tra palazzoni alti e moderni, sono perennemente deserte. Mi domando se l'amministrazione cittadina avesse immaginato un risultato del genere.

Eppure, ormai sono decenni che questa insistenza nel costruire in uno stile anonimo ed estraneo al Paese viene pesantemente criticato, non già da incompetenti, come sostiene qualcuno, ma da personaggi di rilievo nel mondo dell'arte. Erró, il più grande artista islandese contemporaneo, che ha studiato in Italia e in Francia, rispose così quando gli chiesero cosa pensasse dell'auditorium Harpa: «È un peccato che copra la vista sui monti Esja».

Esistono però alcuni movimenti in controtendenza. La cittadina di Siglufjörður, nell'Estremo Nord, ha preso a restaurare edifici anonimi e malmessi secondo lo stile tradizionale delle case in legno coperte di lamiera. Oggi Siglufjörður è considerato da chiunque lo visiti uno dei luoghi più belli e commoventi d'Islanda, e non è certo solo per il paesaggio del fiordo.

La cittadina di Selfoss, nel Sud, si è sviluppata grazie alla posizione strategica sulla strada principale dell'isola. Da tutti considerata un luogo senza attrattive (a parte il piccolo museo sul campione di scacchi Bobby Fischer e il caffè-libreria), Selfoss si è trovata a fare i conti con un futuro incerto, dovuto alla necessità di deviare la strada per evitare di attraversare il centro abitato, e tutti gli ingorghi che le sue rotonde e i suoi attraversamenti pedonali comportano. Questo rischiava di compromettere l'economia del luogo, ma la cittadina si è messa in moto. L'amministrazione locale ha correttamente consultato i cittadini su una serie di progetti per sviluppare un'area dismessa del centro, appena dopo il ponte sulla strada principale. Non sono mancate le brutture postmoderne, ma gli abitanti di Selfoss hanno scelto altro: un progetto che si poneva l'obiettivo di creare un centro storico di ricostruzioni di edifici d'epoca andati distrutti o demoliti, documentati da foto e immagini del tempo. Una decisione coraggiosa e in controtendenza, in un Paese che spesso sembra voler a tutti i costi correre verso il futuro senza mai domandarsi se non valga la pena rallentare e riflettere sulla strada intrapresa.

La vicenda di Selfoss ha suscitato l'ilarità arrogante di alcuni islandesi, i quali ritengono di mostrare superiorità intellettuale ostentando un'incondizionata apertura verso tutto ciò che è moderno, dimentichi che nel loro Paese vengono costruiti edifici anonimi da un secolo, e che ormai sono vecchi e datati anche quelli. Con la differenza che, al contrario dell'architettura dei periodi precedenti, sono ritenuti brutti e senz'anima dalla maggior parte delle persone. C'è dunque chi si prende gioco del progetto in corso a Selfoss definendolo «Las Vegas» e si appiglia al fatto che si tratta di uno stile architettonico dei primi del Novecento, ignaro della contraddizione che comporta il suo vestire in abiti di tweed dal taglio classico, sfoggiare acconciature da gentleman ottocentesco e avere un gusto per la mobilia in stile anni Settanta. In qualche modo, l'uso di stili d'epoca per abbigliamento, capigliatura e arredamento è accettabile, magari addirittura auspicabile, mentre quando si tratta di architettura non è lecito costruire nulla che non siano scatoloni di vetro e acciaio.

Sia come sia, la popolazione ha fatto la sua scelta: nell'estate 2021 è stata aperta la prima sezione del «nuovo centro storico» di Selfoss, e i giornali del Paese sono stati invasi da fotografie di persone sedute nella nuova piazza circondata da case in stile tradizionale. Non hanno fatto in tempo a sgomberare il cantiere che gli islandesi si sono riversati lì e continuano a farlo, per trascorrere qualche ora in quell'ambiente sereno, caldo, accogliente e dalla personalità spiccata. A prescindere da considerazioni di natura estetica, architettonica o storica, rimane il fatto ineluttabile che, di fronte alla scelta fra una passeggiata o un caffè nel nuovo distretto di Reykjavík o nel nuovo centro di Selfoss, la maggioranza sembra preferire la seconda opzione.

Una cosa che Lára adora dell'Italia è appunto il fatto di poter passeggiare circondati da una bellezza che trascende le epoche. È una bellezza che ha un impatto positivo sulla psiche, e lei, da psicologa clinica, se ne intende! Lamenta spesso che a Reykjavík manchi la possibilità di bagnarsi gli occhi con l'armonia, i colori e la grazia di edifici tradizionali, che tutto sia una sconcertante rottura postmoderna delle simmetrie, un grigio cemento o acciaio, un freddo vetro. Ci sono angoli di bellezza, ma bisogna cercarli con fatica. La natura viene in soccorso, perché intorno a Reykjavík si trovano alcuni degli scorci più commoventi del pianeta, che sono però spesso sfregiati dall'improvviso spuntare di un palazzone dai colori scuri, ricoperto di vetro. Viene da domandarsi se gli architetti non presentino proposte diverse per paura di essere derisi, in un ambiente che è ormai talmente assorbito da questo modo di costruire da non riuscire più a concepire nient'altro.

Pur coprendo un'area ben più vasta di quella di Milano, la popolazione del Comune di Reykjavík non arriva a 150.000 abitanti. Una volta era una città poco densa, assai spalmata; le case erano basse, non più di tre o quattro piani, e i marciapiedi ampi. Questo aveva il doppio vantaggio di ostacolare il propagarsi di incendi e massimizzare l'esposizione alla luce solare, che in Islanda non è faccenda di poco conto. Le finestre degli edifici sono spesso molto grandi: gli islandesi amano la luce e, quando cercano casa, una delle prime cose che guardano è la luminosità. In un Paese dove per tre-quattro mesi l'anno la luce diventa sempre più centellinata e concentrata nelle ore intorno al mezzogiorno, non ci si può permettere di vivere in condizioni di scarsa illuminazione naturale.

Alcune parti d'Islanda più di altre sono spesso coperte da una coltre nuvolosa, e le piogge, seppur non necessariamente abbondanti, possono continuare per lunghi periodi. Per questo gli islandesi hanno sviluppato il concetto di *sólarfrí*, «vacanza del sole»: in occasione di una giornata particolarmente bella e soleggiata, il capoufficio o il datore di lavoro possono decidere di mandare tutti a casa in anticipo per godersi il bel tempo.

Il contraltare a questa bellissima invenzione è il concetto di *gluggaveður*, ovvero «tempo da finestra». Una volta, durante il mio primo anno in Islanda, verso dicembre, una giornata era stata benedetta da un sole basso che gettava una luce rincuorante sulle conifere coperte di neve oltre la baia di Fossvogur, dove vivevo, dirimpetto alla spiaggia geotermale Ylströnd, presso Nauthólsvík, dove l'acqua calda del sottosuolo viene pompata per riscaldare un piccolo tratto di mare racchiuso da un frangiflutti. Mi precipitai all'esterno e mi diressi lungo la ciclabile intorno all'insenatura, per raggiungere il bosco di conifere. A metà strada, il calore che avevo accumulato nella caldissima casa dove vivevo si era ormai dissipato. Il naso si arrossò e le mani si congelarono a dispetto dei guanti. In Islanda capita spesso, durante l'inverno, di vedere dalla finestra giornate particolarmente soleggiate, con il cielo terso, apparente calma di vento e una luce meravigliosa che invita a uscire. Si tratta però di una vile trappola: il sole e il cielo limpido possono in realtà nascondere temperature rigidissime.

Salii verso la Perla, per scaldarmi e rifocillarmi nella caffetteria (dove ora si trova un negozio di oggettistica). Turisti e visitatori affollavano le scale che conducono alla piattaforma di osservazione, da dove nelle giornate limpide si vedono i monti che chiudono il Hvalfjörður, a nord della capitale, mentre a sud si stagliano le forme aguzze e curiose dei rilievi nella penisola vulcanica di Reykjanes. Nelle giornate particolarmente limpide se ne intravede la parte più occidentale, dove si trova Garður, quell'ultimo avamposto prima dell'infinito, che sembra quasi un casello autostradale sospeso fuori dal tempo dove si incrociano e rallentano infinite trame di esistenza umana.

Fino a pochi decenni fa non c'era nulla nella zona intorno alla Perla, mentre ora Reykjavík si espande da ogni lato. Nemmeno il mare costituisce un limite assoluto, dato che regolarmente gli vengono strappati con cupidigia nuovi terreni per costruire altri scatoloni residenziali. Sono pochi i quartieri particolarmente densi di costruzioni (anche se le amministrazioni attuali stanno facendo di tutto per infoltire il tessuto urbano e ridurre il consumo di suolo). Eppure, fino a metà del Novecento tutto intorno era brughiera, e Reykjavík era una cittadina piccola e graziosa, elegante nella sua semplicità.

Il Novecento è stato un secolo di cambiamenti quasi brutali, in questo Paese, forse più che in altri. Fino all'Ottocento la società islandese era rimasta ancorata agli antichi costumi, con cambiamenti lenti e progressivi, salvo alcune parentesi come la Riforma luterana. Il XX secolo, invece, fu un susseguirsi di momenti epocali e cambiamenti radicali. Le esportazioni del settore ittico arricchirono il Paese ma lo resero anche vulnerabile agli scossoni dell'economia mondiale.

Con il colossale sviluppo del comparto ittico, le campagne furono abbandonate e tanti contadini si riciclarono come pescatori; questo portò allo spopolamento di alcune aree fuori dai movimenti commerciali della pesca, ma anche all'espansione di centri urbani. La rinnovata fiducia nel potenziale economico nazionale contribuì a far divampare le fiamme dell'autonomismo, e nel 1918 l'Islanda fu dichiarata un regno a sé, con il monarca danese come capo di Stato.

Negli anni Venti, la maggior parte delle esportazioni islandesi era destinata ai mercati sudeuropei, in particolare Spagna e Italia. In questo periodo iniziarono ad arrivare in Islanda vini e liquori dal Sud, mentre i Paesi cattolici osservavano il magro del venerdì consumando baccalà, ovvero pesce sotto sale (solitamente merluzzo, da non confondere con lo stoccafisso, che è invece pesce disidratato). Nel 1935, quando l'Italia invase l'Etiopia e fu sottoposta a sanzioni dalla Lega delle Nazioni, l'Islanda poté evitare un pesante danno economico perché, non facendo parte della Lega, non era tenuta ad applicare alcuna sanzione. Il commercio con l'Italia continuò dunque normalmente. Fu invece un dramma per l'Islanda quando scoppiò la guerra civile spagnola, nel 1936, perché la Spagna era stata uno dei principali partner commerciali per l'esportazione di pesce, ma il suo mercato rimase inaccessibile a seguito della situazione politica interna.

In questi primi decenni del secolo scorso si ebbe un notevole sviluppo tecnologico che portò a un miglioramento delle rese nel settore agricolo, con aumento dei foraggi e progressi significativi nella lavorazione e conservazione della carne, oltre che nella pesca e nella lavorazione del pesce.

La vera rivoluzione, tuttavia, avvenne durante la seconda guerra mondiale. Nel maggio 1940 il Regno Unito invase e occupò l'Islanda, postazione fondamentale per la rotta atlantica, per impedire ai tedeschi di impossessarsene. Il Paese, che non aveva un esercito ed era ufficialmente neutrale, dovette rassegnarsi all'occupazione, anche se non mancarono proteste veementi da parte delle autorità e della popolazione. Un mese prima, il 9 aprile, i tedeschi avevano invaso la Danimarca e il re danese si era rifugiato in Inghilterra, non assolvendo più ai compiti di monarca del regno d'Islanda. Gli islandesi non persero l'occasione e, il giorno successivo, il Parlamento assunse tutti i poteri che erano stati prerogativa dell'autorità regia, che consistevano essenzialmente nella facoltà di nominare i ministri, promulgare le leggi e così via. Fu scelto come reggente temporaneo Sveinn Björnsson, ex ambasciatore islandese in Danimarca, e anche gli ultimi poteri rimasti alle autorità danesi furono trasferiti in Islanda.

Questo non corrispose direttamente a una dichiarazione di indipendenza, ma costituì un passo importante in quella direzione. Nel maggio 1944 si tenne un referendum sulla direzione da prendere al termine della guerra, cui partecipò il 97% degli aventi diritto; l'esito fu che il 95% dei votanti si dichiarò favorevole alla fondazione di una repubblica. Il 17 giugno dello stesso anno, data del compleanno del patriota Jón Sigurðsson, il Parlamento si riunì nel luogo altamente simbolico di Þingvellir, dove si era tenuta per secoli l'Assemblea generale, e approvò la Costituzione, che era sostanzialmente una riscrittura dello statuto precedente, attribuendo a un presidente i ruoli del monarca. In quell'occasione, Sveinn Björnsson fu proclamato capo provvisorio dello Stato.

Solitamente si pensa alle occupazioni straniere come influenze negative, e certamente per molti versi lo sono, ma nel caso di quelle avvenute in Islanda, la conseguenza principale fu una colossale spinta alla modernizzazione e allo sviluppo economico. Gli eserciti stranieri trasferirono decine di migliaia di militari nel Paese, i quali acquistavano beni e servizi con valute estere, riversando ingenti quantità di ricchezza nell'economia islandese. Era anche necessario lavorare alla realizzazione di strutture e infrastrutture per accogliere i soldati; la disoccupazione dunque sparì, e i militari generarono domanda per una gran quantità di merci che fino ad allora gli islandesi non avevano mai visto.

Il 7 luglio 1941, i britannici si ritirarono e il giorno successivo furono sostituiti da contingenti americani. Il numero totale di truppe stanziate equivaleva a circa la metà della popolazione autoctona. Essendo all'epoca i soldati tutti uomini, si può dedurre che per un periodo in Islanda ci fu il doppio degli uomini rispetto alle donne. La convivenza fu sostanzialmente pacifica, anche se emersero episodi spiacevoli: gli islandesi richiesero di non inviare soldati di origine africana, e le ragazze che avevano avuto un figlio da un militare americano diventavano delle reiette. Lo Stato violava pesantemente la privacy e l'integrità delle donne per verificare se si fossero compromesse con gli stranieri. Questo fu uno dei capitoli più vergognosi della storia del Paese.

Solo nel 1947 gli americani lasciarono l'isola, dopo aver tentato di ottenere il permesso di mantenere la loro base a Keflavík. Se ne andarono per qualche anno, ma fecero ritorno nel 1951. Nel 1949, tra grandi proteste, il Parlamento islandese aveva infatti approvato l'adesione del Paese alla NATO, della quale è tuttora membro. Ogni tanto anche i caccia italiani arrivano qui, quando è il loro turno di pattugliare i cieli islandesi.

I decenni successivi furono pesantemente trasformativi. L'Islanda fu catapultata nella modernità, i sobborghi di Reykjavík si espansero, furono posate strade, venne fondato il sistema sanitario nazionale e molto altro.

Tra l'inizio degli anni Cinquanta e la metà degli anni Settanta, invece, l'Islanda fu impegnata in una serie di conflitti non armati contro la Gran Bretagna per lo sfruttamento delle acque dell'Oceano Atlantico, le cosiddette guerre del merluzzo. In sostanza, ci fu un graduale e unilaterale allargamento delle acque territoriali islandesi e della zona economica esclusiva, con conseguenti proteste da parte del Regno Unito, i cui pescherecci si recavano regolarmente nelle acque al largo dell'isola.

Nel 1952, l'Islanda estese la zona economica esclusiva da 3 a 4 miglia marine. Tutti i Paesi riconobbero questa decisione, eccetto i britannici, che inizialmente boicottarono l'Islanda, ma senza gravi conseguenze grazie all'apertura di altri mercati per l'export islandese. Il primo conflitto vero e proprio nacque nel 1958, quando la maggioranza dei membri delle Nazioni Unite, in una convention a Ginevra, si espresse in favore di un limite per le acque territoriali di 12 miglia marine. L'Islanda, la cui economia dipendeva quasi esclusivamente dall'apporto del settore ittico, colse la palla al balzo e dichiarò l'autorità sulle acque fino a 12 miglia dalle sue coste. I pescatori di altre nazionalità rispettarono la decisione e si allontanarono uscendo dal nuovo limite, ma gli inglesi non accettarono quella mossa e questo provocò lo scoppio di ostilità. Il Regno Unito inviò navi militari a proteggere i propri pescherecci dalla guardia costiera islandese, che avrebbe voluto arrestarne gli equipaggi. La prima guerra del merluzzo terminò nel 1961, quando i britannici capitolarono, ma a condizione di poter pescare occasionalmente entro le 6 miglia nautiche dalla costa per i successivi tre anni.

Il secondo conflitto, forse il più aspro, emerse nel 1972, quando l'Islanda estese di propria iniziativa la zona economica a 50 miglia nautiche, suscitando aspre critiche da parte di diverse nazioni. I contrasti con gli inglesi ripresero. Anche in quel frangente, la marina britannica entrò in gioco e non mancarono episodi di tensione. La situazione fu risolta quando le autorità dei due Paesi si accordarono per un riconoscimento del limite da parte degli inglesi, a patto che gli islandesi concedessero loro di pescare in aree designate all'interno della zona economica esclusiva.

Nel 1974, a Caracas, le Nazioni Unite rividero i termini per il controllo delle acque territoriali. La discussione portò alla luce il fatto che diversi Paesi approvavano l'idea di estendere il limite a 200 miglia nautiche. L'Islanda non se lo fece ripetere due volte e l'anno successivo ampliò la propria zona economica esclusiva a 200 miglia. Erano passati tre anni dall'accordo con i britannici, e il permesso che questi avevano ottenuto di pescare in acque islandesi era scaduto. Altri Paesi, come la Germania Ovest e il Belgio, concordarono permessi di accesso limitato e riconobbero la decisione islandese, mentre gli inglesi preferirono riaprire le ostilità. Gli islandesi richiamarono l'ambasciatore da Londra e interruppero i rapporti diplomatici con il Regno Unito. Ciò sollevò non poche preoccupazioni negli ambienti della NATO, dove si temeva che quella scaramuccia avrebbe portato l'alleanza a vacillare. L'Islanda è una base strategica fondamentale per i collegamenti tra l'America settentrionale e l'Europa. Alcuni sostengono che la Gran Bretagna sarebbe stata costretta a capitolare dagli alleati americani, ma chissà com'è andata realmente. In ogni caso, nel 1976 fu raggiunto un accordo, con la firma di un trattato a Oslo. L'anno seguente, la Comunità Europea sancì l'estensione della propria zona economica esclusiva a 200 miglia, cosa che avrebbe comunque costretto gli inglesi a riconoscere anche la zona esclusiva islandese.

Questa serie di conflitti è vista dagli islandesi come una sorta di battaglia tra Davide e Golia, e ancora oggi l'orgoglio per la vittoria è parte della coscienza collettiva. Orgoglio che sarebbe poi stato profondamente ferito e ridimensionato dal gravissimo crack finanziario del 2008. Ma gli ultimi anni del XX secolo sono stati anni di crescita per il Paese, con la fondazione di nuove industrie, la diversificazione dell'economia e un crescente benessere.

Nel 1986 l'Islanda fu la location designata per l'epocale incontro tra il presidente degli Stati Uniti Ronald Reagan e l'ultimo segretario generale del Partito comunista sovietico Michail Gorbačëv, che pose fine alla guerra fredda. Il grazioso edificio in legno bianco che ospitò il vertice, Hofði, una casa prefabbricata costruita in Norvegia, poi smontata, spedita a Reykjavík e riassemblata, si affaccia tuttora sul lungomare della capitale, di fronte al grattacielo Höfðatorg, che la sovrasta.

Ci passo davanti tutte le mattine in auto, quando vado verso l'università, e ho l'abitudine di girare per un attimo lo sguardo per contemplare il contrasto tra la casetta di legno così piccola eppure così importante e l'ecomostro alle sue spalle. Non posso evitare di pensare che la modestia di un prefabbricato in legno ha lasciato il segno nella storia dell'umanità assai più di quel mastodonte di acciaio e vetro, e dell'arroganza che lo ha concepito e realizzato. Del resto l'Islanda, come tanti altri Paesi, è una terra di contraddizioni, oltre che di contrasti: di alte vette letterarie e scientifiche e di ignoranza abissale, di ipocrisie e razzismi malcelati e di battaglie toccanti per i diritti civili. Spesso la si immagina come la culla delle politiche progressiste, dando per scontato che sia sempre stata una nazione tollerante e all'avanguardia. Invece, il primo omosessuale dichiarato del Paese, il cantante e drammaturgo Hörður Torfason, nel 1977 dovette trasferirsi in Danimarca per sfuggire all'intolleranza e alle aggressioni che subiva qui. Attivista e pioniere dei diritti civili, fondò poi un movimento, Samtökin '78, che si batté per il riconoscimento dei diritti degli omosessuali. La parità di trattamento davanti alla legge fu riconosciuta nel 2006.

Negli anni Settanta emerse progressivamente anche un forte movimento femminista, che culminò nello sciopero del 24 ottobre 1975, quando circa il 90% delle donne islandesi si astenne non solo dal proprio impiego retribuito, ma anche da tutte le attività tradizionalmente considerate femminili, come la cura dei figli e le pulizie domestiche. Fu una catastrofe, quel giorno: il servizio telefonico non funzionava, i giornali non poterono essere stampati, negozi e uffici dovettero rimanere chiusi e gli uomini impazzirono per badare ai figli. Le donne islandesi mostrarono l'essenzialità della loro presenza nella società, e il risultato non fu solo simbolico: l'anno successivo fu approvata una legge sull'uguaglianza di diritti tra uomini e donne. Nel 1980, l'Islanda scelse il primo capo di Stato donna democraticamente eletto, Vigdís Finnbogadóttir, insegnante di francese ed ex direttrice del Teatro Comunale della capitale. Le è stato intitolato l'edificio che ospita la facoltà di Lingue e culture straniere dell'Università d'Islanda, arrivato secondo nel 2021 in un sondaggio su Facebook mirato a stilare la classifica degli edifici più brutti di Reykjavík.

In effetti, non è particolarmente accattivante: è uno scatolone di cemento non intonacato, dalle pareti sporche e macchiate, parzialmente ricoperto da assi di legno poste verticalmente come le sbarre di una prigione su intelaiature metalliche inchiodate al cemento. Anche quelle sono diventate grigie, e sono ormai piene di crepe e consumate dalle intemperie. Del resto, ci sarà stato un motivo se le case di legno di una volta erano rivestite di lamiera!

Nel corso del Novecento, la presenza della base angloamericana prima, e NATO poi, ha portato una certa americanizzazione della società islandese, visibile soprattutto in ambito alimentare. Una delle influenze più nefaste è forse l'eccessivo consumo di bevande zuccherate, che in Islanda raggiunge livelli siderali. Accompagnato al costume di comprare manciate di caramelle sfuse a metà prezzo da consumare in blocco nei weekend, contribuisce al problema dell'obesità infantile che si fa sempre più pressante.

Anche l'hamburger in Islanda è un piatto molto diffuso, ma l'approccio è ben lontano da quello del fast-food. Gli hamburger sono infatti solitamente preparazioni complesse, elaborate e ricche, fatte con ingredienti di ottima qualità. McDonald's non esiste in Islanda: la catena aveva aperto il suo primo esercizio nella Terra del Ghiaccio nel 1993, e avrebbe aperto un totale di quattro ristoranti, tutti localizzati nella capitale, ma cessò l'attività nel 2009, quando chiuse i battenti per via degli elevati costi di importazione degli ingredienti, che non permettevano di proporre prezzi competitivi. I costi erano aumentati a partire dall'anno precedente, quando il crack finanziario del Paese aveva reso la moneta locale molto più debole sui mercati internazionali. Il ristorante fu convertito in una nuova entità, *Metro*, che mantiene lo stile e alcune proposte di McDonald's facendo però uso di ingredienti locali. L'ultimo McMenu fu offerto al Museo Nazionale d'Islanda come reperto storico, ma il museo lo rifiutò. Fu allora inizialmente tenuto in una bacheca presso un ostello di Reykjavík e poi trasferito nella hall di una struttura ricettiva del Sud, nel villaggio di Þykkvibær, dove riposa ormai disidratato e immune dalla muffa, ma ancora dall'aspetto invitante.

La Costituzione avrebbe dovuto essere rivista poco dopo la proclamazione della repubblica, ma ancora oggi questa revisione non è avvenuta. Negli anni successivi alla crisi finanziaria del 2008, molte voci sono emerse chiedendo una riscrittura della Carta con forme di partecipazione popolare, ma i vari governi succedutisi hanno lasciato ogni proposta di discussione in un cassetto. L'intento della riforma sarebbe rendere tutte le risorse naturali dei beni pubblici non sfruttabili o cedibili per l'esclusivo profitto di privati, ma gli interessi in gioco sono chiaramente troppo grandi perché la politica, che in Islanda è percepita come assai corrotta, segua la volontà degli elettori anziché gli interessi dei grandi attori finanziari.

Il crack del 2008 fu causato dalle politiche sfrenate del neoliberismo imperante nei primi anni del nuovo millennio, ma la catastrofe che ne è conseguita si è riversata sulle spalle delle persone comuni, che stanno ancora pagando con le proprie tasse i debiti contratti da banche che all'epoca erano private. Questo costituisce un grosso incentivo per il settore finanziario, che può generare serenamente bolle speculative sapendo che, alla fine, gli investitori avranno accumulato i loro soldi e a pagarne il prezzo sarà sempre la collettività.

Non ci sono stati sconvolgimenti in Islanda, dopo quell'episodio. Sono solo stati immaginati dai media di tutto il mondo, ansiosi di vendere la storia del piccolo e innocente Paese nordico che aveva arrestato i banchieri e fatto fallire le banche. No, le banche sono state assorbite dallo Stato, che le ha ricapitalizzate di tasca sua (e che si sta già preparando a riprivatizzarle, perché no?), mentre i personaggi arrestati, una frazione infinitesima dei soggetti coinvolti, sono tornati liberi dopo un breve periodo di soggiorno nelle campagne islandesi e hanno ripreso a speculare come e più di prima. C'è una certa ingenuità, negli islandesi. Un popolo di scialacquatori, che vive all'insegna del «meglio un uovo oggi che una gallina domani». Non certo lo stereotipo dell'austerità luterana: semmai, l'esatto contrario.

Nella mente di molti l'Islanda è l'isola in cui si realizzano i miracoli e i sogni che altrove rimangono chimere, un luogo onirico, sereno, dove tutti si amano e vivono in armonia, la ricchezza è distribuita e i rari crimini vengono puniti. Ma non è così: è invece un Paese che vive fortemente il problema della corruzione, con gravi disuguaglianze e un sistema fiscale che premia i ricchi e bastona i poveri, dove lo straniero viene spesso maltrattato e sfruttato, dove esiste un dilagante problema di violenza sulle donne (con stupratori che la fanno franca se hanno nomi altisonanti) e gang criminali si scontrano e portano a termine esecuzioni sommarie. Succede anche qui, in quest'isola felice. Provo a non pensarci troppo. In effetti, nella vita di tutti i giorni questi problemi mi sfiorano solo tangenzialmente.

Gli islandesi non sono il popolo perfetto. Non sono di certo moralmente superiori a tanti altri popoli, anche se spesso amano crederlo. Molte volte ho il sospetto che la loro massiccia adesione a qualsivoglia iniziativa sul piano dei diritti civili sia motivata più da uno spiccato senso di conformismo ipocrita che da una reale convinzione. Ci si professa sostenitori di questa o quella causa perché si percepisce come socialmente vantaggioso farlo, non perché si è mossi da un ideale genuino. Cosa non così grave finché questo sentimento serve a promuovere importanti battaglie per il progresso civile, ma decisamente più preoccupante quando facilita l'affermazione di dottrine e politiche aberranti. Quando ci domandiamo come certe atrocità del nostro passato siano state possibili, non riuscendo a concepire il sentimento che deve averle generate, dimentichiamo che il nostro modo di pensare è in gran parte dettato dal fatto che c'è una narrazione dominante nella nostra società. E qualora la narrazione dovesse virare nuovamente, tanti di noi – la maggioranza, forse – sarebbero i primi a giustificare e partecipare a quelli che oggi vediamo come orrori.

Dunque no, gli islandesi non sono un popolo superiore. Sono un gruppo di esseri umani variegato, con caratteristiche generali uniche. Ho scelto di vivere in mezzo a loro perché per molti versi li trovo affini a me. Non amo le formalità, tengo molto alla famiglia e alla vita all'aria aperta, mi piace tanto stare in casa e rendere gli spazi accoglienti, mi godo il lume di candela e le estati fresche trascorse dedicandosi a contemplative escursioni nella natura selvaggia. Amo l'adesione alle regole solo relativa, guidata dal buonsenso, e la democrazia sui posti di lavoro, nonché il rispetto accordato alla persona a prescindere dai titoli. Soprattutto, amo la cordialità, io che faccio sempre un po' fatica a rompere il ghiaccio. Se però incontro qualcuno che sa farlo, gli do subito corda. E gli islandesi sono bravi a rompere il ghiaccio.

Una volta mi trovavo nel ristorante accanto al faro nuovo di Garður. Dal terrazzo, nel buio serale, si vedevano i bagliori rossi dell'eruzione in atto a Fagradalsfjall. Ero in compagnia di un gruppo di miei follower italiani e stavamo per concludere un viaggio dedicato al Sud dell'Islanda e ai territori della *Saga di Gunnar*, che avevo tradotto in italiano. Avevo costruito un rapporto meraviglioso con quel gruppo: a volte, quando fai la guida e gli ospiti non sanno chi tu sia, può capitare che ti trattino come un faccendiere o un cameriere, ma con loro non era mai stato così. Mi conoscevano ed erano contenti di vedere l'Islanda con me. Sentivo il loro rispetto e la loro gioia.

Avevo spesso ribadito loro che gli islandesi sono un popolo cordiale, festaiolo e accogliente, e quella sera mi si presentò l'occasione per dimostrarlo. Come ho già detto, varie musiche di canzoni italiane sono state prese a prestito e riadattate con testi islandesi, e durante il viaggio avevo avuto modo di farne ascoltare alcune al mio seguito. A cena nel ristorante di Garður c'era anche una chiassosa tavolata di islandesi; mi venne allora l'idea di incoraggiare il mio gruppo a cantare *Non ho l'età* di Gigliola Cinquetti, sostenendo che era molto probabile che gli islandesi si sarebbero poi uniti a noi cantando la loro versione (*Heyr mína bæn*, «Ascolta la mia preghiera»). Lo dissi quasi per scherzo, ma la signora accanto a me se ne uscì subito con un lapidario: «Metti la base».

Ascoltai sul cellulare l'inizio del pezzo per agganciare la tonalità e iniziai a cantare quasi sottovoce. Le persone sedute vicino a me mi seguirono subito, e poco dopo anche tutte le altre. Gli islandesi si zittirono per una manciata di secondi, poi, come ero sicuro che sarebbe accaduto, si misero a cantare con noi. Stessa cosa quando intonammo *Papaveri e papere* di Nilla Pizzi, che nella versione islandese si intitola *Bjössi á mjólkurbílnum*

(«Bjössi sul furgone del latte»). L'esecuzione fu seguita da applausi e complimenti reciproci, fino a quando non fui raggiunto da una signora dell'altro gruppo che ci invitò a unirsi a un loro gioco. Accettammo.

Ci diedero fogli e matite: lo scopo era indovinare le canzoni originali che si celavano dietro orribili cover finlandesi che le rendevano irriconoscibili. Quando il nostro gruppo guadagnava un punto, partiva il canto da stadio ufficioso della nazionale di calcio italiana, sulle note di *Seven Nation Army* dei The White Stripes; quando a indovinare erano gli islandesi, eseguivano il gesto diventato famoso come «applauso vichingo», accompagnato dall'esclamazione *Hú!*

Concludemmo in parità, in un clima di piacevole fratellanza. Prima che ce ne andassimo, un ragazzo islandese si avvicinò al nostro tavolo per farci vedere le foto dei suoi bambini con indosso la maglia della nazionale di calcio italiana, esprimendo il suo affetto per il nostro Paese.

Forse in Italia si fatica a comprendere la scelta di tifare con tale passione una squadra straniera, ma quando la nostra nazionale viene eliminata da una competizione, anche noi sosteniamo questo o quel Paese. Molto spesso l'Islanda nemmeno si qualifica, per cui gli islandesi sono costretti a scegliere qualcun altro. Anche se, bisogna ammetterlo, l'Islanda ha anche dimostrato di sapersi distinguere nello sport: molti hanno impresso nella memoria il suo risultato agli Europei del 2016, dove sconfisse l'Inghilterra e arrivò a giocare contro la Francia ai quarti di finale.

Ne ho avuto un assaggio alla finale Italia-Inghilterra degli Europei 2021. Ero al pub dell'università e non ho potuto fare a meno di notare che, a eccezione di un gruppetto di inglesi intorno a un tavolo, gran parte del locale applaudiva a ogni gol italiano, con diversi islandesi che indossavano maglie azzurre e, alla conclusione del match, quasi tutti i presenti si sono alzati per esultare.

16

Kleifarvatn

Solfatare, mostri acquatici e dilemmi etici

Un uomo libero può vivere di pesce bollito. L'indipendenza è meglio della carne.

HALLDÓR LAXNESS, *Gente indipendente* (*Sjálfstætt fólk*), 1934

UNA delle cose che amo di più della vita a Reykjavík è che se mi stanco delle atmosfere urbane, dei caffè, dei supermercati, dei negozi, dei parchi curati, dei giardini e delle aiuole, dei musei e dei ristoranti, bastano pochi minuti di macchina per lasciarmeli alle spalle, forse anche dimenticarmene totalmente. Spesso mi dirigo a sud, imboccando una strada che si diparte dall'arteria che collega la capitale all'aeroporto, tramite uno svincolo e una rotonda, e corre tra le falde dei monti che si stagliano austeri lungo un numero imprecisato di sistemi vulcanici. Qui, tra la capitale e l'aeroporto, esiste un'Islanda che tanti spendono una fortuna e rischiano la pelle per vedere: un'Islanda primordiale, primigenia, dai colori sgargianti che tingono i fianchi delle montagne, terra di laghi profondi raccolti in antiche fratture, solfatare gorgoglianti, lande deserte e silenzi soverchianti.

È la penisola di Reykjanes, quella sorta di stivale adagiato che si protende verso l'oceano nel Sudovest del Paese. È una porzione di terra giovane, plasmata costantemente dall'attività dei vulcani, fatta di campi di lava, crateri attivi e spenti, fratture tettoniche, scogliere impervie, villaggi costieri e leggende toccanti.

L'Islanda è attraversata in direzione nordest-sudovest dalla faglia che divide la placca tettonica eurasiatica e quella nordamericana. Si tratta della dorsale medioatlantica, che corre dal nord al sud dell'oceano che le dà il nome ed è interamente sommersa, tranne nel punto in cui si trova l'Islanda, che ne rappresenta l'unica parte emersa. È proprio da questa faglia che emerge nuova terra, «spingendo» lontano quella vecchia al ritmo di un paio di centimetri all'anno, e dall'Islanda questo processo è più facilmente osservabile, per esempio a Þingvellir, ma anche a Reykjanes, dal momento che la penisola è solcata per tutta la sua lunghezza da profonde fratture parallele che fendono la linea della faglia tettonica.

Su una di queste fratture è stato costruito un ponte, denominato «Ponte tra i continenti». Il paesaggio lunare circostante è dominato dalla lava scura e dalle forme curiose e aspre che questa assume, in netto contrasto con le regioni del Paese immediatamente attigue, l'Ovest e il Sud, caratterizzate da paesaggi agresti, che nel cuore dell'estate si popolano di animali da fattoria e si tingono di verde brillante. Questa Islanda si trova soprattutto sui selvaggi e disabitati altipiani, dove le strade sono cenni sbiaditi e incerti e la natura si sente di più. Per questo vi sono così legato: è come avere il cuore più intimo del Paese a mezz'ora di macchina dalla porta di casa.

La via che seguo è detta Krýsuvíkurvegur e attraversa un vasto campo di lava: da un lato un tentativo disperato di afforestazione della tundra andato a buon fine, con ampie macchie di conifere dall'aspetto sano e prospero, dall'altro immensi pergolati piegati dal peso dei resti di pesci appesi a essiccare, e alcune cupole in vetro usate per osservare l'aurora boreale quando la stagione lo permette.

La strada si sdraia dritta in direzione di una catena montuosa, per poi inerpicarsi verso una breccia e scendere altrettanto repentinamente nella vallata dall'altro lato, racchiusa su un fianco da questa stessa catena montuosa e da una seconda sull'altro. Più avanti, quando la valle si allarga, lo sguardo si espande immediatamente sulla superficie immota e severa di un profondo e vasto lago, Kleifarvatn. Il «Lago del clivo» è un bacino lungo quasi 5 chilometri, con una profondità massima che sfiora i 100 metri. Il panorama tutt'intorno è costituito da ripide pareti montuose scoscese, brulle o coperte dalla scarsa vegetazione tipica delle brughiere. L'atmosfera è solenne: una bellezza terribile che ammalia e tradisce.

La strada che costeggia il lago mi ricorda, nelle giornate di sole, la vecchia via Gardesana, che mi era così familiare quando la percorrevo nelle gite domenicali da bambino, ma qui non c'è nulla del rigoglioso brulicare di vita tipico delle sponde del lago di Garda. Qui è pace serena e austera, immota e placida, distaccata. Una bellezza distante, gelida eppure avvolgente.

Mi piace parcheggiare presso uno dei promontori che si spingono nel lago e fermarmi lì sopra a osservare. A volte un pensiero mi si affaccia alla mente e mi domando se potrò mai vedere il colossale serpente che, leggenda vuole, si annidérebbe in quelle oscure acque. Di solito lo scaccio aggrappandomi alla razionalità, che considero la mia boa di salvezza in tante tempeste dell'esistenza. Eppure, quel pensiero mi sfiora sempre.

Tra il 1752 e il 1757, l'islandese Eggert Ólafsson, con al seguito Bjarni Pálsson, aveva viaggiato in lungo e in largo per il suo Paese, con il compito di stilarne un resoconto dettagliato. Era il periodo dell'Illuminismo, e lo sviluppo delle scienze e degli studi era inteso come premessa necessaria al miglioramento della condizione umana. L'Islanda era ancora sotto il pesante monopolio commerciale imposto dalla corona danese a partire dal 1602 e stava attraversando una fase di declino economico, esacerbato da un peggioramento del clima, che sarebbe culminato con la catastrofica eruzione del Laki nel 1783-1784. In questo contesto, lo studio attento delle caratteristiche costitutive del Paese e della sua popolazione sarebbe servito per individuare le politiche più adatte a incoraggiarne lo sviluppo economico.

Nel 1772 fu dunque pubblicato, in danese, il resoconto di quei viaggi. L'intera Islanda, in ogni suo aspetto, era coperta in modo sistematico. Venivano esposte minuziosamente le caratteristiche geologiche, botaniche, idriche e faunistiche di ogni singola regione, affiancate da descrizioni altrettanto pedisseque dell'aspetto fisico e del carattere degli abitanti di ciascuna zona, nonché delle malattie alle quali erano soggetti, dei loro usi e costumi, dei metodi di produzione e lavorazione del cibo e altri prodotti, della dieta, degli utensili usati e moltissime altre informazioni. Si tratta di una miniera di conoscenze talmente vasta e densa da far impallidire chiunque avesse dato per scontato che l'Islanda, non essendo molto toccata dai programmi di studio delle nostre scuole, sia stata una terra scarna senza una storia o una cultura.

Del lago Kleifarvatn, Eggert scrive di aver sentito numerosi resoconti delle genti del posto, le quali sostenevano di aver avvistato in parecchie occasioni un mostro dall'aspetto di serpente e di colore nero, lungo 30-40 braccia, affiorare per diversi minuti dalle acque, prima di reimmergersi nelle profondità. Molti contadini impegnati nella fienagione sui terreni vicino al lago avrebbero visto la creatura; per via della sua presenza, nessuno osava avventurarsi là per pescare.

Poco più a sud dell'ultima propaggine del lago, sul fianco occidentale della valle, presso Krýsuvík, si trova la località geotermale di Seltún, «Campo casupola»: una serie di solfatare, soffioni e ribollenti pozze di fango grigio-bluastro. Le macchie di zolfo giallo e gli indescrivibili colori che si alternano a chiazze per tutto il perimetro della zona sono talvolta sfumati dalle nuvole di vapore sulfureo trasportate avanti e indietro dal vento. Qui già nei secoli passati veniva estratto prezioso zolfo, che era venduto anche all'estero per la produzione di polvere da sparo.

Lungo la Krýsuvíkurvegur ci sono tante soste da fare, un po' per abbracciare con lo sguardo panorami inusuali e di rara bellezza, un po' per immergersi nella storia e nelle storie che impregnano quei luoghi. Per esempio, un po' più avanti, sul lato sinistro della strada, si trova un cratere esplosivo profondo oltre 40 metri, ricolmo di acqua dal colore turchese: da cui il nome Grænavatn, «Lago verde». Accanto a esso giacciono i resti di una grande stalla con annessi due enormi silos; quanto resta di sogni gloriosi mai realizzati, e un monumento al fallimento che spesso aspetta chi si lancia in progetti troppo arditi e mal concepiti.

In passato veniva usato molto anche il latte ovino, per il consumo e la produzione di latticini, che erano e restano una componente preponderante della dieta islandese. Con l'industrializzazione, però, l'allevamento bovino è diventato sempre più gestibile e diffuso. Le mucche sono molto più efficienti e redditizie per la produzione di latte. A oggi, nonostante il colossale patrimonio ovino di questo Paese, gli islandesi non hanno ancora scoperto la gioia del pecorino, e la produzione casearia sfrutta quasi esclusivamente latte vaccino.

A inizio Novecento, il Comune di Hafnarfjörður si trovò appunto in difficoltà per l'approvvigionamento del latte: i contadini del territorio erano pochi, e così pure i terreni adatti alla coltivazione di foraggio. Si decise dunque di acquistare il terreno agricolo di Krýsuvík. Questo si trovava in una posizione felice, particolarmente dopo la posa della strada – quella che amo tanto percorrere in macchina – che avrebbe fornito una valida alternativa per le comunicazioni con il Sud del Paese, essendo meno soggetta a pesanti nevicate di quella principale che da Reykjavík attraversa la brughiera di Hellisheiði. Il potenziale strategico di questa strada scatenò le mire ambiziose di alcuni amministratori locali: nel 1949 venne avviato un progetto del Comune di Hafnarfjörður mirato a espandere lo sfruttamento economico della zona di Krýsuvík. Furono costruite serre e si cominciò a perforare il terreno per ottenere energia geotermica. Poi partirono i piani tesi a rendere la cittadina autosufficiente per l'approvvigionamento del latte: vennero dunque investite ingenti somme di denaro nella costruzione di un'enorme stalla. Per portare a compimento questo progetto, diversi altri furono accantonati o posticipati, per esempio la costruzione di una casa di cura.

Una relazione del 1949 riporta che i lavori per la stalla e la futura dimora del gestore erano ben avviati, mentre erano già stati ultimati i silos, lo scavo di fossati per il drenaggio, l'aratura di ettari di terreno, la posa di strade e l'acquisto di macchine agricole e mezzi per il trasporto delle merci.

Negli anni successivi, tuttavia, emersero diversi problemi: la coltivazione non rendeva adeguatamente e l'attività era in perdita. Inoltre, il miglioramento dei collegamenti stradali con il Sud aveva già risolto il problema dell'approvvigionamento del latte. A questo si aggiunsero ostruzionismi di natura politica. Così, dapprima si tentò di salvare il salvabile convertendo il progetto, proseguendo con la coltivazione in serra e dedicando il sito all'allevamento di qualche ovino, ma la cosa non andò in porto e l'impresa fu dunque abbandonata. Nel 1954, il partito allora all'opposizione nell'amministrazione comunale di Hafnarfjörður pubblicò un articolo su un periodico locale, che si potrebbe tranquillamente riassumere in una frase: «Ve l'avevamo detto».

Oggi il tetto del rudere è crollato sotto il peso delle abbondanti nevicate e le pareti che ancora si reggono in piedi sono coperte da graffiti. Oltre la strada, sorge una casetta dai muri dipinti di un blu elettrico e il tetto di colore rosso acceso. Vi si trova un piccolo museo. Dietro, giacciono abbandonati i ruderi delle serre, lunghi scheletri metallici con qualche pezzo di lamiera ancora attaccato qua e là. Mentre osservo, camminando lentamente sul terreno sassoso, coperto da poche macchie di materia organica, penso alla testardaggine di quegli amministratori e alla tragedia che ha comportato. Erano mossi da un ideale, avevano una visione per il futuro: volevano rendere la loro cittadina economicamente prospera e liberarla da vincoli commerciali con altre aree di produzione dalle quali dipendeva. Un fine nobile, indiscutibilmente, ma che aveva stranamente finito con il far perdere loro la cognizione della realtà circostante. Questo atteggiamento deve essere stato una costante, nella storia dell'Islanda, perché ne è nato un romanzo che è diventato uno dei simboli della cultura islandese, nonché uno dei capisaldi della letteratura universale.

Halldór Laxness è stato lo scrittore islandese più importante del XX secolo. Nel 1955 gli fu conferito il premio Nobel per la letteratura; una ventina di anni prima aveva pubblicato quello che molti considerano il suo capolavoro, *Gente indipendente*. È la storia di un mezzadro, Bjartur, che dopo anni di duro lavoro presso una ricca fattoria riesce a pagare il deposito per acquistare un terreno tutto suo. La vicenda ruota principalmente intorno all'ossessione del protagonista per l'indipendenza e alle conseguenze nefaste che questa finisce con l'avere per la sua vita. Bjartur si ritrova povero, schiacciato dai debiti, in una piccola e fatiscente stamberga, con una moglie frustrata che rimane incinta del figlio del fattore della grande fattoria dove lui un tempo lavorava, la quale muore poi di parto sola in casa mentre lui è alla ricerca di un agnello che credeva fuggito e invece la moglie aveva mangiato in sua assenza per la fame.

È un testo tragico ma estremamente ricco e poetico, e credo che sollevi una questione importante, quella del peso dei valori non negoziabili. Quando il romanzo fu scritto, l'Islanda era attraversata da un'ondata inarrestabile di brama di indipendenza dal regno danese. Un'indipendenza che molti vedevano come un fine ultimo, un bene assoluto, un diritto da ottenere a qualsiasi prezzo. Il romanzo, e in particolare la miserabile vita che Bjartur si tira addosso, specialmente se paragonata con quella agiata degli altri mezzadri che rimangono invece al servizio del grande proprietario terriero, porta a interrogarsi sulla questione: l'indipendenza è davvero un valore assoluto, il bene più alto? Anche quando si finisce con il perdere tutto pur di raggiungerla? Ha senso intestardirsi a voler essere autonomi nell'approvvigionamento di latte, quando questo implica il dilapidare la propria fortuna in un progetto destinato a naufragare?

Eppure, non credo che esista una risposta univoca a questi interrogativi, così come non è univoca la nostra scala valoriale. Chi vive in questi luoghi, lontano dai centri abitati, guadagna qualcosa da un lato e ne perde da un altro, ma sbaglieremmo se credessimo di poter giudicare le scelte altrui confrontandole con le nostre idee preconcette rispetto a come la vita dovrebbe essere vissuta.

Quando mi chiedono come io possa stare in Islanda, immaginando soprattutto isolamento, buio e freddo, fanno proprio questo: giudicano uno stile di vita completamente diverso e modellato su una realtà radicalmente dissimile secondo un metro che non le appartiene. «Ma come fai senza la luce in inverno, senza il caldo estivo, senza gli ospedali vicini, le strade comode, i negozi, gli eventi?» mi domanda chi viene da luoghi dove c'è tanta luce anche in inverno, in estate fa caldo e ci sono servizi facilmente accessibili. Eppure, il fatto che la vita debba essere così non è un dogma scolpito nel marmo.

Rispondo sempre chiedendo a mia volta come fanno loro senza la pace, senza il silenzio, senza l'aria pulita, senza riuscire a vedere bene le stelle di notte, senza aurore boreali, senza la tranquillità di potersi dimenticare il portafoglio in giro o la porta aperta, perché qui la criminalità è poca.

Commettiamo l'errore di pensare che il nostro modo di vivere sia quello normale, mentre chi ha uno stile di vita diverso starebbe facendo qualcosa di strano, si starebbe perdendo qualcosa. È per questo che è così importante viaggiare con l'atteggiamento giusto: per capire che lo stile di vita che abbiamo ereditato o scelto è il prodotto contingente di una storia e di una geografia ben precise e non un modello di riferimento ineluttabile, e soprattutto è perfettibile attingendo a mente aperta alle esperienze di chi vive in realtà profondamente diverse. Perché tutti abbiamo qualcosa da imparare, oltre che qualcosa da insegnare.

Di solito gli italiani si preoccupano di cosa gli altri popoli pensino di loro. Molto spesso siamo prevenuti: una piccola svista o leggerezza da parte di uno straniero deve essere per forza dovuta al fatto che odia gli italiani. Probabilmente in qualche caso è anche vero; del resto, noi stessi possiamo essere prevenuti gli uni con gli altri, e i trogloditi carichi di pregiudizi e odio per lo straniero si trovano ovunque.

Qui in Islanda, però, sono stato fortunato. La cosa peggiore che ho sentito dire da un'islandese che non conosceva nulla del mio Paese, interrogata su cosa pensassero gli islandesi degli italiani, è che siamo «come gli altri europei». Generalmente si usava sostenere che esistesse una sorta di gerarchia, per cui – ovviamente – gli islandesi sarebbero stati in cima, seguiti dai cittadini degli altri Paesi nordici, quindi dagli europei dell'Ovest e del Sud, poi da quelli dell'Est e infine da tutti gli altri.

Forse qualcuno lo pensa ancora; fatto sta che il favoritismo accordato agli altri popoli nordici, pur esistendo sulla carta in un numero di agevolazioni burocratiche, sembra essere soprattutto vivo nella mente degli espatriati provenienti da quei Paesi, i quali probabilmente amano l'idea di considerarsi stranieri di serie A, rispetto ad altri di serie B. A dispetto di ciò, ho sentito molto raramente degli islandesi dichiarare il proprio amore per gli altri popoli scandinavi; spesso commentano negativamente la rigidità dei danesi, la mancanza di senso dell'umorismo degli svedesi, la «stranezza» generale di norvegesi e finlandesi e l'eccessivo conservatorismo dei faroesi. A parte il fatto che questa è solo la mia esperienza soggettiva, va detto che sono quasi sempre commenti scherzosi, che ci si permette soprattutto perché si è fondamentalmente in buoni rapporti.

Rispetto all'Italia, invece, ho notato due atteggiamenti preponderanti: ignoranza (in senso neutro) e disinteresse, oppure passione smodata. Se da un lato ci sono islandesi ai quali il nostro Paese non interessa minimamente, dall'altro ce ne sono alcuni che lo amano dal profondo dell'anima e sanno mostrarlo in tantissimi modi.

Oltre a Siggi, forse il più grande italofilo che abbia mai conosciuto, ho anche avuto il privilegio di incontrare Erró, il più importante artista pop islandese. Il suo vero nome è Guðmundur Guðmundsson ed è cresciuto a Kirkjubæjarklaustur, prima di trasferirsi nella capitale, per poi continuare gli studi d'arte in Norvegia e in Italia. È qui che ha scelto di adottare lo pseudonimo Erró, che inizialmente doveva essere Ferró. La

Galleria d'arte di Reykjavík ospita un'esposizione permanente delle sue opere; i lavori in esposizione cambiano costantemente, vista la prolificità dell'artista. Lui vive a Parigi, ma torna regolarmente in Islanda, e ho avuto la fortuna di essere invitato all'inaugurazione di una sua mostra al Museo d'arte di Reykjavík, nonché al ricevimento che è seguito. Erano presenti diverse personalità pubbliche, figure del mondo dell'arte, nonché parenti dell'artista. Io ero fra questi ultimi. Parente acquisito, per la precisione, dal momento che Erró è il prozio di Lára.

Ci era stato indicato di presentarci al ricevimento vestiti in bianco e nero. Lui era l'unico vestito a colori, con una camicia nera a motivi gialli e un pile rosso. Lo osservavo a debita distanza: sembrava estremamente affabile e alla mano, cosa a dire la verità per nulla strana in un islandese. Uno zio di Lára ci presentò, spiegando che ero il compagno di Lára ed ero italiano. I suoi occhi si illuminarono subito e prese a parlarmi in italiano perfetto, raccontandomi dei suoi ricordi italiani e chiedendomi cosa ci facessi in Islanda. Vidi dalla luce nei suoi occhi quando sentì la parola «Italia» quanto dovesse essere stata importante nella sua vita, come del resto è stata per altri islandesi che ho incontrato nel corso degli anni.

Ho conosciuto Sigrún all'università. Avevo da poco iniziato a insegnare Italiano e lei insegnava Storia dell'opera. Alle riunioni di dipartimento la trovai subito simpatica; inoltre, avevo frequentato per qualche anno il Conservatorio, quindi avevo parecchio di cui discutere con lei. Sigrún ha studiato musica in Italia per diversi anni, è stata profondamente influenzata dalla nostra cultura e parla perfettamente la nostra lingua. C'è qualcosa di incredibilmente toccante nel sentire un'islandese così vicina nella sensibilità e nella prospettiva sul mondo. Questo tipo di esperienze speculari, l'aver vissuto uno il Paese e la cultura dell'altro, sono come due metà perfette di un ponte che collega due mondi più o meno lontani. E non c'è nulla di più bello di incontrare stranieri che sembrano conoscere la tua cultura meglio di te, mentre tu puoi dire lo stesso con la loro.

Sigrún e io ci troviamo spesso per un caffè alla libreria dell'università, e ogni volta che ci incrociamo per caso ci fermiamo a chiacchierare, un po' in islandese e un po' in italiano. Una sera mi invitò a cena a casa sua e del marito, Gissur Páll Gissurarson, uno dei cantanti lirici più conosciuti del Paese. Ha lavorato con Abbado e Muti, giusto per citarne un paio. A volte ho percepito una sorta di pregiudizio per cui, essendo l'Islanda una nazione piccola, viene dato per scontato che non possa produrre talenti di livello planetario, o che comunque sia condannata a una perenne mediocrità per via della scarsità di materia prima, vale a dire le persone. L'esperienza mostra invece che la quantità di figure di spicco, in particolare nel campo artistico e in quello sportivo, è piuttosto stupefacente se rapportata all'esiguità della popolazione.

Quella sera arrivai con una bottiglia di vino bianco italiano, che si rivelò perfetto per accompagnare il salmone e le verdure al forno. Durante la cena scoprii che l'italiano di Gissur Páll era scorrevole come quello della moglie, e con una leggerissima inflessione toscana, appena percettibile. Particolare che tradisce una grande dedizione: sono pochi quelli che si prendono la briga di padroneggiare anche l'accento. Sigrún e Gissur Páll sono una coppia islandese che si autodescrive come fortemente italianizzata, nello stile di vita e nel parlare: ogni tanto se ne escono con una parola italiana, o una radice verbale italiana con desinenza islandese, e viceversa. Capita anche a me: una volta volevo dire a Gissur Páll che potevo offrirgli un passaggio, e la frase mi uscì così: «Ti posso *skutlare*». *Að skutla* significa appunto «dare un passaggio», ma ha il vantaggio di essere molto più breve del corrispettivo italiano.

È bellissimo essere amici di islandesi che amano il mio Paese quanto io amo il loro, e che lo sanno comunicare con tanto calore: uno dei problemi insiti nel parlare in generale di popoli stranieri è il rischio inevitabile di generalizzare dettagli la cui magnitudo nella popolazione totale è decisamente limitata, ma che tendiamo ad attribuire a un'intera nazione, forti di una nostra singola esperienza.

Per esempio, in Italia è piuttosto radicata l'idea che i popoli del Nord siano naturalmente resistenti al freddo in quanto «abituati». La verità è che ci sono islandesi più freddolosi di tanti italiani, e conosco diversi siciliani che circolano per l'Islanda smanicati, a fronte di altrettanti islandesi che si imbacuccano. Ci piace rifugiarci nello stereotipo del popolo fiero e resistente, plasmato dagli elementi in una sorta di schiatta superiore, mentre noi mediterranei abituati a climi miti e confortevoli saremmo una manica di rammolliti. Il lato ancor più ridicolo di questo stesso stereotipo è che è assai più comune tra gli stranieri che non tra gli islandesi stessi, i quali sanno benissimo che le loro cellule congelano alle stesse temperature di quelle di tutti gli altri esseri umani. Analogo discorso vale per la freddezza interiore: chi sostiene che gli islandesi siano freddi probabilmente non ne ha mai conosciuto per davvero nemmeno uno.

Gissur Páll ama parlare dell'Italia, e mi piace invitarlo all'università per fargli tenere conferenze sul mondo operistico italiano, perché nessuno come lui sa far innamorare gli islandesi del Bel Paese. Sia lui sia Sigrún hanno vissuto abbastanza l'Italia da conoscerne i pregi e anche i difetti, e da averne una visione equilibrata.

Amare qualcosa o qualcuno significa amarne anche le pecche, senza fingere che non esistano; per questo non lesino mai le critiche al mio Paese adottivo, quando le merita. Per esempio, a volte trovo una compattezza eccessiva nell'atteggiamento della popolazione, un collettivismo che rasenta l'essere pecoroni. Ogni nuova sciocchezza tecnologica che spunta sul mercato in pochissimo tempo penetra in ogni casa, e così anche varie ondate di oggetti di design: un anno è il gasatore d'acqua, l'altro è la macchinetta per fare il caffè con le capsule, poi il montalatte, poi i bicchieri di design finlandese… Finisce che vai a cena da amici e colleghi e trovi sempre gli stessi dannati bicchieri con l'adesivo della marca ancora appiccicato, perché sia mai che gli ospiti si facciano venire il dubbio che non siano bicchieri all'ultimo grido! A volte mi chiedo se la cristianizzazione, poco più di mille anni fa, non sia appunto stata coadiuvata da una mentalità simile, per cui quando qualche personaggio in vista ha lanciato la nuova religione, il resto della popolazione si è serenamente accodato.

Poi ci sono anche fenomeni di isteria di massa molto più benigni, anzi apprezzabili: pochi sono gli islandesi che non cedono al delirio collettivo che impazza intorno all'Eurovision Song Contest. Il rappresentante dell'Islanda in questa competizione internazionale viene scelto in febbraio, in occasione della *Söngvakeppni*, «Sfida delle canzoni», ma le discussioni in merito iniziano molto tempo prima.

La mia famiglia islandese si riunisce in una casa, in una modalità che sembrerebbe quella tipica di una famiglia italiana in una grande occasione, e si passa una serata conviviale che culmina con la selezione della canzone che rappresenterà il Paese allo show europeo. Per permettere a ciascuno di sedersi intorno al televisore, viene preparato un buffet: su un tavolo si trovano pomodori, insalata, cipolle, cetrioli, salse e hamburger alla piastra. Ognuno si crea il suo hamburger ideale. Alcuni vengono cotti già con una fetta di formaggio sopra, e spesso sotto questa fetta viene posto un rettangolo di *piparostur*, «formaggio al pepe». Formaggi di questo tipo esistono un po' ovunque, ma la peculiarità di quello islandese, oltre al dettaglio non trascurabile di essere completamente impregnato di pepe, è che è abbastanza onnipresente nella cucina locale, dove viene usato in modo creativo, per esempio sciolto nelle salse, oppure cosparso sulla pizza. Sì, altre culture interpretano la pizza a modo loro, e fintanto che non ci mettono sopra l'ananas è un loro diritto. Meglio farsene una ragione.

L'Eurovision Song Contest riveste un'importanza particolare per gli islandesi, che abbastanza raramente ricevono un'occasione per primeggiare in competizioni internazionali; sono pochi, del resto, e meno persone significa meno probabilità di generare un talento di livello mondiale in ogni settore. Con la musica però ci sanno fare: dal canto gregoriano alla techno, dalla musica barocca al pop, partoriscono talenti che possono portarli, almeno per una sera, a sentirsi al pari delle grandi nazioni europee.

Importante però ricordare che i Paesi non possono votarsi da soli; occorre dunque scegliere un Paese terzo a cui assegnare il proprio voto. Ho visto diversi islandesi profondersi in lodi per le proposte italiane: conoscevano a memoria quasi tutte le canzoni che hanno partecipato al concorso dalla prima edizione fino a oggi, e mi hanno spiegato con dovizia di particolari perché per alcuni anni l'Italia si era ritirata. Ricordano i nomi dei cantanti, anche se a volte li storpiano. Un classico è «Fransesco Cappani», Francesco Gabbani.

Nei mesi che precedono lo show, tutte le canzoni candidate passano ripetutamente in radio e quando la competizione ha finalmente inizio, tanti islandesi hanno già bene in mente il quadro generale e si sono formati un'idea chiara sul loro brano preferito, riservandosi però il diritto di cambiare opinione nel caso di una performance particolarmente meritevole sul palcoscenico.

Quando l'Italia ha vinto l'Eurovision 2021 mi trovavo in campagna. La famiglia era religiosamente riunita in salotto per seguire quel sacro momento. Avevamo ordinato una pizza. Eravamo in una fattoria nel cuore delle campagne islandesi, a quasi quattro ore di macchina dalla capitale, ma nel piccolo paese a dieci minuti di distanza c'è un ristorantino che fa anche da pizzeria per il circondario, perché nemmeno ai confini del mondo si può rinunciare alla pizza.

Pochi giorni prima era stato trasmesso un programma in cui alcuni musicisti islandesi e personalità televisive avevano ascoltato stralci delle varie canzoni candidate e ne avevano discusso i meriti e i difetti nei minimi dettagli, attribuendo loro un voto. La discussione era penetrata nei salotti delle famiglie, e alla fine quasi tutti si erano fatti un'opinione, anche radicale, sulla qualità delle canzoni. I Måneskin erano piaciuti molto a tanti. Per anni l'Eurovision è stato caratterizzato da uno stile pop commerciale che lo rendeva inviso a chiunque avesse gusti musicali differenti: cantanti solisti si esibivano su una base suonata da orchestre invisibili e composta da chissà chi. Poi ecco che arrivano questi ragazzi italiani, una band autentica che suona la propria musica come negli anni Settanta. Anche a chi non apprezza il genere musicale, l'idea che ci sia un gruppo a calcare il palco, e non un solista, è piaciuta parecchio.

Non c'è solo l'Eurovision, però: tutto il calendario islandese è fitto di eventi musicali, dai grandi festival che hanno luogo nella capitale – con un'infinità di *venues* dove si esibiscono dal vivo artisti da tutto il mondo – a quelli tenuti nelle campagne durante le luminose notti estive, in location dalla bellezza naturale struggente. In qualche modo la musica è parte integrante di questa terra, e dovrebbe essere gustata in contemporanea alla fruizione visiva del suo paesaggio.

17

Árnastofnun
Accolto nel cuore della cultura islandese

I MANOSCRITTI A CASA
I manoscritti arriveranno nel Paese alle undici di questa mattina.

Morgunblaðið, prima pagina di mercoledì 21 aprile 1971

QUANDO arrivai in Islanda, anch'io con la mia dose di preconcetti, non avevo un'idea a lungo termine di che cosa volessi fare. Ho visto tanti coetanei struggersi, lacerati dal dubbio, incapaci di prendere una decisione sul loro futuro. Li ho visti tentennare, scoraggiarsi e arrendersi, trascinati da un lato da genitori esigenti, dall'altro da un istinto ormai sopito e bistrattato, ma che ogni tanto manda ancora qualche fiammata.

La passione per il Medioevo c'era da tempo, la disposizione all'apprendimento delle lingue anche, ma soprattutto c'era tanta voglia di scoprire e mettermi in gioco. Avevo una laurea in lingue da 110 e lode, un anno di Erasmus in Scozia e già qualche anno di esperienza con l'insegnamento privato. A volte, quando avevo ventitré anni, ero stato chiamato a fare da interprete e traduttore per il tribunale di Cremona. Il magistrato mi aveva fatto avere il massimo del compenso per la qualità e l'efficienza del lavoro, eppure le opportunità non si trovavano. Porte in faccia, richieste di certificazioni e tirocini vari; questioni che ho sempre ritenuto uno spreco del mio tempo e alle quali non avevo alcuna intenzione di piegarmi. Per questo avevo fatto domanda per il corso di laurea magistrale in Studi medievali islandesi: desideravo continuare a studiare e volevo farlo in un altro Paese. Non sapevo come sarebbe andata, ma per scovare le occasioni bisogna battere sentieri inesplorati, altrimenti si continua ad avere di fronte gli stessi insormontabili muri.

Per questo, il 24 agosto 2014 presi un volo per Reykjavík, ignaro di quello che la vita mi avrebbe riservato. Se mi fossi fermato a pianificare, pensando a eventuali «sbocchi» (termine odioso che vorrei poter cancellare dal lessico e dalla mentalità italiana), non sarei mai partito. Vi pare possibile stilare un piano circostanziato delle future scelte e dei progetti in ambito lavorativo, quando ci si imbarca in un master in Studi medievali islandesi? Se avessi seguito questo ragionamento non sarei mai partito, la mia vita sarebbe stata molto diversa e, mi piace pensare, non avrei mai trovato quell'appagamento che l'Islanda è riuscita a farmi ottenere.

Oggi viviamo in una cultura burocratica fatta di programmi e rendicontazioni, ma la scoperta e le occasioni non si possono programmare, vanno cercate a tentoni nel buio. Limitandosi a seguire strade già percorse che permettono di pianificare e prevedere risultati, si finisce con il seguire una vita che è un copione già scritto. Nulla di male, ovviamente, ma tanti anelerebbero ad altro, e questo altro è loro precluso da una pressione sociale che vorrebbe vederli già inquadrati e con il percorso tracciato da quando scelgono la scuola superiore.

Quando ho deciso di frequentare il liceo delle scienze sociali a opzione musicale, oltre al Conservatorio, era un continuo sentirmi chiedere che cosa avrei voluto fare dopo. E io non ho mai saputo rispondere, perché nel giro di pochi mesi (figuriamoci nel corso di alcuni anni) entrano in gioco talmente tante variabili nell'esistenza di una persona che è assolutamente ridicolo aspettarsi di sapere cosa si farà in un futuro più o meno lontano. Alcuni mi avevano addirittura detto che non era una buona scelta: meglio il liceo classico. Poi ho finito con lo studiare lo stesso il latino e il greco, in Islanda, attraverso il medium islandese. Il liceo delle scienze umane mi ha chiaramente fornito strumenti più che validi.

Fra l'altro, il liceo che ho frequentato è stato una delle prime scuole pubbliche della mia città a organizzare scambi culturali con scuole inglesi. Poter conoscere e ospitare dei madrelingua ha fatto sì che nella mia classe il livello di inglese schizzasse alle stelle nello spazio di un quadrimestre. Quelli del liceo classico avevano letto molto più Shakespeare, ma quanto a conversazione non c'eravamo proprio...

All'università mi iscrissi a Lingue scandinàve, come imparai subito a pronunciare nella forma più corretta; altra scelta caldamente osteggiata da un numero consistente di conoscenti. Il culmine della follia fu però l'idea ridicola di laurearmi in Studi medievali islandesi. Cosa mai potrà fare uno con un titolo di studio del genere? Dopo un anno e mezzo ero laureato e avevo avuto una supplenza per un corso di Lingua italiana all'Università d'Islanda, poi trasformatasi in assegnazione costante di corsi. Iniziato il dottorato, presto ho ottenuto qualche supplenza di Antico islandese e la parte pratica del corso in Manoscritti medievali islandesi, uno dei più importanti nel programma di laurea in Medievistica nordica.

Nel frattempo ho mosso alcuni passi nel mondo del turismo, altro campo dove potevo investire proficuamente le mie conoscenze, prima come traduttore e lettore di audioguide, poi come guida turistica. Mentre la mia competenza accademica migliorava, ho potuto anche cimentarmi nella traduzione e cura di testi del Medioevo islandese, che esercitano un fascino irresistibile su così tante persone.

Ho poi avuto l'idea di ampliare ulteriormente il lavoro di divulgazione online che avevo iniziato già ai tempi dell'università. Così, nel 2018 è nato *Un italiano in Islanda*, progetto in cui ho riversato tantissima passione e lavoro, raccogliendo molte opportunità ulteriori. Non faccio che pensare a come tutto questo non sarebbe mai accaduto, se solo avessi dato ascolto alla mentalità avversa al rischio che mi circondava da ragazzo.

E invece...

Dal 2015 ho avuto la mia postazione di lavoro e studio all'interno dell'istituzione culturale più importante del Paese: l'Istituto Árni Magnússon per gli studi islandesi. In islandese il nome suona particolarmente lungo e contorto: Stofnun Árna Magnússonar í íslenskum fræðum. Essendo davvero troppo prolisso, viene normalmente abbreviato in Árnastofnun, «Istituto di Árni». Si tratta di un organo autocefalo, parzialmente legato all'Università d'Islanda, dove vengono studiati tutti gli aspetti della cultura islandese: lingua, letteratura, folclore, cultura e molto altro. L'istituto è inoltre custode del tesoro nazionale islandese, costituito dalla collezione di manoscritti medievali.

Secondo alcune stime, il numero totale di manoscritti medievali islandesi pervenutici si aggira intorno al migliaio, anche se il conteggio è complicato dal fatto che alcuni sono il risultato dell'unione di quelle che anticamente erano entità separate, o della successiva separazione di volumi unici. Per la Norvegia, Paese assai più grande e prospero, ne abbiamo intorno ai centocinquanta, per la Svezia circa trecento, per la Danimarca duecento.

Significa che un Paese di poche migliaia di anime, separato dal continente da un migliaio di chilometri di oceano, flagellato da un clima difficile e in perenne lotta per la sopravvivenza, ha trovato le energie e le risorse per produrre una quantità di materiale quasi doppia rispetto a quella delle tre nazioni scandinave combinate. Questo è di per sé già sufficiente motivo di meraviglia e di rispetto, ed è ancora aperto il dibattito sulle ragioni dietro a questo miracolo letterario. In particolare, è il genere letterario sviluppatosi in Islanda a partire dal Duecento a catturare maggior attenzione, ovvero la saga.

Quello che ci rimane di questa tradizione lo dobbiamo soprattutto al lavoro febbrile e a tratti ossessivo del signor Árni Magnússon, un islandese vissuto tra il 1663 e il 1730, che divenne professore all'Università di Copenaghen, all'epoca ancora la capitale degli islandesi. Nel 1702, si imbarcò in un viaggio nella sua terra natale e iniziò un progetto per conto del re che lo tenne occupato per dieci anni: un colossale censimento di proprietà e risorse del Paese. A queste attività affiancò la maniacale ricerca e acquisizione di manoscritti islandesi, fino ad ammassarne la più grande collezione esistente. Molti versavano in condizioni pietose, dopo secoli passati dentro abitazioni umide e invase dal fumo; Árni li trasportò in Danimarca, dove la sorte avversa causò la distruzione di alcuni di essi nel grande incendio di Copenaghen del 1728. Alla sua morte, lasciò tutti quelli rimasti all'università della capitale danese.

I manoscritti sono stati oggetto di una delle battaglie identitarie più veementi combattute dagli islandesi nella loro storia, al pari di quella per l'indipendenza: *handritamálið*, «la questione dei manoscritti». Árni Magnússon non avrebbe certo potuto immaginare che nel 1944 l'Islanda sarebbe uscita dal regno di Danimarca e diventata uno Stato a sé. Quando accadde, per gli islandesi la questione era semplice: i manoscritti erano il simbolo della cultura, della storia e dell'identità del Paese, e andavano restituiti. Per la Danimarca, invece, la faccenda era complicata: il loro ultimo proprietario, Árni Magnússon, li aveva lasciati all'università, e questo pose la delicata questione dell'opportunità che il governo si arrogasse il diritto di annullare il testamento valido di un privato cittadino, e su quali basi legali.

Si scelse una soluzione di compromesso: con qualche eccezione, furono rimpatriati i manoscritti il cui contenuto era di pertinenza islandese, mentre quelli di argomento diverso restarono in Danimarca. Dico «rimpatriati» e non «restituiti», perché il proprietario legale dei manoscritti rimane l'Università di Copenaghen. Sono in una sorta di prestito permanente, sotto la responsabilità di una commissione apposita, ma non sono legalmente proprietà dell'Islanda.

I primi manoscritti a fare ritorno, nel 1971, furono la monumentale raccolta di saghe che va sotto il nome di *Flateyjarbók*, «Libro di Isola piatta», e l'antologia poetica duecentesca di argomento mitologico ed eroico detta *Codex regius dell'Edda poetica*. Questi manoscritti non erano parte della collezione di Árni, ma di quella reale, ragion per cui lo Stato danese aveva la facoltà di restituirli all'Islanda. Negli anni a venire, fino al 1997, furono rimpatriati in Islanda 1.666 manoscritti e altri documenti. Da allora, sono custoditi in quella che inizialmente era conosciuta come Fondazione dei manoscritti, poi accorpata ad altri istituti di cultura islandese con la creazione, nel 2006, dell'Istituto Árni Magnússon per gli studi islandesi.

Un giorno stavo sfogliando un manoscritto che non era ancora stato digitalizzato. Non capita spessissimo, ed è sempre una grossa emozione farlo. La pergamena era spessa, indurita, molto irregolare, scura e con dei piccoli squarci che precedevano chiaramente la stesura del testo, dal momento che il copista aveva diligentemente scritto intorno a essi. A volte gli animali si ferivano e la loro pelle non era perfetta, oppure si creavano dei danni durante la lavorazione. In Europa quella pergamena sarebbe stata scartata, al massimo l'avrebbero usata per gli esercizi degli studenti, ma l'Islanda non poteva permettersi tale opulenza. Quando vivi alle porte dell'Artico e gli animali da fattoria sono la tua boa di salvezza nell'oceano della morte, investirne molti per ottenere fogli perfetti di pergamena non è esattamente un'opzione praticabile.

Sentivo un profondo rispetto per quella cultura. Forse non tutti riescono a capire, ma per me avere tra le mani quei volumi vecchi di sei o settecento anni e immaginare i secoli trascorsi, le vicissitudini che avevano attraversato, le persone che li avevano toccati, era sempre un'esperienza mistica. Aprii delicatamente il manoscritto e lo premetti sul cuscino che avevo appoggiato sulla scrivania. I cuscini si adattano alla forma del libro, così che non è necessario aprirlo eccessivamente schiacciandolo sul fondo duro del tavolo, cosa che potrebbe danneggiarne la rilegatura. I tratti di inchiostro di una mano gotica avevano resistito agli eoni, e dopo tutto quel tempo io potevo ancora leggerne il contenuto. Rimasi immerso nella lettura per diverse ore, dimenticando di pranzare. Quando mi alzai per consegnare il volume e andarmene, quasi caddi a terra. Mi girava la testa, chiaramente ero rimasto troppe ore senza mangiare e bere. Mi fiondai alla caffetteria dell'università e divorai volentieri un gustoso *skyr* alle mele cotte. Si trova in un sacco di gusti strani, questo benedetto *skyr*: difficile non incrociarlo in qualche modo almeno una volta al giorno. Mentre gustavo il latticino locale, scorrevo sul telefono le fotografie che avevo fatto al manoscritto. Ne scelsi qualcuna da condividere sui miei profili social. Mostrare di avere accesso a tali tesori è sempre qualcosa che suscita ammirazione, particolarmente alla luce del fatto che quei testi sono quanto di più prezioso esista in Islanda dal punto di vista della storia e dell'identità della nazione.

Il valore attribuito dagli islandesi alla cultura traspare anche a livello istituzionale: non è raro che a eventi organizzati dall'istituto partecipino le più alte cariche pubbliche. Una volta mi è capitato di trovarmi davanti la prima ministra Katrín Jakobsdóttir, anche lei di formazione umanistica. Mentre stavo lavorando alla mia tesi di laurea, rimasi bloccato nell'edificio dell'istituto che era circondato da forze di sicurezza per la visita del segretario generale della NATO, Jens Stoltenberg. Mi trovavo là anche in occasione dell'arrivo di una principessa tailandese, e mi fermai a parlare con uno dei membri dell'entourage, parecchio incuriosito dalle nostre attività. Ma il momento più surreale credo sia stato quando mi sono trovato fianco a fianco, davanti agli orinatoi del bagno, con Kristofer Hivju, l'attore norvegese che impersona Tormund nella serie TV fantasy *Game of Thrones*, venuto con altri membri della troupe a visionare alcuni manoscritti.

Spesso capita di immaginare queste istituzioni come luoghi polverosi frequentati da gente un po' pomposa, fissata con i propri studi e avulsa dalla realtà. In questo caso non è così: gli studiosi guadagnano poco ma si divertono molto, e l'Istituto Árni Magnússon è sempre stato un ambiente di lavoro estremamente sereno e positivo.

Tendenzialmente, la società islandese è più collettivista che individualista. Significa che il benessere generale ha la precedenza rispetto alla produttività del singolo. Questo si traduce, di solito, in produttività ridotta ma soddisfazione elevata. Non si lavora per il proprio tornaconto, scavalcando, tradendo e pugnalando alle spalle per fare carriera (anche se qualche volta succede pure qui!), ma per vivere insieme un'esperienza condivisa.

I datori di lavoro o i superiori non sono separati dai dipendenti da rigide gerarchie, e non è raro vederli lavorare a fianco dei sottoposti, chiedendo il loro parere prima di prendere una decisione. L'assenza di gerarchie rigidamente strutturate e di stratificazioni sociali fortemente radicate è uno dei motivi per cui più amo questo Paese. Anche nei momenti di svago fuori dal lavoro, è normalissimo che i capiufficio o i dirigenti escano a bere con i sottoposti, e non c'è affettazione né paternalismo in queste interazioni.

Árnastofnun non è da meno: pur essendo un umile ricercatore dottorando, sono sempre stato coinvolto in eventi e iniziative di varia natura, venendo sempre trattato come un pari. Non ho mai sentito il peso greve dell'autorità del polveroso professore ordinario o emerito: si parla con tutti senza problemi e ci si dà tranquillamente del tu. Il «voi» di cortesia non è più usato da anni, mentre i titoli si utilizzano solo la prima volta che si presenta qualcuno: i giornalisti si rivolgono ai politici, inclusi i ministri e il presidente della Repubblica, chiamandoli per nome. Niente «dottore», «professore», «ingegnere», «avvocato», «geometra», «idraulico»...

Anche a scuola, l'insistenza sulle forme di cortesia è per me sempre stata motivo di fastidio e insofferenza. Non sono mai riuscito a comprendere la logica del loro uso in quanto forma di rispetto, quando è palese che è sempre possibile mancare di rispetto a chiunque pur usando un linguaggio formale. Eppure, in Italia ho sempre percepito che il sentimento generale fosse quello per cui una riduzione del livello di formalismo nella lingua avrebbe precipitato la società nel caos, distruggendo le fondamenta del nostro vivere civile.

A volte mi domando se l'assenza di formalismi eccessivi sia anche il motivo per cui la società islandese è estremamente poco volgare nel linguaggio. Il suo turpiloquio risulta molto povero e blando rispetto a quello italiano, quasi che nella «lingua del sì» il formalismo eccessivo abbia portato a elaborare un contraltare di insulti, improperi e imprecazioni estremamente sofisticato e creativo. Fatto sta che a una diminuzione della formalità del linguaggio non è corrisposto un aumento della maleducazione o un calo del rispetto, anzi! Ho spesso visto italiani litigare ferocemente e urlarsi insulti agghiaccianti dandosi del «lei», ma non ho mai assistito a nulla del genere qui, dove tutti si danno del tu e si chiamano per nome.

C'è chi si sente più sicuro all'interno di relazioni altamente codificate, che fanno ampio ricorso a espressioni formali, ma io mi sono sempre trovato più a mio agio in questa società assai meno stratificata. Che non è sempre stata così: qualche decennio fa anche l'Islanda doveva essere più impostata e formale di quanto non sia ora. Lo raccontano alcuni professori di Árnastofnun, che spesso ricordano di come nei decenni andati l'atmosfera del luogo incutesse soggezione, quando soltanto ai docenti più attempati sembrava fosse concesso parlare nelle situazioni sociali, mentre gli altri dovevano limitarsi ad ascoltare.

Oggi è tutta un'altra cosa: si sprecano i ricevimenti, le gite di gruppo, le ricorrenze. Per esempio, in occasione del lunedì di Carnevale, la direttrice dell'istituto fa portare i grossi e grassi bignè tipici di questa giornata: le *bollur*. Questo giorno è appunto chiamato *Bolludagur*, «Giorno del bignè».

In moltissimi ambienti di lavoro, oltre che nelle case, si condividono le *bollur* (singolare: *bolla*), ovvero colossali bignè delle dimensioni di un pugno (ma possono essere anche più piccoli) ripieni di panna e marmellata – la più tradizionale delle quali è quella al rabarbaro –, spesso guarniti nella parte superiore con cioccolato o glassa. Se ne trova una miriade di tipi diversi, con varie glasse, creme e marmellate. Pare che ogni anno i fornai vendano un milione circa di questi bignè, ai quali si sommano quelli preparati dai privati!

Una tradizione che, invece, sembra avviata al tramonto è quella del *bolluvöndur*, «bastone del bignè»: i bambini percuotono i genitori con un bastone colorato decorato con fiocchi di carta per invitarli a dare loro una *bolla*. Questo curioso costume affonda le radici nel periodo cattolico: il *bolluvöndur* simula infatti un aspersorio, usato nella religione cattolica per spargere l'acqua santa tra i fedeli. Questi bastoni sono venduti nei supermercati con il necessario per decorare le *bollur* (glassa, panna e così via).

Il Martedì Grasso, invece, si festeggia il cosiddetto *Sprengidagur*, la «Giornata dell'esplosione»: tradizionalmente, avendo l'Islanda cinquecentocinquant'anni di cattolicesimo alle spalle, si usava consumare cibo in abbondanza in questo giorno, come ultima occasione opulenta prima del digiuno quaresimale. La tradizione prevede di mangiare carne di agnello salata (*saltkjöt*) con contorno di rape, patate, carote e besciamella, e zuppa di legumi, in particolare lenticchie gialle.

Il Mercoledì delle Ceneri, primo giorno di Quaresima, è detto *Öskudagur*, «Giorno delle Ceneri». In Islanda esiste una tradizione, anche questa tristemente sempre meno diffusa, che consiste nell'appendere con l'ausilio di gancetti di metallo dei piccoli sacchetti di tessuto contenenti cenere, detti *öskupokar*, sulla schiena delle persone senza che queste se ne accorgano, un po' come accade in Italia con i pesci di carta il 1° aprile. Un tempo le donne cucivano i sacchetti con tessuti pregiati e ricamati con le loro mani. Nella fase più antica di questa tradizione, le donne appendevano sacchettini di cenere sulla schiena degli uomini, mentre quelli che gli uomini agganciavano sulla schiena delle donne contenevano ghiaia. La differenza doveva essere dovuta al fatto che, una volta, gli uomini lavoravano generalmente lontano dal focolare e trascorrevano più tempo all'aperto, così che la ghiaia sostituiva la cenere alla quale non avevano altrettanto accesso. Pare che questa usanza si sia sviluppata a seguito della Riforma luterana, come una sorta di presa in giro del costume cattolico di spargere le ceneri sul capo dei fedeli, e che a una fase non attestata in cui la cenere veniva lanciata per scherzo si sia sostituita una più «a modo», per cui la cenere veniva appunto appesa alla vittima dentro ai sacchettini.

Oggi, il giorno delle Ceneri i bambini si divertono a travestirsi e partecipare a feste in costume. Esiste anche una tradizione detta *slá köttin úr tunnunni*, «far uscire il gatto dal barile a bastonate», simile alla nostra pentolaccia: i bambini percuotono un contenitore appeso, fino a quando non si distrugge lasciando cadere il suo dolce contenuto di caramelle.

Le tradizioni e le ricorrenze islandesi sono numerosissime, e scandiscono la vita locale arricchendola e creando quell'atmosfera accogliente e pregna di calore che ha la capacità di scaldare anche le giornate più gelide.

18

Flatey

Pulcinelle di mare e antichi manoscritti

Questo libro è di Jón Hákonarson; all'inizio include poesie; poi tratta di come la Norvegia fu colonizzata; poi di Eiríkur il Viaggiatore; poi di re Ólafur Tryggvason, con tutti i suoi racconti; poi si ha la saga di Ólafur Haraldsson il Santo, con tutti i suoi racconti, incluse le saghe degli jarl delle Orcadi; poi la saga di Sverrir; poi quella di Hákon il Vecchio con quella di re Magnús, suo figlio. Poi il racconto di Einar Sokkason dalla Groenlandia, in seguito di Helgi e Úlfur il Cattivo. Poi iniziano gli annali, da quando il mondo fu creato, che includono tutto fino all'era attuale. Il prete Jón Þórðarson ha scritto di Eiríkur il Viaggiatore e ambo le saghe dei due re di nome Ólafur, mentre il prete Magnús Þorhallsson ha scritto il resto e realizzato tutte le miniature. Dio onnipotente dia gioia a quelli che hanno scritto e a colui che ha dettato, e anche la Santa Vergine Maria.

MAGNÚS ÞORHALLSSON, *Codex Flateyensis*, 1387-1394

ERO seduto su un prato erboso di quel verde talmente saturo da apparire falsato nelle fotografie. Il cielo era terso, appena striato da cirri semitrasparenti, come pennellate accennate da un pittore non troppo convinto. Il sole era tiepido, e il caffè nel bicchiere di carta che reggevo tra le mani era bollente. Me ne stavo lì, in mezzo a quelle casette in legno colorate, affacciate sul porto oltre il quale si ergeva l'isolotto Súgandisey. Dalla sua cima, presso il piccolo faro, la vista abbraccia tutto il Breiðafjörður, il grande golfo tra la penisola di Snæfellsnes e quella dei Fiordi Occidentali. Un golfo disseminato di isole, scogli e affioramenti, impreziosito dal volo elegante di tanti uccelli marini.

Fin dal Cinquecento Stykkishólmur è stato un importante centro di scambi commerciali; il suo nome significa qualcosa come «Isolotto del pezzetto», e il «pezzetto» – *stykki*, in islandese –, è il nome di un isolotto che proteggeva il porto, oggi coperto da una piattaforma in cemento e collegato alla terraferma. Il paesino è un'oasi di pace e bellezza, e vi si trovano numerose case d'epoca dai colori sgargianti, ma non ero lì per quel motivo. In realtà stavo aspettando *Baldur*. Il vecchio, affidabile *Baldur*.

Non si tratta di un essere umano: è un traghetto che ogni giorno fa la spola tra Stykkishólmur, sul versante Sud del golfo, e Brjánslækur, sulla costa Nord. Durante la traversata fa tappa su un isolotto nel cuore del golfo, Flatey, «Isola piatta», ed è lì che ero diretto.

Quando il traghetto approdò, ero il primo della fila. Nonostante il sole splendesse e facesse abbastanza caldo, indossavo un maglione di lana islandese, una *lopapeysa*, perché un conto è stare al sole in un angolo riparato, un altro è stare in mezzo al mare con il vento che soffia addosso. Naturalmente mi sarei potuto sedere comodamente in poltrona al coperto, ma era un'opzione che non avevo nemmeno preso in considerazione: dovevo assolutamente godermi lo spettacolo della traversata.

Dal punto più alto del traghetto potevo vedere tutto l'abbraccio dei monti intorno al golfo, alcuni ancora striati dal ghiaccio; a sud, la penisola di Snæfellsnes con l'imponente vulcano che le dà il nome, ammantato dal bianco scintillante del ghiacciaio. C'erano diversi islandesi sul ponte con me, ma dopo una ventina di minuti si arresero al freddo e tornarono in coperta. Io continuai imperterrito ad ammirare l'orizzonte, sentendomi orgoglioso di resistere meglio di loro.

Intorno a me sfrecciavano isolotti e scogli, tutti con qualche uccello appollaiato; qualcuno ospita anche una baracca o una casupola, presumibilmente per i pescatori. Si impiega un'ora e mezza per la traversata, e quando ci stavamo ormai avvicinando all'isola intravidi diverse fratercule artiche, più comunemente conosciute come pulcinelle di mare, planare goffamente intorno alla nave.

Arrivati al molo, scendemmo disordinatamente. Gli islandesi non sono bravi a rispettare le file e fare code. Alcuni avevano con sé scatoloni di provviste e valigie: Flatey è permanentemente abitata soltanto da un paio di persone, ma è costellata da una manciata di casette tradizionali dipinte con colori sgargianti, usate soprattutto come residenze estive o per le vacanze dai discendenti degli antichi abitanti, oppure da persone abbastanza facoltose da potersi permettere una proprietà in un luogo così bello ed esclusivo.

Sul molo si affaccia un capannone dentro il quale si trovano una sala d'aspetto, un negozio di generi di prima necessità, incluse bibite e patatine, e una sezione nemmeno troppo scarna di libri di seconda mano. Lo aggirai e imboccai il sentiero che attraverso la campagna conduce al centro abitato, sul lato Nord dell'isola. Non ci sono strade o auto su Flatey, e l'assenza di edifici moderni la rende una sorta di capsula del tempo. L'Islanda com'era una volta.

Camminando, scorsi alla mia sinistra un'intelaiatura di legno con appeso del pesce a essiccare. Davanti a me, sulla destra, il nucleo abitato più denso, detto Þorpið, «Il villaggio», e a sinistra la chiesa bianca in muratura, consacrata nel 1926; un edificio abbastanza imponente per gli standard islandesi, particolarmente nel contesto di questo isolotto. Tutt'intorno, il golfo e l'oceano.

Arrivato al bivio con un gruppetto di visitatori, aprii il cancello ai piedi del poggio recintato su cui sorge la chiesa. Era lì che volevo andare, mentre gli altri si avviarono inevitabilmente verso l'irresistibile attrattiva del pittoresco complesso di casette colorate. Il vento era tiepido e il sole splendeva. L'aria era carica degli stridii acuti di un numero imprecisato di uccelli marini. L'intonaco bianco della chiesa scintillava; entrai e il mio sguardo fu attratto dai soffitti decorati da dipinti dell'artista catalano Baltasar Samper, ultimati nel 1992, che illustrano scene di vita quotidiana del distretto. Non era però nemmeno per quelli che mi trovavo lì.

Uscii dalla chiesa e la aggirai di corsa, notando diversi uccelli venirmi incontro minacciosi. Sul retro si trova un'altra costruzione con una storia da raccontare davvero troppo grande per essere contenuta al suo interno: la biblioteca di Flatey.

L'isola ospita la più piccola biblioteca d'Islanda, una minuscola casupola in legno dipinta di giallo, costruita nel 1864 e oggi sotto la protezione del Museo Nazionale. L'edificio è un semplice rettangolo con il tetto spiovente rivestito di materiale isolante nero, ed è circondato da una staccionata di legno dipinta di bianco brillante. Anche la porta esterna è verniciata di bianco, così come gli stipiti delle finestre, due per lato più una in alto, sopra la porta.

Cercando di evitare gli attacchi feroci delle sterne artiche che planavano sopra di me, aprii il piccolo cancello della staccionata. A due passi, la porta a due battenti, decorata da uno stipite in legno in stile neoclassico, sobrio ma elegante. Un piccolo dettaglio che illustra chiaramente l'attenzione dedicata e l'importanza attribuita a questo edificio. La porta viene tenuta chiusa, forse per evitare che il vento s'infili e crei scompiglio, o magari perché non entrino gli uccelli, ma l'accesso è libero e a controllare non c'è nessuno. Ruoto il chiavistello e la porta si apre. Sento il cuore che batte. Davanti a me si spalanca un piccolo andito di poche decine di centimetri di profondità, al fondo del quale c'è un'altra porta; le porte doppie devono essere una benedizione quando tira un vento di bufera. Apro anche la seconda porta e a un tratto mi ritrovo nello spazio sacro.

La biblioteca è un monumento nazionale, ma viene ancora utilizzata. Davanti a me, oltre la piccola stanza, ci sono numerosi libri preziosi conservati dentro una teca, insieme con romanzi moderni in brossura e libri per bambini che le persone possono leggere a piacimento durante le vacanze estive e i soggiorni sull'isola. Alle pareti sono appese fotografie e didascalie informative; su un lato si trova un tavolino con un registro che gli ospiti possono firmare, ma l'oggetto di arredo che mi attira di più è una teca in legno, posta a sinistra contro la parete. Qui è conservata un'edizione facsimile in bianco e nero della *Flateyjarbók*, il «Libro di Isola piatta», ovvero il più grande e prezioso manoscritto medievale islandese, nonché uno dei più importanti tesori nazionali.

Chiamato anche *Codex Flateyensis*, fu composto tra il 1387 e il 1394, principalmente da due preti del monastero di Þingeyrar, nel Nordovest, per un notabile locale, tale Jón Hákonarson. Ha assunto il soprannome di «Libro di Flatey» proprio su quest'isola, sulla quale era custodito dal suo ultimo proprietario islandese, Jón Finnsson, che lo cedette nel 1647 al vescovo Brynjólfur Sveinsson, che lo donò a sua volta al re di Danimarca nel 1656, quando l'Islanda era ancora parte del regno danese. Da allora, questo immenso codice fu inserito nel catalogo dell'antica collezione reale danese, *den Gamle kongelige samling*, e conserva tuttora la segnatura *GKS 1005 fol.*, in quanto millesimoquinto elemento della collezione, e in formato *folio*, qualcosa di simile a un attuale A3. Per tre secoli il manoscritto rimase in Danimarca e fu rimpatriato in Islanda, in pompa magna, soltanto nel 1971. Il suo rientro fu una celebrazione nazionale: per dare un'idea del valore che ebbe per la popolazione islandese, si potrebbe paragonare alla reazione dei greci a un'eventuale cessione dei fregi del Partenone da parte dei britannici.

È un testo davvero eccezionale, anche per dimensioni: è composto da ben 225 fogli in spessa pergamena, per un totale di 550 pagine, ciascuna delle quali con un testo disposto su due colonne. Ogni colonna equivale a circa una pagina di un libro odierno, e un'edizione a stampa di questo manoscritto consta di almeno quattro grossi e spessi volumi. Per comodità, tra il 1783 e il 1784 era stato diviso in due tomi, comunque impressionanti per dimensioni e peso, ma un restauro iniziato nel 2013 lo ha riportato alla sua integrità originale.

Una cosa che lo straniero spesso fatica a capire è appunto il valore simbolico e identitario che i manoscritti islandesi e la letteratura ivi contenuta incarnano: questo è un Paese che non ha potuto sviluppare un'architettura sfarzosa, né emergere in modo preponderante nelle arti figurative, eppure, nonostante le esigue dimensioni demografiche e le varie difficoltà derivanti dalla sua geografia, è riuscito a produrre una tradizione letteraria che non teme confronti con quelle delle grandi nazioni europee, e per tanti versi superiore a quella dei più vasti e ricchi Paesi della Scandinavia continentale.

In questi codici antichi sono dunque custoditi l'identità e l'orgoglio nazionali, il significato più alto dell'essere islandesi, al punto che sono preservati in larga misura in una cassaforte, all'interno dell'Istituto Árni Magnússon, a Reykjavík.

La *Flateyjarbók* è, al pari di tanti codici medievali, una miscellanea di contenuti: il suo nucleo è costituito da tre grandi saghe, colossali narrazioni in prosa sulle vite di tre importanti re norvegesi, tutte arricchite da numerosissime saghe e racconti di argomento vario, incastonati nella trama. Essa include anche poesie, brani storiografici e corposi annali, ovvero testi che elencano gli episodi più significativi avvenuti anno dopo anno, e alcuni di questi testi non sono sopravvissuti se non all'interno di questo codice.

La *Flateyjarbók* è uno dei volumi più preziosi, se non proprio il più prezioso, tra quelli composti dopo il concludersi della cosiddetta età dell'oro delle saghe, svoltasi nel Duecento, quando le prime saghe – molte delle quali tra le più apprezzate – sono state messe per iscritto per la prima volta. Deve essere stata un costo immenso per il suo committente, fatto che la rende ancora più stupefacente, pensando alle condizioni economiche generali del Paese.

Ho avuto il piacere di studiare questo codice da vicino per la mia tesi magistrale, nella quale ho analizzato e confrontato la lingua e la grafia dei due copisti che hanno composto il testo, e a lavoro ultimato, quasi come regalo di laurea, mi è stato concesso il raro privilegio di visionarlo e toccarlo. Effettivamente gli islandesi non permettono troppo volentieri l'accesso a questi tesori: da un lato esso è reso superfluo dalle immagini in alta qualità digitali ormai disponibili in rete, dall'altro ogni utilizzo pone un rischio di danneggiamento, e come noi italiani saremmo molto diffidenti nel concedere potenziali fruizioni invasive dei nostri tesori archeologici, così gli islandesi lo sono con i loro manoscritti. Quando vengono estratti dalla cassaforte di fabbricazione inglese nella quale sono custoditi per essere mostrati agli ospiti, vengono di norma adagiati su cuscini che si adattano alla loro forma, sono tenuti aperti da catenine di palline di piombo delicatamente adagiate sugli orli delle pagine e protetti sotto teche in plexiglass.

Il volume in facsimile nella teca della biblioteca di Flatey ha un elevato valore simbolico, è una sorta di monumento al patrimonio culturale e immateriale del luogo. Mi soffermai a leggerlo per un po', soltanto per il piacere di poter ricordare a me stesso che ero in grado di farlo. Pochi sanno leggere testi manoscritti antico-islandesi, e avevo studiato a lungo per poterci riuscire.

La *Flateyjarbók* è stata uno degli ultimi volumi prodotti al termine della cosiddetta età dell'oro, quella delle saghe, iniziata nel Duecento e conclusasi alla fine del secolo successivo. È in qualche modo una sorta di canto del cigno di un'epoca ormai al tramonto, con l'Islanda e l'Europa tutta che si lasciavano alle spalle un periodo fiorente per scivolare inesorabilmente verso una fase di crisi, con l'avvento della peste, della Piccola era glaciale e di tutte le difficoltà economiche che esse avrebbero comportato. Eppure gli islandesi non smisero di scrivere: i manoscritti del Quattrocento sono più piccoli e meno sfarzosi, ma contengono ancora quella letteratura gloriosa fatta di prose e poesie che narrano le gesta degli antenati, di traduzioni di testi latini, di vite di santi, di traduzioni in prosa dei poemi cavallereschi cortesi.

Questo è il vero miracolo islandese, ed era racchiuso in quella teca, sotto i miei occhi: un piccolo Paese geograficamente ma non culturalmente isolato ha trovato la forza e la creatività per partecipare alla storia culturale europea, con contributi originali e straordinari. Oggi ci stupiamo tanto se la nazionale calcistica di un Paese così poco popoloso si distingue nelle competizioni internazionali, ma dovremmo ammirare ancora di più la potenza letteraria islandese, che solo di recente sta diventando più accessibile al pubblico italiano. Di tutte le sciocchezze che vengono dette sull'eccezionalismo islandese, questa è forse l'unica autentica e meritevole di attenzione.

Uscito dalla biblioteca mi diressi verso il centro abitato. Dall'alto di un pendio erboso contemplai le bellissime case di legno appollaiate intorno a una piccola insenatura. Sulla riva era ormeggiata qualche imbarcazione, e alcuni bambini si divertivano a schizzarsi dentro l'acqua. Fare il bagno in Islanda non è mai un grande piacere, a meno che non si tratti di acqua termale. Farlo in mare è più una prova di resistenza, ma tuffarsi per qualche minuto in acque gelide, specie se fuori batte il sole e l'aria è ferma, può essere momentaneamente piacevole.

Scesi per quella dolce china e costeggiai le casette fino a incrociare la strada con un signore in camicia a quadri, dallo sguardo sornione. Gli chiesi se sapesse dove fosse possibile avvistare qualche fratercula artica, e mi spiegò che più avanti, sulla piccola e bassa scogliera, si trova una roccia dal nome Lundaberg, «Roccia delle fratercule». Mi diressi là, camminando lungo l'orlo della scogliera e rischiando sanguinolente beccate da quelle vendicative erinni che hanno il nome di sterne artiche. Arrivato sul luogo, sedetti sull'erba con i piedi penzoloni.

Si sentivano gli uccelli garrire, forse di gioia, forse di paura, forse di rabbia, chissà. Oltre il mare, a qualche chilometro, vedevo innalzarsi austeri e scuri i monti della penisola dei Fiordi Occidentali, e tra quel viavai di becchi e piume, finalmente scorsi qualche coppia di pulcinelle di mare.

Mi piacciono tanto questi uccelli goffi e impacciati, dal volo frenetico e dallo sguardo preoccupato, con il becco variopinto e la livrea da maggiordomo, eppure sono un elemento controverso, in questo Paese. Non tanto come animali, quanto come simboli, nonostante non abbiano mai rivestito un ruolo importante nella cultura e nell'immaginario islandesi (salvo nei luoghi dove nidificano e dove sono parte della dieta tradizionale). Appena percepita l'attrattiva provata dai turisti nei confronti di queste creature, i negozi di souvenir si sono riempiti di pupazzi e gadget che li raffigurano; a poco a poco, sono spuntate decine di negozi ispirati a questi uccelli negli spazi commerciali del centro della capitale, ponendo una concorrenza invincibile ai piccoli negozi. Inoltre, tonnellate di questi oggetti di plastica a buon mercato e prodotti in serie all'estero hanno danneggiato l'artigianato locale. Storia già sentita anche in Italia, dove la paccottiglia la fa ormai da padrona in tanti dei siti turistici più importanti. Per descrivere questi negozi, gli islandesi hanno coniato un termine che ha una forte connotazione dispregiativa: *lundabúð*, «negozio delle fratercule».

Disgraziatamente, questo uccello è divenuto suo malgrado un simbolo della mercificazione e dello snaturamento dell'Islanda. In un articolo molto discusso sul bisettimanale *Stundin*, Guðmundur Andri Thorsson, figlio del famoso scrittore Thor Vilhjálmsson (il quale era, per inciso, un grande amante dell'Italia nonché promotore della cultura italiana in Islanda), ha preso spunto dall'affermazione del pulcinella di mare come simbolo del Paese per sviluppare un ampio discorso circa l'impatto di queste operazioni sulla psiche delle popolazioni.

Anche qui si tratta di copioni già visti: il diffondersi di caricature e stereotipi pacchiani, volti ad accalappiare un turismo fatto soprattutto di grandi numeri e faciloneria, porta a lungo andare a impersonare la caricatura di se stessi che ci si è creati per vendersi più facilmente, perdendo così il senso più autentico della propria identità.

Un esempio tragicomico riguarda l'identificazione della popolazione islandese attuale con i «vichinghi». In antico islandese, *víkingur* significa semplicemente «pirata»; qualunque sia la sua contestata etimologia, incontestato è il fatto che il termine sia impiegato per descrivere individui dediti ad aggredire e depredare navi mercantili e, per estensione, anche delinquenti e poco di buono. Non è mai stato usato come etnonimo per indicare le genti nordiche, soprattutto perché, sebbene gli incontri tra i nordici e altri popoli europei avvenissero spesso nella forma di incursioni piratesche, questi pirati non erano la maggioranza della popolazione, né la pirateria era l'attività economica preponderante di quei Paesi, essendo i popoli scandinavi del Medioevo innanzitutto dediti all'agricoltura e all'allevamento. I nomi utilizzati all'epoca erano gli stessi di oggi: si definivano «islandesi», «norvegesi», «danesi», «groenlandesi» eccetera. Chiamando «vichinghe» queste popolazioni si prende dunque un vocabolo con il significato di «delinquente/mascalzone» e lo si estende a tutti. Sarebbe tanto semplice usare i termini corretti, magari specificando ulteriormente «antichi», laddove sussista una potenziale ambiguità. Del resto, parliamo tranquillamente di romani o antichi romani senza mai confonderli con gli attuali abitanti della capitale della Repubblica italiana!

La parola «vichingo» si è imposta come etnonimo nel corso dell'Ottocento, negli ambienti filologici romantici, ed è rimasta come strascico fino a oggi. Non è solo il termine in sé a essere un problema, ma tutto il corollario di falsature e distorsioni storiche che accompagna: gli elmi cornuti, inventati da un costumista per le opere di Wagner; gli abiti senza maniche in pelle di animale, recentemente sostituiti dai completi attillati in pelle nera tipici della serie TV *Vikings*, altrettanto storicamente insensati; e soprattutto una vasta gamma di supposti sistemi valoriali che sono in realtà la proiezione delle intenzioni di gruppi attuali che utilizzano l'immagine del vichingo per plasmare un precedente storico al mondo che vorrebbero.

Lo stereotipo del vichingo è stato creato in un periodo in cui in tutta Europa impazzava il mito del «buon selvaggio», nel quale si ricercava da un lato una fuga dalle eccessive sofisticazioni della società civile, dall'altro un trascorso storico che giustificasse le brutalità compiute nel contesto dei colonialismi ottocenteschi. Gli inglesi, in particolare, accantonarono i vari altri retaggi (britannico, romano, anglosassone) per concentrarsi su quello nordico, desunto dall'occupazione danese di parte dell'Inghilterra avvenuta tra il IX e il X secolo; retaggio che fu ridefinito «vichingo» per evitare di porsi implicitamente in una posizione di subalternità rispetto alla Danimarca.

Nacque così il cliché del prestante e rude guerriero spinto solo da una primigenia sete di scoperta e conquista, in qualche modo legittimato nella sua brutalità da un'intrinseca superiorità spirituale ed etnica. Si capisce bene che in tutto questo va a collocarsi anche la teoria della supremazia della razza nordica. Al giorno d'oggi, l'attrattiva esercitata dalle (vere o presunte) origini «vichinghe» non accenna a scemare, specialmente negli Stati Uniti d'America, dove la giovane età della nazione è motivo di insicurezza identitaria per molti, i quali cercano rassicurazioni andando a scavare nelle loro origini ancestrali nel Vecchio Continente. In questo contesto sono innumerevoli gli individui ansiosi di provare ascendenze scandinave, magari facendo ricorso a test genetici. Un'ansia che si spiega soltanto con il fatto che è ancora viva l'idea per cui poter affermare di discendere da tale schiatta sia, in un certo modo, l'asserzione di un qualche tipo di eccellenza, considerando che gli americani possono facilmente vantare un numero imprecisato di antenati provenienti da culture e tradizioni disparate. Insistere dunque con l'abuso del termine «vichingo» significa perpetuare questo retaggio ottocentesco di sfruttamento del passato a fini politici.

Da ogni estremo dello spettro ideologico, in effetti, questi «vichinghi» immaginati vengono ormai dipinti in qualsiasi modo possibile, da feroci barbari sanguinari a pionieri del libero mercato, a campioni di democrazia ed emancipazione femminile, esagerando questo o quel dettaglio così da trasformarli in precedente storico che possa legittimare una qualsiasi istanza politica attuale. A nessuno interessa la storia di un popolo dell'Età del ferro, composto da pochi nobili e qualche rampollo che può permettersi una nave e una razzia prima di sistemarsi sulla sua tenuta, nonché da masse di contadini e artigiani analfabeti. No: si vuole leggere la storia di un popolo impavido e brutale, aitante e avvenente, dedito interamente alla pirateria, che si fa beffe di società più complesse e decadute nell'inettitudine. Molti non vogliono rinunciare a questi «vichinghi» fittizi.

Nonostante ogni studioso degno di tal nome sia consapevole della totale illiceità di questo termine, tanti lo impiegano (chi di sua iniziativa, chi costretto dagli editori) per sfruttare la serie di associazioni suggestive che evoca. Proprio come la fratercula artica nel merchandising a tema islandese, l'uso della parola «vichingo» ha il potere di catalizzare l'attenzione e di far vendere qualunque cosa cui sia associata. Perfino lo stoccafisso sembra avere più successo commerciale da quando viene venduto con l'etichetta VIKING SNACK.

A molti potrà sembrare del tutto innocente. Il marketing giustifica i mezzi, del resto. Se non che, ci troviamo di fronte alla triste realtà che le nuove generazioni di islandesi hanno interiorizzato questo uso e tutte le associazioni storicamente errate che si porta dietro, elevandolo a simbolo identitario.

Si possono biasimare gli islandesi se, nel vedere l'incondizionata fascinazione verso tutto ciò cui il termine «vichingo» è collegato, hanno deciso di indossarlo e sfoggiarlo? Ma non si tratta di una parola neutra, facilmente giustificabile e adattabile all'uso corrente in virtù di una presunta evoluzione del suo significato, perché è appunto indissolubilmente legata a una serie di errori e distorsioni storiche di cui difficilmente riuscirà a liberarsi. Il tentativo della serie televisiva *Vikings* di History Channel, per esempio, ha sostituito una serie di falsi storici con degli altri, che probabilmente ci porteremo dietro ancora a lungo. Come se non bastasse, l'emergere di espressioni quali «sangue vichingo», «discendenti di vichinghi» e simili, riporta alla memoria i capitoli più bui nei quali il passato nordico, volutamente distorto e mitizzato, veniva usato come strumento per suggerire la supremazia razziale di quei popoli che potevano fregiarsi di essere discendenti diretti di quel mondo.

In uno dei manoscritti pervenutici della *Landnámabók*, il già citato «Libro delle colonizzazioni» che racconta il capitolo più antico della storia islandese, l'autore si è premurato di specificare che il valore nel registrare e trasmettere genealogie e corrette informazioni sul proprio passato era anche quello di poter rispondere a chi accusava gli islandesi di essere discendenti di fuorilegge e mascalzoni. Cosa penserebbe, oggi, se sapesse che gli islandesi hanno preso ad autodefinirsi «vichinghi»?

Questo equivoco sull'uso del termine, ma soprattutto la sua accettazione da parte di una fetta degli islandesi, tradisce non solo lo snaturamento dell'identità a fini commerciali, ma anche la perdita di consapevolezza rispetto alla propria storia. Un po' come per noi lo è la caricatura dell'Italia, tutta pizza e mandolino.

19

Eyjafjallajökull
Ogni regione ha le sue saghe

Poi presero delle sterpaglie e appiccarono il fuoco. Quelli che si trovavano all'interno non se ne resero conto finché tutto l'edificio non fu in fiamme. A quel punto Flosi aveva acceso dei falò davanti a ogni ingresso. Le donne all'interno iniziarono a cadere preda della disperazione. Njáll si rivolse a loro: «Fatevi coraggio, e non strepitate, perché questa sarà solo una tempesta e passerà del tempo prima che ve ne arrivi un'altra simile: abbiate fede in Dio misericordioso; perché Lui non ci lascerà bruciare né in questo mondo né in quell'altro».

Njáls saga («Saga di Njáll»), XIII secolo

NON ricordo più la prima volta che l'ho visto, e in un certo senso è qualcosa di molto poetico: è diventato una parte talmente integrante della mia vita che ormai è come se per me ci fosse sempre stato. Quando vado verso il Sudest per trascorrere un fine settimana o una vacanza in fattoria, ci passo sempre sotto, e allora so di essere a metà strada. Tutti hanno cercato invano di pronunciarne il nome: si tratta dell'Eyjafjallajökull, il «Ghiacciaio di Mont'isole», che domina il panorama del Sud dell'Islanda.

Come tutti, ne avevo sentito parlare nel 2010, in occasione dell'eruzione che aveva impedito ai miei compagni di scuola con gita programmata in Inghilterra di realizzare i loro sogni di notti debosciate. La mia classe sarebbe andata a Praga in pullman, ragion per cui non mi crucciai troppo e non feci particolarmente caso a quell'evento. Eppure, ora il vulcano è per me un segnavia, una presenza confortante che profuma di casa. Pensateci, un vulcano!

Questa regione è abbastanza frequentata, ma stranamente non viene molto discussa o rappresentata nelle pubblicazioni cartacee e digitali, forse per il fatto che si tratta di una zona ampia e pianeggiante, ricca di panorami agresti che non corrispondono allo stereotipo dell'Islanda che così tanto attira i curiosi. Invece ci sono tantissime attrattive, tra cascate, musei, fattorie di torba, scavi archeologici, paesini pittoreschi... Ma forse quello che più di tutto merita l'attenzione del visitatore è il fatto che qui si svolge buona parte della saga medievale più amata e apprezzata in Islanda: la *Njáls saga*, che per gli islandesi occupa un po' il posto che per noi occupa la *Commedia* di Dante.

Si tratta di un'epica in prosimetro, ovvero prosa inframezzata da parti poetiche, ed è la più lunga e complessa tra le saghe del Medioevo islandese. Forse proprio per questo, tra le dozzine di opzioni possibili, è la favorita dagli islandesi ed è ritenuta il capolavoro massimo del genere. Il termine *saga* significa semplicemente «storia», sia intesa come «racconto» sia come «disciplina storica». Quando si parla di «saghe medievali islandesi» si intende dunque delle storie in prosa (che appunto a volte, come nella *Njáls saga*, includono poesie, e in quei casi andrebbero definite prosimetri) composte in Islanda a partire dal Duecento e fino al Quattrocento inoltrato, con il XIII secolo, in particolare, che viene considerato come l'età dell'oro di questo genere letterario.

Del primo periodo rimangono soprattutto frammenti e codici incompleti, mentre dal Trecento in poi sopravvivono manoscritti completi in quantità molto più abbondante, con numerose copie delle medesime saghe, ma sempre con alcune differenze, grandi e piccole. Il lavoro dei filologi è appunto comparare tutto questo materiale per cercare di ricostruire i testi come dovevano essere negli originali ormai perduti, oltre che estrapolare informazioni storiche, linguistiche e sociologiche da questi importanti documenti.

Le saghe vengono raggruppate in vari generi a seconda dell'argomento che trattano. Possono parlare delle vite dei santi, dei vescovi islandesi, dei re norvegesi, possono essere traduzioni in prosa dei poemi cavallereschi cortesi, o anche di opere in latino, come la *Rómverja saga*, «Saga dei romani», che è la traduzione del *Bellum iugurthinum* e della *Coniuratio Catilinae* di Sallustio e dei *Pharsalia* di Lucano, o la *Alexanders saga*, una traduzione in prosa del poema in latino *Alessandreide*, di Gualtiero di Châtillon. Esistono anche saghe puramente fantasiose che narrano le vicende di eroi leggendari del passato germanico, dette «saghe del tempo antico».

Ci sono però anche numerosissime saghe tardo e postmedievali che hanno ambientazioni esotiche, come l'Oriente, e includono personaggi fiabeschi e molta magia. Si tratta di racconti in genere assai brevi – potremmo azzardarci a definirli «favole» –, composti principalmente con fini di intrattenimento. Da questo si evince che sotto l'etichetta di «saga» troviamo testi di natura profondamente diversa. Tuttavia, un gruppo di saghe ha catturato maggiormente l'attenzione degli studiosi: quelle incentrate sul passato più antico dell'Islanda.

Le più studiate in assoluto sono le *Íslendingasögur*, «Storie di islandesi»: una quarantina di saghe che hanno come oggetto principale la vita e le gesta degli antichi abitanti dell'Islanda dal periodo della colonizzazione (870-930) fino a poco dopo la cristianizzazione (1000). Gli eventi narrati vanno dalle tresche amorose alle faide famigliari, fino alle battaglie storicamente attestate in terra straniera e alla scoperta dell'America. Sono dunque anch'esse un sottogruppo piuttosto variegato ed eterogeneo, che include pure elementi fantastici come la presenza di streghe, fantasmi e troll.

Nel secolo scorso, il dibattito sull'origine delle prose era diviso in due scuole, una precipuamente islandese, detta della «prosa libraria» e una più diffusa in Scandinavia, detta della «prosa libera». Gli islandesi sostenevano che le saghe fossero un prodotto essenzialmente scritto, partorito dal genio letterario di uomini e donne islandesi, e che avrebbero visto la luce direttamente in quanto testi scritti, pur attingendo in diversi casi difficilmente verificabili a memorie di un passato storico. Gli scandinavi del continente e i tedeschi, però, preferivano l'ipotesi secondo la quale gli islandesi avrebbero tratto le loro idee letterarie direttamente dalla madrepatria scandinava (essenzialmente la Norvegia), perciò consideravano le saghe l'espressione tardiva di una tradizione di racconto orale con radici assai più antiche – e, possibilmente, scandinave –, dunque una trascrizione abbastanza fedele di testi che esistevano già in forma orale.

È piuttosto chiaro che dietro a questo dibattito sull'origine delle saghe si nascondeva un intento politico di appropriazione nazionalista, per cui sia l'Islanda sia la Scandinavia desideravano avere l'esclusiva su questo patrimonio culturale. Tale atteggiamento è stato a mio avviso deleterio perché, per molti decenni, gli studi sul Medioevo nordico hanno sofferto di una certa parrocchialità: se gli studiosi nordici sembravano dirsi vicendevolmente di avere più o meno diritto a esaminare le saghe in quanto «proprietà intellettuale» di questa nazione anziché di quella, figuriamoci che cosa avranno pensato di ricercatori di altre parti del mondo che osavano approcciarle! E mentre gli studi delle tradizioni di altri Paesi hanno potuto beneficiare dell'apporto di idee e punti di vista di esperti provenienti da una vasta gamma di background culturali, fino a non molti anni fa lo studio delle saghe è rimasto per lo più relegato all'Europa settentrionale, limitando in qualche modo un apporto di conoscenze multidisciplinari che, fortunatamente, sta arrivando più copiosamente in tempi recenti, grazie all'emergere dell'interesse per la materia in altri Paesi, tra i quali l'Italia.

Inizialmente le saghe erano, come accennavo, considerate in ogni caso espressione genuina del genio creativo nordico, scevro da qualsiasi influenza esterna. Esse vengono però ora analizzate in quanto prodotto del sincretismo culturale nato dal contatto tra la tradizione orale pagana e la cultura scritta cristiana dell'Europa medievale. Troviamo quindi un approccio di mediazione tra due estremi, per cui non si vuole negare il bagaglio orale ereditato dal periodo pagano da un lato, e l'apporto determinante della cultura scritta di stampo cristiano dall'altro.

Un modo per capire la struttura del corpus delle saghe islandesi è quello di vederle come un vasto gruppo di spin-off di una grande narrativa che abbraccia il primo periodo della storia islandese. Immaginate un ampio intreccio di vicende di personaggi più o meno storici, quasi tutti collegati in qualche modo. Gli autori delle saghe (praticamente tutti anonimi) avrebbero selezionato alcuni di questi personaggi per poi mettere per iscritto le loro storie. Le saghe come le conosciamo oggi sarebbero dunque degli scampoli selezionati del vasto ombrello storico costituito dalla memoria delle vite dei primi coloni d'Islanda e dei loro discendenti, opportunamente elaborati in un prodotto letterario creativo.

I personaggi principali di una saga possono comparire come personaggi secondari in un'altra, e gli stessi eventi possono essere narrati da punti di vista differenti in saghe diverse. In questo senso assomigliano al formato che troviamo in alcune serie TV, dove – per esempio – le vicende di un gruppo di amici sono raccontate dal punto di vista di ciascuno in episodi diversi. Le saghe non presentano esattamente il «punto di vista» dei personaggi, ma comunque pongono su di loro un accento particolare.

La prosa delle saghe è generalmente piuttosto asciutta e diretta. Un tempo si sosteneva che in questi testi non venissero descritte le emozioni dei personaggi ma solo le loro manifestazioni esteriori (per esempio, anziché dire che qualcuno si infuria, verrebbe descritto il suo arrossire). Questa ipotesi è stata contestata; nonostante l'apparente neutralità quasi cronachistica della narrazione in terza persona, le passioni e le posizioni autoriali possono emergere da una lettura attenta. Lo studio di queste saghe è ancora di interesse, perché spesso i racconti sono caratterizzati da un'ambiguità di fondo che lascia spazio a stimolanti dibattiti sulla natura dell'animo umano e dei rapporti tra individui.

Gli autori delle saghe narrano i gesti meschini, le faide e le violenze dei loro antenati, i tragici risultati di capricci e azioni testarde, senza abbandonarsi a condanne esplicite o commenti netti. Sembrano quasi voler dipingere un'umanità irrimediabilmente fallace che, in quanto tale, non può essere giudicata secondo un preciso ordine morale. I comportamenti più abietti e le ingiustizie più gravi sono resi in un quadro generale nel quale trovano una loro ragion d'essere logica alla luce del passato dei personaggi che li compiono. Pensiamo, per esempio, alla Monaca di Monza de *I promessi sposi*, della quale Manzoni ha cura di raccontarci l'ingiustizia subita da bambina per mano della famiglia, così che la sua successiva scelleratezza, se non giustificabile, ci appare comprensibile, e si presta molto meno a un discorso categorico di condanna o assoluzione. Un'altra caratteristica di spicco delle saghe è l'abbondante ricorso al discorso diretto, ed è in parte anche in virtù di ciò che studiosi importanti come Borges hanno voluto vedere nella saga islandese una sorta di primo virgulto sterile del romanzo moderno. Sterile perché il suo emergere in Islanda non ha avuto conseguenze sullo sviluppo letterario del resto dell'Europa ed è rimasto un fenomeno geograficamente circoscritto.

Non tutte le saghe sono ovviamente di pari livello. Alcune sono poco più che storielle di poche pagine, altre – come la *Njáls saga* – presentano un vasto e complesso intreccio epico che abbraccia le vite di più personaggi nel corso di diverse generazioni, altre ancora (specialmente tra le saghe più tarde) hanno una visuale più circoscritta e si limitano a narrare le vicissitudini e le avventure di un eroe in particolare.

Le influenze letterarie identificabili nelle saghe sono immense, e vanno dai classici greco-latini alla letteratura cortese, fino a quella agiografica, teologica e perfino scientifica. Da questo quadro si deduce chiaramente come gli islandesi che hanno vergato le saghe non fossero bifolchi con inchiostro e pergamena, ma letterati sofisticati e istruiti che avevano viaggiato e studiato nei centri culturali del continente e avevano familiarità e dimestichezza con il bagaglio culturale dei loro colleghi in altre parti d'Europa. Questo si riflette nelle vaste costellazioni di riferimenti e influssi tracciabili all'interno delle saghe, a prova del fatto che il genio letterario islandese era una rigogliosa propaggine della matrice culturale dell'Europa medievale.

La *Njáls saga* è una grande epica tragica dove emerge il conflitto tra la morale pagana e quella della nuova religione; la tensione tra la cultura della vendetta e quella del perdono si allenta appunto con una risoluzione cristiana finale. Il testo esplora i grandi temi della caducità delle cose, delle fortune alterne e delle tragedie che investono anche i migliori, della vendetta e del perdono, del contrasto tra doveri amicali e legali, delle conseguenze delle proprie azioni e molto altro. La sua ampiezza di tematiche e ricchezza di personaggi e tipi umani fa sì che tutti i lettori vi trovino qualcosa di toccante, e il fatto che esplori argomenti di rilevanza universale la rende un classico intramontabile e una delle più alte vette della letteratura mondiale. Di recente è stato completato un arazzo di 90 metri che mostra e celebra le vicende della saga: è oggi esposto in un museo dedicato nella cittadina di Hvolsvöllur, nel Sud.

La storia si svolge intorno all'anno 1000, quando sarebbe avvenuta la conversione al cristianesimo, e pur toccando diverse parti d'Islanda, la Norvegia, la Scozia e anche Roma, si svolge principalmente nel Sud dell'Islanda, in particolare i territori di Fljótshlíð e Landeyjar, alle pendici dell'Eyjafjallajökull.

Bergþórshvoll, la residenza di Njáll, il personaggio che dà il nome alla saga, è stata oggetto di uno scavo archeologico che ha evidenziato come, effettivamente, ci sia stato un incendio sul luogo nel periodo corrispondente a quello indicato nella storia (l'anno 1011). Oggi vi si trova una guesthouse.

La trama – riassumendo davvero tantissimo – parte dai matrimoni falliti di una donna bellissima, Hallgerður, i cui mariti finiscono tutti con il morire (male!) come previsto da profezie, generalmente per via della furia cieca di questa donna frustrata. L'ultimo di questi mariti è Gunnar di Hlíðarendi, una sorta di Ercole molto avvenente e nobile, il cui amico del cuore è Njáll, da cui la saga prende il nome (fiumi di inchiostro sono stati versati per discutere la presenza o meno di una sottotrama omosessuale tra i due, visto che Njáll è descritto come sbarbato ed effeminato, e viene anche canzonato per questo, ma nella saga lui è sposato e con figli).

Njáll è un esperto di leggi, e userà la sua abilità per risolvere le numerose situazioni mortali in cui l'amico Gunnar viene regolarmente a trovarsi per via delle azioni di Hallgerður. Le cose però degenerano e il massimo che Njáll riesce a fare è ottenere l'esilio per Gunnar, il quale parte a cavallo per raggiungere il mare, ma sulla strada cade dal destriero e si volta a guardare i monti. La loro bellezza lo folgora e, in una delle scene più famose e toccanti della letteratura medievale, decide di non partire per non abbandonare la sua terra. Viene poi raggiunto dai nemici, che lo attaccano accerchiandogli la casa. Lui si difende dal tetto, con un arco la cui corda si spezza, allora chiede alla moglie una ciocca di capelli per rincoccarlo e lei rifiuta di concedergliela, ricordando uno schiaffo che lui le aveva dato tempo prima, quando la donna aveva mandato un servo a rubare burro dai vicini. Così, Gunnar viene sopraffatto e ucciso dai suoi detrattori.

In seguito la catena di faide si sposta sulla famiglia di Njáll, e i suoi figli hanno diversi scontri con altri potenti locali (un episodio che sarebbe bello vedere in una serie TV racconta di un figlio di Njáll, Skarphéðinn, che pattina su un fiume ghiacciato per poi raggiungere il nemico Þráinn e mozzargli il capo al volo).

Njáll ha anche un figlio adottivo favorito, Höskuldur, che muore per mano dei fratellastri, i figli naturali di Njáll, istigati da nemici gelosi. Questo conduce a una classica faida. La vendetta si consuma quando i nemici dei figli di Njáll, condannati da Flosi, zio della moglie del defunto

Höskuldur, decidono di appiccare il fuoco alla sua casa con tutta la famiglia dentro, dando però a Njáll e alle donne la facoltà di uscire e salvarsi. Questa è la scena più drammatica della saga: Njáll rifiuta l'offerta, sostenendo di essere troppo vecchio per restare in vita e di avere l'obbligo di vendicare i figli, ma fa coraggio alle altre persone in casa dicendo loro che Dio non le lascerà bruciare in questo mondo né nell'altro.

Il suo corpo, quello della moglie e quello del nipotino vengono trovati senza vita, ma praticamente intatti, sotto un tappeto tra i resti della casa. Il genero Kári è però riuscito a scappare vestito da donna col favore del fumo, e inizialmente cercherà vendetta, inseguendo i responsabili dell'incendio fino nelle Orcadi e in Galles. In seguito, però, compirà un pellegrinaggio a Roma, e al suo ritorno metterà alla prova la nobiltà di Flosi chiedendogli aiuto dopo essere naufragato presso la sua casa. A testimonianza del mutamento di morale avvenuto nel frattempo con la conversione al cristianesimo, Flosi si riconcilia con Kári, che sposa la figlia di Höskuldur.

La brutalità del mondo delle saghe tende a essere una fonte di ispirazione per alcuni individui con idee un po' strane, e finisce con il contaminare la percezione che si ha del popolo islandese, specialmente quando non lo si conosce per esperienza diretta. Si attribuiscono così agli islandesi qualità che semplicemente non hanno o che hanno avuto in passato, ma in misura eguale a tanti altri popoli. Per esempio, li si vuole estremamente caparbi e resistenti, in base a una feticizzazione dell'idea delle popolazioni nordiche avvenuta in età romantica e identificata come risultato dell'azione positiva del freddo. Come se non servisse altrettanta forza fisica e d'animo per sopravvivere nel deserto.

Non ce la siamo ancora scrollata di dosso, questa idea per cui il freddo plasma esseri superiori. È da quando osservo interazioni tra persone di nazionalità diverse che vedo come chi proviene dai Paesi mediterranei abbia quasi una sorta di ansia di far sapere che nella zona dove vive gli inverni sono molto più rigidi che in tante località del Nord. Ci sono passato anch'io, e forse è una conseguenza del fatto che, come contraltare all'influenza benefica del freddo, esiste anche lo stereotipo per cui il caldo creerebbe in individui pigri e rammolliti. Si chiama determinismo climatico, e basterebbe un giretto per la Scandinavia constatando i livelli di produttività e l'etica del lavoro locali per rendersi conto di quanto sia una sciocchezza.

Gli islandesi non sono boscaioli antisociali, individualisti, tradizionalisti e dalla tempra dura e incorruttibile. Sono esseri umani del loro tempo, variegati pur mantenendo caratteristiche uniche ereditate dalla loro storia. Non vanno ridotti a stereotipi, né nel bene né nel male e, a prescindere da quanto i singoli individui possano essere più o meno corrispondenti al nostro pregiudizio, non sono un popolo facile da capire e nel quale inserirsi, per via della forte coesione al loro interno.

Bisogna saperci interagire, con gli islandesi. Uno straniero fatica molto a capirlo, ma per loro è fondamentale stabilire una connessione pregressa: quando si incontrano tra di loro tendono a farsi domande strategiche sulle parentele, per capire se hanno qualche lontana connessione famigliare, o conoscenze in comune (e di solito è così). Noi chiediamo la provenienza geografica: «Di dove sei?» è una domanda fondamentale per gli italiani, ma non altrettanto per gli islandesi, che procedono in modo diverso.

In un'occasione stavo lavorando come guida e mi trovavo a una sosta con altre guide, quasi tutte islandesi. Mi si avvicinò una donna anziana, un'altra guida che non conoscevo, la quale mi apostrofò seccamente in inglese: «Devi prenderti una giacca catarifrangente». Colpa mia, l'avevo dimenticata, ma la mia capa mi aveva detto che non era così importante e che a volte se la scordava pure lei. Il tono della donna, però, mi urtò. Un'altra collega, una ragazza tedesca che era accanto a me, se ne accorse e cercò di salvare la situazione presentandomi alla signora e aggiungendo che parlavo correntemente l'islandese, ma la frase le morì in gola perché la donna si girò e se ne andò.

«Non prendertela», mi disse la ragazza, «mi hanno trattato così per tre anni. Se sei straniero, hai talento e sei anche di bella presenza, cercheranno in ogni modo di abbatterti, e devi ingoiare tutto se vuoi farti accettare.»

Sarà, pensai. Ma non tollero di essere trattato così.

Ero furibondo. Mi misi alla ricerca della signora: il mio orgoglio ferito gridava vendetta. La ragazza tedesca tentò di dissuadermi pensando che volessi dare voce alla mia offesa, ma non era quello che avevo in mente. Incrociai la mia capoturno, islandese, con la quale avevo un ottimo rapporto. Avevo fatto con lei il mio primo giro di prova per quell'agenzia, e avevo avuto modo di dimostrare le mie conoscenze, guadagnandomi il suo rispetto. Le chiesi come si chiamasse quella signora anziana, con la scusa che stavo cercando di imparare i nomi dei colleghi. Come ho raccontato, gli islandesi parlano volentieri di fatti privati, perché non si tratta di una società giudicante; scoprii così che la donna lavorava ancora come insegnante in un liceo della zona metropolitana. Bene, mi dissi, ora so cosa fare.

Ricominciai a cercarla e quando la trovai la fermai sorridendo, chiedendole, in islandese, il suo nome. Quando rispose, vidi che la sua espressione e il suo tono di voce erano cambiati rispetto a prima. Le domandai allora se facesse la guida a tempo pieno. «No», mi disse, e raccontò della sua professione di insegnante. Finsi stupore e le chiesi se per caso conoscesse una signora francese che insegnava matematica nella sua stessa scuola.

«Ma certo!» mi rispose.

«Ha studiato italiano con me! Ci sentiamo ancora regolarmente per messaggio, mi manda spesso articoli interessanti sull'Islanda e ne discutiamo in italiano.»

L'avevo incuriosita. Mi chiese che cosa facessi io, così le riassunsi brevemente la mia vita e poi le domandai se fosse una «reykvichinga» (così si chiama un abitante di Reykjavík: *Reykvíkingur*).

«No», precisò lei, «sono di Kópavogur, e anche mio marito.»

«Ah, ma io ho vissuto un anno a Kópavogur! Ero sulla penisola di Kársnes, presso la famiglia del curatore della serie di testi antico-islandesi, *Íslenzk fornrit*! Avevo una bella vista sulla Perla, anche se ora mi sa che non c'è più...»

«Infatti, adesso hanno costruito quei palazzi sulla riva del mare...»

Riuscii quindi a deviare la conversazione sulle saghe e a darle un'ulteriore dimostrazione della mia padronanza della cultura locale, e la chiacchierata andò avanti un po', finendo in battute e risate, alle quali si unirono anche altre guide islandesi. Erano bastate una domanda su una conoscenza in comune e una conversazione sul più e sul meno in lingua. Senza nulla togliere all'ingiustizia del trattamento riservatomi all'inizio, bisogna anche ammettere che il prezzo da pagare per ottenere un trattamento migliore non è poi così alto. Non ho notizia di altri Paesi dove basta imparare la lingua per essere accettati. In effetti l'islandese, pur non essendo un ostacolo insormontabile, è abbastanza difficile da dissuadere chi non è mosso da un amore profondo per questa cultura, ragion per cui il parlarlo è una dimostrazione tangibile per gli islandesi e diventa un passe-partout.

In un mondo ideale tutti sarebbero gentili e accoglienti con tutti, ma questo non è un mondo ideale, e spesso si ha bisogno di risultati immediati.

20

Hellisheiði
Colate laviche, energie rinnovabili e collera divina

Poi arrivò un uomo di corsa e raccontò che c'era stata un'eruzione vulcanica nella zona di Ölfus, la quale rischiava di ingoiare la tenuta di Þóroddur goði. Allora i pagani dissero: «Non c'è da stupirsi che gli dèi siano furiosi, visti i vostri discorsi!» Ma Snorri goði replicò: «Per che motivo erano arrabbiati, gli dei, quando era la lava che si trova ora sotto i nostri piedi, a bruciare?»

ANONIMO, *Kristni saga* («Saga del Cristianesimo [in Islanda]»), XIII secolo

UNO stereotipo abbastanza diffuso, e altrettanto dannoso, rispetto alla società islandese è quello dell'assoluta libertà sessuale: sebbene sia innegabile che la sessualità venga vissuta serenamente e non come qualcosa di sporco, a volte si ha la sensazione che l'immaginazione di alcuni stranieri in merito sia decisamente troppo accesa. Ammesso e non concesso che l'atteggiamento generale degli islandesi rispetto a queste tematiche sia davvero più disinibito, ed è qualcosa che andrebbe verificata al di là delle esperienze aneddotiche dei singoli, c'è da dire che questo viene pagato a caro prezzo con l'elevata incidenza di malattie veneree, che in Islanda sono un problema sotto gli occhi di tutti.

D'altro canto, a prescindere dalle cause di questi fenomeni, che sono per loro natura assai complessi, è un'idea abbastanza comune, tristemente, quella per cui le donne nordiche sarebbero disinibite e «facili», il che spesso fa sì che uomini stranieri si sentano più tranquilli nell'importunarle. Questo credo nasca da una mancanza di comprensione dei loro costumi sociali, e forse anche dal fatto che ci sono più italiani che vanno al Nord in vacanza e cercano avventure rapide nelle discoteche, piuttosto che italiani che si trasferiscono in pianta stabile e cercano/trovano l'amore. Altrimenti, dubito che questo stereotipo esisterebbe. Il fatto, però, è che i rapporti occasionali esistono anche in Italia, così come nella maggior parte dei luoghi di villeggiatura dove le persone si riuniscono per svagarsi, bere e ballare, senza che ciò venga considerato rappresentativo di come si svolgono i rapporti tra uomini e donne in quel dato Paese.

Per dare un esempio delle conseguenze nefaste di tale stereotipo, molte donne islandesi o residenti in Islanda sono state assaltate e importunate su internet dopo la diffusione di false notizie che indicavano come il governo islandese offrisse denaro agli stranieri per sposare una donna locale. Una versione impazzita ed estrema del peggior delirio maschilista, una modalità da mercimonio di corpi femminili disgustoso, che ha però avuto ampissima diffusione in rete, con molti uomini che hanno veramente creduto che lo Stato islandese fosse disposto a pagarli per «prendersi» una donna. Ovviamente, pochi si sono premurati di verificare l'attendibilità della notizia.

Un aspetto interessante che getta luce sulla questione dei rapporti di coppia in questo Paese, invece, riguarda il fatto che gli islandesi credano che per gli italiani sarebbe normale, o comunque assai comune, tradire il partner. E questo non è affatto positivo, nel senso che la mancanza di fedeltà in Islanda non è assolutamente vista come qualcosa di accettabile. La fedeltà e la monogamia sono valori molto sentiti, forse ancor più che da noi, che spesso scherziamo su infedeltà e facciamo battute su «corna» e affini e abbiamo numerose produzioni cinematografiche che giocano sul tema del tradimento, che in Islanda non viene esplorato, o comunque non nel modo leggero e quasi ridicolo in cui è presentato in certe commedie o film italiani. Dunque, se è possibile che ci sia più rilassatezza rispetto alla sessualità nel mondo dei single in cerca di un partner, una volta che si intraprende un percorso di coppia la fedeltà nel rapporto è presa molto sul serio, con le ovvie eccezioni del caso, e il tradimento non è qualcosa su cui scherzare.

Sul versante della famiglia, invece, va detto che, come in qualsiasi altro Paese, anche in Islanda esistono nuclei problematici. Parenti che si odiano e non si parlano, antichi rancori e dissapori, genitori in rotta, figli allo sbando, educazione scadente, condizioni di degrado: queste situazioni esistono dappertutto. Forse il lato positivo è che nella società islandese sono accettate in misura maggiore che altrove. Non se ne discute malignamente sussurrando pettegolezzi che puzzano di soddisfazione per le disgrazie altrui. Non si percepisce stigma o, peggio ancora, pietà, nel commentare tali situazioni.

Generalmente trovo l'Islanda una società ancora sana dal punto di vista dei rapporti famigliari, che sono ragionevolmente coltivati e apprezzati. Non si è ancora scaduti in quella nuclearizzazione estrema dell'individuo che altrove ha portato a vedere le relazioni e gli obblighi famigliari come un peso, al punto da prefiggersi l'obiettivo di scardinare l'idea stessa di famiglia per liberare il singolo dal giogo dei rapporti di parentela, producendo individui alienati senza una rete sociale che muoiono soli nel loro appartamento. Magari costringendo lo Stato a creare un ufficio apposito che si occupi del dilagante fenomeno dei morti soli in casa dimenticati dai parenti. Fortunatamente, l'Islanda tutta è un po' come una grande famiglia, se vogliamo, e questo contribuisce a renderla un posto sereno dove vivere. A volte si cerca tendenziosamente di suggerire che la famiglia sia in qualche modo un'idea superata, nel Nord Europa, e c'è un certo pregiudizio per cui le famiglie scoppierebbero regolarmente. Non credo affatto sia così.

A sentire le statistiche, il tasso di divorzi è simile in Italia e in Islanda, mentre il numero di matrimoni è leggermente superiore nella Terra del Ghiaccio. Interessante però notare che, da ancor più tempo che in Italia, in Islanda il matrimonio ha perso il ruolo di momento iniziatico per la vita di coppia e la fondazione di una famiglia, ed è ormai spesso relegato a un'incombenza burocratica da svolgere con calma una volta sistemate questioni più pressanti (ed economicamente onerose), come la casa e i figli. Ciò non significa vivere nell'indeterminatezza e nella possibilità più concreta di mandare a monte l'impegno preso con il partner, perché la lealtà e la fedeltà, come già detto, sono prese molto seriamente a prescindere dal loro essere sancite in forma di contratto ufficiale. Questo vale anche per i contratti di assunzione: un accordo orale, in Islanda, ha valenza legale, e il contratto spesso si firma qualche giorno o settimana dopo aver cominciato a lavorare, solamente per sbrigarne la formalità.

Con la mia famiglia islandese sono stato fortunato. È una famiglia tanto estesa quanto unita: ci si ritrova in numerose occasioni – zii, cugini, fratelli, nonni – per fare qualcosa insieme, come grigliate, tavolate, serate, compleanni, festeggiamenti vari e molto altro. Ogni tanto facciamo delle escursioni a piedi in zone selvagge. Tanti islandesi lo fanno, anche se non necessariamente con la famiglia. Trekking e camminate sono tra le attività migliori che questo Paese offra, ed è naturale approfittarne spesso.

Una delle tante escursioni fatte con la nostra famiglia ci portò sulla brughiera di Hellisheiði, da dove seguimmo un trekking in salita di diversi chilometri per raggiungere la cima dello Hengill, un colossale vulcano che copre un'area di un centinaio di chilometri quadrati, la cui attività è manifestata da numerosi esempi di vulcanismo secondario: sorgenti termali, solfatare e fumarole. Intorno a esso si trovano impianti per lo sviluppo dell'energia geotermale.

Salimmo sul sentiero escursionistico, sul fianco di una valle stretta e dal fondo ripido, quasi come un anfiteatro. In alto si trova un passaggio stretto, Skeggjubeinsskarð, che sbuca presso un altopiano circondato da monti incrostati di ghiaccio e tagliato da numerosi torrenti. Nel salire si vedono fumarole ovunque, e macchie di zolfo giallo e rossastro che contrastano con il verde del muschio.

Il sole picchiava nella valle riparata; arrivati in cima, attraversammo un vasto altopiano erboso, racchiuso su ogni lato da alture dalle forme irregolari. Si trova a 420-440 metri sul livello del mare, è chiamato Innstidalur, «Valle più interna», ed è stato usato come pascolo fin dai tempi antichi. Una leggenda narra di un toro che sarebbe morto in questa zona ma poi ritornato a infestarla; si diceva che fosse molto pericoloso, indomabile, feroce e ripugnante, e che vagasse con intestini di uomini e animali impigliati sulle corna. Un giorno un uomo si sarebbe imbattuto nel toro, che gli aveva ucciso il cavallo, ma lui era riuscito a salvarsi rifugiandosi su una roccia. Da lì aveva provato a spararagli, però non aveva potuto ferirlo finché non aveva strappato un bottone di zinco dalla giacca, per poi usarlo come proiettile. Non ho idea del perché dello zinco, ma sospetto sia simile alla tradizione dell'argento che sarebbe necessario per uccidere i vampiri.

Dalla parte opposta dell'altopiano si trova una baita in legno, dove ci fermammo per il pranzo. Gli islandesi, nel pranzo al sacco, si portano dietro tradizionalmente le *flatkökur*, che come ho detto ricordano un po' le nostre piadine: vengono tagliate in due mezzelune, poi imburrate e farcite con pezzi di carne di agnello affumicata o di formaggio.

Riprendemmo la salita, in fila. Fa sempre sorridere notare come tutti partano abbastanza loquaci per poi diventare sempre più taciturni a mano a mano che lo sforzo aumenta. Ovviamente si tratta soprattutto di risparmiare il fiato, ma mi piace anche pensare che la fatica fisica stimoli la contemplazione intellettuale o spirituale del paesaggio montano. In Islanda questa contemplazione è assolutamente facilitata dall'immensità degli spazi e dalla solitudine che si palpa ovunque.

Costeggiando Hveragil, la «Gola delle sorgenti termali», arrivammo in cima e, in quella giornata limpida e soleggiata, il nostro sguardo abbracciò tutto il Sud del Paese: Reykjavík, la penisola di Reykjanes, la costa Sud, Selfoss, Stokkseyri, le isole Vestmannaeyjar, il ghiacciaio Eyjafjallajökull, il vulcano Hekla e tanti altri punti di questa parte d'Islanda che cominciavo a conoscere così bene.

Al ritorno, scendendo lungo la prima valle lungo la quale ci eravamo inerpicati verso la cima del vulcano, vidi in lontananza il profilo inconfondibile di un'antica colata di lava, più avanti, oltre la Strada 1 che taglia l'altopiano tra Reykjavík e Hveragerði. Si tratta del Kristnitökuhraun, «Campo di lava della cristianizzazione», risalente all'anno 1000, poco prima della conversione ufficiale al cristianesimo. Mentre pagani e cristiani litigavano all'Assemblea generale, proprio nel cuore della discussione piombò un messaggero con la notizia che presso Ölfus era iniziata un'eruzione che minacciava di raggiungere e distruggere la fattoria di un potente locale. La fazione pagana pensò di sfruttare l'evento per suggerire che gli dei fossero infuriati a causa del tentativo, da parte dei cristiani, di farne abbandonare il culto. Uno dei soggetti più in vista della fazione cristiana, Snorri goði, il quale compare in numerose saghe, rispose chiedendo che cosa avrebbe fatto infuriare gli dei, quando la terra sotto i loro piedi era un campo di lava incandescente e non c'era ancora nessuno in Islanda.

Difficile dire se l'episodio si sia verificato davvero o sia l'arguta invenzione di un monaco medievale, ma è interessante perché mostra proprio quell'atteggiamento fondato sulla logica e sul raziocinio che caratterizza il cristianesimo occidentale, modellatosi sul pensiero greco e romano. Già sant'Agostino aveva sostenuto, nel *De Genesi ad litteram*, che nel caso in cui le scritture contravvengano alla nostra scienza è necessario interpretarle in modo allegorico, «perché non si dica dei cristiani che sono stupidi». Eppure noi immaginiamo un Medioevo fatto esclusivamente di ottuso oscurantismo religioso, ignoranza e superstizione. Certo, esistevano anche tutte queste cose, ma convivevano con una classe erudita estremamente avanzata nelle conoscenze e soprattutto nel metodo. Dimentichiamo inoltre che masse di oscurantisti, superstiziosi e irrazionali esistono anche nel mondo di oggi!

I pregiudizi sul Medioevo sono duri a morire, e circolano ancora tante distorsioni ed esagerazioni figlie in parte della propaganda illuminista e in parte di quella nordeuropea in generale. Gli illuministi volevano demonizzare il passato profondamente segnato dall'elemento religioso per presentarsi come portatori di luce e pionieri di una nuova, migliore era della storia umana, mentre il mondo anglosassone, e in particolare quello americano, che tuttora domina e influenza l'Occidente, aveva interesse a prendere le distanze dal suo passato cattolico, distorcendolo e proponendone una caricatura fatta di dogmatismo e oscurantismo. Fenomeni come la rivoluzione scientifica, per esempio, sono spesso insegnati (anche in Italia) come qualcosa che si è verificato a dispetto di un retroterra religioso precedente. La narrazione è quella della scienza che si sviluppa lottando contro la superstizione che cerca di sopprimerla, ma la verità è che la scienza in Europa esisteva già da ben prima della rivoluzione scientifica, ed era parte integrante della riflessione teologica occidentale, che identificava il mondo come una creazione razionale e considerava l'indagine logica per comprendere i meccanismi dell'universo un modo per sondare e capire il disegno di Dio. Non deve in effetti sorprendere che il pioniere degli studi genetici, Gregor Mendel, fosse un monaco agostiniano, o che la prova dell'espansione dell'universo sia stata individuata da un prete cattolico belga, padre Lemaître. Ma la semplificazione della storia e la divisione conveniente in attori assolutamente positivi o negativi, nonché le caricature, sono troppo confortanti per essere definitivamente abbandonate.

Gli islandesi hanno un rapporto abbastanza schizofrenico con la religione cristiana: come accennato in precedenza, l'adesione ancora elevata alla Chiesa luterana di Stato deve glissare sul fatto che tale istituzione sia stata imposta con la violenza proprio dal Paese dal quale nella loro storia recente gli islandesi hanno strenuamente cercato di ottenere l'indipendenza. Inoltre, come in tutte le nazioni luterane, circola ancora parecchia propaganda anticattolica vecchia di secoli, per cui i cattolici sarebbero dei poveretti schiavi del volere di un papa tiranno (o qualche variazione su questo tema). A differenza di quanto accade in altri Paesi protestanti, però, in Islanda esiste il non trascurabile problema per cui il momento storico più importante per l'orgoglio e l'identità nazionale – ovvero quello in cui ha preso forma il corpus letterario delle saghe, che costituisce il patrimonio culturale fondante – è stato appunto il periodo cattolico.

Questo non significa affatto che i cattolici siano vittima di pregiudizi, anzi: si può dire che certi stereotipi ereditati dal passato siano praticamente privi di conseguenze pratiche. Gli islandesi seguono il motto «vivi e lascia vivere», e se mai dovessero nutrire riserve dovute a idee preconcette imparate chissà dove, solitamente le tengono per sé.

Arrivati alle macchine, ci salutammo e Lára e io ci dirigemmo verso Reykjavík, costeggiando l'impianto geotermico che si trova ai piedi delle alture da dove eravamo appena scesi. Pochi mesi dopo, a Hellisheiði avrebbero inaugurato una struttura nella quale l'anidride carbonica viene sequestrata all'atmosfera e trasformata in roccia, con una tecnologia denominata Carbfix.

Il 90% dell'energia prodotta in Islanda proviene da fonti rinnovabili, in particolare dal geotermico. Si utilizza vapore pressurizzato, la cui forza fa girare le turbine che generano elettricità (come le dinamo delle biciclette). Questo vapore può essere prodotto bruciando carbone (alternativa poco ecologica!), ma anche traforando il terreno per raggiungere falde di acqua a temperature fino a 300 gradi, che non evapora per via dell'immane pressione nelle profondità del suolo. Quest'acqua prende poi a salire con violenza lungo lo sfiatatoio creato e inizia a evaporare; il vapore viene usato per azionare le turbine.

In questo contesto, con la tecnologia Carbfix, vari gas che emergono, come l'anidride carbonica, vengono passati sotto una sorta di doccia, in una torre, e si uniscono all'acqua, come in un immenso gasatore d'acqua casalingo. Quest'acqua «gassata» viene poi iniettata nel terreno, a grandi profondità, dove mineralizza al contatto con la roccia, trasformandosi a sua volta in roccia. Il costo di questo processo è di 25 dollari per tonnellata di anidride carbonica: un po' meno del prezzo delle quote di emissione che i Paesi pagano per sforare i limiti imposti dai trattati internazionali. Non è la soluzione al cambiamento climatico, perché è comunque una «pezza» irrisoria al danno delle emissioni umane, ma è un piccolo passo nella giusta direzione.

Iniziative di questo tipo sono spesso dipinte come rappresentative di una coscienza ecologica che, nel caso islandese, sarebbe particolarmente sviluppata. La realtà è però che, nella popolazione in generale, e salvo le dovute eccezioni, la coscienza ecologica è pressoché inesistente. Al netto dei proclami, delle dichiarazioni roboanti e delle asserzioni eclatanti che rimbalzano sulle testate internazionali, l'islandese medio è molto spesso uno sprecone che lascia sempre le luci accese e scalda la casa al punto da stare a maniche corte quando fuori la temperatura è sottozero. Certo, le bollette costano un'inezia e l'elettricità viene da fonti rinnovabili, ma essere abituati a sprecare energia non è mai una buona cosa, perché diventa un vizio che poi si estende anche ad altri ambiti. L'islandese medio, infatti, non si fa problemi a produrre rifiuti in quantità industriale e non ha particolare interesse per la raccolta differenziata che, nel 2022, a Reykjavík è ancora ferma a carta e indifferenziata. Sì, esistono rare campane per il vetro e la plastica, come c'erano in Italia negli anni Novanta, ma se uno non se la sente di sbattersi e portarci i rifiuti, può gettare tutto senza remore nel bidone nero dell'indifferenziata e chi s'è visto s'è visto. Mi è anche stato detto che, fino a non molto tempo fa, succedeva che svariate persone lanciassero i rifiuti dal finestrino della macchina.

Ai turisti viene sempre detto che l'acqua del rubinetto è eccellente, di fonte, e non serve comprare quella in bottiglia. Verissimo. Difatti gli islandesi non lo fanno. Non acquistano mai acqua in bottiglia: molti scelgono invece bibite gassate e ne bevono litri e litri al giorno, producendo dunque altrettanti rifiuti in plastica di quanti ne produrrebbero comprando acqua in bottiglia.

L'immagine del popolo islandese come all'avanguardia in questioni *green* è solo l'ennesima esagerazione delle testate internazionali interessate a vendere il sogno dell'isola remota e felice. Il 10 dicembre 2021, il bisettimanale *Stundin*, che si occupa di giornalismo d'inchiesta, ha rivelato di aver scoperto che 1.500 tonnellate di plastica islandese giacevano abbandonate in un magazzino in Svezia, tutte computate come riciclate nelle statistiche pubblicate dal Fondo per il riciclo (*Úrvinnslusjóður*); lo Stato islandese aveva versato circa cento milioni di corone ad alcune aziende del settore per spedire quella plastica in Svezia perché venisse riciclata. Si tratta di più della metà della plastica che avrebbe dovuto essere riciclata nell'anno 2016, ed è riconoscibilissima dalla presenza di marchi islandesi sulle confezioni.

Sulla strada che corre tra la brughiera di Hellisheiði e Reykjavík si trova una stazione di servizio con accanto una casetta di legno bianca con gli infissi verdi e gialli. Il suo nome è *Litla kaffistofa*, «Piccola sala caffè». Quasi tutti gli islandesi che conosco raccontano che per loro era una tappa obbligata sulla strada del ritorno verso la capitale dalle vacanze, quando erano ancora piccoli e gli islandesi facevano le vacanze nel loro Paese, anziché a Tenerife o Alicante, come di consueto oggi. Nel 2021 i proprietari l'avevano chiusa e la notizia era stata colta con grande rammarico da molti, che avevano visto in quell'evento la scomparsa di un altro pezzo della vecchia Islanda. Invece, poco dopo è stata acquisita da una famiglia che l'ha rinnovata e abbellita notevolmente, così che oggi è ancora lì, a offrire un'accogliente pausa caffè sulla strada dell'esistenza, per ammirare lo scorrere del tempo senza farsi catturare troppo. A volte esco da Reykjavík e salgo sulla brughiera soltanto per prendere un caffè là, per la pace che infonde all'animo. Il caffè è quello in filtro, macchiato con abbondante latte. Fuori vedo i monti striati dalla neve e dal muschio, oltre la strada sulla quale sfrecciano occasionalmente automobili e camion.

Da adolescente avevo avuto la smania di viaggiare per il mondo, ma poi, in un momento catartico, mi sono reso conto che viaggiare non serve a nulla se lo si fa solo con il corpo, e che i viaggi dell'anima si possono fare tranquillamente anche dalla propria poltrona. Oppure dalla finestra di una piccola caffetteria presso una sperduta stazione di servizio appollaiata su una brughiera islandese.

Davanti a quegli infiniti spazi leopardiani, con quel paradiso di ghiaccio e lava chiuso fuori, provo sempre la meravigliosa sensazione di essere felice e appagato dalla mia esistenza. Non è perfetta, ma la perfezione non è di questo mondo, e accettare questa realtà significa assaporare la felicità quando ci coglie a folate più o meno improvvise.

Epilogo
Fagradalsfjall
Una straordinaria eruzione qualsiasi

INIZIATA ERUZIONE A FAGRADALSFJALL
Eruzione iniziata presso Fagradalsfjall, come confermato dal meteorologo di turno presso l'Istituto meteorologico islandese in contatto con mbl.is.
Sulla diretta streaming della webcam puntata su Reykjanes si distingue un arrossamento nel cielo sopra Fagradalsfjall.
Il codice per il traffico aereo è ora rosso. Un elicottero della guardia costiera si sta recando sul posto con a bordo due scienziati, come riportato dall'addetto alle informazioni.

Morgunblaðið, mbl.is, 19 marzo 2021, ore 21.47

ERA il 19 marzo 2021, intorno alle dieci di sera. Ero al piano superiore di *Kaffibrennslan*, sulla Laugavegur nel centro di Reykjavík. Il profumo del caffè e della cannella impregnava le assi di legno del pavimento e i pannelli dei muri, fuori il buio e una pioggerella intermittente. Da diverse settimane avevamo avuto numerose scosse di terremoto, più di cinquantamila. Nessuno sapeva quando e come si sarebbero concluse, molti si svegliavano di notte nel panico. Le scosse non erano forti, e raramente i terremoti in Islanda sono distruttivi, ma vedere la propria casa tremare non fa mai piacere. Bene o male, però, ci eravamo abituati.

Quella sera stavo bevendo qualcosa con due amici tedeschi a un tavolino rotondo, quando Lára, che era rimasta a casa, mi mandò un messaggio: «*ELDGOS!*»

«Eruzione!» in islandese. Neanche un secondo dopo gli avventori cominciarono a infilarsi le mani in tasca per afferrare il cellulare, e il chiacchiericcio indistinto lasciò il posto a una successione quasi ritmica di una singola parola ripetuta a più riprese che rimbalzava da un capo all'altro del locale: «*Eldgos*».

L'eruzione del Fagradalsfjall era partita.

Il giorno seguente, un sabato, la pioggia e il maltempo impedirono ai più di intentare alcunché, ma domenica 21, equinozio di primavera, una cospicua parte della popolazione della capitale e della sua area metropolitana – dunque una cospicua parte della popolazione islandese nel suo complesso – si riversò sulla zona per ammirare lo spettacolo della nascita di un nuovo vulcano.

Gli islandesi sono una società per molti versi assai più collettivista della nostra. Un po' come le loro amate pecore: se una si lancia, le altre le corrono dietro. È una strategia che per loro sembra funzionare abbastanza bene. Sicuramente facilita in molte occasioni le cose alle autorità, concedendo loro la grazia di non dover perennemente avere a che fare con ingenti numeri di insopportabili bastian contrari.

Prevedendo che l'intera nazione si sarebbe mossa, quella volta giocai d'anticipo partendo molto presto, che in Islanda significa intorno alle dieci di mattina. La domenica, poi, solitamente gli islandesi iniziano a sorgere dopo mezzogiorno. Il sabato sera si brinda e si festeggia, così che una considerevole porzione del giorno successivo va spesa per riposare dopo i bagordi e le gozzoviglie. Mi misi d'accordo con un conoscente che aveva deciso di andare e cercava compagnia. Lára si era rifiutata di unirsi fino a quando non avrebbe avuto la conferma che non sussisteva alcun pericolo per l'incolumità personale. Io sono un pelo più spericolato, e volevo assolutamente vedere lo spettacolo, per cui preparai abiti adatti, provviste e aspettai che il mio conoscente venisse a prendermi. Nonostante al nostro arrivo, circa un'ora dopo, ci fossero già drappelli di curiosi, evitammo la ressa più grossa, che si stava ammassando proprio quando noi tornammo al parcheggio, nel pomeriggio.

Il percorso era di ben 7 chilometri. Un lungo tratto di strada asfaltato, che includeva una ripida china, era stato chiuso per paura di crolli dovuti all'indebolimento strutturale delle pareti rocciose vicino alla costa a causa dei terremoti. Percorso a piedi questo tratto di strada asfaltato, ci si avventurava su un campo di lava. Camminare sui campi di lava non è uno scherzo, è come camminare tra calcinacci appuntiti e sporgenti, che non si spostano e non cedono quando li calpesti, e se non stai attento rischi di slogarti le caviglie a ogni passo, o di inciampare e cadere in una buca. Proseguimmo poi lungo il fianco di una montagna, fino a raggiungere una valletta nascosta dove si trovava la parte forse più impegnativa dell'escursione: una ripidissima salita lungo il costone di un monte, estremamente sdrucciolevole e tendente a franare.

Raggiunta la cima, percorremmo un lungo altopiano, circondato da rilievi tozzi, finché davanti a noi, in una valle poco più in basso rispetto a dove ci trovavamo, si aprì lo spettacolo del conetto in piena attività eruttiva. La valle in questione, che ora non esiste più perché è stata interamente riempita dalla lava, era detta Geldingadalir, ovvero «Valli dei castrati», probabilmente in riferimento ad animali da fattoria castrati (verosimilmente cavalli, che vengono appunto definiti «castroni»).

Nelle fonti medievali abbiamo notizia di un'antica fattoria che si trovava in questa zona, Ísólfsstaðir. Esiste ancora una fattoria con questo nome, presso la costa a poca distanza. Il suo antico fondatore, tale Ísólfur, si sarebbe fatto seppellire nella valle di Geldingadalir, dove le sue bestie avrebbero amato pascolare.

Appena partita l'eruzione, l'archeologo Oddgeir Isaksen si precipitò sul posto per fare misurazioni e fotografie, lottando contro il tempo mentre la colata si avvicinava spaventosamente al luogo dove secondo la tradizione orale era stato sepolto l'antico islandese, che non era mai stato oggetto di uno scavo archeologico. Va detto che spesso siti considerati di sepoltura dalla tradizione orale si rivelano formazioni naturali, ma non sempre, ragion per cui non si può prendere a cuor leggero l'eventuale perdita di questa presunta tomba. È comunque interessante constatare come anche un luogo così isolato, brullo e apparentemente senza alcuna traccia visibile di vissuto umano abbia in realtà una ricca storia alle spalle, ma l'Islanda è così: di fronte ai paesaggi spogli e sterminati, privi di costruzioni umane, si può concludere che là non sia successo nulla. Che non ci sia storia, che non ci siano storie. Invece, dalla storia e dalla cultura islandesi non ci si riesce a liberare nemmeno nel contesto di un'eruzione vulcanica. Qualche collegamento salta sempre fuori, per chi ha l'acume di andare a cercarlo.

L'eruzione era geologicamente trascurabile, nel senso che per gli standard del nostro pianeta non era nulla di sconvolgente, al punto che le autorità, anziché ostacolare l'accesso del pubblico, lo assecondarono, pur raccomandando cautela e scoraggiando i più sprovveduti a intraprendere la difficile escursione. Questo è l'atteggiamento prevalente che ho visto in Islanda: anziché proibire e reprimere, si lascia fare, cercando di organizzarsi per prevenire i danni. Il risultato è che spesso si tribola di meno che impedendo di fare questa o quella cosa per poi pagare collettivamente le conseguenze per chi disubbidisce e finisce male.

A prescindere dall'entità geologica relativamente modesta dell'eruzione, si trattò comunque di un fenomeno di grandi proporzioni, uno di quelli che fa sentire chiunque piccolo e impotente di fronte alla maestà brutale e impassibile della natura. Non avevo mai visto nulla di simile. Dalla cima del cono spuntavano schizzi di lava rosso incandescente che ricadevano sui fianchi, mentre dal suo cuore sgorgava una cascatella di lava molto viscosa, che andava ad alimentare un vastissimo fiume color grigio metallico e rosso fuoco che scorreva lento e inesorabile lungo la valle. Tutt'intorno, persone che rimiravano lo spettacolo, come nella cavea di un anfiteatro.

Rimasi sul fianco della montagna dirimpetto all'ormai famoso Fagradalsfjall, sorvolando la zona dall'alto con lo sguardo, per poi scendere sul fianco della colata, che si espandeva placidamente verso nordest. I rumori erano surreali, simili agli scricchiolii del ghiaccio che si incrina, ma assai più sordi e schioccanti. L'odore mi ricordava quello della stufa a legna che accendevamo quando andavo in montagna con i miei genitori. Il calore che si sprigionava dalla colata mitigava il freddo, e il rosso contrastava con il bianco dei rilievi spruzzati di neve. Stare così vicino al bordo della colata, ormai ferma ma ancora incandescente e sfrigolante, mi diede una sensazione strana, quasi come se improvvisamente fossi diventato consapevole della brevità della mia vita di fronte alla storia del mondo.

È una sensazione che alcuni trovano sconcertante, mentre per me è qualcosa di rasserenante. Non so se si tratti di una banale questione di introversione ed estroversione, e certo è possibile: del resto, gli estroversi traggono una carica incredibile dall'interazione sociale, mentre gli introversi ne escono sfiancati, e io dopo una certa dose di socializzazione ho davvero bisogno di ritagliarmi uno spazio per stare solo con me stesso.

Trovandomi in mezzo a una folla brulicante, per esempio sulla metropolitana o nelle piazze di una capitale europea, ho sempre sentito – e mi capita ancora – che la mia esistenza si confondesse con quelle intorno a me fino a svanire. Il frastuono della vita degli altri mi assorda al punto da non sentire più il ritmo del mio cuore. Nel silenzio delle brughiere islandesi, invece, ho potuto ascoltarlo come mai avevo fatto prima. Per quanto la mia vita possa essere breve e insignificante, nell'istante della storia dell'universo in cui passa per quei luoghi è l'unica luce percepibile nella vastità del cosmo.

In capo a qualche giorno l'eruzione del Fagradalsfjall diventò il principale diversivo dell'Islanda, in un momento in cui il traffico aereo e il turismo erano sostanzialmente fermi: una sorta di attività collettiva per riunire la nazione di fronte a un interesse comune, quasi come una partita di calcio o una serata dell'Eurovision Song Contest. Tutti andarono sul luogo dell'eruzione a intrattenersi per ore, cucinando uova e bacon con la padella appoggiata sulla lava ancora sfrigolante, o scaldando panini avvolti in carta di alluminio e posati sulle rocce fumanti. Ci furono anche diverse proposte di matrimonio, nonché servizi fotografici per le nozze. C'era addirittura chi giocava a palla come in spiaggia, con l'eruzione che faceva da sfondo...

Nel giro di qualche settimana fu piazzata una corda per mettere in sicurezza il percorso, tracciando poi sentieri e realizzando parcheggi, installando segnaletiche e facendo pattugliare la zona dalla protezione civile per evitare incidenti. Il livello dei gas nelle vallate era costantemente monitorato e i sentieri venivano chiusi se la concentrazione superava il livello di guardia. Tuttavia, per il primo periodo la salita e la discesa risultarono un'impresa non da poco, e anche raggiungere il luogo dell'eruzione non era semplicissimo. Sulla strada a sud, tutti parcheggiavano su una delle due corsie che corrono tra i campi di lava, finché una corsia fu convertita in un senso unico per poter usare l'altra come parcheggio, perciò si era costretti ad arrivare dal paesino di Grindavík per poi risalire a Reykjavík attraverso la Krýsuvíkurvegur, che costeggia il lago Kleifarvatn.

In seguito sono tornato diverse volte sul Fagradalsfjall, che è cambiato in modo così radicale da quel primo giorno, passando da una bocca a due, poi espandendosi, aprendo più e più squarci e formando diversi coni, consolidandosi quindi in un grande cratere che spruzzava lava a centinaia di metri di altezza come un colossale geyser, fino a riempire le vallate e innalzarsi come un nuovo monte sul paesaggio circostante. Ogni volta che ci ho rimesso piede, ho provato la stessa impagabile sensazione di sentirmi profondamente grato di essere vivo. Non solo: di essere vivo in quel luogo e in quel momento.

Non scegliamo dove e quando nascere, e non possiamo farci una colpa di essere stati messi al mondo in un luogo piuttosto che in un altro. Né ci può essere sempre imposto di rimanere dove siamo nati, specialmente se quel luogo finisce con il tarparci le ali. Certo, sono anche convinto che l'ospitalità del Paese in cui ci si sposta debba essere guadagnata con un profondo impegno profuso per capire la cultura ospitante, le sue regole e i suoi codici non scritti. A questo deve seguire un tentativo di adattamento e assimilazione, che non significa negare le proprie origini, quanto piuttosto dare coerenza al bisogno che si è provato di vivere in una realtà diversa. A che serve spostarsi, se poi si vuole mantenere un'esistenza il più possibile simile a quella che si conduceva in precedenza?

In Islanda ho trovato il mio Paese ideale. Da quando sono qui non sento più il bisogno di andare altrove, e onestamente non so dire se ciò sia in larga misura dovuto al fatto che l'Islanda mi ha dato quello di cui avevo bisogno, o se sia io ad aver trovato una certa pace interiore per pura coincidenza, una volta giunto qui. So soltanto che da quando sono «confinato» su quest'isola non ho più avvertito la necessità di cercare altro. Nemmeno durante la pandemia, con il traffico aereo sospeso e la forzata distanza dal resto del mondo, ho accusato i sintomi di irrequietezza tipici di chi ha bisogno di qualcosa che non riesce a trovare o cogliere nelle immediate vicinanze.

Quando arrivai in Islanda non nutrivo ambiziose e improbabili aspettative sul futuro, non mi ero fatto chissà quali film, non pensavo che avrei vissuto talmente tanti momenti unici da poterci scrivere dei libri. Ma l'Islanda mi ha rapito, così com'è. Me ne sono innamorato e sono rimasto.

Tanti vengono in questo Paese convinti di vivere in una foto a doppia pagina di *National Geographic*, immaginandosi con un maglione di lana islandese mentre saltellano tra le rocce di un pendio erboso che scende verso un fiordo, con in mano una fotocamera con la quale scatteranno foto alle casette colorate, con i monti tozzi e striati dalla neve sullo sfondo. Poi aggiungeranno qualche filtro caldo che donerà alle fotografie la consueta *cozyness* nordica a cui ci siamo abituati sfogliando i cataloghi IKEA e i libri sulla *hygge* danese, e gli amici a casa moriranno d'invidia quando le vedranno sui social.

È comprensibile. I sogni servono a dare conforto in momenti difficili, e quasi tutta la vita è un momento difficile. Anch'io sogno tanto, ma poi torno con i piedi saldamente ancorati al suolo. Molti invece si trattengono nella dimensione onirica fino a quando la realtà li costringe a un brusco e doloroso risveglio. Svegliarsi male porta a vedere tutto in negativo: il caffè è troppo amaro, il cielo è troppo grigio... Invece, anche un caffè un po' bruciacchiato e un cielo non completamente libero da nuvole possono essere belli, se li si guarda dalla giusta angolazione.

Prima di arrivarci, anch'io avevo sognato un'Islanda un po' idealizzata, ma scoprire la realtà dietro gli stereotipi non è stato traumatico. Ricordo che da piccolo avevo iniziato prestissimo a dubitare dell'esistenza di santa Lucia, responsabile della consegna dei regali ai bambini di certe parti d'Italia (inclusa la mia natia Cremona) la notte che precede il 13 dicembre. La definitiva conferma di quel sospetto non aveva infranto chissà quale sogno, ma qualche mio amico, di fronte alla stessa scoperta, aveva pianto disperato ed era rimasto ancorato per qualche anno all'idea dell'esistenza di un essere magico che porta doni. Io invece mi sentivo orgoglioso, grande e maturo, contento di essere stato messo a parte della conoscenza superiore degli adulti.

Così è accaduto anche rispetto all'Islanda. Negli anni mi è capitato di avere discussioni accese con persone che rifiutavano di credere a quanto riportavo su questo Paese, aggrappandosi ostinatamente all'immagine onirica che si erano creati. Per come sono fatto, non riesco a capire questo atteggiamento, se non interpretandolo come un rifiuto volontario di guardare le cose da prospettive diverse rispetto a quella che si è scelta in partenza: sta a noi decidere se la verità dietro santa Lucia o Babbo Natale sia soltanto un bellissimo sogno andato in frantumi, oppure la poesia senza tempo di un atto di amore genitoriale che si esprime attraverso la messa in scena di un piccolo miracolo, che magari nasconde dei sacrifici economici. E anche dietro i sogni infranti sull'Islanda (o su qualsiasi altra realtà) può esistere una verità sicuramente più complessa e fatta di chiaroscuri, ma altrettanto poetica, forse ancora di più.

Nel percorrere le strade di questo Paese a piedi o in auto, anche quando il cielo è grigio e il tempo è brutto, mi riscaldo il cuore pensando alla familiarità che mi evocano: anni fa me le figuravo attraverso il poco materiale fotografico reperibile in rete, e facevo un grande sforzo di immaginazione per ricreare nella mente il paesaggio che doveva celarsi dietro le cartine che scrutavo sullo schermo del computer con occhi da sognatore. Ora tutti quei sogni sono diventati la mia quotidianità. La città misteriosa e altera è diventata casa, le strade solitarie perse nella natura più selvaggia sono ormai vecchie amiche, che conosco come una volta conoscevo le strade della mia Cremona e delle sue campagne. Ed è una sensazione di appartenenza e familiarità che sopperisce abbondantemente all'annientamento dei miei sogni di ragazzino. Una volta faticavo a pronunciare e ricordare i toponimi islandesi, ora sono parte del mio bagaglio di vita e posso nominarli con la stessa immediatezza di un italiano che cita una frazione del suo Comune, la località di un casello autostradale o qualche altro luogo dove si articola la sua esistenza. E in questo passaggio da sogno a realtà nulla è andato perduto, anzi: la familiarità che ora questi luoghi hanno per me li rende ben più cari e più vicini al cuore di quanto sarebbero mai stati se fossero rimasti una fantasia sfuggente e indefinita.

Leopardi sosteneva appunto che l'immaginare ciò che è vago o indefinito sia per l'uomo un modo di figurarsi e assaporare piaceri infiniti. Effettivamente, l'Islanda è per tanti una meta di sogno, un luogo idealizzato, proprio perché ne hanno un'idea vaga e indefinita. Ma non deve necessariamente essere così: si può scegliere di amare la realtà tanto quanto si amano i sogni, e questa è una scelta razionale. Certo, non è una ricetta per la felicità perpetua, ma è un pensiero che mi ha regalato tanta serenità, più di quanta ne avessi avuta in precedenza. Anch'io ero stato intrappolato dal risucchio incessante della società ed ero macinato dal ritmo spietato che abbiamo plasmato in questo mondo moderno.

Un mondo che però, di colpo, ha subito un brusco arresto, con il dilagare di paura, frustrazione e rabbia per una malattia esotica diffusasi a macchia d'olio in tutto il globo, viaggiando più rapidamente che mai sui voli low cost. Nel Quattrocento, la peste impiegò decenni per spostarsi dal Sudovest all'Est dell'Islanda. Nel 2020, sono bastate poche ore di volo da Verona a Reykjavík perché il morbo percorresse una distanza di 3.000 chilometri.

Locali chiusi. Mascherine. Tamponi. Isolamento. Quarantena. Il vocabolario è cambiato, di pari passo con la nostra esistenza, e come tutti i cambiamenti non era il benvenuto per la maggior parte di noi.

Tanti, però, avevano già provato l'amaro sapore della sensazione di non essere adatti al mondo in cui si sono trovati: sono quelli che amano rallentare, staccarsi dalla folla, ponderare l'esistenza e assaporarla lentamente, anziché inghiottirla senza masticare. Quelli che hanno sempre fatto fatica nella nostra società, che raramente ha offerto loro le condizioni per vivere secondo i loro ritmi, prediligendo individui estroversi, incoraggiando e premiando la velocità, l'azione, la produttività, lo scambio e l'interazione fulminea e continua. Ma sono molti i lati negativi di questa realtà, anche se vengono convenientemente ignorati. Primo fra tutti la superficialità, e soprattutto la mancanza di tempo per capire meglio se stessi, ascoltare la propria voce interiore e rendersi conto di cosa non vada nella propria esistenza. Chi ha tempo per giungere alla conclusione di averne abbastanza di lavorare troppo, essere pagato poco e venire perennemente sfruttato da un sistema che succhia la linfa vitale, quando è troppo impegnato a studiare dove organizzare il prossimo progetto lavorativo, la prossima vacanza, il prossimo aperitivo, la prossima festa?

Però a un tratto, nostro malgrado, tutto si è fermato. Si è scoperto un mondo dove il vantaggio viene assegnato a chi riesce a rallentare, a prendersi tempo per stare solo con se stesso, a darsi la possibilità di gustare la vita, a non dipendere dalle aspettative e dai giudizi degli altri, a rimanere a casa. Tanti erano così assuefatti alla smania ossessiva di interazione sociale, di occupare il tempo con attività futili e vuote, che sono come impazziti. Sono diventati rancorosi, vendicativi, crudeli. Forse non sono riusciti a inghiottire i bocconi amari che tanti altri ingoiavano già.

La riflessione contemplativa non è incoraggiata, in una società fondata sul marketing ingannevole e sull'acquisto compulsivo, che misura il benessere in base alla ricchezza prodotta. Ricchezza che include anche le spese sanitarie per il dilagare di malattie mentali e fisiche dovute a uno stile di vita malsano: depressione, ansia, stress, tumori e compagnia bella sono tra le voci che più pesano sul PIL. Paradossalmente, le persone guadagnano soldi che poi dovranno spendere per curare le malattie del corpo e dello spirito che loro stesse si sono causate vivendo in modo così disumano.

Quando si impara a suonare uno strumento, capita spesso che, credendosi scaltri, si eseguano certi pezzi a una velocità pazzesca. L'insegnante saggio sa bene cosa si nasconde dietro questo apparente slancio: i passaggi difficili portano a commettere gravi errori di esecuzione, ma la velocità estrema nell'eseguirli li nasconde perché i suoni si mescolano, svaniscono l'uno dentro l'altro. Improvvisamente, però, tutto il mondo è stato costretto a suonare un *largo* che ha messo a nudo tanti degli errori che stavamo compiendo. Il fatto di poter schizzare ogni giorno verso un angolo diverso del mondo, nonché vantarsi di aver visitato decine di Paesi e millantare chissà quale superiore comprensione dello stato delle cose, ha assunto connotati diversi.

La natura ha tirato un sospiro di sollievo, e per un momento ci siamo resi conto che il nostro modello di società, basato sul consumo ossessivo, la velocità, la produzione e la crescita senza limiti, stava uccidendo il pianeta. Peccato che, a quanto pare, non abbiamo fatto tesoro di questa esperienza e non vediamo l'ora di ricominciare con gli eccessi precedenti, ma almeno abbiamo avuto un assaggio di come sia importante (e possibile) rallentare per poter pensare al presente, anziché rincorrere un futuro che verrà distrutto dalla nostra stessa corsa.

Nei mesi di isolamento ho avuto più tempo da dedicare a Lára, ma anche a me stesso. Avevo la scusa perfetta per evitare incontri e appuntamenti che non mi interessavano e ai quali sarei stato in qualche modo obbligato a partecipare in tempi normali, pena l'essere considerato asociale. Le interazioni erano ridotte all'essenziale, e l'essenziale si gusta molto di più quando non è sommerso dal superfluo. Proprio come avviene per qualsiasi cosa, qui in Islanda.

Non mi era mai piaciuto andare per locali e discoteche e svenire nella folla brulicante e annaspante, ma ero stato costretto a farlo spesso perché, sai com'è, lo fanno tutti e tu non vuoi che inizino a additarti come quello che si isola. Ecco che, però, all'improvviso ci si poteva incontrare solo in gruppi ristrettissimi, nei locali e negli spazi privati. Pochi intimi: sballarsi e ballare ubriachi con la musica a palla è imbarazzante, quando si è tre gatti. Quando si è pochi ci si siede a tavola, si sorseggia piano una bottiglia di vino buono e si parla di cose. Più o meno interessanti.

Quando il mondo intero si è fermato, l'Islanda era un posto ideale: con tutto lo spazio a disposizione fuori dai centri abitati, non c'era motivo perché le autorità imponessero il confinamento domiciliare. Non c'era un rischio elevato che una popolazione di nemmeno quattro centinaia di migliaia di abitanti avesse la stessa idea e si riversasse sullo stesso corso, sulla stessa piazza, sullo stesso lungomare, come accadeva altrove. Così, ho viaggiato per l'isola e l'ho esplorata come mai avevo fatto prima.

È stato durante uno di questi viaggi che ho finalmente avuto un'illuminazione: la mia vita non doveva essere necessariamente una parabola spezzata perché non mi ero impegnato in una delle epiche attività che immaginavo da ragazzino. Era il momento adatto per fare una scelta e lasciarsi alle spalle l'insoddisfazione dell'adolescenza, quando mi ero concentrato su idee e concetti inculcatimi dalla TV e dai media al punto di perdere di vista la bellezza che si può contemplare e assaporare profondamente in ogni momento dell'esistenza, se soltanto ci si ferma a prendere fiato.

La soddisfazione e la gratitudine di essere vivi non si ottengono sul palcoscenico, o guardandosi sul grande schermo mentre si è osannati da folle isteriche, non si conquistano con una manciata di like sui social media, né correndo a destra e sinistra per il globo terracqueo alla disperata ricerca di esperienze fulminee come tiri di cocaina.

Semmai, la si trova nel proprio riflesso sulla superficie del tè nella tazza. Tra le pieghe delle montagne. A cavallo di ogni onda. Lungo le luci di Natale appese alle finestre delle case. Nel profumo di cannella. Dentro la fiamma calda di una candela appoggiata su un tavolo di legno grezzo. In groppa ai cavalli. In ogni scodella di zuppa di pesce. La felicità è quel baleno sfumato che irradi quando guardi l'aurora boreale, quando ti fermi a contemplare i piccoli iceberg che galleggiano in una laguna. La felicità è anche la pace rasserenante e rincuorante che trovi quando senti di essere a casa, e l'Islanda è ormai diventata la mia casa. Imperfetta e migliorabile come tutte, ma pur sempre la mia unica e insostituibile casa.

Non avevo più bisogno di cercare. Il viaggio più importante che avrei dovuto fare lo avevo già intrapreso. Non era un viaggio superficiale fatto di emozioni, colori, odori e sapori effimeri, uno di quelli da immortalare sui social. Era un viaggio nel profondo del mio animo. L'unico tipo di viaggio che può veramente farti crescere e raggiungere il traguardo. E in questo viaggio l'Islanda era la mia compagna, non la mia destinazione.

Bibliografia consigliata

Per la stesura di questo libro ho dovuto giocoforza consultare numerose fonti, molte delle quali disponibili solo in lingua islandese. Per semplicità, verranno riportate solo le più importanti. Laddove esista una traduzione o edizione in lingua inglese o italiana, viene fornita per comodità, dal momento che, presumibilmente, la maggior parte dei lettori non avrà sufficiente dimestichezza con l'islandese per consultare testi in tale lingua.

I nomi degli autori islandesi sono riportati con il nome di battesimo che precede il patronimico, come da convenzione locale riconosciuta e contemplata anche nei più importanti standard accademici internazionali, non essendo il patronimico un sostituto del cognome.

Aðalheiður Guðmundsdóttir & al., *Íslenskar bókmenntir I-II. Saga og samhengi*, Hið íslenska bókmenntafélag, Reykjavík 2021.

Anonimo, *Il canzoniere eddico*, a cura di Piergiuseppe Scardigli, Garzanti, Milano 2009.

—, *Saga di Gunnar*, Iperborea, Milano 2020.

—, *Saghe della Vinlandia e racconto dei groenlandesi*, Diana Edizioni, Frattamaggiore 2018.

Árni Björnsson, *High Days and Holidays in Iceland*, Mál og menning, Reykjavík 1995.

—, *Þorrablót á Íslandi*, Örn og Örlygur, Reykjavík 1986.

—, *Saga daganna*, Mál og menning, Reykjavík 1993.

Árni Böðvarsson, Bjarni Vilhjálmsson (a cura di), *Íslenzkar þjóðsögur og ævintýri. Safnað hefur Jón Árnason*, Bókaútgáfan þjóðsaga, Reykjavík 1961.

Árni Óla, *Viðeyjarklausturs. Drög að sögu Viðeyjar fram að siðaskiptum*, Kvöldvökuútgáfan, Akureyri 1969.

Battaglia Marco, *Snorri Sturluson. Edda*, Meltemi, Sesto San Giovanni 2021.

Bryndís Björgvínsdóttir, Svala Ragnarsdóttir, *Krossgötur, álfatrú, álfabyggðir og bannhelgi á Íslandi*, Bjartur bókaforlag, Reykjavík 2018.

Ciaravolo Massimo (a cura di), *Storia delle letterature scandinave. Dalle origini a oggi*, Iperborea, Milano 2019.

Ferrari Fulvio, *Le saghe nordiche*, Meltemi, Sesto San Giovanni 2022.

Grønlie Siân, *Íslendingabók - Kristni saga, The Book of the Icelanders - The Story of the Conversion*, Viking Society for Northern Research, Londra 2006.

Guðmundur E. Sigvaldsson, *Fires of the Earth, the Laki Eruption 1783-1784 by the Rev. Jón Steingrímsson*, Nordic Volcanology Institute and University of Iceland Press, Reykjavík 1998.

Guðrun Ása Grímsdóttir, *Sturlunga saga eða Íslendinga sagan mikla I-III, Íslenzk fornrit*, XX, XXI, XXII, Hið íslenzka fornritafélag, Reykjavík 2021.

Gunnar Gunnarsson, *Il pastore d'Islanda*, Iperborea, Milano 2016.

Gunnar Karlsson, *Iceland's 1100 Years. History of a Marginal Society*, C. Hurst & Co., Londra 2020.

—, *The History of Iceland*, University of Minnesota Press, Minneapolis 2017.

—, *The Settlement of Iceland. A Story from the Ninth and Tenth Centuries*, Mál og menning, Reykjavík 2019.

Hjörleifur Stefánsson, *From Earth. Earth Architecture in Iceland*, Gullinsið, National Museum of Iceland, Reykjavík 2019.

Jakob Benediktsson, *Íslendingabók, Landnámabók, Íslenzk fornrit*, I, Hið íslenzka fornritafélag, Reykjavík 1986.

Jón Jóhannesson, *A History of the Old Icelandic Commonwealth. Íslendinga saga*, University of Manitoba Press, Winnipeg 1974.

Jón Kalman Stefánsson, *Paradiso e inferno*, Iperborea, Milano 2011.

Jón R. Hjálmarsson, *History of Iceland. From the Settlement to the Present day*, Forlagið, Reykjavík 2017.

Jón Þorkelsson (a cura di), *Tyrkjaránið á Íslandi 1627*, Prentsmiðjan Gutenberg, Reykjavík 1906-1909.

Jón Sigurðsson, «Biskupa-annálar Jóns Egilssonar», in AA.VV., *Safn til sögu Íslands*, Hið íslenzka bókmentafélag, Copenaghen 1856.

Jónas Kristjánsson, *Eddas and Sagas*, Hið íslenzka bókmenntafélag, Reykjavík 2007.

Kristján Albertsson, *Séra Jón Steingrímsson. Ævisaga og önnur rit*, Helgafell, Reykjavík 1973.

Kristján Árnason, «*Hljóð*», in *Íslensk tunga I: Handbók um Hljóðfræði og Hljóðkerfisfræði*, Almenna Bókafélagið, Reykjavík 2005.

—, *The Phonology of Icelandic and Faroese*, Oxford University Press, Oxford 2011.

Lozzi Gallo Lorenzo, *Íslendingabók e Landnámabók. Nascita di una nazione*, WriteUp, Roma 2021.

Magnús Már Lárusson (a cura di), *Konungs skuggsjá. Speculum regale*, H.F. Leiftur, Reykjavík 1955.
Már Jónsson, *Galdrar og siðferði í Strandasýslu á síðari hluta 17. aldar*, Strandagaldur, Hólmavík 2008.
Már Jónsson, Kári Bjarnason, *Reisubók séra Ólafs Egilssonar og aðrir textar um Tyrkjaránið 1627*, Sæmundur, Selfoss 2020.
Mörður Árnason (a cura di), *Hallgrímur Pétursson. Passíusálmarnir*, Crymogea, Reykjavík 2015.
Neijmann Daisy (a cura di), *A History of Icelandic Literature*, University of Nebraska Press, Lincoln 2006.
Sigurður Líndal (a cura di), *Saga Íslands*, I-XI, Hið íslenzka bókmenntafélag e Sögufélagið, Reykjavík 1874.
Snorri Sturluson, *Edda*, a cura di Gianna Chiesa Isnardi, Garzanti, Milano 2016.

Finito di stampare presso Grafica Veneta S.p.A.
Via Malcanton, 2 – Trebaseleghe (PD)
Printed in Italy